형법질서에서 사랑의 의미

김 일 수 저

세창출판사

The Meaning of Love in Criminal Law Order

by
Prof.em.Dr. Il-Su Kim

2013
Sechang Publishing Co.
Seoul, Korea

서 문

오랫동안 나는 '사랑의 형법학'에 관한 꿈을 잠시도 내려놓은 적이 없다. 그 착상은 아직 완성단계에 이르지 못했지만, 그 꿈길을 좇아 온 긴 세월 동안 나는 마치 징검돌처럼 생각의 실마리들을 기회 있을 때마다 군데군데에다 심어 놓곤 했다. 마침 한국형사정책연구원장의 임기종료를 앞두고, 그동안 미루어 두었던 강연자료들을 정리하던 참에, 문득 이 주제에 관한 사색의 편린들을 한데 모아 엮어두는 것이 좋겠다는 판단에 이르렀다. 그 결과물이 여기에 펴 보이고자 하는 「형법질서에서 사랑의 의미」라는 제목의 단행본이다.

내가 전통 깊은 응보형법학에서 출발하여 재사회화형법학에로의 방향을 전환할 수 있었던 것은 젊은 시절 매료되었던 '인간의 존엄성'에 깊이 이끌림 받은 결과였다. 그리고 재사회화형법학에서 다시 사랑의 형법학에로의 선회는 후기현대적 위험형법, 안전형법, 적대형법과 같은 강벌주의 경향의 이른바 장외형법(場外刑法)에 대한 새로운 대항사상(counter thought)의 모색에서 비롯된 것이었다. 이처럼 응보형법학에서 재사회화형법학으로, 그리고 재사회화형법학에서 다시 사랑의 형법학으로의 긴 여정에 나선 것은 나의 학문적 사색의 공간을 지배했던 분위기, 즉 나의 신앙과 나의 학문을 어떻게 통섭하여 융합의 지평으로 나아갈까 하는 갈망 때문이었다.

물론 나에게 있어 죄와 벌의 형법학과 사랑의 신학과의 접목시도는 애당초부터 의도한 바는 아니었다. 막다른 한계상황에 처해 있던 긴 어둠의 터널에서 필사적으로 발견한 탈출구였던 셈이다.

그러니까 1985년 9월 어느 날이었다. 고려대 서관 앞에 있는 강당건물 소강당에서 형법을 강의하던 시간이었다. 그날 나는 인간의 죄와 벌이라는 주제를 놓고 강의하다가, 인간에게서 죄의 문제를 근본적으로 해결할 수 있는 길은 형벌이 아니라 2천여 년 전 저 갈보리언덕에서 십자가형 틀에 못 박혀 돌아가신 예수의 피, 즉 그리스도의 대속(代贖)하신 은혜밖에 없노라는 논증에 열을 올리기 시작했다. 그때 앞쪽에 앉아 있던 노란 티셔츠의 남학생이 손을 번쩍 들어올렸다. 무언가 통했다는 예감에 반색을 하는 나에게 그는 대뜸 "우리는 형법강의를 들으러 여기 왔지, 특정 종교 선전을 들으려고 온 것이 아닙니다"라고 소리쳤다. 너무나 지당한 항의였지만, 그 순간 나는 눈앞이 캄캄해졌고, 정신을 차릴 수 없을 정도로 큰 충격에 빠졌다. 뒤이어 낭패감이 나를 휩쓸고 지나갔다. 나는 얼떨결에 "그렇게 말하는 당신은 누구인가?"라고 물었고, 그는 즉시 "나는 고려대 한국사상연구회 회장 유모"라고 대답했다. 가까스로 위기를 벗어난 후 서둘러 연구실로 돌아왔지만 큰 쇠뭉치로 얻어맞은 듯한 머리는 무겁기만 했다.

그때부터 나는 한 실존적인 물음과 씨름하게 되었다: "학교를 그만두고 새로 신학대학원에 들어가야 하나, 법학교수 대신 목사로, 법전 대신 성경을 들고 다시 대학캠퍼스로 돌아와야 하나?" 그날 이후 내가 신(神)앞에 던진 이 계속된 질문은 수많은 깊은 가을밤과 겨울새벽을 지나 1986년 봄 새학기를 2주 앞둔 2월 중순까지도 이어졌다. 침묵하시던 하나님이 그날 새벽 내 영혼의 빈터에 은혜롭게도 요한복음 1장 4절 말씀(그 안에 생명의 있었으니 이는 세상사람들의 빛이라)으로 찾아오셨다. 나는 순간적으로 한 생명나무의 광경을 통해 형법의 보배로운 법익들이 유기적으로 영원한 생명과 어떻게 어우러져 있는지를 잠깐 바라본 것이다. 이 사건을 통해 나는 형법학의 진리가 그리스도의 참 생명 안에 감추어져 있음을 확신하게 되었고, 죄와 벌의 진리 또한 그리스도의 자기희생적인 사랑과 연계되어 있다는 결론에 도달했다. 이 사건이 죄와 벌의 중심에 그리스도의 사랑의 십자가를 세우고 사랑의 형법학을 꿈꾸게 한 계기가 되었다.

나의 한국형법 III(1993년) 서문에 이 점이 잘 요약되어 있다: 『장기간에 걸친 형법각론의 저술에서 나는 심오한 연구대상에 비해 축적된 지식이 너무나 빈약하다는 사실을 알게 되었다. 그 침체와 부진의 늪에서 나는 이 작업이 개인의 학문적인 욕구나 충족시키는 평범한 일거리가 아니라 인간의 도덕적인 인격의 발전과 사랑과 평화가 넘치는 공동체의 발전을 도모하는 실천적인 직업이 되어야 한다는 사실과 그것은 궁극적으로 인간을 자신과 동일한 형상으로 지으신 창조주 하나님의 영광을 드러내는 하나님의 작품(opus dei)이라는 사실을 새롭게 깨달았다. 하나님의 장엄(majestas dei)과 인간의 존엄(dignitas homini)이 교차하는 지평을 바라보면서, 나는 이 작업을 하나님의 전능하신 팔에 의탁했다. 이제 각론상권에 해당하는 한국형법 III을 마무리하게 되었으므로 나는 오직 하나님 한 분께 영광(soli deo gloria)을 돌릴 뿐이다.

법은 항상 선도기능(先導機能)과 규제기능(規制機能)의 긴장관계 속에 산다. 형법도 마찬가지다. 형법의 규제기능은 미리 금지와 명령규범을 제시하고 그 위반에 대해 형사제재를 가함으로써 범죄를 통제하는 작용이다. 이러한 규제작용을 위해 지금까지 형법은 동해보복의 응보사상, 위협이라는 소극적 일반예방사상, 개인을 혼내주거나 사회로부터 격리시키는 소극적 특별예방사상에 비중을 두어 왔다.

그러나 형법은 규제기능만으로 그 몫을 다 채울 수 없다. 사회를 인간존엄성의 가치와 평화로운 공동체적 이념으로 이끄는 선도기능을 수행해야 한다. 이러한 선도 기능을 위해 형법이 적극적인 인도작용을 해야 한다는 관점은 비교적 최근에 이르러서야 그 중요성이 재인식되기에 이르렀다. 이러한 작용을 위해 형법은 이제 금지 · 명령규범의 배후에 머물러 섰던 요구규범을 적극적으로 제시하고, 이 요구규범의 호소를 통하여 형법규범을 내면화하고 사회교육적 학습효과를 얻기를 기대한다. 금지보다는 요구를, 위협보다는 호소를, 결과보다는 동기를, 외부적인 행위양태보다는 내면적인 의식을 중요시함으로써 얻게 되는 범죄예방, 화해와 용서를 통한 사회통합을 포괄하는 적극적 일반예방과 범죄인의 사회화와 인격화를 지향하는 적극적 특별예방사상에 형법의 선도적 기능은 더 깊은 관심을 기울이게 되었다.

규제기능의 측면에서 보면 형법은 작을수록 아름답고 겸손할수록 좋다. 법치국가 형법은 최소한의 규제를 통해 시민들에게 최대한의 자유를 보장해 주는 것을 덕목으로 생각하기 때문이다. 이것이 형법의 보충성의 원칙이요 비례성의 원칙이기도 하다.

그러나 선도기능의 측면에서 보면 형법은 클수록 아름답고 영향력이 강할수록 좋다. 사회국가 · 문화국가 형법은 시민들이 가치정향된 삶을 살도록 최대한의 지원을 아끼지 않는 것이 덕목이 되기 때문이다.

형법학에서는 종래 규제기능에 주목한 나머지 선도기능을 소홀히 다룬 경향이 있었다. 그러나 형법학이 인간의 존엄과 가치의 실현 및 평화로운 공동생활을 위해 기여해야 할 적극적인 몫은 오히려 선도기능에서 찾아야 하리라고 본다. 그것이 다름 아닌 형법의 도덕형성력이기도 하다.

이 점을 염두에 두고 나는 이 책을 쓰면서 단순히 범죄만을 살핀 것이 아니라 범죄의 먹구름장을 헤치고 울려오는 규범의 세미한 소리에 귀를 기울였다. 형법규범이 우리에게 직접적으로 말하는 것은 금지와 명령이다. 그러나 금지와 명령 너머 저 만년설 덮인 규범세계의 최고봉으로부터 흘러내리는 낮은 목소리는 이웃 사랑과 이웃 섬김의 목소리이다. 나는 이러한 목소리를 고차의 법(higher law)인 예수 그리스도의 사랑의 법에서 듣고 깨달았다. 예수 그리스도는 금지와 명령의 율법을 사랑의 法으로 완성시킨 분이시다.

> "예수께서 가라사대 네 마음을 다하고 목숨을 다하고 뜻을 다하여 주 너의 하나님을 사랑하라 하셨으니 이것이 크고 첫째 되는 계명이요, 둘째는 그와 같으니 네 이웃을 네 몸과 같이 사랑하라 하셨으니 이 두 계명이 온 율법과 선지자의 강령이니라."
>
> (마태복음 22:37~40)

나는 형법의 근본규범을 "네 이웃을 네 몸과 같이 사랑하라"는 이 사랑의 계명에서 발견했다.

> "형제들아 너희가 자유를 위하여 부르심을 입었으나 그러나 그 자유로 육체의 기회를 삼지 말고 오직 사랑으로 종노릇하라. 온 율법은 네 이웃 사랑하기를 네 몸과 같이 하라 하신 한 말씀에 이루었나니, 만일 서로 물고 먹으면 피차 멸망할까 조심하라."
>
> (갈라디아서 5:13~15)

형법이 추구하는 평화로운 공동사회의 질서는 이웃 사랑을 바탕으로 삼고, 사회구성원들에게 기본적인 윤리(einfache Sittlichkeit)에 해당하는 법익존중을 요구함으로써 행위규범을 사회생활의 실제에 정착시키지 않고서는 불가능하리라는 생각이다. 사랑을 바탕으로 한 요구규범이 오늘날 적극적 일반예방의 관점에서 우리 의식에 내면화되기를 바라는 바로 그 규범의 청사진이다. 형법은 단지 소극적인 금지나 타율적인 명령만이 아니라 근원적으로는 적극적인 사랑과 자율적인 섬김을 통해 타인의 법익에 대한 존중요구(Actunganspruch)를 우리 내면의 법의식에 호소하고 있다.

만약 "타인의 명예를 훼손하지 말라"는 금지규범을 충족시키기 위해서라면 일평생 입을 다물고 침묵하는 생활이나 타인과 일체의 접촉을 피하고 은둔하는 생활만큼 완벽한 보호책은 없을지도 모른다. 그러나 형법은 그것을 기대하지 않는다. 오히려 정반대로 타인과의 적극적인 만남과 교통 가운데서 타인의 인격적 품위를 높여주고 그의 명예를 존중히 여기는 활기 넘치는 생활을 바라고 있다. 형법의 사회교육적 학습효과를 통한 사회통합적 예방기능의 목표는 결코 사회를 금지와 명령규범 속에 얼어붙게 하는 것이 아니라 믿음과 희망과 사랑 속에서 생명력 넘치는 평화로운 공동사회를 촉진하고 건설하고자 하는 것이다. 그렇기 때문에 수백 가지의 금지하고 명령하는 형법규범이 있을지라도 네 이웃 사랑하기를 네 몸과 같이 하라는 이 한 계명을 마음속에 새기고, 그 계명을 따라 실천적으로 살아가는 사람이라면 이미 형법의 도의 지고한 경지에 이른 사람이다.』

나의 한국형법 IV(1993년) 서문에서도 이 같은 사고체계는 이어져 간다: 『본서에서도 내가 취하고 있는 세계관은 그리스도의 인간구원과 평화를 중심으로한 기독교 세계관이다. 내가 대학에 처음 입학했을 때 나의 은사님 중 한 분은 세계관이 사람의 안경과도 같다는 말씀을 들려주신 적이 있다. 어떤 사람은 시력을 보충하기 위해 도수 높은 안경을 쓰기도 하지만, 어떤 사람은 푸른색 안경이나 붉은색 안경을 쓰기도 한다. 색깔 있는 안경을 끼고 세계를 보면 모든 세계 내의 사물들이 같은 색깔로 보인다.

세계관은 이러한 마력을 갖기 때문에 편견과 이데올로기에 빠질 위험이 있는 반면, 모순과 혼돈 속에 빠진 사물들을 일관성 있는 의미 속에 통합시켜 주는 장점도 갖고 있다. 이데올로기에 빠질 위험을 경계하고 열린 마음으로 확 트인 세계관의 지평위에 설 때, 우리는 다양성을 인위적으로 왜곡함이 없이 통일성을 획득할 수 있을 것이다. 다양성 속의 일체성, 이것이 내가 기독교세계관을 통해 도달한 학문적 방법론의 또 다른 지평이다. 나는 이 기독교세계관을 통해 만남과 열림, 관용과 섬김, 거듭남과 화해의 의미를 터득하게 되었다.

법률가는 궁극적으로 화해의 직분담당자들이어야 한다. 특히 인간실존의 비극적인 단면인 죄와 벌의 근본문제를 생각하는 형사법률가들에게 이러한 직분의식은 더욱 중요한 의미를 갖는다.

본서에서도 나는 독자들로 하여금 금지규범 · 명령규범으로 둘러싸인 형법적 행위규범(Verhaltensnorm)과 하나님의 사랑의 계명(Liebesgebot) 사이를 이어주는 그리스도의 요구규범(Anspruchsnorn)을 매개로 하여 하나님의 장엄과 인간의 존엄이 교차하는 지평을 내다보도록 배려했다.

사람의 법과 하나님의 법은 제3의 비교인자(tertium comparationis)인 요구규범을 통해 서로 다른 만남으로 이어진다. 마치 요구규범은 역사 속으로 오신 그리스도의 십자가처럼 본질적으로 서로 다른 행위규범과 사랑의 계명 사이에 다리를 놓는다. 결국 재산죄분야에서도 중요한 것은 이웃사랑이다: "피차 사랑의 빚 외에는 아무에게도 아무 빚도 지지 말라. 남을 사랑하는 자는 율법을 다 이루었느니라. 간음하지 말라, 살인하지 말라, 도적질하지 말라, 탐내지 말라 한 것과 그 외에 다른 계명이 있을지라도 네 이웃을 네 자신과 같이 사랑하라 하신 그 말씀 가운데 다 들었느니라. 사랑은 이웃에게 악을 행치 아니하나니 그러므로 사랑은 율법의 완성이니라." (로마서 13:8~10).』

나의 한국형법 연작 마지막부분에 해당하는 한국형법 V(1995년) 서문도 이 같은 애린(愛隣)의 송가(頌歌)를 이어간다: 『본서의 기본적인 착상과 서술방식은 이미 출간한 한국형법 I · II · III · IV에서 보여 준 것과 같다. 이들 책이 전체적으로 하나의 통일된 체계를 이루도록 각 권마다 유기적인 연관성을 갖게 했다. 그러기 위해 각 구성부분의 항목과 체계를 일관성 있게 유지했고, 규범의 본질적인 내용들이 사랑의 형법이라는 고차의 법(the higher law)의 이념에 수렴되도록 했다. 앞으로 저자에게 남겨진 과제가 있다면 행위규범과 제재규범으로 둘러싸인 형법규범의 세계에서 이웃사랑이라는 근원적인 매개규범을 통해 사회통합이라는 참된 평화의 지평에 이르는 이정표를 찾는 일이다.

본서의 내용은 주로 개인과 사회, 개인과 국가의 관계를 다루는 것이기 때문에 일관된 사회철학과 국가철학의 관점이 필요했다. 절대국가라는 관념이 극복된 오늘날 개인의 절대성이나 사회의 절대성도 성립하기 어렵게 되었다. 이런 관점에서 나는 범죄와 범죄인도 우리를 둘러싸고 있는 생활환경의 일부로 이해했다. 범죄 · 범죄인은 그 자체가 절대적인 악이 아니라 그 자리, 그 환경에서 그 행위와 관련해서만 악하기도 하고 해롭기도 한 것으로 평가

할 수 있을 뿐이다. 사회공동체를 넓은 정원에 비유할 수 있다면, 범죄는 그곳에서 자라나는 잡초와도 같다. 잡초는 일반적으로 무익하지만 정원의 생태계를 위해 어느 정도의 잡초는 필요악이기도 하다. 따라서 잡초를 송두리째 뿌리뽑기 위해 제초제를 지나치게 쓰면 일시적인 제거효과를 기대할 수 있을지 몰라도 정원의 생태계는 파괴될 위험에 직면한다. 이렇듯 범죄통제도 인간환경과의 조화를 위한 생태·인간학적 관점(eco-humanism)에서 조절하지 않으면 안 된다. 오늘날과 같이 예측할 수 없는 대량의 위험과 직면해 있는 이른바 위험사회(Risikogesellschaft)에서도 우리는 더디 가도 사람을 먼저 생각하는 형법학적 사고에 더 큰 비중을 두어야 할 것이다.

이것은 사랑의 형법학의 논리적 귀결이기도 하다. 사랑의 하나님은 근원적으로 공동체의 창조주시며, 이 공동체의 창조적인 발전을 위해 또한 법과 국가와 질서를 세우셨다. 그리고 하나님과 동일한 형상으로 지음받은 인간에게 법과 국가와 질서 안에서 번영하도록 존귀의 관을 씌워 주셨다. 인간의 타락 이후 인간이 법과 국가와 질서의 파괴자로 전락했을 때 하나님은 진노의 채찍을 들었지만, 그것은 결코 인간을 공동체 밖으로 영원히 추방해 버리는 관계단절의 의도가 아니었다. 도리어 그리스도의 고귀한 자기 희생의 십자가를 통한 관계회복의 길로 인도하기 위함이었다. 인간이 지금까지 그리고 앞으로도 쌓아올릴 죄의 성(城)이 아무리 높을지라도 하나님이 인간의 죄를 씻고 치유하기 위해 베푼 사죄의 성(城)의 높이를 능가할 수는 없다. 이처럼 무궁한 사랑의 하나님은 죄와 사망의 눈물골짜기를 지나는 나라와 백성들에게 가차 없는 진노와 형벌만을 쏟아붓는 분이 아니라, 오래 참고 견디면서 최소한의 채찍을 통해 궁극적으로는 치유와 용서, 화해와 평화, 사랑과 희망의 새 지평으로 우리를 인도하시는 분이다.

이렇게 볼 때 하나님의 사랑의 계명은 도덕과 윤리의 최소화뿐만 아니라 더 나아가 법과 정의의 최소화를 요구한다. 물론 이러한 요구는 세속국가와 세속사회의 형법현실에서 상당부분 외면당하고 있는 것도 사실이지만, 저자는 현행법의 해석론에서도 이러한 형법신학적 프로그램을 염두에 두고 심혈을 기울였다. 형법은 바로 사랑의 계명에 기초한 상위의 법(the law above the law)의 요구의 복합적인 표현일 뿐이다. 그러므로 저자는 이 책에서도 이미 나타난 것들의 복잡성을 본질적인 의미의 단순성으로 환원시키기 위해 거룩한 열심을 가지고 썼다. 이 단순화작업을 통해 나는 법전에 쓰여진 형법규범의 도덕적 의미를 법생활의 주체인 인간의 영혼에 호소하는 일과 행위의 발걸음을 인도하는 형법규범의 의미 속에서 인간구원과 해방, 거듭남(중생)과 되찾음(회복)의 문으로 이르러 갈 수 있는 길을 끊임없이 모색했다.

> "너 하늘이여 위에서부터 의로움을 비같이 듣게 할지어다. 궁창이여 의를 부어 내릴지어다. 땅이여 열려서 구원을 내고 의도 함께 움돋게 할지어다. 나 여호와가 이 일을 창조하였느니라."
>
> (이사야 45:8)

막상 집필을 끝내고 나니 눈 앞에는 망망한 바다가, 정서의 언저리에는 범선 두어 척이, 영혼 깊은 곳엔 고요와 침묵만이 내려앉는다. 부족한 그릇이지만 십자가와 부활의 그리스도를 죄와 벌의 문제중심에 세우려는 저자의 생각에 온갖 부요한 지혜와 지식으로 채워 주신 사랑의 하나님께 먼저 감사와 영광을 돌린다. 하나님과 사람들 앞에 늘 겸손할 수 있도록 기도해 준 믿음의 형제자매들에게 고마움을 전하고 싶다.』

인애(仁愛)와 애린(愛隣)의 이념에 이끌리어 형법학의 근본문제를 천착해 온 그동안의 단편적 생각들을 여기 한데 엮고 보니, 그 넓이와 깊이가 아직도 협착하다는 생각이 들어 부끄러움이 앞선다. 그러나 나의 법사상 속에는 인간의 변화에 대한 굳은 믿음이 있다. 어떤 흉악한 사람이라도 장차 더 나아질 수 있다는 가능성에 대한 믿음이다. 그와 같은 사람들을, 함께 살아가야 할 이웃으로 받아주고, 승인하고, 그의 권리를 인정해 주는 마음, 그들을 사회의 적으로 보지 않고 끝까지 존엄한 인격으로 보존하고 보호해야 한다는 마음, 그것이 바로 사회적 지평에서 실천을 명하는 사랑의 심층적 문법이다. 그러려면 먼저, 사회현실 속에서 법의 이름으로 또는 법의 왜곡이나 무관심 속에서 소외되고 배제된 인간의 구체적 실존의 현실에 주목하고, 더 나아가, 그 현실을 정당화하여 문제의식을 못 느끼게 만드는 기존의 관념들을 지목하고, 끝으로 그것에 저항하는 대항사상을 개발하여 제시하는 방법이 불가결해 보인다(진웅희, 현대개신교법사상연구, 서울대 석사학위논문, 1993, 130면 참조). 안전이라는 이익 때문에 또는 위험으로부터의 도피 때문에 일정한 부류의 위험요인들을 사회의 적으로 규정하고 적대시하려는 최근의 형법사상에 대해 경종을 울리는 대항사상이 바로 인간사랑의 형법사상이다.

형법에서 사랑을 주제로 쓴 이 글들과 강연들은 물론 시기적으로나 전체 내용면에서 구별되지만, 또한 서로 겹치는 주제이다 보니 불가피하게 중복되는 부분이 있다. 이 책을 펴내면서 나는 원문을 손질함으로써 무엇인가 각각 새롭고 독창적인 내용들로 가득 담긴 듯한 인상을 주려고 시도하지 않았다. 오히려 그와 같은 중복이 있는 경우에도 최소한의 범위에서 문언과 문장을 손질한 채 그대로 두었다. 장차 '사랑의 형법학'이라는 큰 그릇을 빚을 때면 이 모든 소재와 또 다른 소재들이 전체적인 내용으로 함께 용해될 수 있을 것이다. 그때에는 아마도 그와 같은 중복을 극복할 수 있으리라 기대한다.

그러므로 독자 여러분들께서는 이 여러 편의 글들에서 나타내고 있는 일부 내용의 반복된 서술을 형법질서의 배경에 흐르고 있는 사랑의 교향악의 주제음악이라고 이해해 주었으면 좋겠다. 앞으로 이 주제음악을 중심 삼고 형법학의 여러 소재들을 징검돌 삼아 한 사색의 오솔길을 열어 보았으면 하는 것이 나의 간절한 바람이다.

이 책이 나오기까지 흩어진 여러 원고들을 모아준 고비환 법학석사, 원고정리에 정성을 쏟은 한국형사정책연구원 박현숙 씨의 노고에 깊은 감사를 드린다. 이 책의 출간을 흔쾌히 맡아 수고해 준 세창출판사 이방원 사장과 임길남 상무께도 깊은 감사를 드린다. 끝으로 늘 변함없이 신앙과 기도의 동반자가 되어준 아내와 사랑하는 자녀들에게 감사하는 마음으로 이 책을 전하고 싶다.

2013년 11월
우면산 자락에서
김일수(金日秀)

차 례

[11] 나의 형법학 이해 30년 — 배움과 가르침의 여정에서

형법질서에서 사랑의 의미

[1] 사회안전과 형사법

Ⅰ. 왜 안전 또는/그리고 사회 안전인가?

인권 및 기본권의 역사에서 주류를 형성해 온 것은 두말할 것도 없이 개인의 자유 내지 자유의 보장이다. 자유에 비해 안전은 한 세대 전까지만 해도 자유에 수반되는 부수물인 양, 인권문서에 명시되지 않았을 뿐만 아니라 잊혀진 권리에 지나지 않았다.[1] 그 까닭은 기본권의 의미가 주로 국가권력에 대한 개인의 방어권에 치우쳐 있었기 때문이다.

그러나 시민사회가 성숙하고 민주 정치가 발전하면서 개인의 자유에 바탕을 둔 시민 생활의 질서가 확립되자, 시민들은 점차 국가를 더 이상 시민적 권리들에 대한 위협인자로 간주하지 않게 되었다. 오히려 국가를 대·내외적인 위협으로부터 시민의 자유와 안전을 보장하는 기관으로 인식하기에 이르렀다. 어느새 국가는

1_ J. Isensee, Das Grundrecht auf Sicherheit. Zu den Schutzpflichten des freiheitlichen Verfassungsstaates, 1983, S.23ff.; G. Robbers, Sicherheit als Menschenrecht, 1987, S.27.

자유를 위협하던 존재에서 안전을 보장하는 존재로 인식론적 전환을 경험하게 된 것이다.[2]

다른 한편으로 사회적 격변과 함께 지난 몇십 년에 걸쳐 서구에서는 안전에 대한 새로운 사회적 논의가 확산되었다. 그것은 위험사회의 담론 속에 함축되어 있다.[3] 즉, 후기현대사회의 불확실성과 위기는 과학기술적으로 양산된 새로운 위험 (예컨대, 원자력위험, 화학위험, 생태계위험, 유전공학위험) 외에 사회의 자기 변모에 따라 등장한 성(性) 또는 노동 갈등 및 초국적 위험관리 문제를 초래한 금융위기와 같은 글로벌위험 등에 영향을 받고 있다는 것이다.[4]

지난 수십 년 동안 전 세계적으로 생산과 시장의 글로벌화와 국제화, 노동시장과 사회적 관계의 유연화, 국가기능의 민영화, 포드주의에 경도된 복지국가가 약속했던 정책의 변화, 포스트모던 시대의 심화와 함께 전통적 결속감과 보편적 공동체정신의 해체 그리고 고도의 개인주의 및 다원주의의 확산으로 사회적 불안정이 증폭되는 결과를 낳았다. 이 과정은 아직 종결되지 않았고, 도처에서 계속 진행 중이다.

이 같은 불확실성과 위험의 증대에 비례하여 안전에 대한 강렬한 욕구와 새로운 사회적 논의가 확산되었다. 더 많은 안전을 향한 노력은 이제 더 이상 국가만의 몫이 아니라 점차 국가와 사회 그리고 개인이 분담하거나 협력해야 할 몫이 되었다. 그 결과 안전은 다른 사회적 가치들이나 목표들보다 우선순위를 점하게 되었

2_ W. Hassemer, Der Staat wird zum Vater, in: ders., Freiheitliches Strafrecht, 2001, S.268.

3_ 조프스키, 안전의 원칙(2006)(이환우 역), 2007, 특히 225면 이하 참조.

4_ J. O. Zinn, Risk Society and reflective Modernization, in: J. O. Zinn(ed.), Social Theories of Risk and Uncertainty, 2008, p.21.

고, 시민 생활의 일상을 지배하는 가치가 되었다. 이로써 안전을 추구하는 정책들은 대부분 광범위한 지지와 동의하에 수행된다. 안전이라는 목적을 위해 때로는 계몽기 이후의 법치국가 전통에서 우위를 점했던 개인적 자유의 특별희생이 요구되기도 하고, 때로는 양보되거나 무시되기도 한다.[5]

그러면 왜 개인의 자유가 아니고 안전이며, 왜 시장의 자율성이 아니고 사회적 안전인가? 경제적 변혁과 국가 기능의 변화 등을 포괄하는 거시적인 사회변화 등이 이것을 요구하고 있기 때문이다.

지난 세기 우리가 겪었던 미국의 대공황(1929.10.24), 구소련의 체르노빌 원전사고(1986.4.26), 인도의 보팔(Bhopal) 화학공장 참사는 전쟁 못지않은 공포와 고통을 우리에게 안겼다. 금세기 들어와 미국 뉴욕의 세계무역센터 쌍둥이 건물에 대한 테러(2001.9.11), 일본 동해안의 지진 · 쓰나미와 후쿠시마 원전 사고(2011) 등은 동시대 지구촌사회를 사는 우리네 삶에 밀어닥친 대표적인 거대위험 내지 대재앙이었다.

뿐만 아니라 우리네 일상생활도 예측할 수 없는 기후변화, 각종 사고, 신종바이러스의 창궐, 시장에서 유통되는 불안스러운 먹거리 등 일상적인 위험에 노출되어 있다. 생존기반과 주위 환경에 대한 안전감이 뒤흔들리면서 불안의 시대는 쌓이는 걱정과 피곤의 그림자를 깊이 각인시켜 준다.

불안으로 생긴 균열은 기분전환, 안도감 등으로 채워지고, 그 결과 거대위험조차 마치 다른 세상의 남의 일처럼 느껴진다. 하지만 그것은 일종의 심리적 환각일 뿐이다. 사람들은 일상의 정상성을 회복 · 유지하려는 강력한 욕구에 휩싸인다. 안전은 본성상 약

5_ 징엘슈타인/슈톨레, 안전사회 제3판(윤재왕 역), 2012, 112면 이하 참조.

한 개인과 인간사회의 원초적인 열망 가운데 하나이다. 불안이 인간의 정신과 영혼, 행동능력에 강한 영향을 끼치기 때문이다.[6] 그러므로 안전은 후기현대사회의 국가정책에서도 이제는 선택의 문제가 아니라 필수의 문제이며, 단순한 행복추구의 수단이 아니라 행복 그 자체와 동일시할 수 있는 단계에 와 있다.

우리 사회만 놓고 보더라도 우리는 어느새 자유와 위험감수보다 안전과 행복을 더 추구하는 쪽으로 가고 있다. 자유민주주의의 정착으로 이제 시민의식은 국가의 신화화나 권력의 폭군화를 염려하지는 않아도 된다는 단계에 와 있다. 오히려 국가가 국민의 자유보장보다 국민의 안전과 신변보호에 더 신경 써 주길 기대하는 추세이다. 안전과 자유 사이의 고전적 긴장관계는 "의심스러울 때는 자유에 유리하게"(in dubio pro libertate)에서 "의심스러울 때는 안전에 유리하게"(in dubio pro securitate)로 중점 축이 바뀌어 가고 있다. 범죄로부터 안전을 기하기 위해 시민적 자유제한을 수반하는 경찰법과 형사법상의 효율적이고 포괄적인 사회통제수단들이 강화되는 추세가 나타나고 있다. 사회적 안전 문제를 해결하기 위해 강화된 이들 법적 무기들은 전통적으로 자유법치국가 형법질서가 갖고 있던 단편적 성격, 최후수단으로서의 보충적 성격과는 거리가 먼 것들도 물론 있다.

어쨌거나 오늘날 공동체의 평화와 안전한 삶의 지평을 열어 나가고자 하는 관점이 안전국가 · 안전사회의 이념이다.[7] 여기에서 안전국가는 정치적 차원에서 위험사회에 대응한 것이며,[8] 안전사회는 사회적 안전에 비해 개인의 안전이 갖는 사회적 의미가 엄

6_ 조프스키, 안전의 원칙, 22면 이하 참조.

7_ 김일수, 「왜 국민안전인가?」, 2013.1.17 서울신문 칼럼.

8_ A. Baratta, Jenseits der Strafe, Arth. Kaufmann-FS, 1993, S.402.

청나게 증가했다는 사실을 반영하는 것이라는 견해도 있다.[9] 따라서 안전사회의 요체는 허용된 위험의 범위를 일탈한 현재적 · 잠재적 위험요인들을 예방 · 관리하면서 정상적인 사회질서 그 자체를 확립하는 것을 목표로 삼는다.[10]

어느새 안전 · 사회안전이라는 표어는 정치적 차원에서 위험사회의 높아진 불안을 해소해 주는 상징적 은유로 자리 잡았다. 안전의 상징적 무게는 전자발찌, 신상공개, 화학적 거세와 같은 특정한 법제도 내지 경찰예방활동의 강화를 정당화하는 논증도구가 되었다. 그 결과 위험관리를 위한 통제문화가 일상화되기에 이르렀다.

여기에 딜레마가 있다. 우리가 높은 범죄위험에서 벗어나고나 강화된 국가의 안전조치만 선호하다 보면 부지불식간에 자유적 법치국가가 감시국가, 통제국가, 형벌국가로 변형되기 쉽다. 국가의 형사정책이 국민행복을 위한 것이라면, 그 행복의 조건인 자유와 안전의 균형이 깨어지지 않도록 유념할 필요가 있다. 왜냐하면 자유와 안전은 항상 반비례관계에 놓여 있기 때문이다. 안전을 즐길 수 있는 사회가 진실로 안전한 사회이다. 그런 의미에서 안전사회의 적은 안전불감증 못지않게 과잉안전 욕구도 될 수 있다.[11]

II. 전통헌법 · 전통형법의 잃어버린 고리

전통헌법에서 주관적 공권으로서 자유권은 권리장전의 대부

9_ 징엘슈타인/슈톨레, 안전사회, 171면.

10_ A. Legnaro, Konturen der Sicherheitsgesellschaft, in: Leviathan, 1997, S.281 참고.

11_ 김일수, 「안전사회를 위한 형사정책」, 2013.3.28 서울신문 칼럼.

분을 점하여 왔다. 전통적으로 자유권이 갖고 있는 국가권력에 대한 소극적 방어권의 속성상 대부분 형법과 형사소송법상의 인신보호 원칙들이 주류를 이루어 왔다. 예컨대 자의적 체포, 구금이나 처벌로부터의 인신의 자유보장, 인신보호영장제도, 죄형법정원칙, 무죄추정의 원칙, 자백강요의 금지, 고문금지, 사법의 독립 등등이다.[12]

그러나 헌법상 보장된 개인의 기본권은 현실적으로 국가권력에 의해서만 침해될 수 있는 것이 아니라, 타인이나 사회집단과 같은 제3자에 의해서도 침해될 수 있다. 후자의 경우에 전통헌법상의 방어적 기본권관념은 그 권리의 행위자에게 별 도움을 주지 못한다. 자유적 기본권이 단지 그의 방어기능에만 머문다면, 제3자에 의해 이들 법익이 침해되었을 때 범법자인 침해자만 헌법상 보호를 받지, 그의 희생자는 헌법상 아무런 보호도 받지 못한다. 범죄희생자는 기본권보호의 인식대상에서 오랫동안 사각지대에 놓여 있었던 것이다.

20세기 이후의 사회발전에서 개인의 자유에 대한 국가의 침해보다 사인주체에 의해 야기된 위험이 증대일로를 걸었고, 그것이 개인의 안전보호 필요성을 증대시키는 결과를 낳았다.[13] 한 개인의 자유권행사가 타인에게는 위험을 창출했고, 각종 테러범죄나 조직범죄, 환경범죄, 경제범죄, 불량식품범죄, 인터넷범죄 등의 영역에서는 한 개인의 일탈이나 범죄가 사회 전체의 안전을 뒤흔든 경우도 허다했다. 손익계산과 경제성이 중요한 의미를 지니는 자유시장은 이들 위험을 통제하고 조정하는 데 불충분한 것이 사실이다.

12_ G. Robbers, Sicherheit als Menschenrecht, a.a.O., S.19f.

13_ Di Fabio, Risikoentscheidungen im Rechtsstaat, 1994, S.38; K. Reus, Das Recht in der Risikogesellschaft, 2010, S.30.

급속한 세계화와 정착된 민주적 법질서하에서는 자유의 영역만큼 안전이 균형을 맞추어 주지 못한 채, 오늘날 세계시민들은 불안과 걱정의 시대를 살아갈 수밖에 없는 처지에 놓여 있다. 예측할 수 없는 대인관계, 위험한 경제, 전쟁의 위험, 새로운 전쟁으로서 테러위험 등은 취약한 개인들이 자유의 제한을 감수하고서라도 국가 · 사회에 대해 자신의 안전과 사회의 안전을 지켜달라고 요구하고, 그러한 위험으로부터 안전판이 될 수 있는 정당과 선거후보자들에게 투표를 통해 권력을 위임한다.

로크(Locke) 이래로 시민사회적 · 자유주의적 전통하에서 국가에 대한 방어권으로 간주되어 온 기본권은 이제 안전과 보호에 관한 적극적인 권리로서 국가로 하여금 자유와 안전에 대한 보호의무를 이행하라고 촉구하는 기본권으로 의미가 전환되었다. 이 같은 관점전환은 일찍이 홉스(Hobbes)의 국가이론에서 그 연원을 발견할 수 있다. 그에게 있어서 국가는 자기목적을 갖고 있지 않고 오로지 시민과 인간의 현실적 목적을 위한 수단, 즉 시민의 안전과 자기보존을 위한 수단에 불과하다. 홉스(Hobbes)는 「리바이어던」(The Leviathan)에서 "통치자에 대한 시민의 의무는 통치자가 시민의 안전을 보호할 능력이 있는 동안만 지속된다"고 말했다. 만인의 만인에 대한 투쟁을 의미하는 자연상태의 곤궁을 해결하기 위해 인간은 자기결정의 자유를 리바이어던(Leviathan)에게 위임하고, 그 대신 그로부터 안전을 보장받는다. 이 안전에 대한 보호가 그에게는 국가의 핵심과제였다.

물론 자유법치국가론에 있어서 자유와 안전에 관한 강조점과 자리매김은 다를 수 있지만, 양자는 결코 택일적으로 이해되어서는 안 된다. 자유는 인간의 자기발전의 조건이고, 안전은 인간의 자기보존의 조건이기 때문에, 자유적 법치국가는 최대한의 자유와 안전 및 평등한 자유와 안전의 질서를 위해 양자를 흐르는 강물의 두 언덕이나 날아가는 독수리의 두 날개처럼 신축성 있는 균형 관계 속에서 파악해야 한다. 마이호퍼(Maihofer)가 적절히 지적한 바와 같이 완전한 의미의 법치국가는 본래 자유국가이자 동시에 안전국가라고 말할 수 있기 때문이다.[14]

그럼에도 불구하고 법사상사나 정치사상사에서 우리는 오랫동안 홉스(Hobbes)의 안전국가관을 심지어 비자유적인 관헌국가나 권위주의 국가로 오해해 왔을 뿐만 아니라 안전이란 주제를 헌법적 질서관에서 의붓자식 취급해 온 것만은 사실이다. 자유국가와 안전국가의 합일태로서 법치국가관을 오해 없이 고려한다면 종래의 전통적인 국가학이나 헌법학에서 안전에 관한 국가의 보호의무는 하나의 잃어버린 고리였음에 틀림없다.[15]

또 하나 등한시했던 관점은 각양각색의 생활세계에서 안전이 오늘날 결코 국가공동체만 책임질 보호대상이 아니라는 사실이다. 안전이 사회 공동체, 더 나아가 국제사회도 의무를 분담해야 할 보호대상이라는 점이다.[16]

전통형법의 발전방향도 헌법의 그것 못지않게 완만하지만, 변화의 소용돌이 속에서 벗어나 있을 수 없는 노릇이다. 전통형법은 자유주의와 법치주의 이념의 세례를 받으면서 오랫동안 '단편적 성격', '최후수단성', '보충성', '비례성'과 같은 원칙의 지배하에 놓여 있었다.

지난 세기 70년대 이후 현대 형사정책의 새로운 발전방향이었

14_ 마이호퍼, 법치국가와 인간의 존엄(1968)(심재우 역), 1994, 136면.

15_ K. Reus, Das Recht in der Risikogesellschaft, a.a.O., S.29.

16_ Ebd., S.39f.; G. Jakobs, Rechtsgüterschutz? Zur Legitimation des Strafrechts, 2012, S.27.

던 형법의 자유화 · 인간화 · 합리화 요구에 상응하여 전통형법의 형벌관에도 새로운 변화가 있었다. 한때 '목적사상과 절연된 응보형의 장엄성'[17]이라고까지 칭송되었던 응보적 형벌관으로부터 범죄인 개인의 개성과 인격성회복에 중점을 둔 재사회화 이념이 지배하는 형벌관으로의 이행이 있었다. 인간의 얼굴을 지닌 형법질서관의 등장으로 사형의 폐지 및 종신자유형의 완화, 벌금형의 주형화, 형벌의 일종 내지 대체물로서 사회봉사명령제도 내지 원상회복제도 등이 입법화되었다.

이 같은 방향전환에도 불구하고 공형벌에서 국가와 범죄자의 양자대립 구도는 변하지 않았다. 국가의 공형벌이 확립된 이래 지금까지 모든 범죄의 제1차적인 피해자는 바로 공권력을 독점하고 있는 국가자신으로 간주되었다. 형벌권을 독점하고 있는 국가가 범죄의 제1차적인 피해자로 자처함으로써 가해자와 현실적인 피해자 사이에 범죄로 인해 야기된 갈등과 충돌은 형사소송이나 형벌집행을 통해서도 해소되지 않은 채 그대로 사회생활 속에 누적되어 갔다.

이러한 현상을 한마디로 표현하자면 바로 범죄피해자의 중립화라고 말할 수 있다.[18] 범죄피해자의 지위를 국가가 대신하고 전면에 나서서 범죄통제 및 법질서의 회복과 유지를 꾀하는 이 같은 경향은 형법을 우선 시민의 유익(utilitas civitas)보다 리스트(von Liszt)의 말대로 범죄인의 마그나 카르타에 관심을 두게 만들었다. 현실적 · 잠재적 범죄인은 범죄통제 및 과도한 통제로부터의 자유라는 관점에서, 형법적 사고에서 중요한 위치를 차지했지만, 실제

17_ Maurach, Deutsches Strafrecht, 4.Aufl., 1971, S.77.

18_ W. Hassemer, Einführung in die Grundlagen des Strafrechts, 1981, S.67.

현실적 · 잠재적 범죄피해자의 안전과 행복은 그에 비해 뒤처졌던 것이다.

이 같은 위기상황을 한때 재사회화형법의 위기라고 일컫기도 했다. 그러나 이 같은 위기상황의 원인은 전통형법에서 국가와 범행자의 관계만 주목하고 범죄피해자라는 고리를 잃어버렸던 데서 찾을 수 있을 것이다. 일탈 또는 범죄로 생겨난 사회적 갈등을 해소하려면 그 갈등의 유발에 관여한 모든 주체, 다시 말해서 공동체, 행위자, 피해자 등의 참여와 그 갈등해소를 위한 국가공동체 내지 사회공동체의 다각적인 대화 노력이 필요하다는 점은 비교적 근래에 이르러서야 부각되었기 때문이다. 또한 범죄로 충격을 입은 법익공동체의 평화를 회복하기 위해 종래 전통형법질서에서 주축을 이룬 국가와 범죄자간 대칭모델보다, 범죄자와 그 피해자간 대화모델로의 방향전환도 최근 들어 활발히 모색되기 시작했다.

그 동안 '피해자의 유행'(Opfereuphorie), '피해자의 르네상스'라는 새로운 모드로의 방향전환이 입법화되고 실제 형사사법의 참여와 절차 형성의 기회를 좀 더 넓혀야 할 필요성은 아직도 남아 있다. 그러려면 첫째, 종래의 고집된 범죄자 내지 피고인에 정향된 범죄관 및 형벌관을 범죄자와 피해자의 상호관련성 속에서 이해하는 새로운 관점으로의 전환, 둘째, 검사 · 피해자와 피고인 및 법원의 4각 구조로 형사소송구조의 패러다임 전환도 필요해 보인다.

이런 맥락에서 보면 지금까지 우리가 범죄를 단순히 범죄인 개인의 측면에서 파악하여 '규범침해' 또는 '법익침해'라고 불러왔던 시각은 너무 단편적이다. 오히려 범죄를 '가해자와 피해자 사이의 갈등'으로 이해해야 할 필요가 있다. 더 나아가 적극적 일반예방, 특히 사회통합적 예방사상에서 형법의 임무를 다시 숙고해 볼 필요도 있다.[19] 법익보호를 임무로 삼던 전통형법의 기능에서는 발생된 범죄로 인하여 침해된 법질서의 공적 권위를 회복시키는 것이 주된 관심사였다. 그러나 통합예방적 관점에서는 범죄인과 사회뿐만 아니라 범죄인과 피해자 사이에서도 만족할 만한 갈등해소 그리고 그에 따른 평화로운 공동체질서 내지 법적 안정성(Rechtssicherheit)의 회복이 형법의 주요임무라고 보기 때문이다.

그렇다면 범죄에 대한 반작용으로서 형사제재도 단순한 법의 공적 권위의 선언이나 공표가 아니라 구체적인 피해자의 권리회복이며, 이를 통한 피해자와 가해자 사이의 새로운 인적 연대성 회복, 가해자와 국가공동체와의 연대성 회복, 그리고 피해자와 국가공동체와의 연대성 회복 등의 의미를 지니게 된다.[20]

피해자의 처벌청구권과 절차참여권을 활성화할 때 그에게서 단순한 복수감정의 발로를 어떻게 차단할 수 있을지는 이론상 난제 중 하나이다. 전통형법에서 지금까지 피해자를 중립지대로 추방했던 것도 그 이유에서였다. 푸코(Focault)의 말을 빌리자면 형법의 힘은 피해자의 무력화에 기초하고 있다고 해도 지나침은 없을 것이다.

피해자의 처벌청구권과 절차참여권은 형벌이론적으로 적극적 일반예방사상의 등장으로 그 문호가 넓어진 셈이다.[21] 형벌이 사회통합예방적 기능을 하려면 범죄에 대한 정당한 처벌이어야 함은 물론 실현된 불법과 형평을 유지할 수 있어야 한다는 것이다. 형벌이 일반인의 법의식을 강화하여 법적 안정을 확보하는 일을 목적

19_ Il-Su Kim, Punitivistische Grundtendenzen der gegenwärtigen Kriminalpolitik?, 고려법학 제56호(2010), 515면 이하 참조.

20_ 김일수, 한국형법Ⅲ, 17면.

21_ 이에 관하여는 Baratta, Integration-Prävention, KJ(1984), S.132f.; Schumann, Positive Generalprävention, 1989, S.7.

으로 삼자면, 정당한 이익조절을 통해 사회공동체 구성원들의 이익에 만족감을 줄 수 있어야 한다.

만약 국가적 · 사회적 이익을 위하여 과도한 형벌을 과한다면 통합예방기능은 오히려 손상을 입기 쉽다. 역으로 범죄피해자의 처벌요구를 외면한 채 가해자의 사회복귀에 중점을 둔 처벌은 결과적으로 불법을 두둔하는 인상을 주어 통합예방기능이 신뢰를 잃을 수밖에 없다. 그런 의미에서 형벌은 최소한 법규범의 효력이 작동하고 있음을 분명히 보여주어야 한다. 비례성의 원칙을 벗어난 무관용원칙과 마찬가지로 비례성의 원칙을 벗어난 관용의 원칙도 현실관련성을 지닌 규범적 정신과학인 형법의 본령과는 거리가 멀어 보인다. 전자의 원칙에서는 범죄인의 자유와 권리가 침해되는 반면, 후자의 원칙에서는 피해자의 안전과 행복이 훼손될 수 있기 때문이다. 이와 관련된 중요한 논제 중 하나가 바로 필자가 한때 전통형법의 흐름 밖에서 도전해 온 '장외형법'이라고 지칭한 바 있는 위험형법, 예방형법 내지 안전형법, 적대형법 등의 문제이다.[22]

Ⅲ. 안전사회 · 안전국가의 형사법

오늘날 전통형법은 여러 면에서 많은 도전 앞에 서 있다. 현실의 불확실성과 불안감으로부터 벗어나 더 많은 안전을 선호하는 후기현대사회의 국가들은 사회안전을 위해 위험형법, 안전형법, 적대형법의 유혹에 이끌리는 경향이 없지 않다. 전통형법에 대한 이 같은 도전들은 역설적이게도 안전을 위한 형법의 팽창과 형법

22_ 김일수, 사회변동과 형법정책의 방향 —특히 형사입법을 중심으로, 제5회 한국법제연구원 입법정책포럼 강연문(2012.7.19), 7면.

의 르네상스 시대를 연다고 말해도 지나침이 없을 것이다.

안전사회 · 안전국가로의 변화와 함께 전통형사법이 겪는 소용돌이는 몇 가지 새로운 사회문화적 · 정치경제적인 조건의 변화를 그 배경으로 삼고 있다.

가장 중요한 배경으로는 앞에서도 언급한 바 있는 새로운 위험에 대한 인식과 그에 대응하기 위한 위험사회의 담론이다. 위험사회에서 새로운 위험(Neues Risiko)은 장소, 시간 그리고 영향권의 범위에 따라 측정될 수 없고, 인과관계 및 책임귀속의 원칙에 따라 귀속될 수도 없으며, 보험을 통해서도 해결하기 어려운 성질의 위험을 지칭한다. 새로운 위험에 둘러싸인 위험사회는 이전의 산업사회와 구별되는 거대위험을 유발시키고, 그로 인해 인류멸망의 잠재성을 증대시킨다.

비록 객관적 안전이 유지되는 장소와 시기에서도 주민들의 주관적 불안이 광범위하게 확산될 때, 그러한 사회도 위험사회 내지 불안사회로 전락한다. 따라서 안전사회는 객관적 위해와 마찬가지로 주관적 불안의 증대에 대해서도 답을 주어야 한다. 후기현대사회는 독신가구, 저출산, 핵가족, 다원주의, 고령화 사회, 세대 간의 단절 등 사회적 복잡성으로 인해 선악판단기준의 결핍, 타인에 대한 신뢰성 약화 그리고 위험에 대한 과잉정보로 종전 산업사회에서보다 주민들을 훨씬 더 불안감에 휩싸이게 한다.[23] 그리고 때때로 주관적으로 느끼는 불안감이 객관적인 불안을 분명히 초과할 때 그 불안감의 증대를 진정시키기 위한 비통상적인 조치의 투입이 요구되기도 한다.[24]

23_ H. Hempel/S. Krasmann/U. Bröckling(Hrsg.), Sichtbarkeitsregime, Überwachung, Sicherheit und Privatheit im 21. Jh., 2011, S.18ff.

24_ 징엘슈타인/슈톨레, 안전사회, 165면.

이와 같은 불안감의 요인으로는 새로운 위험 외에 빈발하는 범죄위험도 빼놓을 수 없다. 삶의 질을 위협하는 범죄위험으로 강도, 주거침입, 자동차절도, 가정폭력, 성폭력, 아동에 대한 폭력과 같은 범죄에 대한 두려움도 무시할 수 없다. 더 나아가 세계 도처에서 발생하는 테러리즘, 조직범죄, 초국가적 범죄유형도 사회의 안전을 심각하게 교란하는 불안요인이다. 따라서 안전국가는 근본적으로 이 같은 불안감을 제거할 수는 없을지라도, 그 불안감을 감소시키고, 그에 상응한 안전을 회복 · 유지하는 것은 오늘날 더 많은 안전을 요구하는 국민들에 대한 국가의 주요한 책무가 아닐 수 없다.

그 다음으로 정보기술혁명으로 인해 산업구조와 생산양식에서 일어난 획기적인 변화는 일상생활과 소비생활의 패턴까지 바꾸어 놓았다. 노동집약적 대량생산양식은 점차 자동화되어 일자리의 감소를 가져왔고, 생산과 근로관계의 유연성이 높아지면서 포드식 생산양식은 새로운 변화를 겪게 되었다. 신자유주의 경제체제로의 전환을 겪으면서 동질적이고 평판화된 근로대중 대신 유연하고 창의적이며 전문화된 개인근로자의 비중이 높아졌다. 그 결과 실업과 비정규직 근로자들이 증가했고, 고용불안 · 임금격차에 따른 사회적 격차가 심화되었다. 그것은 중산층의 감소로 이어져 사회적 불안의 한 요인이 되었다.

더 나아가 국가의 역할과 정책의 변화를 들지 않을 수 없다. 20세기 후반 절정에 이르렀던 서구의 사회복지국가모델은 20세기 말과 21세기 초기에 이르러 각국의 재정위기와 경제위기를 통해 변화를 겪고 있다. 시장실패와 정부실패를 경험했던 나라들은 순수한 신자유주의 이념에 입각한 국가기능의 광범위한 민간이양에서 발을 멈춘 상태이다. 그 대신 재정자원의 효율적인 재분배와 사회보장제도의 재편에 손을 쓰지 않을 수 없었다. 뿐만 아니라 환경보호, 테러예방, 시민생활의 안전을 위협하는 위험원 통제와 예방, 세계화와 지역화의 조화 등 새로운 국가질서모델을 모색하기에 이르렀다.

이에 발맞추어 18세기적인 경찰국가 내지 관헌국가나 개인의 자유권에 중점을 두었던 19세기적인 법치국가나 20세기 산업화시대의 사회적 복지국가들이 누렸던 국가의 존재의미와 기능에 대한 자명성이 점점 쇠퇴해 갔다. 그 대신 새로운 양태의 국가기능에 대한 논의가 한창 진행 중이다. 예컨대, 예방국가, 안전국가, 협동국가, 조정국가 및 네트워크국가에 관한 담론 등이 그것이다. 절대권력의 근간이 되었던 국가의 신화화는 깨어져 버렸고, 국가의 주권적 권위도 약화되었다.[25] 재정위기로 사회복지국가모델은 후퇴하는 반면, 초기의 경찰국가처럼 국민안전을 위해 모든 일에 끼어드는 개입주의 · 후견주의 국가가 등장하고 있다. 오늘날 유행하기 시작한 부부간의 싸움이나 가정 내의 작은 폭력에도 후견주의(paternalism)의 관점에서 경찰권이 개입하도록 한 특별법과 판례의 변동 등이 그 예이다.

시야를 범죄현상으로 돌려보면 거기에도 여러 가지 변화가 나타나고 있음을 감지할 수 있다. 먼저 위험원으로서 범죄현상의 변화이다. 리스트(von Liszt)가 한창 활동했던 산업사회 초기의 고위험 범죄자는 상습범과 누범이었다. 그런데 후기산업사회 내지 위험사회의 위험원은 인류의 생존기반을 초토화시킬 만한 거대위험들이다. 작은 실수가 우리의 생존기반을 송두리째 흔들어 놓을 수

25_ 이에 관한 상세한 논의로는 L. Stienen, Privatisierung und Entstaatlichung der inneren Sicherheit, 2011, S.30ff.; P. Ramsay, The Insecurity State, 2012, p.15.

있는 위험이 된다는 점이다. 이러한 위험원의 현실화 가능성이 도처에서 점점 높아지면서 공포와 불안의 장기화와 내면화가 일어난다. 그 탈출구로 중독, 자살, 분노폭발, 특정한 목표 없이 불특정다수를 향한 이른바 '묻지마 범죄'와 같은 현상이 빈발하고 있다. 근래 미국 뉴욕의 월스트리트 시위, 영국 및 한국에서 대학생들의 반값등록금 시위, 훌리건, 반달리즘(Vandalism) 등도 이 같은 분노와 불안 사조의 표출이다.

범죄의 규모 면에서도 지역화에서 세계화로의 변화에 따라 새로운 변화들이 감지되고 있다. 즉 초국가적 · 다국적 범죄, 마약, 무기밀매, 인신매매, 보존대상인 희귀동식물의 밀거래, 문화재 밀거래, 위조상품 유통, 불량식품의 제조 · 유통, 사이버범죄, 전자 · 자동차 중고품 밀거래 등은 이제 개인적 차원의 범죄에서 벗어나 집단적 · 조직적 범죄로 그 성격이 변모하고 있다. 많은 부분의 기업범죄 · 경제범죄도 집단성과 조직성을 띤다. 그 밖에도 특정피해자를 겨냥한 범죄에서 불특정다수인, 국가 및 사회혼란을 겨냥한 거시범죄로의 변화도 나타나고 있다. 이데올로기 범죄, 증오범죄, 테러범죄가 그 대표적인 예들이다.

더 나아가 범죄의 위험도도 고도화하고 있다는 사실이다. 즉 국가권력의 통제를 벗어난 고위험범죄가 빈발하고 있다. 특히 초국가적 폭력조직이나 테러범죄조직은 유사정부(quasi government)와 같은 조직체계를 갖추고 범죄세계에 등장함으로써 그 위험성이 고도화하고 있다. 또한 원상회복형 범죄에서 댐붕괴형 범죄, 즉 원자력범죄, 환경 · 생태계 파괴범죄, 복제인간 제조 같은 생명공학 분야의 범죄 등은 일단 발발하면 원상으로 되돌릴 수도 없고 보험으로도 그 손해를 감당하기 힘든 엄청난 위험을 야기한다는 것이다.

형사법은 전통 깊은 핵심형법에서 현대적 변용을 수용한 현대

형법으로, 다시 현대형법의 수용 폭을 획기적으로 뛰어넘는 후기현대적 예방형법 · 안전형법으로 변용과 진화를 계속하고 있다. 즉 전통적인 법치국가형법은 현대의 사회적 복지국가형법으로 발전하였고, 드디어 안전국가의 예방형법으로 변모를 이어나가고 있다.

전통적인 형법, 즉 자유법치국가 형법은 형법의 보충성, 최후수단성, 정형화(Formalisierung)의 특징 외에서 죄형법정원칙, 책임원칙, 비례성의 원칙을 통해 형법의 기능을 제한하는 데 초점을 맞추어 왔다. 그런 의미에서 형법의 제1차적 수범자는 국가권력이고, 형법전은 범죄인의 자유의 대헌장으로서의 상징성을 지닌다.

형법은 잠재적 범죄인을 위하하는 데 제1차적 목적이 있기보다 그것을 제정 · 적용하는 국가권력을 제한 · 통제하는 데 중점이 놓여 있다. 이런 맥락에서 결과범 · 침해범이 형법적 통제의 근간이 되며, 미수, 예비 · 음모 등에 대한 처벌은 중요한 몇몇 법익에 국한시켜 제한을 두고 있다. 또한 형벌일원론의 제재 제도하에서 자유주의적 이념을 관철하고자 하며, 개인의 자유이익에 유리하다는 관점에서 응보이념의 우위를 고수하고자 한다.[26]

이에 비해 현대 사회복지국가 형법은 위험원에 대한 적극적 관리 · 적극적 개입을 특징으로 삼는다. 따라서 추상적 위험범의 필요성과 법인의 형사책임(일종의 집단책임)을 제한적으로 인정하게 된다. 더 나아가 적극적 일반예방 내지 사회통합예방에도 치중하게 된다. 사회복지국가 형법에서는 형벌과 보안처분 등 형사제재 제도의 이원론을 선호하며, 특별예방 우위 속에 강벌주의와 온정주의가 공유하는 처우프로그램을 투입한다. 이처럼 현대 사회복지국가 형법도 전통형법에 비해 다양한 진보를 나타내고 있지만,

---

26_ 즉 응보이념의 우위 속에서 일반위하나 무해화 내지 재사회화 이념을 보충적으로 고려한다.

그럼에도 전통형법의 틀을 현대적인 사회변화에 맞추어 수정하는 정도의 범위를 벗어나지 못한다.

후기현대적 예방형법은 안전국가형법의 전형이라 할 수 있다. 안전사회 · 안전국가 형법은 형법의 확장, 형법의 기능 강화, 형법의 행위책임 위주의 개별적 사법에서 위험에 기반을 둔 사법(risk-based justice)으로 나아간다. 그래서 안전국가형법은 강벌주의에로의 전환, 피해자안전 위주의 형법, 상징형법의 경향도 보인다. '더 많은 예방과 더 적은 피해자'(Mehr Prävention-weniger Opfer)가 예방형법의 모토이다. 삼진법, 가석방 없는 종신형, 최저 몇 년 이상의 징역형, 신상공개제도, 미국의 메간법(Megan's Law), 영국의 사라법(Sarah's Law), 한국의 성폭력특별법 등이 더 많은 예방과 더 많은 안전을 위한 형법적 도구로 사용되고 있다.

안전형법은 사회안전을 극대화하기 위해 원래 경찰법의 영역에 있던 사전예방의 영역들까지 사후진압적인 형법의 영역으로 편입시킬 뿐만 아니라 형사소송법상의 강제처분수단까지도 광범위하게 확장시키는 경향을 띤다. 형법의 외연을 확장하는 경향은 안전형법도 위험형법이나 적대형법과 그 궤를 같이한다고 말할 수 있다. 더 많은 안전에 유리하면 형법적 가용수단을 조기투입하는 것이 상책이라는 기조에 서 있기 때문이다.[27]

특히 형사소송법상 효과적인 범죄예방과 범인의 수배 · 검거를 위한 강제처분권이 개인의 자유보다 사회안전에 유리하게 작동

27_ 안전법 내지 안전형법의 등장으로 인해 전통형법의 범주가 점차 모호해지는 현상에 대한 상세한 정보제공과 그에 대한 서구 여러 나라의 헌법적 차원의 대응책 등에 관하여는 울리히 지버(U. Sieber), 전 세계적 위험사회에서 복합적 범죄성과 형법, 한국형사정책연구원 간, 2011, 155면 이하, 특히 171면 참조.

하도록 하는 경향이 두드러지게 나타나고 있다. 그리하여 형사사법기관의 팔이 개인 사생활의 영역까지 미치도록 전진배치되거나 조기투입되기도 한다. 우리의 수사현실에서도 어느새 수사의 효율성을 높이기 위한 방법으로 강제처분의 확대, 전화감청, 인터넷 비밀검색, 비디오감시, 신분위장수사관 투입 허용범위 확대 등 조치들이 들어서고 있다. 뿐만 아니라 형사소송절차의 효율지향성의 일환으로 미국식 플리바게닝(Plea bargaining)과 유사한 '내부증언자 불기소처분제', '참고인 강제구인제', '사법방해죄', '중요참고인 출석의무제' 등에 관한 입법이 활발히 논의되고 있는 실정이다.[28] 소송절차에 관한 이 같은 새로운 제도들은 그 실효성을 높이기 위해 형사제재를 수반하기 때문에, 오랫동안 형사절차법이 형사실체법의 실현도구라고 인식해 온 전통형사법 관념이 거꾸로 뒤바꾸어 형사실체법이 형사절차법 실현을 위한 도구로 인식되기에 이르렀다.

IV. 한계와 대안

전통적 법치국가형법이 새로운 범죄유형, 특히 미래의 안전과 관련된 범죄유형에 대처하는 데 적합하지 않다고 생각하는 사람들은 위험사회의 새로운 위험에 대처하고 선제적으로 예방조치를 취하기 위해서는 이른바 위험형법 내지 안전형법의 등장이 불가피하다고 주장한다. 미래의 안전과 관련된 보호영역에서는 명확하게 윤곽이 드러나 보호법익을 확정하기 어렵기 때문에, 범죄화의 소

28_ 이에 대한 비판적 시각에서 상세한 논의는 하태훈, 법치국가에서의 형법과 형사소송법의 과제, 고려법학 제62호(2011), 38면; 김지영/이재일, 중오범죄의 실태 및 대책에 관한 연구, 2011, 216면 이하 참조.

극적 기준으로서 그 자리를 굳힌 자유주의적 법익사상 대신 문화적으로 각인된 행위규범, 즉 개인 또는 단체가 취한 위험행위를 기준으로 삼아야 한다는 제안이다. 형사사법은 더 이상 범죄자의 자유에 초점을 맞출 것이 아니라 공동체의 안전보호와 그 필요성에 더 유념해야 한다는 것이다.[29]

법치국가의 고전적 형법관을 고집하는 견해는 18세기의 정신적 유산을 답습하는 관점으로서 21세기 현대사회의 다양한 문제들에 대한 형법적 임무에 대해 맹목적이고 지나친 소극주의요, 그 반대의 편에 서 있는 위험형법 · 안전형법 사고는 전통적인 자유주의의 투쟁산물인 인권보장을 경시할 위험이 있다.

현대형법이 처한 이러한 곤궁상태를 탈피하기 위해 일찍이 하쎄머(Hassemer) 교수는 현대형법을 핵심형법으로 축소시키고, 형법과 질서위반법, 사법과 공법 사이에 경제통제법의 근간이 되고 있는 간섭법(Interventionsrecht)을 위치시킨 뒤, 현대사회의 난제들 중 핵심형법으로써 해결할 수 없는 것은 신축성 있는 위험형법이나 안전형법, 심지어 적대형법 같은 비상수단을 통해서가 아니라 오히려 형법보다 더 작은 보장, 더 작은 절차규율, 더 작은 제재력을 갖는 간섭법으로 해결할 것을 제안한다.[30] 하지만 이미 경제법 분야에서 널리 활용되는 간섭법의 조치들은 현실적으로 형법적 재재수단보다 더 강력한 제재력을 행사하고 있다는 점에서, 이러한 해결책은 현실적인 대안이 되기 어렵다. 예컨대, 세무조사나 천문학적인 액수의 추징금, 불법수익환수조치, 징벌적 배상수단은 현

29_ G. Jakobs, Rechtsgüterechtz?, a.a.O., S.19, 37.; P. O'malley, Crime and Risk, 2010, pp.15, 42.

30_ Hassemer, Kennzeichen und Krisen des modernen Strafrechts, ZRP 1992, S.382f.

실적으로 적법절차에 따른 사후통제 시스템의 결과물인 형사제재보다 훨씬 더 큰 파괴력과 위하력을 갖고 있는 것으로 평가되기 때문이다.

물론 이러한 경우의 프랑크푸르트(Frankfurt) 학파에 대해서는 프로인트(Freund) 교수를 포함한 마르부르크(Marburg) 학파와 야콥스(Jakobs) 교수를 비롯한 본(Bonn) 학파의 비판도 있다. 형법은 원칙적으로 법익보호 내지 규범효력을 위한 효과적이고도 중요한 도구이기 때문이라는 것이다. 더 나아가 현실적이고도 적절한 안전보호의 필요성 때문에 우리가 거의 인지하지 못하고 있고 조정할 수 없는 새로운 위험원에 대해서는 그것을 형사법적 규율대상보다 낮은 사소한 법익위해 내지 규범위반으로 취급해서는 안 된다는 것이다.[31] 그러므로 현대의 복합적인 위험원의 영역에서는 안전에 관한 특별한 필요 외에도 동등한 것을 동등하게 취급해야 할 일반 법원리가 적절한 형법적 수단의 투입을 요구한다는 것이다.[32]

이미 작고한 히르쉬(Hirsch) 교수는 오늘날의 형법적 도구는 18세기의 유물이라기보다 오히려 200여 년간 점진적 발전을 거듭해 온 정신적 산물이므로 위험사회·안전사회의 새로운 난제들에 대한 형법적 대응을 전통적 법치국가의 틀 안에서 입법과 이론학의 조화를 통해 해결할 것을 촉구한다. 여기에서 어떤 형법이론학적 도구들은 위험통제를 위해 전통적인 도그마틱의 높은 성채에서 벗어나, 넓은 벌판에서 위험원과 대결을 시도하기도 한다. 예컨대 법인의 범죄능력을 인정함으로써 또는 적어도 경제적 상층부의 부

31_ A. Schmidt/ Th. Schöne, Das neue Umweltstrafrecht, NJW 1994, S.2516; K. Reus, Das Recht in der Risikogesellschaft, a.a.O., S.76.

32_ B. Schünemann, Kritische Anmerkungen zur geistigen Situation der deutschen Strafrechtswissenschaft, GA 1995, S.207.

패나 탐욕으로 인한 경제질서 교란행위에 대한 환경범죄, 경제범죄의 규율에서는 형법의 폭넓은 적극적 개입도 인정해야 한다는 입장이다.[33]

18세기적 근대형법이 예상하지 못했던 사회변동과 실존론적 위기를 직시할 때, 나는 위험형법과 안전형법의 관점에도 부분적으로 긍정할 부분이 있다고 본다. 형법은 현실관련성을 지닌 규범적 정신과학이라는 점에서 볼 때 더욱 그렇다. 다만 경계가 유동적인 이들 위험형법 · 안전형법의 적용영역은 원자력형법, 화학형법, 생명공학형법, 경제형법, 사이버형법 등의 분야에서 특히 사회안전의 확보를 위해 무엇보다 선제적으로 대응할 필요가 있는 영역 대상에만 국한해야 할 것이다.

이 새로운 위험영역을 나는 오래전부터 델타지역(Delta)이라 지칭하고, 전통형법과 위험형법 · 안전형법 사이의 역동적인 관계성을 한 개의 큰 형사법적 규범모델로 엮어내려고 시도한 바 있다. 여기서 말하는 델타란 바로 전통형법적 수단으로써는 용해할 수 없는 후기 현대적 난제가 몰려와 쌓이는 타자화된 세상에서 새로운 이웃질서의 관계를 형성해 나가는 삶의 지평으로 바라보았던 것이다.[34] 여기에서 이웃이란 성경 복음서의 '선한 사마리아인' 비유처럼 우리가 위험에 처한 누군가의 안전보호라는 실존적 필요성에 응답하는 실천적 과제를 의미한다.

물론 델타존(Deltazone)의 경계선을 확정하는 문제는 델타의 유동성에 비추어 볼 때 어려운 과제임에 틀림없다. 그럼에도 불구

33_ Hirsch, Strafrecht als Mittel zur Bekämpfung neuer Kriminalitätsformen?, in: Neue Strafrechtsentwicklungen, 1994, S.29.

34_ 김일수, 위험형법 · 적대형법과 사랑의 형법, 고려법학 제65호(2012), 6면 이하 참조.

하고 현대사회의 위험과 불안이 순수한 주관적 감성의 대상이 아니라 상호주관적으로 공감될 수 있는 생활세계의 일부라는 점을 염두에 두면, 실천이성에 바탕을 둔 일정한 경계설정과 이웃관계설정이 풀기 어려운 난제만은 아니라고 생각한다. 전통적인 근대형법의 장외, 즉 델타(Delta)에 부수형법, 특별형법, 특별법의 형식으로 위험형사법적 · 안전형사법적 수단을 극히 위험성 높은 위험원을 중심으로 제한된 대상에 국한하여 잠정적 · 과도기적으로 투입하고, 안전이 어느 정도 확보되었을 때, 다시 전통형법의 장내 흐름에 합류시키는 형태로 그 해법을 찾을 수 있을 것이다. 어떤 의미에서 델타존은 노자의 도덕경에 나오는 상선약수(上善若水)와 그 흐름을 같이하는 운율로 읽어도 좋으리라 생각한다.

또 하나 중요한 것은 이 예외적인 경우에도 자유와 안전에 관한 개인의 기본권과 인권의 포기할 수 없는 본질적 내용의 한계선을 넘어가서는 안 된다는 점이다. 넓은 의미에서 예방형법은 사회안전을 위한 최선(最善)의 예방책일 뿐 완선(完善)의 예방책이라고 단언하기는 어렵기 때문이다. 위험에 노출된 안전 사각지대는 인간의 삶의 터전과 사회 안에 항시 있기 마련이다.

그러므로 안전형법 · 위험형법의 예방모델은 사회 스스로의 안전복원능력에 초점을 둔 리질리언스(resilience) 모델에 우선권을 인정해야 할 것이다. 리질리언스(resilience) 모델은 안전과 질서의 자율적 회복을 통해 사회안정을 자율적으로 확보해야 한다는 관점에서 출발한다. 그렇게 될 때 그리고 그 한에서 형법은 형사정책의 최후수단이고, 형사정책은 사회정책의 최후수단이라는 자유주의 형법 전통의 명제도 안전형법의 이 새로운 논의의 장에서도 유효하다고 말할 수 있을 것이다.

결국 델타존에 의해 공제된 고위험군을 제외하면 지난 200여

년간 점진적 발전을 거듭해 온 현대형법의 발전방향 그리고 이론과 실제에서 보여준 자기진화능력이 곧 후기현대사회의 난제 해결에도 비교적 논란이 적은 온건한 대응체계가 될 수 있으리라 생각한다.

V. 결 론

현대사회의 변동에 따른 형법정책은 결코 자유냐 안전이냐, 더 많은 자유나 더 많은 안전이냐와 같은 택일적 관점으로 흘러서는 안 될 것이다. 적어도 법이 인간을 위해 존재한다면, 그리고 형법도 인간을 위해 존재해야 한다면, 인간의 실존조건, 즉 그 발전조건과 보존조건에 필요한 자유와 안전은 균형과 조화의 방향으로 흘러가야 할 것이다.

전통적인 근대형법은 자유 안에서 안전을 추구해 왔다. 즉 자유의 원칙이 우선했다. 이에 비해 후기현대사회에 이르러 안전형법·예방형법은 안전 안에서 자유를 추구하는 경향이 있다. 즉 안전의 원칙이 우선한다. 그러나 인간의 얼굴을 가진 형법정책·형사소송법정책은 가장 적정한 자유와 가장 적정한 안전을 인간의 존엄성과 행복실현을 위하여 변증론적으로 통합하는 제3의 길을 찾아가야 할 것이다.

유감스럽게도 오늘날 사람들은 악감정이 섞인 처벌적인 어휘를 자주 의식적으로 만들어 내고 있고, 그러한 경향은 범죄학 영역을 뛰어넘어, 헌법, 형법과 형사소송법 영역에서도 자기목소리와 자기자리 값을 차지하기 시작한 범죄피해자들의 모임에서도 점점 더 거세어지고 있다. 센세이셔널한 범죄 내지 국가위급상황에 준

하는 범죄공포와 직면하여, 정치, 사법 그리고 언론기관처럼 국가 내지 준정부적인 권력기관들이 매우 손쉽게 과잉예방조치를 취하지만, 분석적으로 살펴보면 많은 경우 공중의 흥분과 공포감을 일시적으로 진정시켜 유권자의 고정지지표를 확보하려는 과도한 정치적 행동에 불과하다.

이미 일련의 강벌적 범죄투쟁 입법안들이 보여준 바와 같이 형법은 특정한 범죄집단에 대해 새로운 적개심을 불러일으키고, 동시에 그러한 범죄에 대항하여 전쟁을 선포하면서, 국가권력적 유익을 위해 형사법적 수단이 동원되거나 남용되는 경향마저 없지 않다.[35] 국가권력집행의 위기를 벗어나기 위해 정치적 포퓰리즘 차원에서 부풀려진 슬로건은 정치안정을 위해서도, 정상적인 형법질서를 위해서도 바람직하지 않다.

그러한 바람이 휩쓸고 지나갈 때 우리는 권력의 자의성과 폭력성이 개입하지 않는지 비판의 눈으로 관찰해야 할 책무를 안고 있다. 형법과 국가형벌권은 법치이념에 따른 법적 힘이지 결코 적나라한 폭력이 될 수 없기 때문이다. 이 점은 위험과 불안의 시대를 살아가는 현재 우리들의 생활세계에서도 지켜져야 할 법원칙이다.

오늘날 안전사회 이념을 충족시켜 줄 형법질서관의 확립에서도 우리가 간과해서는 안 될 관점이 인간을 위한, 인간 존중의, 인간의 얼굴을 지닌 형법질서이다. 그러나 인간이 인간을 도구화하고 적대시하는 어두운 현실 속에서, 자칫 안전형법이 빠질 수 있는 유혹에 경종을 울릴수 있는 대응사상은 이웃사랑의 정신이다. 형법질서에서도 사랑이 없는 정의는 폭력으로 변질되기 쉽기 때문이다.

35_ Cremer-Shäfer, Normaklärung ohne Strafe, in: Petro(Hrsg.), Muss Strafe sein?, 1993, S.94f.

후기

이 글은 2013년 6월 22일 성균관대 법학전문대학원에서 열린 형사법관련 5개 학술단체(형법학회, 형사소송법학회, 형사정책학회, 비교형사법학회, 피해자학회)의 공동학술대회의 기조강연문이다. 물론 약간의 손질을 거쳤다.

[2] 국가형벌권은 어떻게 올바를 수 있을까?

Ⅰ. 서 론

근대형법이 계몽주의의 정신적 산물임은 이미 주지의 사실이다. 17, 18세기 무렵부터 서구사회의 지성적인 의식변화는 계몽주의 조류를 타고 확산되었다. 계몽주의는 이성, 합리주의, 자유, 인간성. 자연법, 사회계약, 공리주의, 법치국가, 진보 등의 개념을 발전시켰고, 이러한 상상력은 형이상학의 빈터에 경험주의의 통로를 열었고, 주술적 세계관의 해체와 종교의 세속화를 조장했다.

법과 국가의 영역에서도 계몽주의는 사실상의 힘과 법적으로 승인된 권리의 구별을 통해 국가권력작용에서 맹목적인 충동행위를 목적사상에 의해 객관화된 의지행위로, 남용된 힘을 절제된 권력으로 변화시켰다. 국가형벌권의 정당화문제도 정신사적으로 거슬러 올라가면 계몽주의의 유산이라고 해야 할 것이다. 일찍이 베카리아(Beccaria)가 제기했던 물음, 즉 "형벌의 기원은 무엇인가? 형벌권의 기초는 어디에서 구해야 할 것인가? 범죄에 대한 정당한 형벌은 무엇인가?"라는 물음도 계몽주의의 뿌리에서 국가형벌권의 정당성을 찾는 지적 노력의 산물이었다.[1] 리스트(von Liszt)가 형법에 있어서 목적사상을 통해 보여주고자 했던 바른 형벌, 즉 정당한 형벌에 관한 것도 계몽주의 사조를 배경으로 한 것이었다.[2]

오늘날 형벌권의 정당화논의는 본질과 목적에 의한 정당화에서부터 한계에 의한 정당화 그리고 임무에 의한 정당화까지 그 파장이 넓다. 형벌이론으로 압축되는 응보사상과 예방사상의 논쟁, 형벌권의 법치국가적 제한, 형법의 임무에 의한 형벌권 정당화문제는 형벌의 기원과 역사에서부터 현대의 법철학, 국가철학, 사회철학에 이르는 광범위한 논의들을 수렴하고 있다.[3]

형벌이론 그 자체는 이미 기원전 고대 철학의 논쟁에 뿌리를 두고 있지만, 형벌권 정당화의 문제를 둘러싼 논의는 아직 끝난 것이 아니다. 사회변동과 의식변화가 극심한 전환기마다 법사고의 변동이 일어나기 마련이고, 법사고의 변동은 형법사고의 변동과 직결되기 때문이다. 형벌권 정당화의 문제는 사회적 변혁의 시기마다 불가피하게 등장하는 형사입법 및 형법개정의 필요성논의 속에서 이성적인 형법정책의 방향을 설정하고, 그 진보의 열매들을 평가하는 사상적 시금석이라고 말해도 좋을 것이다. 후기현대사회와 정보사회의 등장으로 인한 사회구조변화 속에서 과연 합리적이고 인간화된 형법의 기초를 어디에다 놓아야 할 것인지에 관한 새로운 물음들은 산업화과정 속에서 등장했던 근대적 난제들을 해결하기 위한 형법과 형사정책적 논의들과 본질적인 면에서 다르지 않다.

1_ 체자레 베카리아, 범죄와 형벌(이수성·한인섭 번역), 1995, 30면.

2_ 심재우(역), 「형법에 있어서 목적사상」(고려대 법률행정논집 제15집, 1977), 158면 이하 참조.

3_ Heike Jung, Sanktionensysteme und Menschenrechte, 1992, S.24f.

"역사는 신의 손에 의해 시작되었다. 그러나 인간의 손에 의해 진보한다." 이것이 계몽기 이래 국가형벌권의 정당화를 둘러싸고 전개되어 온 형법사고의 정신사적 발자취를 관통하는 특성이기도 하다.

II. 형벌권 정당화의 필요성

형법은 행위규범과 제재규범을 통하여 법익보호에 기여한다. 형법의 법익보호는 개인에게 자유로운 인격발전의 안전지대를 제공하고, 공동사회에는 평화로운 공동생활의 조건을 확보해 준다.

형벌은 법익보호의 중요한 수단임에는 틀림없지만 헌법상 보장된 시민의 자유영역에 대한 침해를 수반한다. 형벌을 아무리 미화시킨다 하더라도 수형자에게는 현실적으로 해악이요, 벗어날 수 없는 위력이며, 심한 사회윤리적 비난인 점을 부인할 수 없다.[4]

범죄가 발생하면 국가는 이에 민감하게 반응한다. 이 반응의 가장 강력한 수단이 바로 형벌이다. 형벌은 원칙적으로 개인의 위신, 명성, 지위를 가리지 않고 죄를 범한 사람 누구에게나 가차없이 부과된다. 아무리 용감하고 위대했던 역전의 용장이라도 순간적인 범죄나 과실에 의한 총기사고로 타인을 사상케 했다면, 형법은 그 저질러진 범죄사실에 주목하여 똑같이 범죄인으로 취급하면서 침해된 법질서를 회복시키려 든다.[5]

4_ P. Noll, Die ethische Begründung der Strafe, 1962, S.17 ff.; W. Sax, Grundsätze der Strafrechtspflege, in: Die Grundrechte III, S.924; F. Bauer, Die Rückkehr in die Freiheit, in: B. Freudenfeld(Hrsg.), Schuld und Sühne, 1960, S.140.

한 번 상상해 보자. 아무리 존경스러운 사회저명인사라도 하찮은 간통사건으로 하루아침에 죄인으로 전락하여 그의 사회적 명성에 쉽사리 회복할 수 없는 치욕이 새겨진다. 수천 명의 종업원을 거느린 대기업의 총수라도 탈세 등의 죗값을 받아야 할 처지에 이르면 일순간에 기업경영으로부터 손을 떼지 않을 수 없다. 정든 주택에서 누려온 단란한 가정생활도 소용돌이 속에 휩싸이게 되고 매일 지속해 온 건강과 취미생활의 여유조차 빼앗긴 채 교도소의 황량하고 음산한 분위기 속에 갇혀 수도사와 같은 금욕생활의 고통을 강요당하지 않으면 안 된다.[6]

장기간의 형벌집행과정은 수형자 개인의 내면세계를 회복할 수 없을 정도로 황폐화시킬 수 있다. 수형자들은 절망과 의기소침 상태에서 육체적 · 정신적으로 일종의 박탈감을 체험하게 된다. 거기에서는 육체적 · 정신적 활동의 제약으로 인해 더 이상 인격의 자유로운 발전을 기할 수 없을 뿐 아니라 자유로운 외부세계와의 접촉이 통제상태에 놓이게 되므로 고립과 인격상실의 위험에 직면하게 된다.

'좁은 활동공간에 우겨싸임을 당함, 인격의 자유로운 활동을 박탈당함, 부부관계와 가족관계 속에서 자랄 수 있는 애정을 차단당함, 오락과 여흥의 가능성을 박탈당함, 모든 일과를 일방적인 통제와 규율에 내맡김 그리고 노동의 가치를 발견하기에는 너무도 빈약한 노임으로 노동력을 제공하야 함.' 이 모든 것들이 재소자 문화의 비정상성의 단편에 속한다.[7]

5_ 김일수, 새로 쓴 형법총론(제5판), 27면.

6_ 김일수, 한국형법 I , 99면.

7_ W. de Boor, Schuldstrafrecht? normatives Maßnahmenrecht?, in: Schuldstrafrecht oder normatives Maßnahmenrecht, 2. Aufl., 1977, S.46.

오랜 수형생활 후 언젠가는 자유의 세계로 석방되지만, 수형자에게 가해지는 형벌의 고통은 거기에서 끝나지 않는다. 전과자라는 사회적 낙인이 직장생활의 통로를 차단하고, 가족들과 친지들의 사이에도 전에 보이지 않았던 편견과 갈등이 증폭되기 십상이다. 잃어버린 명예의 부끄러움과 상실감과 외로움이 교도소 문 밖에서 만나는 사회적 편견과 냉대에 직면하여 헤어날 수 없는 굴레로 사회복귀자들의 숨통을 죄고 있는 것이다.

이처럼 범죄에 대한 대가로서 형벌은 한 범죄자의 개인적 · 사회적 실존의 터전을 완전히 초토화시킬 수 있는 무서운 위력을 갖고 찾아온다. 그러므로 국가형벌은 적나라한 사실상의 힘에 머물러 있어서는 안 되고, 법적으로 승인된 권력으로 정당화되어야 한다.[8] 무엇이 국가로 하여금 범죄한 국민 개개인을 처벌할 수 있는 권한을 부여하는가? 국가는 어떤 목적으로 형벌이라는 수단을 이용하여 실족한 인간에게 가차 없는 고통을 가해야 하는가? 형벌이 범죄한 개인의 개선을 위해서도 봉사해야 한다면, 수형자들은 형벌을 통해 현실적으로 개선될 수 있는가? 이 같은 물음에 대한 대답이 바로 국가형벌권의 정당성에 관한 논의에 속한다.[9]

Ⅲ. 형벌의 윤리적 정당화

형벌은 범죄에 대한 국가의 단순한 사실상의 제재가 아니라 규범적인 평가로서의 성질을 갖는다. 따라서 형벌에는 본질상 사회윤리적인 불승인과 행위자 개인에 대한 비난이 포함된다. 범죄

8_ 체자레 베카리아, 범죄와 형벌, 34면.

9_ Eb. Schmidhäuser, Vom Sinn der Strafe, 2. Aufl., 1971, S.18.

는 적나라한 반사회적 행위이지만 형벌은 법적으로 정당화된 행위이다. 범죄가 사실상의 폭력이라고 해서 그에 대응하는 형벌마저 사실상의 폭력이 되어서는 안 된다. 범죄는 격정과 증오의 격랑 속에서 일어나기 십상이지만 형벌은 격랑의 파도를 맞이하는 이성과 사랑의 도구와도 같다. 형벌은 범죄인에 의해 저질러진 규범침해를 이유로 그 범인에게 내려지는 공적·사회윤리적 반가치판단이다.[10] 그러나 국가작용으로서의 형벌인 만큼 범죄와는 질적으로 다른 도덕적 우월성을 지녀야 한다.

국가 형벌권의 윤리적 정당성을 속죄에서 찾으려는 시도가 일찍부터 있었다. 속죄란 범인 자신의 능동적이고 윤리적인 노력을 통해 그의 진정한 자아 및 사회에 대해 죄를 뉘우칠 때 내면으로부터 이루어지는 화해를 의미한다. 형벌이 이 같은 속죄의 가능성을 열어준다는 점에서 윤리적인 정당성을 찾을 수 있다는 것이다.[11]

속죄는 범죄인이 형벌을 자기 죗값의 속양으로 기꺼이 받아들이고, 그의 범행을 심리적·정신적으로 힘써 청산하여, 그러한 회오를 통해 자신의 인간적이고도 사회적인 성실성을 되찾을 때에만 이루어질 수 있다. 속죄가 범죄인과 피해자 또는 범죄인과 공동사회의 화해와 관련해서 자율적인 원상회복의 의미로 쓰일 때에는 별 문제가 없다. 그러나 응보를 실행하고 수형자에게 응보의 요구를 받아들이도록 강제하는 의미로 사용된다면, 속죄는 사회의 일방적인 보복과정을 다른 말로 미화한 데 지나지 않는다. 그러므로

10_ P. Noll, Strafrecht im Übergang, in: GA 1970, S. 178; R. Lange, Der Strafanspruch des Staates und die Grenzen der Strafbarkeit, 1963, S.87; Neumann/Schroth, Neuere Theorien von Kriminalität und Strafe, 1980, S.10.

11_ W. Trillhas, Zur Theorie der Strafe, 1961, S.48; Arth, Kaufmann, Das Schuldprinzip, 1961, S.272f.

속죄설(Sühnetheorie)의 중점은 범죄인과 사회와의 화해보다 본래적인 자기 자신, 즉 양심적 자아와의 화해에 있다.

초자아를 통해 속죄가능한 정신상태가 마련될 수 있다고 보는 심층심리학적 입장에서는 속죄가 우선 자벌(Selbstbestrafung)로 해석된다. 이에 따르면 속죄는 오직 강한 초자아를 지닌 범인에게서만 기대될 수 있다는 것이다. 이러한 부류의 사람들이 범죄를 저질렀을 경우 물론 초자아의 요구는 일단 범행에 의해 무시되었지만, 다시 죄책감의 형태로 회복되어 관철될 수 있기 때문이라는 것이다. 그러나 이러한 속죄체험이 구체적인 범죄인·수형자에게서 현실적으로 일어날 수 있는 가능성은 극히 희귀한 것이라는 데 문제점이 있다.[12]

물론 이러한 경험적 희귀성이 인간존재의 근저에 상존하고 있는 속죄능력과 성향의 가능성을 전적으로 부인하는 의미는 아니다. 속죄는 자율적 인간의 내면에서 일어날 수 있기 때문에 자기인격의 회복과 같다.[13] 속죄가능성은 본래 그의 존재론적·인간학적 근거를 인간의 개별인격성(Personalität des Menschen)에 두고 있고, 그의 실천윤리적 명제는 바로 인간의 자기책임의 가능성으로 귀결된다.[14]

만약 유죄판결을 받은 사람이 자기책임에 근거해서 속죄를 자기결정의 한 노작성과로 기꺼이 형성해 보일 수 있고 또 보이기를 원한다면 그 수형자에게 속죄의 가능성은 최대한 보장되어야 한다. 그러나 속죄는 자기인격의 회복노력이기 때문에 외부적으로

12_ W. Maihofer, Menschenbild und Strfrechtsreform, 1964, S.19.

13_ E. Frey, Schuld, Verantwortung, Strafe, 1964, S.307.

14_ I. S. Kim, Die Bedeutung der Menschenwürde im Strafrecht, 1983, S.78ff.

강제되어서는 안 된다. 왜냐하면 법치국가에서 개인의 윤리적 자기발전은 개인 자신에게 맡겨진 임무이고, 이를 국가가 조장하는 것은 어디까지나 단편적 · 보충적 임무에 그쳐야 하기 때문이다.

비록 속죄가 재사회화의 성공에 필요불가결한 조건일 수 있어도 법과 제도에 의해 강요할 성질의 것이 아니라는 점에서 이것을 국가형벌의 윤리적 정당성에 대한 유일한 근거로 삼는 것은 적절하지 못하다. 다만 자기책임의 한도 안에서 처벌해야 한다는 형사정책적 귀결만은 국가형벌의 한계표지로 사용할 수 있으므로 이 한에서 속죄는 제한된 의미이긴 하지만 국가형벌권의 정당화를 위한 윤리적 근거의 하나로 간주할 수 있다고 본다.

속죄 대신 국가형벌권의 윤리적 정당화의 유력한 근거로 공동책임(Mitverantwortung)이 많은 지지를 받아왔다.[15] 이 공동책임사상은 인간의 사회적 연대성에 그 존재론적 · 인간학적 근거를 갖고 있다. 인간의 사회적 연대사상은 인간을 원래 고립된 한 개체(Individuum)가 아니라 타인과 더불어 살아야 할 존재로 파악한다. 인간은 타인과의 관계 총화 속에서 본래적인 자아를 발견할 수 있다. 나와 더불어 사는 타인과의 만남이 이루어지는 시간과 장소에서 나 자신의 개별인격성에 부착된 사회적 · 정신적 인격성이 형성된다. 이 같은 공존의 원시상황을 인간상호간 공존의 원형이라고도 지칭한다.[16] 이러한 존재론적 구조로부터 연대성은 인간 상호간의 보완 및 상호간의 책임분담의 의미를 얻는다. 그리고 이 연대

15_ 예컨대 C. Roxin, Eb. Schmidhäuser, E. Naegeli, W. Maihofer, Th. Würtenberger, Arth. Kaufmann, P. Noll, G. Stratenwerth, R. P. Calliess, Neumann/Schroth, P. Kaenel 등.

16_ W. Maihofer, Anthropologie der Koexistenz, in: Festschrift für E. Wolf, 1972, S.167.

성으로부터 실천윤리적인 공동책임의 요구가 나온다.

여기에서 개인의 공동책임이란 개인이 사회구성원 전체에 대해 책임을 진다는 것이 아니라 사회구성원 각자가 자기의 개별책임을 통해 전체에 대해서도 일정한 몫의 사회적 책임을 부담한다는 의미이다. 이 공동책임을 형벌의 기초로 삼을 때 범죄인은 자기 책임의 한도 안에서 공동사회에 대한 사회적 책임을 부담해야 한다는 결론에 이른다. 그리고 각자가 자기 죗값으로 부담해야 할 사회적 책임이 바로 형벌이다. 국가는 범죄한 개인에게 이 형벌을 과하는 대신 그 개인을 포함한 시민 상호간의 평화로운 공존질서와 안전, 그 밖에 인간답게 살 만한 가치 있는 공동생활의 조건들을 보장해 준다. 이 윤리적인 상관관계를 일찍이 계몽적 형법사상가인 베카리아도 형벌론의 출발점으로 삼았다.

> "법은 독립되고 고독한 인간들이 하나의 사회를 형성하기 위한 조건이다. 끊임없는 전쟁상태로 살아가는 것에 지치고 제대로 보전할 수 없는 자유의 향유에 진력이 난 사람들은 그 자유의 일부를 할애하여 나머지 자유의 몫을 평온하고 안전하게 누리고자 했던 것이다. 이렇게 각 개인에 의해 할애된 자유의 몫의 총합이 한 국가의 주권을 형성한다. 주권자는 이렇게 모여진 자유를 정당하게 공탁받아 관리하는 자인 것이다. … 각 개인들은 자신이 내놓은 몫을 가져가려 할 뿐만 아니라 타인의 몫을 침해하려는 전제적 성향을 언제나 지니고 있는 까닭에 각 개인의 침해로부터 이 공탁물을 지키지 않으면 안 된다. 따라서 누구나 지니고 있는 전제주의적 심성을 제어하기 위해서는 어떤 유형적 계기가 요청되고 이 유형적 계기가 바로 법위반자에 대해 설정된 형벌이다. … 각인에게 그의 개인적 자유의 일부를 양도하도록 강제하는 것은 필연적이다. 이렇게 양도

된 각자의 최소한의 몫의 총화가 형벌권을 구성한다."[17]

공동책임의 관점에서 이끌어 낸 형벌은 범인을 단지 타인의 목적을 위한 수단으로 대하는 것이 아니다. 형벌의 적용 · 집행을 받고 그로 인하여 설령 감내하기 어려운 자유박탈이나 제한이 과하여지더라도 이를 감수해야 할 의무는 바로 범인이 자신의 나머지 자유를 사회로부터 보장받기 위해 필요한 최소한도로 양도한 부분에서 생성된 것이기 때문이다. 사회계약에 기초하여 범인과 수형자가 자신이 속한 공동사회에 대하여 부담하고 있는 이 공동책임이야말로 국가형벌권의 사회윤리적인 정당성의 근거로 삼기에 부족함이 없어 보인다.[18]

반면 공동책임사상은 법공동체도 그와 유기적인 관련하에 있는 구성원인 현실적 범죄자의 범행에 대해 공동죄책(Mitschuld)을 져야 한다는 의미를 담고 있다.[19] 처벌받는 사람이 그 처벌과정을 통해 법공동체에 대한 사회적인 책임을 부담해야 한다면, 그의 구성원을 처벌하는 국가도 처벌받는 자에 대해 연대적 공동책임을 져야 마땅하다. 왜냐하면 범죄인은 어느 정도 극단적인 한계상황에서 범행을 저지른 것이며, 이 범행에 대해 범죄를 둘러싸고 있는 사회적 주위환경도 경험적으로 그 값을 정하기는 어렵지만 어느 정도 책임을 부담하고 있는 점만은 부인할 수 없는 사실이기 때문이다.

물론 공동사회가 공동죄책을 져야 한다는 논리가 범죄인의 무

17_ 체자레 베카리아, 범죄와 형벌, 32면 이하.

18_ C. Roxin, Sinn und Grenzen staatlicher Strafe, in: ders., Strafrechtliche Grundlagenprobleme, 1973, S.22.

19_ 김일수, 법 · 인간 · 인권(제3판 중판), 1999, 359면.

책임과 무죄의 근거가 될 수는 없다. 그러나 처벌하는 국가가 범죄인에 대해 바리새인적인 독선이 아니라 죗값을 함께 나누어 갖는 공동죄책의 기초 위에서 현실적인 범죄인을 대하여야 한다는 논거로서 이 공동책임 사상이 갖고 있는 의미는 과소평가될 수 없는 것이다. 국가는 범죄인이라고 해서 사회로부터 격리시키고 단절시켜야 할 아무런 권한도 갖고 있지 못하다. 도리어 국가는 범죄인에 대해 사회적인 연대성을 높이고 확고히 해 주어야 할 의무를 지고 있다. 국가가 그 실현에 의무를 지고 있는 인간의 존엄성은 바로 인간의 인격성과 연대성으로부터 도출되는 법가치이기 때문이다.

이렇게 본다면 국가형벌은 범죄에 대한 단순한 응보나 사회로부터 범인을 추방하는 것이 아니라 범인과의 사이에 단절된 연대성의 회복을 지향하는 것이다. 공동책임사상으로부터 출발할 때 일반예방도 전통적인 소극적 의미의 단순한 위하로만 이해되어서는 안 된다. 도리어 일반인의 법의식 속에 법질서의 안정을 내면화시켜 주는 적극적인 의미로도 이해되어야 한다. 또한 특별예방도 범죄인에 대한 공동체의 극단적인 단절인 무해화나 범죄인을 순치시키기 위한 극단적인 세뇌작용이 아니라 법공동체에서 범인의 인격적인 주체성획득을 위한 자조과정으로 이해되어야 한다.

형벌이 근본적으로 인간존엄성의 보장요구로부터 벗어난 국가권력 작용일 수 없다면 그 과정에서 공존자로서의 범죄자 및 수형자의 인격을 최대한 존중하는 입장만이 정당성을 획득할 수 있을 것이다.

Ⅳ. 형벌목적론적 정당화

1. 형벌의 본질과 목적

형벌의 본질과 목적에 관한 논의가 형벌이론(Straftheorie)이다. 형벌론이 고대 희랍철학에까지 거슬러 올라가는 오랜 전통을 갖고 있음은 주지의 사실이다. 현대에 이르러서도 형벌이론을 절대설, 상대설, 절충설로 나누어 살피는 것이 일반적인 관행이다.[20]

절대설은 형벌의 의미를 그것이 가져올 결과와는 절연시켜 본질적으로 파악하는 입장인 반면, 상대설은 형벌의 의미를 그것이 추구하는 목적과 관련시켜 현실적으로 파악하는 입장이다. 이 같은 차이점을 플라톤(Platon)의 대화편을 통해서 전해 내려온 프로타고라스(Protagoras)의 견해를 인용한 세네카(Seneca)의 다음과 같은 말에 극명하게 나타나 있다

> "현자는 죄를 지었기 때문이 아니라 장래에 더 이상 죄를 짓지 않도록 하기 위해 처벌한다."(nemo prudents punit, quia peccatum est, sed ne peccetur.)

절대설은 죄를 저질렀다는 점(quia peccatum est)에서 형벌을 이해한다. 즉 형벌은 과거에 저질러진 범행을 회복적으로 바라본다는 것이다. 이에 반해 상대설은 죄가 저질러지지 않도록 하기 위한 점(ne peccetur)에서 형벌을 이해한다. 즉 형벌은 장래의 범행을

20_ 심재우, 「형벌의 본질」(고시연구 1978.9), 57면 이하; 「형벌의 본질」(형사법강좌II, 1979), 796면 이하 참조.

예방하기 위한 인간의 미래지향적 · 목적적인 행위라는 것이다. 흔히 절대설을 응보설, 상대설을 예방설이라고도 부르는 소위가 바로 여기에 있다.

2. 절대설

절대설 중에는 형벌의 본질을 응보로 이해하는 입장, 절대적 정의의 순수한 요청으로 이해하는 입장, 속죄의 표현으로 이해하는 입장 등이 있다. 이러한 절대설의 사고는 플라톤(Platon)의 초기 사상, 중세 토마스 아퀴나스(Thomas Aquinas)의 형평사상, 근대 독일관념철학의 대표자인 칸트(Kant)와 헤겔(Hegel)의 사상에서 특징적으로 나타나고 있다. 현대의 절대설에서 가장 큰 비중을 차지하는 이론가는 물론 칸트와 헤겔이다.

칸트는 형벌의 근거를 형벌이 추구하는 목적과 절연시켜 단지 정의의 요구에서만 찾을 수 있다고 보았다. 따라서 형벌은 탈리오(Talio)의 원칙처럼 범죄에 대해 그와 동일한 다른 해악을 가지고 응보하는 것이다. 칸트에게 형벌은 일종의 정언명령이다. 따라서 형벌은 어떤 목적을 추구하는 수단이 되어서는 안 되고 그 자체 자기목적이어야 하며, 그것이 바로 책임응보라는 것이다. 이 점을 칸트는 그의 「도덕형이상학」에서 다음과 같이 서술하고 있다.

> "법관의 형벌은 결코 범죄자 자신을 위해서건 시민사회를 위해서건 어떤 다른 선을 조장하기 위한 단순한 수단일 수 없다. 도리어 그것은 언제나 범죄자가 죄를 범하였기 때문에 그에게 과해지는 것이어야 한다. 형법은 일종의 정언명령이다. 공리주의가 형벌관념 속에 범처럼 기어 들어와 형벌이 약속해 줄 수 있는 어떤 유익을 통해 이

정언명령을 형벌에서 벗어나게 하거나 마치 '전체 백성이 죽는 것보다 한 사람이 죽는 것이 나으니라'고 한 바리새인의 말에 좇아 그 정도를 완화하려는 시도에 대하여 경계, 방어할지어다! 왜냐하면 정의가 몰락하면 인간은 더 이상 이 땅 위에 살 가치가 없기 때문이다."[21]

이처럼 모든 형벌사상을 예방목적에서 절연시키면서 칸트는 유명한 섬사람 비유를 통해 책임응보를 정당화시킨다.

"시민사회가 그 구성원의 합의에 의해 해체된다 할지라도(예컨대 한 섬에 사는 백성들이 그 섬을 해체하고 다른 세상으로 흩어지기를 결의한 경우처럼), 감옥에 남아 있는 마지막 한 사람의 살인자만은 사전에 처형하고 나와야 한다. 이로써 모든 사람은 자신의 범행이 어떤 값을 치루어야 할까를 경험하게 되고, 이 처형을 하지 않음으로써 피흘린 죄가 전체 백성에게 돌아가는 것을 막기 위함이다. 왜냐하면 처형을 하지 않은 백성도 정의에 대한 공공연한 침해에의 동참자들로 간주될 수 있기 때문이다."[22]

칸트가 전제한 인간은 자유의사를 가진 도덕적 존재이다. 인간은 자유의사에 따라 자기 자신이 스스로 행위입법을 정하고 그에 따라 도덕적으로 행위할 수 있다는 것이다. 그렇다면 범죄란 인간이 스스로 정립한 행위입법을 어기는 것이며, 그에 대한 제재는 도덕적 실천이성의 회복을 위해 절대 필요하다는 것이다. 역설적으로 들릴지 모르나 형벌을 받음으로써 행위자는 도덕적 존재로

21_ I. Kant, Metaphysik der Sitten, 1797, S.453.

22_ I. Kant, a.a.O., S.455.

다시 회복될 수 있으므로, 형벌은 다른 사람이나 사회를 위해 받는 것이 아니라 자기 자신을 위해 받는 것이라고 칸트는 주장한다.[23]

이에 비해 헤겔은 형벌을 변증법적 발전과정, 즉 긍정, 부정, 부정의 부정이라는 과정에 도입시켜 정의의 회복을 위한 절대적 성격을 부여했다. 즉 보편의지로서 법질서는 긍정이고, 특별의지로서 범죄는 부정이며, 형벌은 이 부정에 대한 부정이라는 것이다. 이것은 범죄가 형벌에 의해 상쇄되고 부정되고 속죄되는 것을 의미하며, 형벌은 침해된 법을 다시 회복시키기 때문에 절대적으로 필요하다.

그러나 칸트와 달리 헤겔은 정당한 형벌은 탈리오의 원칙에 의해 결정되는 것이 아니라 범죄와 형벌의 등가성에서 결정된다고 보았다.

> "범죄의 지양은 개념상 침해의 침해이며, 현실적으로 범죄가 일정한 질적 · 양적 범위를 갖고 이 범죄의 부정도 마찬가지의 범위를 갖는다는 점에서 재응보이다. 그러나 재응보라는 개념 위에 기초하고 있는 이러한 일체성은 침해의 특수한 성격상 동일한 것을 의미하지 않고 도리어 가치상으로 동일한 것을 뜻한다."[24]

헤겔은 이러한 등가성을 그때 그때의 사회상태에 연결시켰다. 등가성의 질과 정도는 시민사회의 상태에 따라 가변적이다. 그런 의미에서 형법전도 그 시대의 시민사회의 상태에 종속하고 있다는 것이다. 그럼에도 형벌은 법의 부정의 부정으로서 그 자체 절대적이다. 따라서 만약 위하나 개선 따위의 예방목적으로 형벌을 과한

23_ 심재우, 「형벌의 본질」(고시연구 1978.9), 58면.

24_ Hegel, Grundlinien der Philosophie des Rechts, 1821, §101.

다면 그것은 "한 마리의 개를 향해 막대기를 집어드는 것과 같아서 인간은 명예스럽고 자유로운 존재로 대접받지 못하고 개처럼 취급되는 것과 같다"는 것이다.[25]

헤겔은 형벌을 법 자체의 객관적 이성의 요청으로부터 도출한다. 형벌을 받음으로써 범죄인은 다시 공동체의 일원으로 환원되며, 개별의지와 법공동체의 일반의지의 일치성이 이로써 다시 회복된다는 것이다. 따라서 범죄자에게 가해지는 해악은 그 자체 정당할 뿐만 아니라 공동체 내에 사는 시민의 권리라고 한다. "형벌 가운데 자기 자신의 권리가 내포되어 있음을 아는 것, 바로 그 점에서 범죄자는 이성적인 것으로 명예로워지는 것이다"라고 헤겔은 말한다.[26]

절대설에서 공통적인 점은 형벌을 정의의 요구에 만족시켜 주는 응보적 반작용으로 보는 점, 그 정의는 현실적 · 구체적인 가치라기보다는 형이상학적인 이념형태라는 점, 그러면서도 범죄자를 도덕적 인간존재로 회복시키기 위한 존중관념이 깃들어 있다는 점 등이다.

정신사적으로 응보형론은 형벌을 충동적이고 무분별한 복수사상으로부터 끌어올려 객관화의 목표를 지향하게 했다는 점에서 큰 진보를 가져왔다. 특히 공리주의에 입각한 과도한 형벌작용의 남용가능성을 자기제한의 틀 속으로 끌어올려 제한 없는 형벌폭력을 자기제한 속에 있는 법적 형벌로 객관화시킨 공적은 리스트조차도 인정하는 바이다.

"제한 없는 형벌폭력의 법적 형벌에로의 자기제한을 전면에 내세우

25_ Hegel, a.a.O., §104.

26_ Hegel, a.a.O., §100.

고 보면, 그 객관화가 범죄자에 대해 갖고 있는 가치도 명백하게 된다. 처벌받는 것은 국민의 중요한 권리이다(Fichte); 범죄자는 형벌 가운데서 이성적인 존재로 명예로워진다(Hegel); 이러한 등등의 명제는 결코 형벌일반의 것은 아니지만 아마도 객관화된 형벌의 고유한 본질성 내지 내면적 핵심에 대한 표현들로서 다만 표면상으로만 모순되는 것 같이 보이는 것이다."[27]

칸트의 철학과 그의 자유주의적 법치국가관에 깊이 경도된 심재우 선생도 비록 응보형론을 법치국가형벌로 수용하기를 거부하지만, 응보형주의가 형벌사상에 끼친 공적만은 과소평가해서는 안 된다는 점을 강조하고 있다.

"역사적으로 볼 때 '눈에는 눈, 이에는 이'라는 동해보복의 사상은 죄형균형의 원칙을 연원케 하였으며 그것은 과거의 죄형전단주의에 대하여 제한적 작용을 하였다는 것을 잊어서는 안 될 것이다. 그것이 형벌의 합리성에 기여한 바 크다."[28]

3. 상대설

예방사상으로 일컬어지는 상대설도 인간의 교육·개선에 의한 사회변화의 가능성을 신뢰하는 계몽주의의 정신적 산물이다. 따라서 상대설은 인간행위에 대한 인과적 해명을 신봉하고, 사회

27_ 심재우(역), 「형법에 있어서 목적사상」(주 2), 159면; 162면[동해보복(同害報復)은 제한 없는 반작용에 대한 한계로서, 또 응보의 상징으로서 중요한 역할을 하였지만, 형벌 척도의 원칙을 제공해 주지는 못한다].

28_ 심재우, 「형벌의 본질」(주 23), 59면.

생활상의 문제를 형이상학적으로 해석하는 것을 거부한다. 여기에서 형벌은 어떤 절대적 정의를 이 땅 위에 실현해야 하는 것이 아니다. 형벌은 그것 자체가 목적이 아니라 다른 목적, 즉 사회보호에 봉사해야 하는 목적을 갖고 있다는 것이다. 이러한 목적실현을 위한 방안으로 일반예방과 특별예방의 두 가지 방향이 있다.

일반예방사상은 형벌효과로써 일반인에 대해 범죄를 저지르지 못하도록 영향을 주어 범죄를 예방하려는 입장이다. 이 같은 일반예방사상은 일찍이 일반적인 위하를 형벌의 본질적 임무라고 했던 프로타고라스(Protagoras), 아리스토텔레스(Aristoteles), 그로티우스(Hugo Grotius), 홉스(T. Hobbes)의 사상 속에 나타나고 있다. 그러나 대표적인 일반예상사상은 19세기 초 안젤름 폰 포이어바흐(Anselm von Feuerbach)에게서 본격적으로 전개되기 시작했다.

포이어바흐 이전의 일반예방사상은 중세 및 근세 초의 무시무시한 형벌집행의 관행에서처럼 위하적인 형벌집행을 통해 범죄예방을 도모하려는 것이었다. 이에 반해 포이어바흐는 오히려 형사입법에 의한 형벌위협에 중점을 두었다. 그는 이른바 심리강제설을 도입하여 국가는 법침해를 신체적 강제에 의해 저지할 수는 없고, 오히려 심리적 강제는 법침해의 원인이 되는 감정적 충동을 억제할 수 있는 형벌위하를 통해 행하여질 수 있다고 본다. 즉 "누구든지 자신의 범행에, 그 범행의 충동이 만족되었을 때 오는 쾌감보다 더 큰 해악이 반드시 뒤따른다는 것을 알게 됨으로써 범행에의 욕구충동이 지양될 수 있다"는 것이다.[29]

그러기 위해서는 법률은 금지된 행위를 가능한 한 정확히 기술해야 하고, 가능한 한 명확히 규정해야 한다. 범죄의 쾌감을 억

29_ von Feuerbach, Lehrbuch des peinlichen Rechts, 1832, §12.

누를 수 있는 정도의 형벌고통이 과하여지도록 규정해야 하고, 모든 사람에게 그것이 금지되어 있어야 한다.[30]

이러한 일반예방사상에 지향된 형벌이론으로써 포이어바흐는 계몽주의 이래 형성되어 왔고, 슈튀벨(Stübel)에 의해 정착된 특별예방이론을 극복하려고 했던 것이다. 확실히 형벌위하는 적어도 정과 부정에 대한 일반인의 인식에 표준이 되고, 처음부터 법을 준수하는 시민의 행동을 결정하여 주는 한에서는 일반예방적 효과가 있다. 칸트주의자였던 포이어바흐는 심리강제설의 착상을 칸트의 오성적 인간상에서 도출했다. 자신의 이해관계에 따라 행동을 결정하는 오성만 있으면 악마의 세계에도 법은 통한다는 칸트의 명제가 범죄의 쾌락과 형벌의 고통을 계산하는 포이어바흐의 인간상과 접목하고 있는 것이다.[31]

그러나 포이어바흐의 오성적 인간도 구체적인 범죄인의 현실과는 맞지 않다는 데 그의 위하사상의 맹점이 있다. 즉 구체적인 범죄인은 자신의 범행에 대해서는 그 적발과 처벌의 가능성을 배제하고서 일을 시작하는 것이 현실이기 때문에 형벌고통이 지니는 심리적 억제와 위하효력이 애당초 작동하지 않는다는 난점에 직면한다.

이에 비해 특별예방사상은 유죄판결은 선고받은 사람에 대한 영향력행사를 통하여 범죄자의 장래 범죄를 방지해야 한다는 형벌사상이다. 이 관점은 계몽주의 시대에 푸펜도르프(Pufendorf), 토마지우스(Thomasius), 몽테스키외(Montesquieu), 볼테르(Voltaire), 루소(Rousseau), 베카리아(Beccaria), 벤담(Bentham) 등에 의해 독자적인 이론으로 형성되었다. 한때는 이 공리주의적 예방사상이 엄격

30_ von Feuerbach, a.a.O., §16.

31_ 심재우, 「형벌의 본질」(주 23), 60면.

한 국가기율이 지배하던 프로이센의 형벌관행에 미칠 악영향을 두려워한 칸트, 헤겔같은 독일관념론자들의 응보형론의 반격으로 빛을 잃었지만, 18세기 말과 19세기 초 독일에서는 슈튀벨(Stübel), 그롤만(Grolmann), 클라인슈로트(Kleinschrod) 등에 의해 경찰국가의 형벌이론으로 발전했고, 19세기 말에 이르러 이른바 사회학적 형법학파(근대학파 또는 신파)에 의해 부활하여 오늘날까지 형법개정의 견인차역할을 해오고 있다. 그 대표자는 프란츠 폰 리스트(Franz von Liszt)이다.

리스트의 주장에 따르면 특별예방은 세 가지 형태로 운영될 수 있다. 즉 범죄자를 격리함으로써 그로부터 일반국민을 보호하고, 형벌을 과함으로써 범죄자가 더 이상 범죄를 저지르지 못하도록 위하하고, 개선을 통해 범죄자가 누범화하는 것을 막는다는 것이다. 그리하여 리스트는 그의 유명한 강연인 1882년 마르부르크(Marburg) 강령(형법에서 목적사상)에서 "처벌되어야 할 것은 개념(행위)이 아니고 행위자"라는 명제를 제시하고 행위자 유형에 따라 범죄자를 그 특정에 맞추어 상이하게 처우할 것을 역설했다. 즉 위하할 수도 없고 개선할 수도 없는 상습범은 격리하고, 개선을 필요로 하지 않는 기회범은 위하하고, 개선가능하고 개선을 필요로 하는 자는 개선해야 한다는 것이다. 특히 특별예방작용 중 세 번째인 개선은 '재사회화' 또는 '사회화'라고 불리워지는 것으로써 오늘날에 이르기까지 형법개정노력의 핵심모체가 되고 있다. 또한 범죄자를 사회로부터 격리수용하여 무해화시키는 조치는 보안처분제도의 착상과도 일맥상통하는 것이다. 리스트는 "자연은 그에 거역하는 자를 병상에 던져 버리지만, 국가는 그러한 자를 감옥에 던져 버린다"는 예링(Jhering)의 유명한 말을 그대로 인용하면서 형벌을 사회적으로 유해한 개인을 인위적으로 도태시키는 작용으로도 이해했다.[32]

이러한 특별예방사상은 리스트의 제자인 라드브루흐(Radbruch)가 일찍이 언급했던 것처럼 '형벌 없는 형법전',[33] 내지 '형법의 폐지',[34] 구상에까지 이르러 형법의 개선이 아니라 형법보다 더 좋은 것, 즉 순전히 예방적인 보안처분법 같은 것에 의해 형법을 대체시키자는 경향, 페스탈로찌(Pestalozzi), 리프만(Liepmann), 란차(Lanza), 살다냐(Saldana) 등의 교육형사상, 그라마티카(Grammatica), 앙셀(Ancel) 등의 사회방위이론 등으로 확산되어 나갔다.

4. 각 이론의 장단점

(1) 응보이론

1) 장 점

응보이론은 책임상쇄에 의한 정의실현을 주된 내용으로 삼고 있다. 이것은 형벌정도가 개별적인 책임의 정도에 의해 제한된다는 점에서 비록 형벌척도로서의 구체성을 결하고 있지만, 어느 정도 범죄인에 대한 자유보장책이 될 수 있다. 물론 어느 정도의 형벌이 책임의 양과 일치하는지에 대해 응보형론은 확정적인 대답을 줄 수 없다. 그러나 피해법익의 사회적 가치와 책임의 가중 · 감경사유의 신중한 확인은 어느 정도 그에 상응한 양형을 가능케 한다. 그러므로 이 이론을 통해 일벌백계의 목적으로 범죄인 개인의 책임량을 넘는 형벌을 과하는 것은 막을 수 있다. 그 한에서 개인의 자유를 보다 확보할 수 있는 자유주의적 요소 및 집단적이고 무분

32_ 심재우(역), 「형법에 있어서 목적사상」(주 2), 193면.

33_ G. Radbruch, Einführung in die Rechtswissenschaft, 7/8 Aufl., 1929, S.115.

34_ Plack, Plädoyer für die Abschaffung des Strafrechts, 1974, S.17ff.

별한 복수충동을 제약하는 합리주의적 요소를 확인할 수 있다. 바로 이 점이 계몽철학자 칸트가 왜 응보형론을 고집하게 되었는지를 들여다볼 수 있는 실마리이기도 하다.

다만 응보형론이 갖고 있는 이 같은 장점은 칸트나 헤겔 시대의 정치사회적 · 정신문화적 맥락 속에서 이해해야 한다. 책임상쇄에 의한 책임응보가 아직 형법상 책임원칙이 확립되지 않았던 당시로서는 개인의 자유보장책일 수 있었으나, 이미 책임원칙이 법치국가형법의 기본원리로 정착된 현대에 이르러서도 그 의미와 기능을 그대로 간직하고 있는지는 의문이 아닐 수 없기 때문이다. 책임원칙의 형사정책적 기능을 있는 그대로 승인하는 입장이라면 응보사상의 목적 없는 장엄성[35]은 그 입지를 잃었다고 간주해도 좋을 터이기 때문이다.

2) 단 점

(가) 이론적 출발점의 부당: 책임상쇄의 원리는 원래 신학적 · 형이상학적 근거에 기초하고 있다. 만약 살인은 반드시 사형을 통해서만 상쇄될 수 있다고 한다면, 형이상학적으로 그 논거를 제시할 수는 있으나, 형법학적으로는 비합리적이다. 합리적인 고려에 의할 때, 하나의 악행(범죄)이 어떻게 다른 제2의 해악(형벌)을 통하여 균형을 찾게 되고 다시 회복되는가를 알 수 없기 때문이다. 책임상쇄적 응보사상은 말이 정의의 실현이지 사회적 실재성을 결여한 비합리적 가설에 지나지 않는다.[36]

35_ Maurach, Strafrecht AT, 4 Aufl., S.559ff.

36_ 일찍이 Nietzsche도 책임상쇄적 응보사상에 대해 그의 「진덕의 기원」에서 "유해한 공기! 혼탁한 공기! 공상을 생산해 내는 이 작업장, 그럴 듯한 거짓 앞에 풍겨나는 악취! 그대들은 알지 못하는가? 그 완성품이 가장 냉담하고, 가장 음침하며, 가장 거짓된 공작이란 것을. 그것들이 요구하는 바란, 말인즉 응보가 아니라 정의의 개선이라지만"이라고 비판하였다.

(나) 현대국가의 임무와 불일치: 현대의 시민국가는 도덕국가나 신정국가와 같은 절대국가가 아니다. 오로지 시민 상호간의 평화적 공존질서 유지를 지도원리로 삼고 있다. 따라서 단지 응보 그 자체의 요구 때문에 또는 산술적 정의 때문에 형벌을 과하려 하지는 않는다. 도리어 시민의 평화적 공존질서가 위태로워졌을 때 이를 회복하고 방지하기 위해여 형벌을 과한다.

이런 현대국가의 임무관점에서 보면 칸트의 섬사람 비유나 헤겔의 범죄자의 명예를 위한 처벌요구는 모든 사회적 목적을 도외시한 정언명령적 처벌로서 형벌위하효과는 가능할지라도 사회의 평화보호라는 목적을 위해 봉사한다는 국가임무에 맞지 않는다.

(다) 행형실무상의 역효과: 응보이론은 행형실무에서도 인간존중적이고 사회복귀적인 형벌집행의 가능성을 가로막는 요인이 된다. 해악의 부과로서만 이해되는 처벌은 수형자를 개선시켜, 그와 법공동체 사이의 상호교류관계를 바로잡지 못한다. 오히려 반항심이나 절망만을 불러일으켜 사회에 대한 수형자의 잘못된 태도를 강화시켜 형법이 막아야 할 재범화를 촉진시키게 된다. 행형의 후진성이 응보이론의 전통적인 우위에 기인하는 것으로 지적되고 있는 점도 이 때문이다.

(2) **특별예방론**

1) **장　점**

어떤 형벌보다도 사회복귀적 형벌집행을 가능하게 해 주는 장점이 있다. 즉 형벌은 책임상쇄의 관점에서 부과되는 해악 그 자체를 위하여 존재하는 것도 아니고 사회를 보호한다든가 일반인의 위하에 중점을 두지도 않는다. 단지 개개의 범죄자가 장래 형벌 없는 삶을 영위할 수 있도록 그의 특성에 맞추어 집행되므로 범죄자의 잘못된 인격 형성 내지 발달을 교정할 수 있다.

2) 단 점

(가) 가벌성의 근거제공의 난점: 재범위험이 전혀 없는 범죄자를 처벌해야 하는 이유를 이 이론은 제시하지 못한다. 특히 중범죄를 저지른 범죄자가 개과천선되었다 하더라도 처벌을 완전히 포기하는 것은 일반국민의 법의식 속에 규범준수를 내면화시킴으로써 규범의 안정화를 기하는 데 큰 위험이 되지 않을 수 없다. 실제 이미 재사회화되어 있는 나치의 전범들에게 왜 처벌이 계속되어야 하는지 이 이론만으로는 해명할 수 없다.

(나) 형벌권제한의 곤란성: 이 이론은 국가형벌권을 적절히 제한할 수 없는 이론상의 난점이 있다. 왜냐하면 이 이론을 철저히 하면 개개 범죄자에 대한 형벌작용은 그가 정차 형벌 없는 생활을 영위할 수 있을 때까지 계속하여야 된다는 결론에 이르기 때문이다. 그렇다면 일정한 형기를 마친 뒤에도 위험성이 있다는 이유로 계속 구금할 수 있게 될 뿐만 아니라 행위자가 특별히 위험한 반사회적 유형의 사람이기 때문에 사소한 범죄에도 장기간의 구금을 가능하게 할 수도 있게 된다. 심지어 현실적으로 반사회적 범행을 저지르지 않았어도 장래범죄를 저지를 것으로 예상되는 사람에게 예방적인 제재로서 자유박탈형을 선고하는 것도 생각할 수 있다.

그러나 아무런 범죄행위를 현실적으로 저지르지 않았는데도 또는 사소한 범행에 불과한데도 위험성을 이유로 장기간 자유를 박탈하는 것은 시민생활의 완전한 부자유를 가능한 것으로 여긴 경찰국가적인 규제로서 법치국가 형벌사상과 완전히 배치된다.

또한 특별예방이론의 적용에는 커다란 남용위험도 있다. 예컨대 구소련을 중심으로 한 구사회주의국가 형법체계 속에서 반체제 인사들을 단지 생각이 다르다는 이유만으로 자유를 빼앗고, 구금

하였던 근거가 사회주의적 인간상의 재창조를 위해 특별예방이란 형벌목적을 표명하면서 국가형벌권을 남용한 결과였다.

(3) **일반예방론**

1) **장 점**

일반예방의 관점에서 보면 중죄인은 재범의 위험이 없는 경우에도 잠재적 범죄자로서의 일반인의 위하를 위해 처벌해야 된다는 결론에 이른다. 만약 이들을 처벌하지 않는다면 그것이 나쁜 전례가 되어 일반인에게 처벌되지 않을 수도 있다는 요행심을 심어 주어, 그와 같은 사건이 속출하게 될 염려가 있기 때문이다. 또한 아직 현실적으로 저질러지지 않은 범죄에 의해서까지 일반인이 위하될 필요가 없고, 사회적으로 유해하지 않은 범죄에 대해서는 위하의 필요성도 적어서 형벌제재가 합리적인 한계 내에서 유지될 수 있는 장점이 있다.

2) **단 점**

(가) 재사회화노력에 부적합: 일반예방이론은 개개 범죄자의 개선과 교화 등 재사회화목적이 아니라 잠재적 범죄자로서의 일반인의 위하에 역점을 두기 때문에 유죄판결을 받은 사람의 재사회화노력에 어떠한 통로도 열어줄 수 없는 단점을 지니고 있다.

(나) 책임원칙과의 충돌: 이 이론을 철저히 하면 일반인의 위하를 위해 범죄자 자신의 책임범위를 넘어가는 처벌도 가능하게 된다. 이것은 개별책임의 원칙에 반한다. 자기죄책을 넘어서 다른 목적을 위한 수단, 이를테면 일벌백계와 같은 목적을 위해 처벌될 수는 없다. 모든 사람은 각자 자기의 죄책 때문에 처벌받을 수 있을 뿐이다.

(다) 형벌의 한계설정상의 난점: 이 이론은 종종 국가의 공포

정치를 인정하는 결과를 가져온다. 사회적으로 물의를 일으킬 만한 범죄가 속출하고, 국가의 치안유지와 범죄대책에 대한 비판적인 여론이 비등하게 되면, 정치현실에서 국가는 이를 호도하기 위해 일반인에 대한 위하를 위한 가혹한 형벌을 과함으로써 이를 진정시켜 보고자 하는 경향이 있다. 제1차 세계대전 중 독일점령지역에서 생필품통제를 위해 비교적 경미한 범죄, 예컨대 닭 한 마리의 절도도 중징역 또는 사형에 처했던 것은 일반예방적 사고와 상통하는 점이 있다.

우리나라에서는 「특정경제범죄가중처벌 등에 관한 법률」(1983. 12.31, 법률 제3693호) 제3조 · 제4조에서 일반예방적 사고를 찾아볼 수 있다. 이득액 50억원 이상의 특정재산범죄나 도피액 50억원 이상의 재산 국외도피죄를 사형, 무기, 10년 이상의 징역에 처하도록 하여, 이 같은 경제범죄를 살인죄보다 무겁게 처벌하도록 한 것은 지나친 일반예방적 사고의 발단이었다고 생각된다.[37]

(라) 입법의 일반예방효과에 대한 의문: 일반예방이론에서는 형벌의 위하력에 관한 이론적 배경을 포이어바흐의 심리강제설에서 이끌어 내고 있다. 포이어바흐가 본 인간상은 칸트의 합리적 인간상에 결정주의적 요소를 가미한 것이었다. 사람은 그에게 주어지는 영향들이 강제를 띠고 작용할 때 그 작용에 따라 스스로를 결정할 수 있을 뿐이라는 것이었다.

그러나 포이어바흐는 현실적으로 범죄자가 자기의 범행이 탄로나지 않을 것을 희망하면서 범행을 하거나 형벌 자체를 알지 못하는 경우에 형벌위하 그 자체는 아무런 심리적 강제작용도 하지 못한다는 점을 간과했다. 범행을 억지시키는 형벌위하력은 무거운

37_ 이 법률은 1990.12.31, 법률 제4292호로 개정되면서 형벌의 종류 중 사형만을 삭제하여 이 같은 단점을 제거하였다.

형벌위협 그 자체에 있는 것이 아니라 모든 범행은 예외 없이 발견되어 적절한 법적 제재를 받고야 만다는 효과 있는 수사 및 소추작용의 행사에 달려 있기 때문이다.

5. 절충설

독일형법에서 응보이론(절대설)과 특별예방이론(상대설)은 19세기 말부터 20세기 전반까지 수십 년 동안 심지어 학파논쟁의 양상을 띠면서 대립되어 왔다. 이러한 극한대립에서 일찍이 절충을 시도한 사람으로는 메르켈(Adolf Merkel), 히펠(Robert von Hippel) 등이 유명하다. 히펠은 "현실적인 생활현상의 일부를 포괄하지 않는 모든 이론은 어디에서나 일면적이고 불충분한 이론이다. 이러한 과오는 모든 본질적인 관점들을 적절히 평가함으로써, 다시 말해 절충설에 의해서 회피되는 것이다"[38]라고 말한 바 있다. 이는 절충설이 지향하는 바를 단적으로 표현해 주는 말이다. 절충설이 형벌의 의미와 목적에 관한 형벌이론의 현대적인 추세이지만, 여기에는 다시 응보관점을 포함하는가 아니면 이를 배제하고 단지 상대설 내에서의 절충인가에 따라 응보적 절충설과 예방적 절충설로 구분된다.

(1) 응보적 절충설(Die vergeltende Vereinigungstheorie)

1) 응보우위적 절충설

이 입장은 형벌의 의미에 관하여 응보를 본질적이고도 가장 중요한 관점으로 삼고, 응보관점 안에서 부수적으로 다른 예방관

38_ Robert von Hippel, Deutsches Strafrecht I, 1929, S.491.

점을 고려한다. 초기에는 이 견해가 독일학설과 판례의 경향이었다. 독일제국재판소(RGSt 58, 109)는 "속죄의 필요성 및 응보목적이 형벌에서 제1차적으로 중요하고 그 밖의 형벌목적, 예컨대 개선과 보안목적은 그 배후에 물러서 있는 것"이라고 판시하였다. 오늘날에도 '중범죄에서만은 엄격히 제한된, 목적을 고려하지 않는 엄한 응보형법이 그 밖의 범죄에 대해서는 목적을 고려한 상대형법'을 적용해야 한다는 의미에서 절충설을 취하는 입장도 있다.[39]

2) 동위적 절충설

이것은 응보형론 · 특별예방론 · 일반예방론의 어느 하나만으로는 형벌의 의미와 한계를 합리적으로 규명해줄 수 없으므로, 이러한 모든 관점이 형벌의 목적으로서 동위적으로 병존되어야 한다는 입장이며, 우리나라의 다수설이다.[40] 이 밖에도 입법에 의한 형벌위협의 단계에서는 일반예방적 위하, 재판에 의한 처벌단계에서는 응보, 판결집행의 단계에서는 특별예방적 개선이 고려되어야 한다는 주장도 있다.[41] 응보의 관점을 형법실현의 한 단계에서 다른 단계에서의 예방관점과 병존시키고 있다는 점에서 역시 동위적 절충설의 일종이라고 할 수 있다.

3) 비 판

응보적 절충설은 응보형론이 안고 있는 책임상쇄의 형이상학적 · 신학적 기초로 인한 비합리성 · 비자유성의 난점과 절대적 정의실현의 요구에 따라 보충적 법익보호를 통해 평화로운 공존질서

39_ Naucke, Die Reichweite des Vergeltungsstrafrechts bei Kant, Schleswig-Holsteinische Anzeigen, 1964, S.210.

40_ 유기천, 총론, 24면; 이재상, 총론, 56면; 이형국, 연구 I, 73면; 황산덕, 총론, 15면.

41_ Naucke, Einführung, 2. Aufl., S.46; Haft, Strafrecht, AT, 4. Aufl., 1990, S.91.

를 확보하려는 형법 및 국가의 현실적 임무와 불일치한다는 단점을 그대로 지니고 있다. 또한 그 밖의 특별예방이나 일반예방론의 단점도 그대로 축적되어 있다. 일정한 형사정책적 관점 없이 여러 가지 형벌목적 사이를 왕래하는 이러한 절충설을 가지고 사회적 임무를 띤 형벌에 관한 일관된 관점을 얻을 수 없다. 그 밖에도 예방관점에 정향된 일종의 변형된 응보에 불과하다. 이 같은 변형은 합리적 · 자유적 · 인간존중적인 형사정책의 발전에 기여하기는커녕, 본래의 응보사고의 잔재를 은연중 끌고 들어옴으로써 현대의 재사회화형법의 발전과 사회복귀적 행형의 발전을 저해한다.

(2) **예방적 절충설**(Die präventive Vereinigungstreorie)

예방적 절충설은 형법에서 응보사고를 완전히 추방하고, 형벌이론에서 응보사상의 연명을 위한 시도를 포기한 뒤 단지 특별예방과 일반예방만을 형벌의 유일한 목적으로 파악하여, 형법실현의 각 단계에서 그 단점들은 상호보충에 의해 제거하고 장점들만이 나타나도록 이를 변증론적으로 합일시키려고 하는 입장이다.[42] 이것을 변증론적 절충설(Die dialektische Vereinigungstheorie)이라고도 부른다.[43] 형법에 최대한 합리성과 자유성 및 인간존중성을 확보해 주고 형사정책과 형벌목적론의 일치된 발전방향을 모색하기 위

42_ Noll, AT, 1981, S.17 ff.,; Roxin, §3 Rdnr.74 ff.

43_ Roxin, Strafrechtliche Grundlagenprobleme, S.28 ; Roxin의 견해와 일치하지는 않지만 형벌의 목적에서 응보를 배제하는 국내학자로 심재우 선생과 정성근 교수를 들 수 있다. 심선생은 일반예방은 형법을 통하여 하고, 특별예방은 형벌집행을 통하여 하는데 형벌내용이 인도적이어야 함을 강조한다[심재우, 「형벌의 본질」(형사법강좌 II, 1979), 803-808면]. 정성근 교수는 국가의 임무가 사회국가사상의 실현에 있음을 강조하고, 형벌의 목적은 일반예방과 특별예방에 있다고 하면서 특히 후자에 중점을 두고 있다(정성근, 총론, 106-107면).

해 비교적 최근에 등장한 이론이다.

형법규범은 개인의 자유와 이에 봉사하는 사회질서의 보호를 추구한다는 점에서만 정당화될 수 있으므로 구체적인 형벌도 범죄예방의 이 같은 현실적인 목적을 추구하지 않으면 안 된다. 그런데 범죄는 개인과 일반인에 대한 영향력행사에 의해서 저지될 수 있는 것이므로, 형벌은 개인의 자유와 사회질서보호라는 상위의 목적에 봉사하는 수단이다. 이 한에서 특별예방과 일반예방은 동위의 정당한 목적이 된다.

이 두 가지 예방목적은 형법실현의 각 단계, 즉 형사입법 · 형사소송 · 행형에서 항시 동시에 추구되어야 한다. 그러나 각각의 단점을 보완하기 위해 어느 단계에서 어느 한 목적에 더 큰 중점을 두게 된다. 즉 형사입법의 단계에서는 일반예방의 압도적 우위와 특별예방의 극소적 기능으로 형벌목적은 실현된다. 반면 형사소송의 단계에서는 일반예방과 특별예방목적이 똑같은 비중을 갖지만, 효과 있는 사회복귀적 형벌집행이란 관점을 미리 염두에 둔다면 특별예방적 고려가 양형과 판결선고에서도 우위적으로 고려되어야 한다. 즉 특별예방적 고려를 우선하되 이것 때문에 처벌의 위하력이 감쇄되어 법질서의 방위(Verteidigung der Rechtsordnung)가 위태롭게 되어서는 안 되므로, 책임의 상한선과 일반예방의 하한선 사이에서 특별예방적 고려가 우선되어야 한다. 행형단계에서는 형사입법의 단계와는 정반대로 특별예방의 압도적 우위와 일반예방의 극소적 기능으로 형벌목적은 실현된다.

이러한 예방적 절충설은 전체적으로 보아 특별예방목적에 더 큰 비중이 주어져 있는 것이 사실이다(일반예방에 대한 특별예방원칙의 우위). 그러나 오늘날 이러한 형사정책의 실제적 범죄예방효과가 기대이하라는 경험적 사실에 착안하여 일반예방우위의 예방적

프로그램을 주장하는 일단의 학설이 스칸디나비아 제국에서 제기되고 있다. 이를 신고전주의(Neo-Klassizismus)라고 부른다.[44]

6. 소 결

종래 형벌목적이라 함은 주로 일반예방과 특별예방을 들어 왔다. 여기에서 일반예방은 전통적으로 위하를 내용으로 하는 소극적 일반예방의 의미로 사용되어 왔다. 반면 1970년대 중반까지 유행어가 되었던 특별예방은 치료교정 이데올로기의 의문이 제기되면서 점차 비판받기 시작했다. '위기에 처한 특별예방(Eser)', '치료교정의 이데올로기부터의 전향(Kaiser)' 또는 '범인의 재사회화 대신에 사회의 재사회화(Bloch)' 등 비판의 목소리가 그것이다. 이러한 양 진영의 의기소침을 틈타 1980년대 중반부터 적극적 일반예방사상이 새로운 유행어로 등장했다. 적극적 일반예방이 아직 개념적으로 확정된 것은 아니지만 다음 세 가지 내용, 즉 ① 사회교육적 학습효과, ② 신뢰효과, ③ 만족효과를 내포하고 있다는 데 별 의문이 없다. 형법과 형벌이 국민의 법준수 의식을 내면화함으로써 사회를 안정시키는 기능을 한다는 것이다. '규범내면화'를 통한 규범안정이 적극적 일반예방사상의 핵심이다. 이것은 이미 잘 알려진 '형법의 도덕형성력(H. Mayer)', '사회윤리적 심정가치의 보호(Welzel)'라는 명제와 같은 맥락에 서 있다고 말할 수 있다. 물론 적극적 일반예방에 관한 새로운 인식은 형벌목적사상의 한 발전이라고 할 수 있다. 그러나 그것이 한 사회체계 자체의 기존상태의 안정만을 고착시킬 수 있는 역기능도 갖고 있다는 점을 간과해서

44_ 김일수, 「서구제국의 형법개정작업에 관한 고찰」(형법개정자료 I), 59면 이하.

는 안 된다. 계몽주의에서 비롯된 근대 법치국가형법은 더 나은 자유와 안전, 더 높은 합리성과 인간존중성을 지향하고 있고, 그 목표는 아직 도달된 것이 아니라는 점을 인식할 때 적극적 일반예방사상의 절대적 우위성 주장은 자유주의적 형법질서의 발전에 거침돌이 될 수 있다는 점도 염두에 두어야 할 것으로 본다.

결론적으로 형벌은 특별예방과 일반예방의 목적에 봉사해야 한다. 그렇다고 책임상쇄의 절대적 요구를 실현하는 수단이어서는 안 된다(응보사상의 배제). 이 한에서 예방적 절충설이 오늘날 형사정책의 효과적인 수행을 위한 가장 타당한 견해라고 생각한다. 여기에서 주의해야 할 점은 형벌은 이 같은 목적수행을 위해서 어떠한 경우에도 책임의 상한선을 넘어가서는 안 된다는 사실이다(책임원칙의 형벌제한기능). 개인의 자유와 인간존엄성을 침해할 수 있기 때문이다. 그러나 특별예방적 필요가 있고 최소한의 일반예방적 요구를 해하지 않는 범위에서 개인의 책임에 밑도는 가벼운 형벌을 과하는 것은 범죄자의 이익을 위하여 얼마든지 허용된다(형벌완화의 허용).

다만 예방사상의 이론적 절충만을 통하여 현실적으로도 인간의 존엄성 보장요구를 충족시킬 수 있는 합리적·자유적 형벌목적이 완결된다고 단정할 수는 없다. 여기에 범죄자 개인의 자기책임과 사회적 연대책임의 관점에서 형벌목적은 다시 자기화(인격화: Personalisation)와 사회화(Sozialisation)라는 근본적으로 개량된 목적으로 재구성하는 문제가 남아 있다.[45]

45_ 이에 대해서는 김일수, 「국가형벌의 목적」(월간고시 1985.2), 109면 이하.

V. 형벌제한론적 정당화

1. 형벌제한을 통한 형벌정당화

형벌을 일정한 한계 안에 두고 그 한계 안에 있는 형벌만이 정당한 형벌이라는 관념은 초기 계몽주의 이래 형법을 일관해서 지배해 온 사상이다. 베카리아가 "공공의 안전이라는 공탁물의 보호를 위해 필요한 정도를 넘어서는 형벌은 그 자체가 부정의한 것이다. 주권자가 신민을 위해 확보한 안전이 신성하고 불가침일수록, 그리고 주권자가 신민에게 남겨놓은 자유가 크면 클수록 형벌은 더욱 정당한 것이 된다"[46]고 말했을 때는 바로 이 점을 염두에 둔 것이다.

지배자가 자신의 법을 관철시킬 힘만 가지고 있으면 형벌권 자체에 관해 아무런 신경도 쓸 필요가 없었던 구시대를 지나 형벌권의 한계와 정당성을 우선적으로 염두에 두지 않으면 안 되었던 새시대의 도래는 계몽사상가들이 이른바 사회계약설을 그들의 정치이론의 핵심으로 삼으면서 비롯된 것이다.[47] 사회계약설에 따르면 국가와 주권은 신의 섭리에 바탕을 두는 것이 아니라 조직적인 결합과 강제력의 수여를 통하여 제3자의 공격으로부터 자유롭고 평화로운 공동생활을 보호하려는 시민의 계약적 합의에 기초를 둔 것이다.[48] 따라서 국가의 임무는 시민의 공존을 보장하는 데 있기

46_ 체자레 베카리아, 범죄와 형벌, 34면.

47_ C. Roxin(강구진/장영민 역), 형법학입문, 1983, 2면.

48_ 루소는 사회계약론에서 "개개의 성원들은 아직도 자신에게만 복종하며 자신의 원초적 자유를 보유하면서 각인의 인신과 재산을 방위하기 위한 결사

때문에, 개인의 행위가 타인의 권리를 침해하는 경우에만 형벌의 대상이 된다.

이 점은 목적사상을 끌어들여 형벌의 객관화를 시도한 리스트의 형벌관에서도 그대로 반영되고 있다.

> "형벌폭력은 자기제한을 통하여 형벌권력으로 되었고, 맹목적이며 무제한한 반작용은 목적사상을 받아들임으로써 법적 형벌로 되었고, 충동행위는 의지행위로 되었다. 국가권력은 법질서를 파괴하는 범법자에 대하여 그 법질서를 보호하기 위하여 정의의 칼을 손에 잡게 되었다."49

일찍이 법에 있어서 목적을 법개념 규정의 기초로 삼았던 예링(Jhering)이 제시한 "폭력은 통찰과 자기극복을 수반할 때 권리를 탄생시키고 폭력의 자기제한의 길 위에서 권리가 발생한다"는 명제는 오늘날에도 사실상의 폭력으로서의 형벌과 절제된 정당한 권력으로서의 형벌을 가늠하는 기준이라고 할 수 있을 것이다. 심재우 선생도 이와 같은 맥락에 서 있다.

> "국가의 형벌권은 결코 무제한하게 발동될 수 있는 것은 아니다. 형벌을 질서유지의 만능의 수단으로 삼았던 시대는 이미 지나갔다. 오늘날 형벌은 일정한 한계를 발견하며, 그 한계를 벗어난 형벌권의 작용은 국가권력의 작용으로서 정당화될 수 없고 단순한 폭력에

형태를 찾아내는 것"을 사회계약의 근본문제로 삼았다. 물론 계몽사상가들은 사회계약의 제관계를 논하는 것이 계시와 자연법의 제관계를 배척하는 것이 아니라는 점을 강조하기도 한다(베카리아, 범죄와 형벌, 23면 참조).

49_ 심재우(역), 「형법에 있어서 목적사상」(주 2), 158면 이하.

지나지 않는다."[50]

2. 책임원칙에 의한 한계

국가형벌권은 책임원칙에 구속되며 그 한계 내에서 제한적으로 행사되어야 한다. 책임원칙은 어떤 사람도 자기책임, 자기의 죄 없이는 형벌을 받지 아니한다는 것을 뜻한다. 인류문화의 오랜 전통은 바로 이 책임원칙을 알지 못했기 때문에 서구에서는 18세기 말까지도 형벌연대책임 · 결과책임 · 우연책임에 의한 형사제재 앞에 개인의 자유가 부당하게 침해되어 왔다. 우리나라에서도 서구보다 1세기 가량 늦게 1894년 갑오경장에 의해 연좌제가 폐지되기까지 형법에서 연대책임이 통용되어 왔었다. 책임원칙의 확립으로 비로소 결과책임의 배제, 개별적 귀속의 가능성 확보, 고의 또는 과실의 정도에 의한 주관적 · 내심적 참여의 정도에 따른 형벌크기와 종류의 구별, 형벌의 근거 및 한계확정이 가능해졌다.

책임의 전제인 인간의 의사자유문제를 둘러싸고 책임의 존부에 관한 논쟁이 끊이지 않고 있다. 그러나 책임원칙은 형법에서 책임이 인식론적 · 존재과학적 문제가 아니라 국가가 그 구성원인 국민 각자를 국가의 간섭과 강요 없이도 독자적으로 자유롭게 행동을 선택 · 결정하고, 그에 대한 책임을 질 줄 아는 자유시민으로 다루어야 한다는 법정책적 요청인 것이다.[51] 법치국가에서 국가권력이 형벌작용을 통해 개인의 자유에 과도한 침해를 할 수 없게 된 것은 바로 책임원칙의 역할 때문이다.

책임원칙은 오늘날 헌법상의 원칙으로 간주되기도 한다. 비록

50_ 심재우, 「형벌권의 한계」(고시연구 1978.2), 13면.

51_ C. Roxin, Sinn und Grenzen staatlicher Strafe, a.a.O., S.17.

실정헌법이나 형법전에 이에 관한 명문규정은 없더라도 인간의 존엄과 가치의 보장요구(헌법 제10조)와 법치국가의 기본원리에서 이를 도출해 낼 수 있기 때문이다.

책임원칙은 다음과 같은 내용을 갖는다. 첫째, 책임은 모든 처벌의 전제와 근거가 된다. 책임 없이 형벌을 과할 수 없을 뿐만 아니라 순수한 결과만을 이유로 처벌해서도 안 된다. 구체적인 범행과 무관한 행위자의 단순한 심정이나 지금까지의 생활영위를 근거로 처벌해서도 안 된다. "의심스러울 때에는 피고인의 이익으로"라는 형사소송절차의 대원칙도 실은 책임원칙의 이 측면에서 도출된 것이다.

둘째, 책임원칙은 불법과 책임의 일치를 요구한다. 즉 불법만 있고 책임이 없는 경우에는 행위자를 처벌해서는 안 되며, 불법의 정도에 못 미치는 책임에 대해서는 책임의 한도 내에서 처벌해야 한다. 더 나아가 불법고의와 책임고의도 일치해야 한다. 불법고의에서 과실책임을 끌어내거나 불법과실에서 고의책임을 이끌어 내는 것은 책임원칙의 내용적 한계를 벗어나 자의적인 형벌을 과하거나 책임원칙의 범위를 넘어 가벌성을 확장시킬 위험을 내포하기 때문이다.

셋째, 행위시에 책임능력은 동시적으로 존재해야 한다. 책임능력 없이 행위한 사람으로부터 아무리 중대한 결과가 야기되었더라도 그것은 일종의 재앙이지 형벌을 통해 극복해야 할 범죄가 아니다. 원인에 있어서 자유로운 행위를 이 원칙에 대한 예외로 취급할 것인지의 여부는 전적으로 '행위시 책임능력의 동시존재원칙'을 책임원칙의 내용으로 준수하는 것이 합당한가라는 가치판단에 달려 있다. 원인에 있어서 자유로운 행위도 책임능력 존재시에 그 가벌성이 인정되는 시점을 잡아야 책임원칙의 정신에 합치하는 이론

구성이 될 것이다. 책임능력 존재시에만 행위자는 규범명령의 의미를 알 수 있으므로, 책임과 규범명령의 위반관계를 파괴하지 않으려면 자유로운 의사결정능력이 존재할 때를 가벌성의 근거로 삼아야 한다.

넷째, 책임은 양형의 기초가 된다. 양형의 기초로서 책임이 형벌의 부과여부와 그 정도에 관한 기준을 제시하며 이로써 책임의 정도를 넘어서 처벌할 수 없다는 한계가 생겨난다.

책임원칙에 의한 형벌권제한과 관련하여 심재우 선생은 "책임 없으면 형벌 없다"는 원칙과 함께 "불법 없으면 형벌 없다"는 원칙도 언급하였다.[52] 특히 여기에서 주목할 대목은 "불법 없으면 형벌 없다"이다. 불법과 책임의 일치요구가 책임원칙의 한 내용인 점을 고려할 때 "책임 없으면 형벌 없다"는 원칙은 당연히 "불법 없으면 형벌 없다"는 원칙을 내포한다. 그럼에도 불구하고 이 원칙을 언급한 데는 특별한 이유가 있다. 불법의 저편에 마주 서 있는 법의 세계를 정의롭고 자유로우며 인도주의의 얼굴을 가진 자연법의 모습으로 상정함으로써 불법의 세계가 독재화한 입법자들의 의도대로 단순히 처벌의 요식성만 갖춘 법실증주의의 산물로 남게 내버려 두지 않으려는 의도 때문이다.

> "무엇이 불법인가는 자연법이 결정하여 준다. 실질적 불법개념은 실정법의 결정사항이 아니다. 실정법은 형식적 위법개념만을 확정할 수 있을 따름이다. 형식적 위법개념은 실질적 불법개념에 구속되어야 한다. 만약 이 구속을 벗어나면 그 형식은 의연히 법률이지만 내용은 이미 법이 아니다. … '불법은 그것이 금지되어 있기 때

52_ 심재우, 「형벌권의 제한」『형사법강좌 I』, 87면 이하.

문에 불법이 되는 것이 아니라 불법이기 때문에 금지되어지는 것이다.' 범죄구성요건은 결코 입법자의 만능의 집일 수 없으며 실질적인 불법개념에 구속되어야 한다."[53]

심재우 선생은 죄형법정주의가 갖고 있는 현대적 의의도 "법률 없으면 범죄도 없고 형벌도 없다"는 형식적 측면에서가 아니라 그 법률의 내용이 자연법적으로 정당화되는가라는 문제에서 찾고 있다. 구성요건의 실질적 내용이 되는 불법을 자연법적으로 확정하여 이것을 실정법의 구속근거로 제시할 수 있을 때에만 형법이 '범죄인의 마그나 카르타'[54]가 될 수 있다는 생각 때문이다. 이성의 발달과 인간해방의 전망을 담은 유럽 계몽주의의 근대성 프로젝트는 현대사회에 이르러 그 부산물로 관료지배주의, 형식적 법률, 근대사회와 경제의 각종 공식화된 제도만 양산했다는 후기현대성 프로젝트의 새로운 패러다임에서 보면 죄형법정주의나 불법개념의 형식화가 갖는 한계는 분명하다.[55] 심재우 선생이 인간의 근본상황에서 발견할 수 있는 실존조건을 보호법익으로 간주하고 이 같은 인간의 실존조건들을 파괴하는 행위들을 실질적 불법으로 삼아 최소한의 범위에서 형법적 통제의 대상으로 삼아야 한다는 의미에서 제시한 자연법적 불법관은 오늘날 인간존엄성의 보호와 존중을 모든 국가작용의 최상위원칙으로 삼는 법치국가원리 및 책임원칙과 용어만 다를 뿐 내용적으로 완전히 일치하는 것이다.

53_ 심재우, 「형벌권의 제한」(주 52), 18면 이하.

54_ 이 말은 Franz von Liszt의 수용으로 널리 알려져 왔으나, 이미 Montesquieu의 「법의 정신」 제6장에서 사용된 용어이다.

55_ 김일수, 법 · 인간 · 인권(제3판 중판), 1999, 522면.

3. 형벌필요성에 의한 한계

일찍이 사회계약론자들은 인간은 각자 원시적으로 보유하게 된 자유와 권한 중 다른 사람들로부터 승인받기에 필요한 그리고 최소한의 범위에서 주권자에게 그 일부를 위임한 것으로 간주해 왔다. 가장 현명한 법이란 필요한 최소한의 범위에서 사회의 이익에 대한 평등한 분배를 자연스럽게 촉진하는 종류의 법이라는 인식이다. 사회계약론자들이 당시 구체제하에서 고통당하던 사람들에게 계몽하고 싶었던 것은 자유로운 인간들 사이의 약속이어야 할 법률이 대부분 소수자의 욕망의 단순한 도구라든가 우발적 · 일시적 필요에 의해 필요 이상으로 생겨났다는 사실이었다.

프랑스 인권선언 제8조도 그래서 "법률은 절대로 필요한 형벌만을 규정해야 하며 어느 누구도 범행 전에 제정공포된 적법한 법률에 의하지 아니하고 처벌받지 않는다"고 규정하였다.

"필요 없으면 형벌 없다"는 형벌권제한의 이 명제는 바로 형벌보충성과 형벌실효성의 원칙으로 구체화된다.[56] 먼저 형벌보충성의 원칙은 형벌이 사회유해적 행위를 진압하기 위해 필요한 최소한의 수단일 것을 요구한다. 만약 형벌보다 더 가벼운 법적 수단, 즉 징계 · 민사벌 · 행정벌 등으로도 그 목적을 달성할 수 있을 때에는 형벌은 그 자리를 양보해야 하고, 이를 형벌 이외의 다른 가벼운 수단으로는 그 목적달성에 충분하지 않을 때에만 최후수단으로 발동되어야 한다는 것이다.

뿐만 아니라 같은 형벌제도 내에서도 가벼운 형벌로써 법익보호가 가능하다면 가벼운 형벌이 무거운 형벌보다 먼저 과하여져야

56_ 심재우, 「형벌권의 한계」(주 50), 13면 이하.

하고, 가벼운 형벌부과로써 그 목적을 도저히 달성할 수 없을 때에만 무거운 형벌이 과하여져야 한다.

오늘날 벌금형이 자유형에 비해 주형화하고, 원상회복제도나 사회봉사명령제도가 자유형을 대체하는 경향 그리고 유예제도의 확대 등은 다 같이 형벌보충성의 요구가 반영된 것으로 보인다. "형법은 형사정책의 최후 수단이요, 형사정책은 사회정책의 최후 수단이다"라고 한 리스트의 명제도 바로 형벌보충성의 원칙을 표현한 것이다. 형벌의 필요성을 결정하려면 먼저 형벌보충성의 원리를 염두에 두어야 한다.

보충성의 원칙에 반하는 현명치 못한 입법은 정치적 목적이나 이데올로기를 형법의 범죄구성요건을 통해 관철하거나 보호하려고 할 때 철저히 드러난다. 정치적 색채나 이데올로기적 색채가 짙은 그와 같은 정치입법에서는 형법이 법치국가의 틀 안에서 국민의 자유와 안전을 보호하기 위한 현명한 수단이 아니라 정치의 시녀로 전락하여 법의 주체인 시민을 잡아먹는 사탄의 얼굴로 변질될 수밖에 없다.[57] 형법의 정치화 · 이데올로기화 그리고 형법의 비대화는 보충성의 원칙에 반한 불필요한 법률인지의 여부를 깨어 있는 시민의식에 의해 검증받아야 하고, 경우에 따라서는 시민불복종과 저항운동에 직면해야 마땅하다. 스스로 폐지될 수 없는 나쁜 법률은 시민의 불복종과 저항에 의해 폐지됨으로써 법제도 자체가 갖추어야 할 현명성의 품위를 유지할 수 있기 때문이다.

더 나아가 형벌은 실효성이 있을 때에만 과하여져야 한다. 실효성 없는 형벌은 불필요한 형벌이다. 그럼에도 불구하고 이것을 관철하려고 할 때에는 규범과 현실의 괴리현상을 형벌로써 메우려

57_ 심재우, 「형벌권의 한계」(주 50), 15면; 김일수, 법 · 인간 · 인권(제3판 중판), 1999, 125면.

는 결과가 되어 자칫 잘못하면 형법이 자유의 보장수단이 아니라 단순한 억압수단으로 전락하기 쉽다. 예컨대 낙태는 생성중에 있는 생명을 박탈하는 사회적 유해행위이다. 따라서 법익침해가 있다. 그러나 오늘날 모든 낙태행위를 엄격하게 형벌로써 금지하려고 하거나 낙태예비와도 직접 관계없는 성감별행위 자체를 널리 엄한 처벌의 대상으로 삼는 것은(의료법 제19조의2, 제67조) 사회현실의 변화에 비추어 볼 때 그 실효성이 의문시된다. 오히려 형벌보다는 산모의 건강배려 · 생활대책 등 사회보장적 배려가 보다 효과적인 예방수단이 될 수 있을 것이다. 그러므로 입법정책으로는 사회변동에 동떨어지지 아니한 기준에서 낙태의 가능한 허용조건을 제시하고, 이 같은 허용조건을 넘어서까지 행하여지는 낙태행위만을 형벌로써 제재하는 것이 바람직할 것이다. 그렇지 않으면 이른바 형벌의 집행적자(Vollzugsdefizit)가 누적되어 종국에는 형법의 적극적 일반예방기능까지 해치게 될 것이다.

뿐만 아니라 법익 없는 범죄, 피해자 없는 범죄의 비범죄화, 풍속범죄나 종교범죄의 비범죄화도 실효성의 원칙에 비추어 볼 때 형벌권의 정당성을 인정받기 어렵다는 점에 기인한다. 심재우 선생도 이 점을 다음과 같이 강조하고 있다.

> "법치국가에서 형법은 도덕이나 풍속의 보호에 이바지하는 것이 아니라 오로지 법익의 보호에 이바지하는 것이다. 따라서 형벌은 도덕감정이나 윤리감정에 만족을 주기 위한 것이 아니라 오로지 인간의 사회적 실존조건으로서의 법익보호에 이바지하는 수단이어야 한다."[58]

58_ 심재우, 「형벌권의 한계」(주 50), 14면.

VI. 결 론

국가형벌권의 정당화는 계몽주의의 산물이었지만,[59] 그에 대한 논의는 아직도 완결된 것이 아니다. "우리는 지금 계몽된 시대에 살고 있는가? 아니다. 우리는 아직도 계몽되어 가는 시대에 살고 있다"는 칸트의 지적대로 법과 국가권력의 의미와 기능에 걸쳐 아직도 계몽의 과제는 산적해 있기 때문이다.

이 문제에 관해 연구실에서 오래 고심해 왔던 심재우 선생은 짧은 두 편의 글을 통해 문제해결의 실마리를 열어 주었다. 심선생이 열어놓은 문재해결의 길은 실질적 법치주의와 계몽적 자연법의 사상이다.[60] 심선생은 칸트와 루소,[61] 홉스,[62] 예링,[63] 리스트,[64] 라드브루흐[65] 그리고 선생의 잊을 수 없는 스승인 마이호퍼[66]에게서

59_ 더 오랜 역사적 사실에 관한 언급으로는 Eb. Schmidhäuser, Vom Sinn der Strafe, 2. Aufl., 1971, S.18; G. Newman(이경재 역), 서양형벌사, 특히 175면 이하 참조.

60_ 심재우, 「인간의 존엄과 법질서」(고려대 법률행정논집 제12집, 1974), 103-136면.

61_ 심재우, 「Rousseau의 법철학」(고려대 법률행정논집 제19집, 1981), 1-29면.

62_ 심재우, 「T. Hobbes의 법사상」『법사상과 민사법』(현승종 박사 화갑기념논문집, 법문사, 1980), 61-83면; 「T. Hobbes의 죄형법정주의사상과 목적형사상」(고려대 법률행정논집 제17집, 1979), 119-142면.

63_ R. von Jhering(심재우 역), 권리를 위한 투쟁, 박영사, 1977.

64_ 심재우, 「형법에 있어서 목적사상」(고려대 법률행정논집 제15집, 1977), 133-188면.

65_ 심재우, 「상대주의의 법철학적 의의와 그 한계」(고려대 법률행정논집 제7집, 1964), 31-87면.

66_ W. Maihofer(심재우 역), 법치국가와 인간의 존엄, 삼영사, 1994; 법과 존재, 삼영사, 1996.

계몽주의의 진보사상과 합리적인 목적사상 그리고 인간을 중심으로 한 법치국가사상을 섭렵했고 그것을 '인간의 존엄성'이라는 최고의 법가치 속에 용해시켰다.[67]

국가형벌권의 정당화문제도 결국 인간의 존엄과 가치실현을 위해 부름받은 국가와 법의 정당성과 한계를 통해서만 규명될 수 있으리라는 생각이다.[68]

필자가 심선생께 입은 학은은 이루 헤아릴 수 없다. 그 중에서도 필자가 감명 깊게 새겨들은 바는 인간을 위해 법과 국가제도가 존재한다는 점이다.[69] 근원적인 인간의 자기실현가능성을 신뢰한다면 법과 국가는 인간의 자기실현가능성의 극대화를 위한 외부적 조건을 보전하는 일에서 그 봉사의 고유한 몫을 발견해야 할 것이다. 국가형벌권의 정당성도 바로 이같은 관점에서 벗어날 수 없는 주제라고 생각한다.

후기 이 글은 나의 은사이신 심재우 선생님의 고려대학교 법과대학 정년기념논문집에 기고한 것이다. 나는 심선생님의 가르침을 받아 「형법질서에서 인간의 존엄성」이라는 논문

67_ 심재우(역), 법치국가와 인간의 존엄, 특히 162면 이하 참조; 심재우, 「인간의 존엄과 법질서」(주 60), 103면 이하; Zai-Woo Shim, Widerstandsrecht und Menschenwürde, 1973, Diss, Bielefeld, S.25 ff.

68_ 이에 관해서는 I. S. Kim, Die Bedeutung der Menschenwürde im Strafrecht, insbes, für Rechtfertigung und Begrenzung staatlicher Strafe, 1983, Diss, München, S.275 ff.

69_ 김일수, 법 · 인간 · 인권(제3판 중판), 1999, 19면 이하.

으로 법학석사를 마치고, 독일 뮌헨대학에서 Roxin 교수의 가르침을 받아 「형벌론의 재구성을 위한 인간의 존엄성의 의미」라는 논문으로써 법학박사 학위를 받았다.

형벌론을 중심으로 한 인간과 사회의 문제들을 정신사적 관점에서 조명해 본 글이긴 하지만, 나는 심선생님의 학은과 사랑에 크게 빚진 자이다. 결과적으로 심재우 선생님의 형벌사상과 2중주 협주곡을 연출한 셈이다.

[3] 범죄피해자학에 비추어 본 범죄 · 형벌 · 형사절차

Ⅰ. 전통형법의 잃어버린 고리

국가형벌권을 기반으로 한 형법실현이 과제였던 전통형법은 자유주의와 법치주의 이념의 세례를 받으면서 '단편적 성격', '최후수단성', '보충성', '비례성'과 같은 특성으로써 옷을 입었다. 현대 형사정책의 새로운 발전방향이었던 형법의 자유화 · 인간화 · 합리화의 요구에 상응하여 전통 형법의 형벌관에도 변화가 있었다. 한때 '목적사상과 절연된 응보형의 장엄성'[1]이라고까지 칭송되었던 응보적 형벌관으로부터 범죄인 개인의 개성과 인격성회복에 중점을 둔 이른바 재사회화 사상이 지배하는 형벌관으로의 변화가 일어나면서 형벌의 자유화 · 인간존중화 · 합리화의 경향도 두드러지게 나타나게 되었다. 이로 인하여 국가형벌 속에 내재해 있던 권위와 우월의 상징이기도 했던 엄혹형이 해체 내지 완화되기 시작했다. 사형의 폐지 및 종신자유형의 완화, 자유형의 주형화에서 벌금

1_ Maurach, Deutsches Strafrecht, 4. Aufl., 1971, S.77.

형의 주형화, 유예제도의 확장, 보호관찰제도 내지 보호관찰부 가석방제도의 확대, 형벌의 일종 내지 대체물로서 사회봉사명령제도 내지 원상회복제도 등이 입법화되기에 이르렀다. 이들은 다 같이 탈응보적 형사정책의 발전방향과 궤를 같이하는 것들이다.

이처럼 응보형법에서 재사회화형법으로의 방향전환이 있었음에도 불구하고 여전히 공형벌에서 국가와 범죄자와의 양립관계에는 변한 것이 없었다. 여기에서 중요한 관점은 바로 형법규범 창설자인 국가와 그것을 위반한 행위자와의 쌍무관계였다. 국가형벌권이 확립된 이래 지금까지 모든 범죄의 제1차적인 피해자는 바로 공권력을 독점하고 있는 국가 자신으로 간주되었다. 국가가 공형벌을 독점하고 범죄의 피해자로 자처함으로써 그 결과 가해자와 피해자 사이에 범죄로 인해 야기된 갈등과 충돌은 형법실현의 구체적인 단계과정인 형사소송이나 형벌집행을 통해서도 만족스럽게 해소될 수 없다는 사실이 인식되기에 이르렀다.

인류사회의 초기공동체에서는 물론이고 게르만 고법이나 고대 로마법제 하에서도 사인간의 범죄에 대한 공적 제재는 예외적 현상에 불과했다. 공적 형벌이 부과되는 경우는 공동체적 법익을 직접 침해하는 범죄에 국한되었다. 게르만 법의 살해속죄금(Wergeld) 제도나 로마법상의 Transactio 제도가 보여주듯이, 가해자가 속죄금을 지급하거나 지급약속을 함으로써 피해자와 직접 화해가 이루어지면, 피해자가 더 이상 피의 복수(Blutrache)를 할 수 없고, 고소에 기초한 소송에서는 절차중지사유가 되었다. 이 같이 개인간 범죄에서 가해자와 피해자가 문제해결의 주도권을 행사하고, 속죄와 화해를 통해 공동체의 평화를 이루었던 고대의 제도들은 중세와 근세 절대왕권의 확립으로 공권력이 강화되면서 점점 약화되어 갔다. 그 후 근대국가의 성립 이후에도 공형벌의 국가독점화와 범죄

문제해결에서 국가와 범죄인 간의 양자 구도는 불멸의 철칙처럼 인식되어 왔다.[2]

여기에서 두드러지게 나타나는 현상은 범죄피해자의 중립화였다.[3] 범죄는 이제 더 이상 사적인 문제가 아니라 국가적 공동체의 관심사항이 되었던 것이다. 형법위반에 대한 사사로운 복수나 사적인 해결은 오히려 국가권력에 대한 도전으로 간주되었다. 법질서의 수호는 오직 국가의 임무에 귀속했다. 피해자의 지위를 국가가 대신하고 전면에 나서서 범죄통제 및 법질서의 평화회복과 유지를 꾀하는 이 같은 경향은 형법적 지배구조를 강화했을 뿐만 아니라, 법이론적으로도 민사법과 형사법을 엄격히 분리하는 체계적 사고를 강화했다.

형사적 불법과 민사적 불법을 엄격히 분리하여 국가법적 형법체계의 기초를 확립한 대표적인 형법학자는 빈딩(Binding)이었다. 그는 형벌과 손해배상은 사인인 피해자의 이익을 위해 이행되지만, 특히 형벌은 사인의 이익을 위해서가 아니라 국가의 이익을 위해 실현되어야 한다고 주장했다.[4] 다시 말해서, 범죄피해자 이익의 객관화 · 보편화의 요구였던 것이다. 이 같은 사고는 19세기 중반을 넘어 확고한 형법체계적 사고로 굳어졌고, 범죄피해자의 이익과 권리회복은 단지 민사법적 논의의 대상에 불과하게 되었다.[5]

전통 형법의 이념하에서 형벌권 실현의 핵심영역인 형사소송도 형벌권의 실현을 독점한 국가기관과 피의자 내지 피고인 사이

2_ 이에 관하여는 김일수, 「형사상 원상회복제도의 형사정책적 기능과 효용에 관한 연구」, 성곡논총 제21집(1990), 580면 이하; 정승환, 「폐지주의의 형사정책적 의미」, 고려법학 제55권(2010), 179면 참조.

3_ Hassemer, Einführung in die Grundlagen des Strafrechts, 1981, S.67.

4_ Binding, Die Normen und ihre Übertretung, 1.Bd., 3. Aufl., 1916.

5_ 정승환, 앞의 글, 180면 참조.

의 진실공방과 적정형벌부과에 초점이 놓여 있었다. 따라서 범죄피해자는 소송절차상 제2선으로 물러앉게 되었고, 예외적으로 고소권자 또는 참고인 내지 증인으로서만 참여할 수 있는 좁은 무대가 마련되어 있을 뿐이었다. 이 점은 응보형법사상에서는 두말할 것도 없고 재사회화형법 이념에 이르러서도 마찬가지였다. 재사회화형법 이념에서도 범죄자의 사회복귀와 그에 유리한 소송법적 지위 내지 기회의 보장이 중심과제였기 때문이다. 오로지 범죄자와의 사회적 연대성 회복이 재사회화 형벌목적의 핵심이었다.

이처럼 범죄피해자가 형사사법절차에서 배제되고, 형사정책적으로도 범죄피해자에 대한 배려가 등한시된 결과, 사법적 정의에 대한 피해자의 기대가 점점 약화되었고, 사법정의실현에 대한 사회적 신뢰도 감소되었다. 그 결과 형법실현을 통한 규범안정화와 사회통합적 예방 목적도 그 기반을 위협당할 위기에 처했다. 재사회화 노력에도 불구하고 점증하는 범죄율과 범죄흉포화로 인한 공동체의 해체위기감이 그 원인이었다.

이 같은 위기상황은 이른바 재사회화형법의 위기라고도 일컬어졌다. 어쨌거나 이러한 위기상황으로부터 벗어나기 위해 형사정책적 논의에서 사회심리학적 지식이 큰 역할을 담당했다. 즉 범죄로 생겨난 사회적 갈등을 해소하려면 그 갈등의 유발에 관여된 모든 주체, 다시 말해서, 공동체, 행위자, 피해자 등의 참여와 그 갈등해소를 위한 대화노력이 필요하다는 점이 점점 중요시되었다. 또한 범죄로 충격을 입은 법익공동체의 법익평화의 회복을 위해 종래 전통 형법의 국가와 범죄자 간 대칭모델보다 범죄가해자와 범죄피해자 간 대화모델로의 방향전환이 다방면으로 모색되기 시작했다.

독일에서는 1970년대의 재사회화형법에서 1980년대 이후로 점점 더 넓게 피해자 친화적 입법조치들이 등장하기 시작했다. 이를테면 1990년대 들어 입법화된 범죄자의 범죄피해자에 대한 원상회복(Schadenswiedergutmachung), 범죄자와 피해자의 화해조정(Täter-Opfer-Ausgleich)과 같은 제도가 그것이다. 이러한 관점의 변화는 오늘날 회복적 사법정의(restorative justice)라는 이념으로 각국의 형사사법에서 보편화단계에까지 접어들었다.[6]

범죄자와 국가 간의 법규범 위반과 그 회복에 중점을 둔 형사사법의 틀에서 범죄자와 범죄피해자 그리고 국가 간에서 피해자의 만족과 사회통합에 중점을 두는 이 같은 패러다임의 변화는 분명 몇 가지 유발요인들에 근거하고 있다. 재사회화 이데올로기의 탈사회화와 탈인격화 부작용에 대한 우려, 재사회화 형법의 고비용·저효율성의 논란, 범죄율 급증과 흉포화 · 광역화 · 조직화로 인한 사회통합 해체위기, 범죄자의 재사회화 내지 사회와의 연대성 못지않은 범죄피해자의 재사회화 내지 사회와의 연대성 요구 점증, 범죄피해자학의 발전과 범죄피해자단체의 여론동원 능력제고 등이 그것이다.[7]

한국도 제6공화국 헌법에 이르러 범죄피해자의 재판절차진술권[8]이라는 피해자보호에 관련된 새로운 사법적 기본권이 신설되었고, 이에 따라 형사소송법 제294조의2에 그 절차규정이 구현되었다. 또한 1981년 「소송촉진 등에 관한 특례법」에서 배상명령제

6_ 고비환, 「형사조정제도의 문제점과 개선방향」, 고려대 석사학위논문(2010), 6면 이하.

7_ 이에 관하여는 김일수, 앞의 글, 582면 이하; 하태훈, 「범죄피해자의 형사절차상의 지위와 권리」, 안암법학 제1집(1993), 315면 이하; 정승환, 앞의 글, 180면 이하 참조.

8_ "형사피해자는 법률이 정하는 바에 의하여 당해 사건의 재판절차에 서 진술할 수 있다"(헌법 제27조 제5항).

도가 도입되었으나(같은 법 제25조), 그 보완책으로 헌법 제30조의 범죄피해자에 대한 국가보조제도[9]에 근거하여, 국가에 의한 범죄피해자보상제도의 하나인 범죄피해자보호법이 제정되었다.

한국의 법무부는 피해자의 형사재판 참가제도를 시행하고 있는 일본의 예를 따라, 2007.6.1.자로 범죄피해자의 형사재판 참여절차에 관한 형사소송법 중 일부개정법률안을 마련하여 2008.12.1.부터 시행하고 있다. 즉 기존의 피해자들의 진술권(형소법 제 294조의2) 외에 피해자들의 진술의 비공개(형소법 제294조의3 신설), 피해자 등의 공판기록 열람(형소법 제294조의4 신설) 등의 제도를 추가하였다.

현행법 체계상 부분적으로는 범죄피해자의 재판절차진술 및 피해구조가 활성화된 것은 부인 못할 현실이다. 수사절차, 공판절차 및 양형 및 형벌부과와 형벌집행절차에서 범인의 피해자와의 관계는 범죄에 대한 공적 불승인과 범죄인에 대한 사회윤리적 비난의 정도에 중요한 의미를 지닌다. 그래서 외국에서는 이와 같은 모드의 전환을 '피해자의 유행(Opfereuphorie)', '피해자의 르네상스'라고 부르기도 한다.

입법론적 관점에서 피해자의 형사재판절차참여권은 범죄문제의 대화적 갈등해소에 빼놓을 수 없는 방도라는 점이다. 따라서 범죄피해자에게 단지 수동적이고 불완전한 재판절차진술권[10]에서 진일보하여 범죄피해자가 능동적이고 주체적인 참여와 절차형성의 기회를 갖도록 보완해야 할 필요성은 아직도 남아 있는 실정이다. 그러려면 첫째, 종래의 고립된 범죄자 내지 피고인에 정향된

9_ "타인의 범죄행위로 인하여 생명·신체에 대한 피해를 받은 국민은 법률이 정하는 바에 의하여 국가로부터 구조를 받을 수 있다"(헌법 제30조).

10_ 이는 소송절차에서 증인신문의 일종으로 진행된다(형소법 제294조의 2).

범죄관 및 형벌관을 범죄자와 피해자의 상호 관련성 속에서 이해하는 새로운 관점으로의 변화, 둘째 검사 · 피해자와 피고인 및 법원의 4각 구조로 형사소송구조의 패러다임을 바꾸어야 할 필요성이 새롭게 제기된다.

II. 피해자학적 관점의 범죄론과 형벌론

형법에서 피해자의 법적 지위에 관한 논의는 새로운 형법이론적, 형사정책적 지평을 여는 문제영역으로 인식되고 있다.[11] 위에서 언급한 바와 같이 공형벌이 확립된 이래 지금까지 불법에 대한 투쟁은 사법제도를 통해 실현되어야 할 국가의 임무로 간주되었고, 정당방위나 자구행위같은 예외적인 사정하에서만 사인의 권리를 위한 투쟁이 정당화될 수 있었다.[12] 그리하여 모든 범죄의 제1차적인 피해자는 바로 공권력을 독점하고 있는 국가 자신으로 간주되었던 것이 사실이다. 그러나 국가가 공형벌을 독점하고 범죄의 피해자로 자처함으로써 범죄와 형벌에서 가해자와 피해자 사이의 갈등과 충돌은 만족스럽게 해소될 수 없는 부분이 남는다는 사실이 점차 인식되기에 이르렀다. 이러한 상황에서 새로운 돌파구를 열어 준 것이 범죄피해자학(Viktimologie)의 관점이다. 1990년대에 이르러 범죄피해자학은 적어도 독일에서 1970년대의 재사회화 형법의 유행을 앞질러가는 새로운 사고유형이 되었다.[13]

11_ Neumann, Die Stellung des Opfers im Strafrecht, in : Hassemer(Hrsg.), Strafrechtspolitik, 1987, S.225f.

12_ M.E. Mayer, AT des deutschen Strafrechts, 2. Aufl., 1923, S.274ff.

13_ 김일수, 「사기죄에 있어서 피해자의 역할과 형사정책적 예방의 관점」, 형

행위자의 개선 및 재사회화에 주안점을 두었던 1970년대 재사회화 프로그램은 치료교정 이데올로기가 갖는 탈사회화와 탈인격화의 취약점은 말할 것도 없고, 고비용·저효율의 형사정책적 프로그램으로서 실제 증폭하는 범죄문제 해결에 실질적으로 기여하지 못했다는 비판에 부딪치면서 형사정책적 프로그램으로서의 매력을 점차 잃어가기 시작했다. 재사회화 프로그램의 막다른 골목에서 형사정책가들은 새로운 돌파구를 보다 더 근본적인 형법의 임무에 관한 성찰에서 찾고자 했다. 여기에 이른바 적극적 일반예방, 특히 사회통합적 예방사상(Integrationspräventionsgedanke)이 형법의 임무로서 관심을 끌게 되었다.[14] 종래 법익보호를 임무로 삼던 형법의 기능에서는 발생된 범죄로 인하여 침해된 법질서의 공적 권위의 회복이 주된 관심사였다. 그러나 통합예방적 관점에서는 범죄인과 사회뿐만 아니라 범죄인과 피해자 사이에서도 만족할 만한 갈등해소가 주어질 때 비로소 평화로운 공동체질서는 회복될 수 있다고 본다.

범죄피해자학은 먼저 형사정책의 새로운 발전을 촉진시켜 형사제재제도에서 피해원상회복(victim restitution)과 같은 새로운 형사제재수단의 활용을 촉진시킨다.[15] 원상회복제도가 제1차적으로 피해자의 이익을 고려한 형사제재의 한 수단임은 두말할 것도 없다. 종래, 특히 1970년 이래의 재사회화 프로그램은 자유의 이념을 좇아 국가 공형벌의 엄혹한 제재수단 아래 놓인 범죄자 개인의 이

사정책 제5호(1990), 113면.

14_ Il-Su Kim, 「Punitivistische Grundtendenzen der gegenwärtigen Kriminalpolitik?」, 고려법학 제56호, 515면 이하.

15_ Schöch(Hrsg.), Wiedergutmachung und Strafrecht, 1987; Gallaway, Restitution as integrative Punishment, in: Barmett/Hegel III (eds.), Assessing the Criminal, 1977, p.331.

익을 고려한 형사정책적 프로그램이었다면, 원상회복제도는 평등의 이념을 좇아 범죄피해자의 만족을 회복시켜 준다는 데 주안점을 둔 새로운 패러다임의 변화라는 사실을 알 수 있다.[16]

범죄피해자의 만족은 가해자의 급부를 통해 실현된다는 점에서 원상회복제도는 가해자와 피해자 사이의 화해를 촉진시키고, 이를 통해 법공동체 내에서 법적 평화를 회복시킨다는 의미를 갖고 있다. 화해를 통해 피해자가 만족을 얻게 되면, 자신이 받은 불만족의 트라우마(Trauma)를 범죄적인 화풀이 방식으로 다른 사회적 약자에게 전가시키는 악순환의 고리도 근원적으로 치유될 수 있기 때문이다.

이 점은 지금까지 우리가 범죄를 단순히 범죄인 개인의 측면에서 파악하여 '규범침해' 또는 '법익침해'라고 불러왔던 시각에서 벗어나 범죄는 '가해자와 피해자 사이의 갈등'이라고 재구성해야 할 필요성을 암시해 준다. 그렇다면 범죄에 대한 반작용으로서 형사제재도 단순한 법의 공적 권위의 선언이나 공표가 아니라 구체적인 피해자의 권리회복이며, 이를 통한 피해자와 가해자 사이의 새로운 인적 연대성 회복, 가해자와 국가공동체와의 연대성 회복, 그리고 피해자와 국가공동체와의 연대성 회복 등의 의미를 지니게 된다.[17]

형벌을 국가와 범죄인의 양자구도가 아니라 국가와 범죄인 그리고 피해자의 삼자구도로부터 출발하되, 특히 피해자의 관점을 새롭게 주목한다면 피해자는 범인의 처벌에 대한 권리를 갖는다고

16_ Schöch, Strafrecht zwischen Freien und Gleichen im demokratischen Rechtsstaat, Maihofer-FS, 1988, S.461f.; 김일수, 앞의 글, 114면; 하태훈, 앞의 글, 316면.

17_ 김일수, 한국형법III, 17면.

말해야 옳다. 그것은 일종의 정의감정(Gerechtigkeitsempfinden)의 발로이다. 피해자의 정의감정은 우선 "네가 내게 했던 것과 같은 아픔을 너도 겪어봐야 한다"는 고통분담의 상호성과 상쇄성에 기초하고 있다.[18] 피해자의 이와 같은 정의감정을 단순한 복수감정 내지 법적 응보감정과 구별하여, 피해자의 가해자에 대한 처벌청구권을 형벌이론적으로 새롭게 구성할 수 없을까?

고대사회의 자연적인 복수감정은 오늘날 법적 공형벌제도 하에서는 그 어느 구석에서도 자리를 차지하기 어렵다. 자연적인 복수감정을 뛰어넘은 응보사상은 동해보복의 절제된 정의감정을 대변하고 있지만, 그럼에도 불구하고 피해자의 처벌청구권은 여기에서도 자리를 차지하기 어렵다. 헤겔(Hegel)은 그의 법철학에서 응보형론을 옹호하면서, 오히려 그것을 이성적인 범죄인의 자기 처벌청구권으로 파악하였다. 소극적 일반예방론의 위하사상은 잠재적 범죄인으로서 오성을 지닌 일반인을 향해 범죄인의 처벌을 추상적으로 고려하고 있을 뿐, 이곳에서도 피해자의 처벌청구권의 지분은 발견되지 않는다. 특별예방론의 개선사상이나 재사회화사상도 구체적인 범죄인의 특성에 알맞은 처벌에 초점을 맞추고 있을 뿐, 처벌에서 피해자의 참여지분이나 몫을 전혀 고려하지 않고 있다.[19]

전통 형법은 그런 의미에서 지금까지 피해자의 지위를 가해자와 대칭된 자리에서 지워버렸고, 형법에서 피해자는 형벌과정과 멀리 떨어진 중립지대로 추방되었다. 응보형론자들이라고 할지라도 국가가 처벌의 주체로서 동일한 해악을 가하는 응보의 과정에

18_ Reemtsma, Das Recht des Opfers auf die Bestrafung des Täters-als Problem, 1999, S.5.

19_ 김일수, 한국형법 I , 103면.

서 피해자의 처벌요구를 대리한다고 주관적으로는 확신할지언정, 피해자에게 현실적인 참여의 가능성을 열어주지는 못했다. 이 같은 봉쇄작전을 하쎄머(Hassemer) 교수는 푸코(Focault)의 말을 빌어, 국가 형법은 피해자의 중립화와 더불어 생성되었고, 형법의 힘은 피해자의 무력화(Entmachtung des Opfers)에 기초하고 있다고 말한 바 있다.[20]

피해자의 처벌청구권과 절차참여권은 형벌이론적으로 적극적 일반예방사상의 등장과 함께 그 문호가 열린 셈이다.[21] 오늘날 적극적 일반예방은 일반인에 대한 심리강제적 효과를 꾀하는 소극적 일반예방과 달리 '규범의 내면화를 통한 질서안정', '법충실에의 숙련', 내지 '질서신뢰의 안정' 등을 지향하는 형벌이론으로 통한다. '형법의 도덕형성력'(M.E. Mayer), '사회윤리적 심정가치의 보호'(Welzel) 따위도 적극적 일반예방의 초기사상으로 평가할 수 있다. 심지어 젤만(Seelmann) 교수는 헤겔(Hegel)의 응보형론을 '적정한 책임상쇄에 의한 일반예방'이었다고 재해석함으로써 적극적 일반예방사상의 본질적 사상재를 헤겔의 응보론에서 도출하려는 시도를 보여주기도 했다.[22]

적극적 일반예방에는 다음 세 가지 내용이 들어있다. 즉 ① 사회교육적 동기 학습효과(Sozialpädagogisch motivierter Lerneffekt), ②

20_ Hassemer, Einführung in die Grundlagen des Strafrechts, 1990, S.695.

21_ 이에 관하여는 Baratta, Integration-Prävention, KJ(1984), S.132f.; Frühauf, Wiedergutmachung zwischen Täter und Opfer: Eine neue Alternative in der strafrechtlichen Sanktionspraxis, 1988, S.181ff.; Seelmann, Strafzwecke und Wiedergutmachung, in: Katholische Akademie Trier(Hrsg.), Straffälligkeit und Wiedergutmachung, 1980, S.147f.; Schumann, Positive Generalprävention, 1989, S.7; 김일수, 성곡논총 제21집(1990), 607, 610면 참조.

22_ Seelmann, JuS, 1979, S.687ff.

신뢰효과(Vertraunseffekt), ③ 만족효과(Befriedigungseffekt)가 그것이다.

사회교육적 동기학습효과란 형벌이 일반시민들에게 법준수, 법에 충실한 생활태도가 몸에 배도록 숙련시키는 동기작용을 갖는다는 것이다. 신뢰효과란 형벌이 일반시민들에게 법이 잘 집행·관철되어 질서가 확립되는 것을 보여줌으로써 법은 지킬 만한 가치가 있는 것이라는 신뢰감을 고양시키는 작용을 한다는 것이다. 만족효과란 형벌이 범죄에 의해 야기된 법적 평화의 동요를 범죄인에 대한 처벌을 통해 진정시킴으로써 피해자는 물론 일반시민들의 법감정에 만족을 주고 훼손된 법적 평화를 회복시키는 작용을 한다는 것이다. 이를 통틀어 사회통합예방이라고 부르기도 하지만,[23] 록신(Roxin) 교수는 그중 특히 만족효과만을 통합예방이라고 칭한다.[24] 록신에게 있어서 적극적 일반예방은 상위개념이고, 통합예방은 그 하위개념으로서 피해자 내지 일반시민들의 재판결과에 대한 법감정의 만족만을 지칭하는 것으로 이해하고 있다.

형벌이 이 같은 통합예방적 기능을 하려면 범죄에 대한 정당한 처벌이어야 함은 물론 실현된 불법과 형평을 유지할 수 있어야 한다는 것이다. 형벌이 일반인의 법의식을 강화하여 법적 평화를 확보하는 일을 목적으로 삼자면, 사회공동체 구성원들의 이익에 정당한 이익조절을 통해 만족감을 줄 수 있어야 한다. 국가적 이익을 위하여 과도한 형벌을 과한다거나 타인을 위협하거나 범인을 교화시키기 위해 책임에 상당하지 않은 무거운 형벌을 과하는 것은 이 같은 통합예방기능을 오히려 훼손시키는 일이 된다. 반면 가

23_ Baratta, a.a.O., S.132.

24_ Roxin, Zur jüngsten Diskussion über Schuld, Prävention und Verantwortlichkeit im Strafrecht, in : Bockelmann-FS, 1979, S.305f.

해자인 범인의 개선과 사회복귀를 위한 사회적 연대성에만 중점을 둔 나머지 범죄피해자의 처벌요구를 외면한 채 결과적으로 불법을 두둔하거나 조장하는 인상을 줄 때에도 이 같은 통합예방기능은 신뢰를 잃을 수밖에 없다.

그런 의미에서 형벌은 최소한 규범의 효력이 작동하고 있음을 분명히 보여주어야 한다. 만약 실효성 있는 규범을 위반했을 때에는, 그 위반자에게 안 좋은 결과가 돌아가게 된다는 사실을 똑똑히 보여줄 수 있어야 한다. 동시에 그 피해자에게 현실적으로 초래된 안 좋은 결과를 상쇄시키거나 회복시킬 만한 정도의 처벌이 가해자에게 현실적으로 돌아가야 한다. 형법이 사회통제의 일부로서 범죄통제의 역할을 담당하고자 한다면 최소한 이 같은 현실기반을 벗어나서는 안 된다.[25]

비례성의 원칙을 벗어난 무관용 원칙과 마찬가지로 비례성의 원칙을 벗어난 관용의 원칙도 현실관련성을 지닌 규범적 정신과학으로서의 형법의 본령과는 거리가 멀어 보인다. 전자의 원칙에서는 범죄인의 인간으로서 존엄과 행복추구권이 침해되는 반면 후자의 원칙에서는 피해자의 인간으로서의 존엄과 행복추구권이 훼손되기 때문이다.

가해자는 범행 후 피해자와 일체 상호소통을 끊고 있는 상황에서 이 같은 정신적 피해는 상징적으로 가해자의 처벌을 통해서 그리고 이 과정을 통해 나타나는 사회의 피해자와의 연대성 표현, 다시 말해 사회가 가해자보다는 피해자와 더 강한 연대의식을 공유하고 있다는 의지의 표명을 통해서 어느 정도 상쇄될 수 있다. 물론 이 같은 처벌의례는 피해자의 개인적 복수나 린치가 법적으

25_ Reemtsma, a.a.O., S.20f.

로 허용되지 않음을 전제한 것이다. 그렇기 때문에 형벌은 피해자의 내면세계에서 자연적으로 용출하고 있는 복수와 증오감정을 사회적으로 용해시켜 피해자에게 어느 정도 위로와 만족을 주는 제도임을 잊어서는 안 된다.[26]

트라우마를 수반하는 범죄피해자들에게도 범인의 개선과 재사회화 요구 못지않게 치유와 사회적 결속의 연대감 속으로의 편입, 즉 재사회화가 필요하다. 범죄피해자에게는 범인의 처벌이 단순히 원상회복의 의미가 아니라 트라우마의 악화, 즉 정신적 피해의 확산을 차단하고 개선하는 의미를 지닌다.[27] 만약 형벌을 통하여 범죄피해자의 이 같은 정신적 고통을 제때에 보듬어주지 않는다면, 범죄로 인한 개인적 피해가 또 다른 사회적 피해로 전이될 수 있다는 점을 유념해야 할 것이다. 피해자는 자신이 홀로 감당할 수 없는 내면의 정신적 고통 때문에 기회가 주어지면 다른 사회적 약자를 범죄의 대상으로 삼아 그 고통을 전가시킬 수 있기 때문이다.

결론적으로 말해 죄와 벌의 문제에서 전통적으로 전승되어 온 바, 국가와 범죄인을 축으로 한 채 범죄피해자를 형사절차의 바깥에 위리안치시킨 형사사법의 틀은 현대의 경험적인 사회체계의 틀과 맞지 않는다. 권위주의 국가에 맞서 범죄인의 인권보호에 초점을 맞추었던 자유주의 철학과 법치주의 국가관은 형사절차를 국가와 범죄인의 상호작용으로 보았을 뿐 가해자와 피해자의 대화구조로 바라보지 못했던 것이다. 그 결과 피해자는 형사절차에서 가족구성원이 아니라 이웃집 손님에 불과했다. 그는 극히 예외적으로 형사절차의 수동적 객체로 취급될 뿐이었지, 능동적인 참여주체로 대우받지 못했다.

26_ Ebd. S.24.

27_ Ebd. S.26f.

국가의 형사정책은 지금까지 범죄자의 재범과 누범의 위험에는 깊은 관심을 나타냈지만, 피해자의 재트라우마화(Retraumatisierung)[28] 내지 극단적인 경우 그로 인한 피해자의 새로운 범죄인화의 위험을 전혀 눈치채지 못하고 지내온 것이다.

Ⅲ. 전통적 소송절차구조와 대화적 소송절차론

여러 번 거듭해서 체험한 바이지만, 판결전조사, 공범증인 책임감면제도, 자백협상(Plea bargaining), 피해자의 형사재판참가와 같은 새로운 제도를 형사소송법에 도입하고자 할 때, 그 당부와 방법 등을 놓고 벌이는 논쟁의 큰 틀 중 빠지지 않는 것이 당사자주의와 직권주의 형사소송구조이다. 문제는 한국의 형사소송구조에서 볼 수 있는 바와 같이 이미 당사자주의와 직권주의가 그 연원에서부터 멀리 흘러내려와 다양한 침융을 거듭하면서 현재에는 비교인자로서 그 정체성을 확정하기 힘들 정도로 변용을 겪었다는 점이다. 이 두 구조의 연원지라고 할 수 있는 영미법계와 대륙법계에서조차도 당사자주의와 직권주의는 비록 정도의 차이는 있지만 이미 순수한 원형을 찾기 어려울 만큼 변용을 거듭하고 있다는 점에서 더욱 그러하다.[29]

영국의 당사자주의에서 사적 또는 국가적 소추이익은 소의 대리자, 즉 대부분의 경우에 경찰, 그 밖에도 공소관, 그리고 배심재

28_ Riedesser, Lehrbuch der Psychotraumatologie, 1998, S.115ff.

29_ 이 같은 난제에 관하여는 조병선, 「우리나라 형사소송구조의 분석과 비교형사소송의 방법론」, 한국형사소송법학회 제7회 발표회 자료집(2009.12), 43면 이하 참조.

판에서는 변호사에 의해서도 대리될 수 있다.[30] 반면 피고인의 이익은 변호인에 의해 대리된다. 피고인 신문제도는 존재하지 않으며, 양 당사자는 똑같이 교호신문(cross examination)의 방식으로 증인신문을 이끌어 나간다. 당사자들은 소송절차를 주도하며, 민사소송에서처럼 피고인의 자백을 통해 소송대상을 처분할 수도 있고, 합의에 의해 절차형성 및 진행에 영향을 줄 수도 있다(당사자처분주의). 법관은 직권탐지활동을 통해 판결의 근거를 얻지 않고 단지 질문의 허용 또는 거부를 통해 중립적인 심판자처럼 행동하고, 배심재판의 경우에는 배심원과 함께 단지 당사자에 의해 수집된 증거자료만을 기초로 판결하게 된다. 그리고 소에 의해 제기된 사실만이 판결의 대상이 되기 때문에 법원의 소송상 역할은 소극적이며, 그 권한은 당사자주의에 의한 제약을 받는다.

이에 비해 대륙법계의 직권주의 소송구조하에서 변론 및 재판절차의 개시는 탄핵주의 소송구조의 확립 이후, 물론 검사의 공소제기에 의하지만, 일단 공소가 제기되고 나면 그 후 일체의 재판절차는 전적으로 법원이 주도하게 된다. 심지어 피고인의 신문 및 증거조사까지도 법원이 그의 책임하에 행한다. 따라서 법원은 적극적·주도적으로 소송절차에 관여하여 소송을 직권으로 이끌어 나가며, 다른 소송주체에 비해 가장 지배적인 소송상의 기능과 역할을 수행하는 셈이다.

그러나 현대에 이르러 영미의 당사자주의라고 하더라도 당사자의 의사가 소송의 실체형성을 지배하는 민사소송상의 당사자처분주의로 나아가지는 않는다. 아무리 법원의 지위가 소극적이라 해도 마치 법관은 말이 걸려올 때만 움직이는 국외적인 방관자가

30_ Emmins, A practical approach to criminal procedure, 1981, p.7; 이에 비해 미국의 배심재판에서 소추 및 공소 유지는 오직 검사의 임무에 속한다.

아니다. 당사자주의의 핵심은 검사와 피고인의 주장과 입증에 의한 공격·방어 활동이 절차형성의 주류를 이룬다는 점에 있으므로 법관은 그 심리에 임하여 중요한 쟁점들이 드러나도록 해야 할 임무가 있다. 물론 법관은 사건의 예단에까지 미쳐서는 안되지만, 어느 정도 유형·무형의 능동적인 참여가 요청된다.[31]

반면 대륙법계의 직권주의라고 할지라도 규문절차화할 수 없는 한계성이 있다. 법관의 진실발견과 양형에서 형사정책적 예방목적을 합목적적으로 고려하려면 절차과정에 반드시 다른 소송주체의 참여를 필요로 하기 때문이다. 따라서 양 제도는 본래 상이한 제도였고, 아직도 상당한 차이점을 지니고 있는 것만은 사실이지만, 입법화의 실체적인 과정에서는 접근과 융화가 지속적으로 일어나는 추세라고 말해야 옳을 것이다. 그 대표적인 예가 바로 한국의 형사소송법이라고 말해도 지나침은 없을 것이다.

한국의 형사소송구조는 구 형사소송법 통용시까지는 대륙법계, 특히 독일법계와 유사한 탄핵적 직권탐지주의 소송구조였으나, 1961년 형사소송법 개정 이래 최근 2007년 형사소송법 대개정에 이르기까지, 수차례 법개정을 통해 당사자주의 요소가 점점 강화되어 왔다. 현행 형사소송법상 공판절차는 당사자주의를 기본으로 하고, 직권주의를 이에 가미한 형태라고 말해도 좋을 것이다. 현행 형사소송법상의 직권주의는 당사자주의에 대해 규제적·보충적 기능을 하고 있기 때문이다.

규제적 기능으로는 변론권 제한, 증인신문개입권, 증거결정권, 당사자가 증거로 함에 동의한 증거에 대한 진정성 여부 조사, 공소장 변경의 허가 등과 같이 법원이 대립소송주체의 소송활동을

31_ 이를 공익적 제도로서 법원의 후견적 활동으로 파악하기도 한다(신현주, 형사소송법, 2002, 153면).

규제하는 여러 가지 기능을 들 수 있다. 이에 비해 보충적 기능으로는 직권에 의한 증거조사, 피고인에 대한 보충신문, 검사 또는 피고인이 신청한 증인에 대한 보충신문, 공소장변경요구 등에서처럼 대립소송주체의 소송활동에 보충적으로 개입하는 기능을 들 수 있다.

이와 같이 현행 형사소송법은 당사자주의와 직권주의를 혼합한 비빔밥 형태이므로 법원의 소송상 기능과 역할은 영미의 그것보다는 강하고 대륙의 그것보다는 약하다고 할 수 있다. 그렇다면 이 비빔밥 성격의 한국 형사소송절차구조를 양자의 절충이 아닌 새로운 제3의 관점에서 체계화할 길은 없을까. 혼합형태 속에 남아 있는 권위주의적 요소를 청산하고 보다 더 철저하게 민주적이고 평등한 소송절차구조를 상정할 수는 없을까.

소송절차의 법리적 성격은 바로 절차가 의사소통과정이라는 점에서 발견될 수 있다. 형사소송법은 그 절차과정에서 대화를 통한 의사소통을 실현하는 조건을 제공하고 있기 때문이다. 형사사법의 본질이 '진실과 정의에의 지향성'이라면,[32] 그 기초인 실체적 진실의 발견은 모든 이해관계인의 자유롭고 평등한 참여가 보장된 대화의 절차적 조건 속에서만 실현될 수 있다.[33] 그러므로 형사소송절차를 소송주체 및 그 보조자·관여자들의 대화와 상호의사소통의 과정으로 이해하는 인식의 전환이 필요하다.[34] 그래야만 이

32_ 김일수, 수사체계와 검찰문화의 새 지평, 2010, 277면; 김일수, 바람직한 양형조사 주체 및 조사방식에 관한 연구, 2009, 235면.

33_ 이상돈, 「형사소송에서 항소심과 상고심의 공판형태」, 안암법학 제1호(1993), 362면, 특히 주 19) 참조; 물론 필자는 대화원리(Dialogisches Prinzip)로 전용할 수 있는지에 관해 견해를 달리한다.

34_ Calliess, Theorie der Strafe im demokratischen und sozialen Rechtsstaat, 1974, S.97; Hassemer, Einführung in die Grundlagen des

상호교류적 의사소통과정에 참여하는 절차참여자들에게 동등한 주체성과 함께 참여기회의 평등성이 보장될 수 있기 때문이다.

특히 민주적 · 자유적 · 사회적 법치국가에서 형사소송절차는 형법의 귀속, 특히 피의자 · 피고인의 책임귀속에 관한 소송주체와 관여자들의 대화와 의사소통에 의한 변증론적 진실발견절차이다.[35] 왜냐하면 범죄와 형벌은 처음부터 확정되어 있는 것이 아니고, 자유법치국가적 소송절차의 지도이념인 무죄추정의 법리에서 출발하여 관여자들의 책임대화(Schulddialog)를 통한 의사소통과 상호교류의 과정을 거쳐 점진적으로 책임귀속의 실체를 확정하여 나가는 것이기 때문이다.[36]

고소(고발) · 수사 · 공소제기 등 일련의 절차는 책임귀속의 전 과정을 연계시키는 정보제공의 단계에 불과한 것들이다. 이 책임귀속의 과정은 점차 높은 정도의 형식성과 확정성을 얻기 위한 단계적 진행과정으로서 낮은 단계의 수사절차로부터 높은 단계의 변론절차와 판결절차로 발전해 나간다. 여기에서 사안과 형벌법규에 관한 해석 · 적용은 검사 또는 법원의 독단적인 사무처리일 수 없고, 수사절차 · 변론준비절차 · 변론절차에서 피의자 · 피고인 · 피해자도 대화과정의 주체로서 이에 함께 참여하게 된다.[37]

더 나아가 보조인, 전문수사자문위원(형소법 제245조의2), 전문심리위원(형소법 제279조의2), 배심원, 감정인, 증인까지도 이에 준하여 이해할 수 있다. 심지어 판결전조사 내지 양형조사를 위한 조

Strafrechts, 1981, S.121ff.; Mir Puig, 「Rechtsgüterschutz durch dialogisches Strafrecht」, GA(2006), S.667ff.

35_ 김일수, 「법 · 인간 · 인권」(제3판), 1996, 239면, 305면 이하.

36_ Haft, Der Schulddialog, 1978, S.70ff.

37_ 김일수, 수사체계와 검찰문화의 새 지평, 279면.

사인력도 그 의미를 축소하여 절차에서 배제하는 방향으로 이해할 필요는 없다고 본다.[38] 왜냐하면 소송절차는 본원적으로 혼자서 읊조리는 독백적 모델(monologisches Modell)이 아니라 상호간 의사를 주고받으며 언어로 소통하는 대화적 모델(dialogisches Modell)이기 때문이다.[39] 여기에서 소송절차의 목적실현을 위해 각 소송주체는 물론 절차참여자들에게 주어진 역할분담에 상응한 각자의 독특한 개성과 전문성 그리고 동등한 자유를 승인하고 그 기여분을 평가하며, 적법절차 내에서 행위규칙으로 주어진 일정한 규칙(rule)에 따라 절차를 함께 형성해 나간다.

따라서 이 소송절차에서는 모든 참여자가 동등한 역할수행의 기회를 갖고 주체로서 자기 몫을 다하는 것이지 다른 참여자에게 예속된 역할수행자일 수 없다. 각자가 자기 자신의 인격적 자율성의 범주 안에서 주체들 상호간의 간극을 지양하고, 대립되는 입장을 조정하여, 상호이해의 바탕 위에서 서로 납득할 수 있는 상호주관적 방법으로 죄책과 벌의 종류와 크기, 정도를 함께 발견해 나간다.

대화과정으로서 형사소송절차를 이처럼 이해하는 것은 소송절차의 목적을 실현할 수 있는 전제로서뿐만 아니라 범인에게 돌아갈 가능한 형사책임과 사회의 공동책임(Mitverantwortung),[40] 그

38_ 김일수, 바람직한 양형조사 주체 및 조사방식에 관한 연구, 2009, 233면 이하.

39_ 김일수, 「변호인은 사법기관인가?」, 고시연구 제119호(1984.2), 29면; 「피고인의 소송법상 지위」, 고시연구 제124호(1984.7), 152면; 「검사의 소송법상 지위」, 고시연구 제131호(1985.2), 114면; 「법원의 소송법상 지위」, 고시연구 제143호(1986.2), 154면 이하.

40_ Noll, Die ethische Begründung der Strafe, 1962, S.14ff., 24ff.; Il-Su Kim, Die Bedeutung der Menschenwürde im Strafrecht, 1983, S.342ff.

리고 그에 상응하는 죗값과 상호간 연민과 사랑에 의한 죗값의 분배를 고려하여 범인의 사회화와 자기화라는 적극적 특별예방목적과 피해자의 재사회화를 포함한 사회의 재사회화를 통하여 법질서의 자기주장과 관철력에 대한 일반인의 신뢰를 강화하는 적극적 일반예방목적을 실현하기 위한 전제도 된다.[41]

뿐만 아니라 참여자들 사이에 상호이해와 상호교류의 기회가 널리 열린다면 바로 이 소송절차야말로 주어진 규범의 틀 안에서 그 참여주체들 간의 창조적 활동의 과정으로 이해될 수 있다. 그것은 또한 이 소송절차 이후로 이어질 형집행절차에서 사회화 학습과정의 조건을 미리 검증하고 준비하는 과정으로서의 의미도 지닐 수 있을 것이다.

어쨌거나 형사소송절차를 이처럼 대화적 소송절차로 이해하면, 법정의 분위기도 법단을 중심으로 높낮이를 달리하는 권위주의적 풍경에서 벗어나 둥글게 둘러앉아 죄와 벌, 화해와 용서를 찾아가는 원탁의 법정으로 탈바꿈하는 것이 바람직해 보인다. 대화절차에서 어느 누가 다른 누구보다 우월하다는 생각은 오만과 편견이며, 이 오만과 우월감으로부터 권위주의라는 악취가 생긴다.

사건의 진실을 아는 데 있어서 범인이나 피해자보다 수사기관, 공소관 또는 법관의 인식능력이 뛰어나다고 함부로 속단할 수 있겠는가. 헌법과 헌법의 구체화규범인 형법 · 형사소송법이 정해 놓은 규범의 틀 안에서 절차참여자들은 각자 권리를 향유하기도 하고 동시에 의무를 부담하기도 하는 절차공동체의 참여주체들일 뿐이기 때문이다. 이와 같은 관점에서 출발한다면 범죄에서 가해자와 피해자는 모두 국가사법이 베푼 대화적 소송절차의 놀이마당

41_ Lenckner, Der Strafprozess im Dienst der Resozialisierung, JuS(1983), S.340f.

속으로 초대된 친구들에 비유할 수도 있을 것이다.[42]

IV. 피해자의 공판절차 참여권

이제 시선을 피해자의 공판절차 참가 쪽으로 돌려보자. 이미 언급했듯이 한국에서 범죄피해자의 권리를 직접적으로 명시하기 시작한 것은 1987년 제6공화국 헌법에서부터였고, 형사피해자의 재판절차진술권(제27조 제5항)과 범죄피해자구조청구권(제30조)이 그것이다. 피해자의 재판절차진술권의 행사를 위해 그 후 형사소송법 제294조의2에 피해자 등의 진술권이 신설되었다. 그러나 형사소송법상 피해자의 진술권은 공판절차에서 증인의 자격으로 증인신문의 방식에 따라 수동적으로 진행되기 때문에 피해자에게 만족을 줄 만한 기회가 되기 어렵다.

범인은 기소 전 수사단계에세 재판에 이르기까지 본인이 진술거부권을 행사하지 않는 한 범행의 동기, 피해자에 대한 관계, 피치 못할 딱한 사정, 후회의 감정 등 모든 정황을 고할 수 있는 기회를 갖는다. 그러나 피해자에게는 현행법상 피고인처럼 말할 수 있는 기회가 주어지지 않는다. 심지어 피고인이 일방적인 변명이나 피해자와의 관계에 관한 사실왜곡의 진술을 할지라도 피해자가 그에 절차적으로 대응할 만한 제도가 완비되어 있지 못한 것이 사실이다. 이 점은 사건의 실체적 진실발견뿐만 아니라 적정한 양형판단을 위해서도 바람직하지 못하다.

일찍부터 외국의 여러 나라는 피해자 형사소송 참가제도를 도

42_ 김일수, 바람직한 양형조사주체 및 조사방식에 관한 연구, 235면.

입하여 이 문제를 해결하고 있다. 피해자참가제도는 피해자가 원하는 만큼 소송절차에 참여하여 당사자로서 피고인의 일방적 주장의 허위성이나 왜곡을 논박할 수 있고, 범죄인으로 하여금 진실의 바탕 위에서 용서와 화해의 마당으로 나오도록 촉구하는 기능도 할 수 있다. 그것은 적정한 처벌에 도움을 줄 뿐만 아니라 피해자의 재사회화와 가해자와의 화해 등 회복적 사법이념을 실현하는 데도 유용한 제도이다.[43]

일본은 2008년부터 이 제도를 실시하고 있고, 미국도 2004년 제정된 범죄피해자권리법(Crime Victims' Right Act)에 따라 이 제도가 활성화 단계에 접어들었다. 독일에서는 1986년 '형사절차에서 피해자 지위개선을 위한 제1차 법률' 등을 통해 범죄피해자의 '절차참여권'이 더욱 강화되고 있는 실정이다.[44]

일본의 한 언론보도에 따르면 재판에 참여한 피해자들은 '법정에서 의사를 전달하고, 피고인에게 직접 질문을 하며, 피고인으로부터 사과나 배상약속을 받을 수 있어 만족한다'는 경우가 많았으나, '형사재판이 개인적인 보복감정에 지배될 염려가 있다'며 우려를 피력하는 경우도 있었다는 것이다.[45]

최근 한국도 이 같은 외국의 입법례를 따라 피해자의 공판절차 참여제도를 새로이 입법화해야 한다는 목소리가 점점 높아지고 있고, 법무부도 2007년 형사소송법 일부개정안에 이 제도를 보완했으나 아직은 만족스럽지 못한 상태이다.[46]

43_ 김영기, 「피해자의 공판절차참가 도입방안 연구」, 정성진박사 고희기념논문집, 2010, 665면 이하.

44_ 각국의 법제에 관한 상세한 연구로는 위의 글, 666-689면 참조.

45_ 2009.5.7.자 니시니혼(西日本) 신문 보도 내용(위의 글, 674면 주 28에서 재인용).

46_ 조균석, 형사절차에서의 범죄피해자보호방안—피해자참가제도를 중심으

물론 범죄피해자의 절차참가를 인정하는 데 대한 반론도 만만치 않다. 즉 국가형벌권의 적정한 행사를 방해한다는 점, 소송의 복잡·지연화를 초래한다는 점, 피고인의 방어권 행사를 곤란케 한다는 점, 무죄추정의 원칙에 반한다는 점 등이 그것이다.

실제 오늘날 형사정책에서 나타나고 있는 중벌화경향(punitive turn)은 피해자 및 피해자단체들의 강한 목소리가 하나의 원인인 것이 사실이다.[47] 광장에서 외치는 그들의 법적 소란(legal noise)은 때로는 복수와 응징을 정의로 오해한 데서 출발하기도 하기 때문이다.

하지만 이미 언급했던 바와 같이 피해자의 강벌요구를 공적·사회적 절차 속으로 끌어들여 피해자의 재사회화와 탈트라우마화(Enttraumatisierung)를 제도적으로 해소하지 않으면, 그들의 목소리는 적나라한 복수와 적개심으로 변질될 수 있고, 피해자의 재트라우마화(Retraumatisierung)와 새로운 범죄자군으로의 전락을 유발할 수도 있다는 점이다. 범인의 재사회화 노력 못지 않게 피해자의 재사회화에도 사회적 비용과 시간이 많이 소요된다는 사실을 직시한다면 위에서 본 여러 가지 반론들은 충분히 극복할 수 있을 것으로 판단된다.

문제는 피해자의 공판절차참여권이 미구에 형사소송법 개정으로 제도화된다면 헌법적인 기본권 총량에서 피해자의 권리가 현재의 재판절차진술권보다 강화된다는 사실이다. 재판절차진술권보다 더 능동적이고 강화된 재판절차참여권이 제도화된다면 형법

로(2009년 법무부용역과제), 법무부, 2009, 37면 이하; 안성수, 형사소송법, 2009, 524면 이하 참조.

47_ Il-Su Kim, 「Punitivistische Grundtendenzen der gegenwärtigen Kriminalpolitik?」, 고려법학 제56호(2010), S.530.

을 통한 사회 통합의 실효성 있는 지평이 열릴 것으로 기대된다.

형사재판절차에 피해자가 참여해야 할 필요성은 이미 살펴본 바와 같이 이미 일본, 미국, 독일, 프랑스는 물론 국제형사재판소(ICC) 절차 · 증거규칙도 ICC관할범죄(집단살해죄, 전쟁범죄 등)에서 피해자참가제도(Participation of victims in the proceedings)를 공식 인정하고 있다. 각국의 입법례는 피해자를 증인으로만 취급하는 기초단계에서부터(우리나라), 피해자로 하여금 당사자의 지위를 갖고 공판에 참여하게 하는 국가(영국, 일본 등), 피해자에게 소추권과 같은 국가형벌권의 일부권한까지 인정하는 국가(독일, 프랑스, 영국 등)도 있다.

한국은 국가소추주의, 검찰의 기소독점주의 원칙을 전통으로 하고 있다. 따라서 사인소추주의를 부분적으로 인정하고 있는 나라와는 달리, 한국에서는 검사가 대리하는 국가소추 및 국가공소유지의 큰 틀 안에서 피해자가 특정한 사안에 한하여 검사의 원고관 지위에 보조적으로 참여할 수 있게 하는 것이 바람직해 보인다. 일본의 현행 피해자참가제도도 이러한 경향을 띠고 있다.[48]

피해자참가 대상범죄도 필요한 경우로 제한하고, 절차참여를 검사의 주도적 지위를 보완하는 방식으로 하는 것이 바람직해 보인다. 기분이 만사를 좌우할 수 있는 한국인의 정서특성상 엄숙한 법정이 피해자의 재판절차참가로 자칫하면 가해자-피해자 간의 사적 보복감정과 결투의 장으로 변질될 우려도 염두에 두어야 하겠기에 말이다. 검사는 피해자와는 달리 원고관일 뿐만 아니라(이 한에서 검사는 피해자와 이해관계가 같다), 객관의무를 지고 있기 때문에 피고인에게 유리한 사정도 고려해야 할 임무가 있다(이 한에서 감사

48_ 이에 관하여는 김영기, 위의 글, 정성진 박사 고희기념논문집, 2010, 691면 참조.

는 피해자의 사적 이익과 거리를 두고 있다). 따라서 검사의 주도적 소송수행에 피해자가 이해관계인으로 보조참가하는 형식이 현실적으로 수용할만한 수준으로 보인다.

특히 피해자참가 대상범죄는 일본의 경우처럼 주로 살인, 상해, 약취 · 유인, 성범죄, 강도, 교통범죄로 국한하는 것이 합리적이라고 생각한다. 또한 참가를 위해서는 피해자 본인 또는 그 가족이 검사에게 신청하고, 법원이 검사를 통해 신청된 피해자의 재판절차참여요구의 허용여부를 결정하는 방식으로 이 제도를 운영하는 것이 좋을 것이다.[49]

이미 현행법상으로도 피해자는 재판절차진술권을 갖고 있다(형소법 제294조의2). 따라서 피해자의 재판절차참여권을 새롭게 입법화한다면 양자의 관계를 어떻게 다루어야 할 것인가도 문제이다. 형사소송법 제294조의2에 규정된 피해자진술권은 피해자가 증인의 지위에서 선서하고 증언하는 것이므로, 적극적인 당사자의 지위에서 신문권을 행사하고 의견을 진술하는 피해자참가제도와는 의미가 다르다. 양 제도가 병존하는 상황을 전제한다면 피해자는 피해자진술제도에 따라 증인으로 답변할 것인지, 보다 더 적극적으로 당사자 지위에서 신문권을 행사할 것인지를 선택할 수밖에 없다.[50]

이 같은 피해자 재판절차참여권은 피해자 문제를 참여와 대화적 소송절차 속에 주체로 끌어들임으로써 전통형법의 오랜 관행이었던 피해자의 중립화 문제를 해결할 수 있는 주요한 실마리를 제

49_ 김영기, 앞의 글, 692면.

50_ 조균석, 형사절차에서의 범죄피해자 보호방안—피해자참가제도의 도입을 중심으로(2009년 법무부용역과제), 11면; 안성수, 형사소송법, 2009, 554면; 김영기, 앞의 글, 696면.

공한다. 그러나 이 제도의 도입에 대해서도 몇 가지 우려의 목소리가 있는 것이 사실이다.

첫째, 범죄피해자의 절차참여를 인정하면 재판이 피해자의 사적인 응보감정에 휘둘려서 적정한 심리와 사실인정이 방해되고, '중벌화'를 초래할 우려가 있다는 점이다. 물론 중벌화의 원인 중에는 피해자의 복수감정도 한몫을 할 수 있다는 점은 널리 알려진 바이다. 그러나 피고인은 피해자에 대응하여 자신에게 유리한 양형자료를 법정에 제출하거나 유리한 양형변론을 통해 피해자의 복수욕구를 상쇄시킬 수 있다. 더욱이 이미 준비 중인 합리적인 양형가이드라인의 제정과 양형자료조사제도를 통하여 행위자의 사회복귀에 유리한 양형제도가 확립되면, 이 같은 우려는 법관의 양형판단에서 충분히 여과될 수 있으리라고 판단된다.[51]

둘째, 피고인의 방어권행사를 위축시킬 우려가 있다는 점이다. 종래 형사소송에서 피고인은 공소관인 검사와 무기대등의 원칙하에 진술거부권과 무죄추정의 법리 및 증거법상 피고인에게 유리한 각종 배제법칙 등의 보호를 받았으나 피해자의 절차참여로 검사에 비해 사실상 열악한 지위에 있는 피고인이 심리적으로 더 위축될 수 있다는 점이다. 피고인의 감동적인 자기방어 못지않게 피해자의 날선 공격이 가세하면 사실상 피고인의 방어권 행사에 모종의 위축이 일어날 개연성은 높다. 그러나 변호인의 조력을 받는 피고인으로서는 새로운 방어무기 개발로 이러한 위축으로부터 벗어날 수 있고, 피해자의 범죄유발에 대한 책임부분을 직접 공략함으로써 오히려 진실규명에 한 발자욱 더 가까이 다가갈 수 있는

51_ 이에 관하여 김일수, 바람직한 양형조사 주체 및 조사방식에 관한 연구—양형조사제도에 관한 비교법적 연구를 중심으로—(2009년 대검찰청 용역과제), 101면 이하(행형에서 특별예방 우위와 한계) 참조.

가능성도 높다. 따라서 이 같은 제도가 피고인 방어권에 치명적인 타격을 준다는 것은 설득력 있는 주장이 되지 못한다.

셋째, 무죄추정의 원칙에 반할 우려가 있다는 점이다. 유죄판결이 확정되기까지는 피고인이 범죄자로 확정된 것이 아니므로, 범죄피해자란 실체도 유죄판결이 확정되기 전에는 확정되지 않는데, 이를 절차 속으로 끌어들인다면 무죄추정원칙을 잠식할 위험이 있다는 것이다. 그러나 절차적으로 참여하는 범죄피해자는 절차적 개념에 불과하고 범죄피해자의 절차참여가 실체적으로 피고인이 유죄라거나 진범이라는 단정을 전제한 것은 아니기 때문에 이 또한 기우에 지나지 않는다.[52]

피해자의 절차참여 문제는 이미 '시대의 징조'가 되어버렸다. 여기에서 특히 강조하고자 하는 바는 피해자-가해자-화해제도와 같은 임의적 형벌감면제도가 실효성있게 활용되려면, 공적인 재판절차 속에서 양자의 대면과 대화 기회가 제도화되는 것이 무엇보다 중요하다는 점이다. 피해자의 재판절차참여권은 형사화해제도의 구현을 위한 형사소송법적 정책의 관점에서도 중요한 의미를 갖는다는 점을 여기에 덧붙이고자 한다.

V. 결 론

범죄피해자학은 오늘날 형사법 전 분야에서 걸쳐 새로운 지평을 열어줄 뿐만 아니라 전통적인 형사법사고에 길들여진 연구자들에게는 새로운 소요와 불안을 부추기기도 한다. 피해자학적 행위

52_ 이호중, 재판과정에서의 범죄피해자 권리보호방안 연구(2008년 대검찰청 용역과제), 129면; 조균석, 앞의 글, 60면.

론, 피해자학적 불법론, 피해자학적 책임론, 피해자학적 형벌론은 아직 이론적인 완결을 보여주지 못하고 있지만, 머지 않은 장래에 범죄체계론과 형법이론학에서 새로운 입지를 구축할 수 있으리라 기대된다. 더 나아가위에서 살펴본 바와 같이 범죄와 형벌의 의미를 새롭게 재구성할 수 있는 준거점을 제시할 뿐만 아니라 머지 않은 장래에 오랫동안 전승되어온 범죄와 형벌의 개념을 새롭게 다시 쓰게 할 가능성도 농후해 보인다.

형법질서에서 내가 특히 관심을 쏟는 점은 범죄피해자가 갖고 있는 다중성이다. 다시 말해서 범죄피해자가 먼저 사회적 약자인가 하는 점이다. 범죄피해자군에는 차라리 교도소에 가서 쉬고싶어서 범죄를 저지른 어떤 노숙자처럼 스스로 자기방어능력이 취약한 사회적 약자가 많다. 특히 성폭력 범죄 피해자 중 여성, 아동, 장애인 등이 그 예가 된다. 이들 피해자군에 대해서는 사회복지적 차원의 배려와 지원이 지금보다 훨씬 확대실시되어야 할 것이다. 그리고 이와 같은 복지적 차원은 사회정의와 자비(caritas)의 양쪽 관점을 변증론적으로 통합하는 제3의 높은 가치관에 이끌림을 받아야 한다.

그 다음으로 범죄피해자는 범죄자외의 또 다른 범죄유발 원인인가 하는 점이다. 실제 범죄자의 누범, 재범에 관한 관심은 산업화 이후 지금까지도 세계도처에서 범죄학과 형사정책의 주된 관심분야 중 하나가 되어 왔다. 응보형법에서 재사회화형법으로의 방향전환 후, 재사회화형법의 성패는 바로 범죄자군들이 수형과정을 통해, 충분히 인격화 · 사회화되었는가 하는 점에 달려 있기 때문이다. 교도소 내의 부차문화(subculture)가 범죄자들의 개과천선을 돕기보다는 오히려 범죄학습기회를 조장하는 것이 아닌가, 그리하여 광범위하고 근본적인 형사제재제도의 개혁과 기존의 형사제재와는 다른 우회제도들을 통하여 범죄자들의 사회화를 더욱 촉진시킬 수 있는 것이 아닌가 하는 점 등이 논란의 초점이 되어 왔다. 각종 diversion 제도, 다양한 사회내처우제도 등이 그 단적인 실례이다.

이에 비해 범죄피해자에게는 재피해자화의 문제와 그리고 상황에 따라서는 가해자로 돌변하는 가해자화의 문제가 큰 관심거리이다. 범죄피해자는 대부분 일정기간동안 기왕의 범죄피해로 인한 트라우마에 시달리는 경향이 있다. 그들이 겪는 이 정신적 내상을 조기에 치유하지 않으면, 그들은 사회적 낙오의 늪에 빠지거나 재피해자의 터널 속에 갇히거나 아니면 기회를 틈타 스스로 가해자로 변신할 수 있다. 그러므로 기왕의 피해자가 겪는 트라우마가 재발하지 않도록 탈트라우마화(Enttraumatisierung)하는 예방정책 내지 배려와 지원이 지금보다 훨씬 제도적으로 활성화되어야 할 필요가 있다. 이 점은 오늘날 사회안전을 위한 위험관리 차원에서 더욱 절실한 요구사항이기도 하다. 이런 관점에서 종래 범죄자에게 일방적으로 경도된 범죄예방정책은 범죄자와 피해자를 아우르는 보다 더 거시적인 안목에서 수립되고 수행되어야 할 것이다.

어쨌거나 여기에서 중요한 관점은 인간존중과 인간신뢰의 가치지향성이다. 어느 형편에 처한 한 사람을 그러그러한 저차원의 존재로 고정시키는 시각은 인간을 바르게 바라보는 시각이 아니다. 인간은 어떤 최악의 상황에서도 인간관계와 환경의 변화에 따라 새롭게 거듭나거나 마음만 고쳐먹으면 근본적인 변화를 체험할 수 있는 소양을 지닌 존재라는 시각이 중요하다. 그러한 기대의 끈을 붙잡고 다가가는 제도와 정책만의 인간의 얼굴을 지닌 그 어떤 것이라고 평가할 수 있기 때문이다.

더 나아가 또 다른 문제는 범죄피해자들의 집단화 현상이다. 시민사회에서 정치적 힘은 다수의 집결과 정비례한다. 오늘날 범죄피해자들은 거시적인 차원에서뿐만 미시적인 차원에서도 그들의 목소리를 세력화하기 위해 집단화하는 경향이 있다. 그들은 스스로 특정정당이나 특정정치인의 고정지지자를 자처하고 나서 이들과 결탁하여 때로는 중형주의를 부추기기도 하고, 여론을 형성하여 가해자들에 대한 가차 없는 응징을 형사사법당국에 요구하기도 한다.

이러한 집단세력화는 때로는 법과 이성적인 형사정책의 방향을 거꾸로 뒤집기도 하고, 법과 양심에 따라 독립하여 재판해야 할 사법기관을 여론재판의 유혹에 빠뜨릴 수도 있다. 이것은 범죄피해자 중시 현상의 역작용임에 틀림없다. 하지만 이 같은 집단세력화가 자기성찰적이고 이성적인 목소리로 조정될 수만 있다면 사회변혁에 유용한 이른바 법적 아우성(legal noise)으로서 긍정적인 의미를 지닐 수 있다.

끝으로 형법질서에서 피해자의 관점은 아주 오래된 국가위주의 형사정책에서 공동체에 기반을 둔 형사정책(community based criminal Policy) 내지 범죄피해자에게 기반을 둔 형사정책으로 나아가게 한다는 점이다. 이러한 새로운 관점은 아직 생소하게 들릴지 모르나 바로 사랑의 힘에 초점을 맞춘 시각이라고 말할 수 있다. 사랑은 공존하는 인간관계를 전제로 하여, 자기존재 밖에 서 있는 타인, 다시 말해서 '너'라는 인격으로 대우받지 못하고 '그것'으로 물화되었거나 '아무개'로 통속화되어 있는 자를 포용하고 받아들이기 위해 자기를 낮추고 비워서 자기존재 안에 타자를 이웃으로서 영접하기 위한 공간을 만드는 작업이다. 그것은 자기수고와 자기희생을 통해 자기 밖에 서 있는 타자와 하나가 되는 과정이요 통로인 셈이다. 이 사랑의 힘에 이끌리어 패해자는 기왕의 범죄로 인해 남이 된 가해자와 이웃으로 하나가 됨으로써, 범죄로 인해 유발된 사회적 불안정의 악순환의 고리를 근본적으로 끊을 수 있게 될 것이다.

뿐만 아니라 사랑의 힘에 이끌림을 받는 범죄피해자의 관점은 형사사법에서 정의와 사랑의 관계가 지평의 융합에 이르러 가는 데 기여하는 촉매제 역할을 할 수 있다는 것이다. 흔히 정의와 사랑은 상용할 수 없는 이질적 가치인 듯 오해되기도 하지만 진정한 정의는 사랑과, 그리고 진정한 사랑은 정의와 마주 손잡을 때 그 의미충족에 이를 수 있는 것이다. 성 아퀴나스(Aquinas)가 일찍이 말했던 것처럼 사랑 없는 정의는 폭력이요, 정의 없는 사랑은 맹목이기 때문이다.

후기 이 글은 2013년 5월 중국북경사범대 법학원에서 행한 초청 강연문이다. 중국 형사법학계에서도 피해자학적 관점에 대한 관심이 높은 것을 확인할 수 있었다.피해자의 관점이 종전 적대적 범죄자관에서 돌아서서 포용의 관점으로 나가는 데 도움을 줄 수 있다는 것이 애당초 나의 기대이다. 하지만 현실 속에서 피해자단체가 범죄자들에 대한 엄벌주의를 부추기고 입법자들로 하여금 리걸포퓰리즘(Legal Populism)에 흐리게 하는 경향마저 없지 않은 게 사실이다. 문제상황을 바로 인식하는 것이 문제상황을 개선해 나가는 데 첩경이 될 수 있을 것이다. 이 글은 약간의 수정을 거쳐 2013년 10월 원광대에서 열린 한국범죄피해자학회 추계학술대회에서 기조강연으로 다시 상재된 바 있다.

[4] 사회내처우의 형사정책적 의미와 그 한계

Ⅰ. 사회내처우론의 등장배경과 그 이론적 기초

1. 왜 자유형의 대안인가?

법치국가의 형사정책은 사회정책의 최후수단이어야 하고, 형법은 형사정책의 최후수단이어야 한다. 뿐만 아니라 자유형의 집행은 일단 사형의 집행을 제외한다면 형벌의 최후수단에 머물러야 한다. 이러한 맥락에서 '사회내처우를 통한 형벌의 다양화 방안'이란 주제는 바로 자유형의 최후수단성 · 보충성이라는 관점의 다른 표현인 '자유형의 대안'을 지칭하는 것 외에 다른 것이 아니다.

왜 자유형의 대안이 문제되는가? 형법의 인도주의적 발전도상에서 볼 때 자유형은 그 이전의 형벌에 비해 크게 진보한 제도라는 데 이의를 제기할 사람은 없을 것이다. 자유형의 등장으로 그 이전시대에 풍미했던 잔혹한 신체형은 물론 사형까지를 대체할 수 있게 된 때문이다. 그러나 오늘날의 인권의식과 자유주의적 · 합리주의적 이념은 자유형과 자유형의 집행을 위한 폐쇄된 교도시설이 갖는 역기능을 직시하고 그 폐단을 지적해 오고 있다. 더 나아가 자유형의 주형화와 교도시설의 확장 등을 시대착오적인 형사정책이라고까지 폄훼하는 경향도 없지 않다.

자유형이 내포하고 있는 몇 가지 위험성은 다음과 같은 것들이다:1

첫째, 범인을 사회로부터 추방하여 격리시킨 상황에서 그에게 사회에 적응할 수 있는 삶을 살도록 교정하는 것은 추상적 담론으로는 가능할지 모르나 실제적으로는 불가능에 가깝다는 점이다. 폐쇄된 공간 속에서 교도관들에 의해 획일적으로 규율된 삶을 강요받는 상황에서 재사회화와 사회복귀능력을 배양한다는 것은 현실적으로 기대하기 어려운 과제이다.

둘째, 자유형은 범인의 반사회성을 교정하기는커녕 악화시킬 수 있다는 점이다. 범인들을 가족생활과 직업생활로부터 단절시키고 일정한 형기를 마친 뒤 가족적인 유대관계나 생계수단의 불안정 속에서 자유의 몸이 된다 하더라도, 그들은 사회적인 이방인으로 전락하기 쉽고, 많은 경우 수감생활 이전보다 더 위험한 범죄자가 되어 교도소로 다시 돌아가기 십상이다.

셋째, 교정시설 내에서 범죄의 감염작용에 무방비로 노출되기 쉽다는 점이다. 자유형 집행시설에서 수형자들은 범죄경력이 찬란한 전과자들의 무용담에 길들여지기 쉬울 뿐만 아니라 이들과 맺은 관계가 석방 이후의 삶의 방향을 결정할 수 있다. 자유형의 집행이 개선가능성이 높은 수형자들을 오히려 개선 곤란한 범죄인으로 전락시킬 수 있다는 점이다.

1_ Roxin, Aktuelle Probleme der Kriminalpolitik, 고려대학교 법학연구원 초청강연문(2000.9.22), 3면 이하 참조.

넷째, 자유형의 집행이 범죄자 개개인의 인격과 인간의 존엄성을 유지할 수 있을 정도의 수준까지 이르러야 한다면, 자유형은 국고에 큰 부담을 안겨주는 낭비적인 제도일 수 있다는 점이다. 이 점은 교도시설 내에서 수형자의 재사회화를 위한 실질적인 교육프로그램 수행을 위한 재원을 고갈시킬 수 있고, 결과적으로 재사회화 목적을 형해화시킬 위험에까지 이를 수 있다.

물론 위와 같은 위험성에도 불구하고, 중대범죄나 재범 위험이 있는 범죄자들에게 자유형은 현실적으로 불가피한 제도임에 틀림없다. 그럼에도 불구하고 인간의 얼굴을 지닌 형사정책이라면 수많은 경미범죄와 중간범죄에 대해서는 자유형의 감소나 그 대체를 위한 수단들을 널리 강구하지 않을 수 없다. 이 같은 정책과 연계된 것이 바로 사회내처우 제도이다.

사회내처우(community based treatment)란 수형자를 교정시설에 구금 수용하는 것이 아니라, 일정기간 그리고 일정한 통제 · 감독하에서 사회일반인과 같이 사회 내에서 자율적인 생활을 하도록 하는 제도이다. 사회내처우는 처우나 생활의 기초가 교정시설이 아닌 사회 내에서 이루어진다는 점에서, 처우와 생활의 기초가 교정시설 내에 있는 시설내처우 또는 처우와 생활의 기초를 교정시설에 두면서도 외부통근 및 시설 외의 작업 등 처우를 받는 사회적 처우(개방처우)와 구별된다.

사회내처우는 석방 전 지도센터 등과 같이 교정단계에서도 실시되나 일반적으로는 보호단계에서 실시되는 경우가 많다. 그 대표적인 예가 보호관찰이다. 그 밖에도 형의 가석방, 형의 유예, 벌금, 전자감시장치부착, 가택구금이나 출입제한, 사회봉사명령, 수강명령, 원상회복 및 형사절차 정지 등의 제도도 이에 속한다.

두말할 것도 없이 사회내처우는 시설내처우로 인한 사회적 고립과 범죄감염 등의 폐해를 줄이고, 전과 낙인효과를 감소시키는 작용도 한다. 더 나아가 다이버전(diversion) 제도로 활용되면 수용시설의 과밀화, 범죄자처우를 위한 국고의 절감, 단기자유형의 폐해 회피에도 기여할 수 있다.[2]

'사회내처우를 통한 형벌의 다양화 방안'이라는 주제는 형벌의 임무와 기능, 특히 형벌집행을 통한 형법실현단계와 직접적인 관계에 놓인다. 사회내처우는 형의 집행단계에서 범죄자의 재사회화 목적을 극대화하기 위해 형사제재수단을 투입하는 것을 기본적인 특성으로 삼는다. 하지만 범죄를 감소시키고 범죄자의 재범을 막는 데 필요한 가장 좋은 방도가 무엇인지에 관해서는 일치된 견해가 없다. 이에 관한 형사정책적 관점들도 파도처럼 밀고 밀리는 경향을 반복한다. 혹자는 행위자의 사회복귀를 위한 온정주의적 노력을 강조하는가 하면, 다른 일부는 엄중한 제재와 위하로써 범죄에 대응해야 한다고 맞선다. 심지어 형의 가중과 중구금교도소를 더 많이 지어야 한다는 목소리도 없지 않다.

강벌주의(punitivism)의 파고는 지난 10여 년간 미국의 형사정책에서 주류를 이루었고, 부시(Bush)정권의 퇴장과 오바마(Obama) 정권의 등장으로 그 기조가 변동하고 있지만, 아직도 진정 기미를 보이기까지는 더 많은 시간이 필요해 보인다. 하지만 형사제재의 체계는 다양하게 확대되어야 하고, 특히 형벌과 유사한 사회친화적인 제재제도에 의해 보완되어야 한다는 목소리도 여전히 유효하다.

이 같은 논점들은 단지 행형법이나 교정학의 관심영역에만 국한된 것이 아니라, 보다 근원적으로는 우리 법질서가 기초하고 있

2_ 공정식 편저, 21세기 교정학, 1997, 303면 참조.

는 인간상(Menschenbild)과 밀접불가분한 관계를 갖는다.

2. 왜 사회내처우인가?

모든 형사제재는 규범수신자(수범자)요, 잠재적인 규범위반자(범죄자)인 인간을 목표로 한다. 무엇보다 중요한 사실은 규범위반자는 잠재적 범죄인이든 현실적 범죄인이든 인간이라는 점이다. 여기서 말하는 인간이란 칸트(Kant)의 인간상에서 최고봉인 이성주체라기보다 오히려 오성주체이며, 경우에 따라서는 아무런 근거도 없이 순수한 자의에 따라 그저 자신이 의욕하였기 때문에 행위할 만큼(do as I please!) 비합리적이지 않는 한 감성적 존재자도 포함될 수 있다.

오성주체와 이성주체는 모두 인간의 합리적인 판단능력과 관련된다는 점에서 호 · 불호에 따라 행동하는 감성적 존재와는 원칙적으로 구별된다. 본래 오성(understanding, Verständnis)은 이익과 손해를 고려하여 이익과 기대의 관점에서 타산성과 유용성의 규칙에 따라 자신의 행위를 결정할 수 있는 인간능력을 말한다.[3] 오성주체는 이 세계 내의 사물들을 자신의 이익과 불이익이라는 관점에서 파악하고, 이 계산에 따라 행동한다는 점에서 타산성과 유용성이 그의 행동규칙이 된다고 말할 수 있다.

이에 반해, 이성주체는 세계 내의 사물들을 자신의 이익이라는 관점뿐만 아니라 상호성(네가 나를 대하는 대로 나 역시 너를 대한다!)이라는 수평적인 황금률 차원과 전면성(너 자신과 마찬가지로 모든 사람들을 대하라!)이라는 정언명령 차원을 통해 만나는 타인의 이

3_ 마이호퍼, 법치국가와 인간의 존엄(심재우 역), 160면.

익과 공동체의 유익까지도 숙고하는 포괄적인 차원에 따라 선택하고 결정하고 행동하는 존재자이다.[4] 각 사람이 다 이성존재라면 자신의 이익이나 손해뿐만 아니라 타인의 이익과 손해까지도 포괄적으로 고려하여, 최고의 선의지와 최선의 양심에 따라 행동하게 될 것이다.

물론 칸트(Kant)는 이성주체의 양심을 선험적 · 예지적인 것으로 전제하였기 때문에 이성주체의 행동에서 자유의 내용과 한계를 그르칠 가능성을 배제했다. 그러나 양심을 비선험적 · 경험적인 것으로 전제한다면 이성주체도 이성의 사용에서 착오할 수 있고, 따라서 자신의 자유의 내용과 한계를 그르칠 수 있다. 이런 맥락에서 칸트는 적어도 오성만 있으면 악마의 세계에도 법은 통한다고 보았다.[5]

따라서 형법질서에서 원칙적으로 상정할 인간상을 경험적이고 합리적인 오성주체로 파악한다면 형법은 먼저 순수한 자의나 의욕에 따라서만 행동하는 감성적 존재를 전제하고, 그를 길들이기 위한 지팡이와 막대기에 의한 직접적인 체벌이나 신체적 가혹형과 결별해야 한다. 그 대신 타산성과 유용성 그리고 착오로부터의 긴장을 유발시키기에 족한 심리적 강제와 같은 간접강제로 질서안정을 도모해야 한다. 즉 형법을 통해 개인이 자신의 자유의 한계를 뛰어넘지 못하도록 사전에 억제하고, 그럼으로써 타인의 법익과 공동체의 법익이 평온하게 보호될 수 있게 해야 한다. 정상적인 유형의 사람은 이성을 전제하지 않고서도 오성적인 고려와 사

4_ 앞의 책, 159면, 특히 주) 201 참조.

5_ 앞의 책, 119면, 특히 주) 152 참조; '착오하는 양심'은 아퀴나스(Thomas Aquinas) 이래로 널리 인정되어 왔다. 이에 관하여는 Welzel, Naturrecht und materiale Gerechtigkeit, 4. Aufl., 1962, S.63f. 참조.

고만으로 법률과 같은 외부로부터 오는 작용에 영향을 받아 행동할 수 있기 때문이다.

바로 이 같은 인간상에 형벌의 목적프로그램이 기초하고 있다. 그러므로 설령 판결에 의해 중죄인으로 확정된 자라 할지라도 개인의 인간으로서의 존엄은 존중되어야 하기 때문에, 응보형이상학(Vergeltungsmetaphysik)이나 신체적 엄혹형은 정당화되기 어렵다.[6] 자유법치국가의 형법질서 안에서 형벌은 결코 도덕적 응보의 수단으로 이용되어서는 안 되고, 오직 행위자에 대한 법교육 또는 오성주체인 범죄자에 대한 영향을 통한 위하 또는 개선의 목적으로 이용될 수 있을 뿐이다.[7]

법치국가의 형벌은 이처럼 목적기능의 산물이다. 그러므로 형벌은 규범위반자를 다시 규범준수자로 재사회화하고 재준법화하기 위한 목적으로써만 이용되어야 한다. 형벌이 국가형벌권의 독점적 지위와 우월한 권위를 확대재생산시키기 위해서라든가 범법자에게 범죄인이라는 낙인을 찍어줌으로써 사회윤리적으로 차별화하고 배제시키기 위해서와 같은 목적은 법치국가 형벌의 목적일 수 없다.[8] 범죄인이 합리적 주체로서 단지 자신의 오성을 이용하여 목적합리적으로 법질서에 맞추어 선택 · 결정하고 행동할 수 있도록 돕는 데 형벌수단이 투입될 수 있을 뿐이다.

그런데 문제는 형의 집행, 특히 자유형의 집행이다. 자유형의 집행이 가져오는 문제점 가운데 특기할 사항은 그것이 우선 국가

6_ Il-Su Kim, Die Bedeutung der Menschenwürde im Strafrecht, Diss. München, 1983, S.287ff.

7_ 마이호퍼, 앞의 책, 167면.

8_ Maelicke, Einige Überlegungen und Beispiele zu Alternativen zur Freiheitsstrafe in den USA, in: Sievering(Hrsg.), Alternativen zur Freiheitsstrafe, 1982, S.17f.

의 권력독점, 국가의 권위를 확립하는 데 사용된다는 점이다. 다음으로 사회의 방위 내지 법질서의 방위를 확립하는 데도 이용된다는 점이다. 전통적인 형벌이론의 관점으로부터 말하자면 일반예방의 관점인 셈이다.

하지만 사회통합과 재사회화라는 목적형 사상에 비추어 본다면, 자유형의 집행이 특히 범죄인 개인의 재사회화 목적(특별예방의 관점)과 큰 모순관계에 빠진다는 사실이다. 자유를 송두리째 박탈당한 상태에서 자유를 학습하도록 하는 것, 사회적 고립 속에 몰아넣고 재사회화를 익히도록 하는 것은 이론적으로 딜레마일 뿐만 아니라 현실적 · 실천적으로 불가능한 일이다. 범죄인의 재사회화를 위해서는 범죄인으로 선별하고 낙인을 찍어 시설에 구금시키는 것이 결코 합리적인 방법이 될 수 없다. 오히려 시설 밖의 사회 내에서 개방적이면서도 통원교정적인 사회화 조치가 결손있는 생활상과 가족관계에서 비롯된 범인의 개선과 재사회화에 훨씬 유리할 것이기 때문이다.

더 나아가 구금시설내 처우가 통원처우보다 훨씬 비용이 많이 들어갈 뿐만 아니라 시설 내의 극악한 환경 때문에 그 처우의 바람직한 결과를 기대하기 어렵다는 점이다. 시설경영, 직원, 경비와 재소자들의 뒤치다꺼리는 매우 큰 비용을 요하는 것이고, 또한 시설 안의 질서와 보안을 위해 제한된 인력과 시간, 재원 중에서 여기에 집중투입하다 보면 정작 재사회화와 개선을 위한 교화 · 교정 프로그램은 우선순위에서 밀리게 마련이다. 이른바 '교정의 한계'로 지목되는 출소한 수형자들의 높은 재범률은 교정인력과 시설장비의 부족 및 과밀수용 등 허다한 문제점을 안고 있는 구금 위주의 시설내 교정교육의 실효성에 의문을 던지게 하는 주요한 요인 중 하나이다.[9]

여기에서 목적합리적으로 사고하고 행동할 수 있는 능력을 지닌 정상적인 오성주체를 전제한다면, 우리는 가장 문제점이 많은 자유형 집행과 구금시설을 강화할 필요가 없이, 오히려 사회 내에서 통원처우(ambulante Behandlung)의 가능성을 확대하는 것이 합리적이다. 그것은 인간의 존엄성과 자유를 법규범의 최상위 원칙으로 삼는 법치국가의 규범적 요청이기도 하다.

II. 사회내처우와 대체형벌의 양태

합리적인 형사정책은 자유형의 증대와 강화를 위해서가 아니라 자유형의 감소와 약화 그리고 더 나아가 그 대체를 위한 작업들을 추구한다. 그렇게 함으로써 자유형의 유해작용들을 최소화할 수 있고 범죄자들의 인간화와 재사회화를 위한 사회사업적 또는 사회치료적 노력들을 투입할 수 있을 것이다.

사회내처우는 바로 이런 목적프로그램의 일부인 셈이다. 형벌의 목적프로그램은 특히 교정이념에서 범인의 재사회화를 지향하는 특별예방목적을 사회방위와 같은 일반예방목적보다 우위에 둔다.

만약 특별예방목적을 우위에 둔다면, 대상자들의 특성에 맞는 재활프로그램의 다양화와 그 프로그램을 효과적으로 엮어줄 수 있는 전문인력 및 자원봉사인력의 확충이 필요하다. 일찍이 프란츠 폰 리스트(Franz von Liszt)가 마르부르크(Marburg)강령에서 발의했고,[10] 베르너 마이호퍼(Werner Maihofer)가 후에 행위자 유형과 연

9_ 남상철, 교정학개론, 2005, 9면 이하 참조; 최근 10여 년간 수형자의 재범입소율이 평균 55% 내외인 것으로 나타나고 있다.

관지어 제시했던 형사정책적 프로그램은 대상자들의 개성에 맞는 프로그램의 개발에 앞서 염두에 두어야 할 사항으로 보인다.[11]

첫째, 속죄가능한 기회범군에 대해서는 속죄의 가능성의 문을 활짝 열어주어야 한다. 속죄할 가능성을 닫아버리는 자유형보다 수강명령이나 사회봉사명령 또는 원상회복제도를 통해 선으로써 악을 극복해 나갈 수 있는 길을 열어놓는 것이 좋다.

둘째, 속죄용의가 없는 기회범군에 대해서는 행위자가 선을 통해 적극적으로 속죄할 용의가 없으므로, 비록 형벌부과는 불가피하지만, 재범의 위험이 없는 경우라면 형벌도 자유형을 통한 자유의 직접적 박탈이 아니라 벌금형이나 특별법상 보호처분 등의 개선·보안처분제도가 우선 고려되도록 하는 것이 좋다.

셋째, 개선가능한 상태범군에 대해서는 종래의 징역형이나 금고형과는 다른 사회복귀를 실질적으로 돕는 순수한 교육형 제도가 도입되어야 한다. 과실범과 교통사고 범죄자들에 대해서는 해당분야의 전문기술과 적성을 함양하고, 피해자에 대한 정신적인 속죄를 통해 개선으로 나아가는 길이 열려 있어야 한다.

넷째, 개선의 여지가 없는 상태범군에 대해서는 교육형과 재사회화 형벌이념은 그 입지를 잃어버린다. 여기에서는 형사제재가 순수한 보안처분 내지 보호형의 형태를 띠지 않을 수 없다. 사회방위처분을 통해 상습범, 육욕적 충동범, 영리적 착취범들에 대해서는 사회의 안전망이 위협받지 않도록 방어망을 구축하는 것이 최선의 예방책이라는 것이다.

10_ 리스트, 「형법에 있어서 목적사상」(심재우 역), 고대법률행정논집 제15집(1977), 184면 이하.

11_ W. Maihofer, Menschenbild und Strafrechtsreform, 1964, S.18f.

이러한 다양한 유형의 범죄자군과 그에 대한 세분화된 제재제도의 원칙 안에서 보호관찰을 비롯한 사회내처우의 다양한 프로그램들이 구체화되어야 한다. 때로는 재활기능에 비중을 둔 프로그램일 수 있고, 때로는 처벌기능에 비중을 둔 프로그램일 수도 있다. 때로는 치료기능에, 때로는 개선 · 갱생기능에 역점을 둔 프로그램일 수 있다. 때로는 가해자 및 피해자를 함께 배려하는 복지기능을 띤 프로그램일 수도 있을 것이다.

여기에서 문제되는 사회내처우와 직접 · 간접으로 연계된 대체형벌의 종류와 양태는 형법실현의 각 단계, 즉 기소단계, 재판단계, 형집행단계 등에 따라 동태적으로 분류할 수 있고, 또한 형사제재제도들을 평면에 놓고 정태적으로 다양하게 분류할 수도 있다.

우선 동태적인 분류방식에 따른다면,

첫째, 기소단계에서 선도조건부 기소유예(소년사건의 경우), 조건부 기소유예(성인사건의 경우), 형사화해 · 조정 등을 통한 다이버전(diversion) 프로그램을 들 수 있다. 독일의 경우는 말할 것도 없고,[12] 오스트리아도 1999년 형소법 개정법률에 의해 다이버전 프로그램을 널리 수용했다. 즉 특별예방 및 일반예방적 처벌의 필요성이 없는 경우에 피의자에게 일정한 금액을 지급하게 하거나(§200), 사회봉사명령을 과하거나(§201), 일정기간 보호관찰에 부치거나(§203), 재판 외의 원상회복조치(§204)를 부과함으로써 소추를 중지하는 것이다.

이 같은 다이버전 조치는 피의자의 명시적 또는 묵시적 동의

12_ 독일은 1999년 12월 20일 형법 및 형사소송법 개정에 의해 가해자와 피해자의 합의 또는 원상회복 조치에 의한 형벌감면규정(형법 §46a)을 다이버전 형식으로 실현할 수 있는 조치를 절차조항 속에 구체화했다(형사소송법 §155a, §155b).

가 있어야 하고, 지방법원의 참심 또는 배심재판에 해당할 중죄를 저지르지 아니한 피의자에게 그 책임이 무겁지 아니하고 범죄의 결과로 사람이 사망하지 아니한 경우에 한하여 부과될 수 있다(§198). 이 다이버전 조치를 취할 것인지의 여부는 원칙적으로 검사가 결정한다. 현재 오스트리아는 이 다이버전 조치로 인해 기소법정주의임에도 불구하고 형사사건의 3분의 2 이상이 재판에 회부되지 않고 종결된다.[13]

둘째, 형사재판단계에서 부담부 유예판결, 공소기각판결, 형의 면제판결, 벌금형의 선택과 부과 등을 들 수 있다.

셋째, 형의 집행단계에서는 부담부 가석방, 조건부 사면 등이 고려될 수 있다. 여기에서 선호되는 조건이나 부담처분으로는 보호관찰, 사회봉사, 수강명령, 전자감시와 가택구금제도 등이 있다.

넷째, 외국의 법제에서 독립적으로 활용되고 있는 주말구금, 야간구금, 피해자와 가해자의 화해 또는 피해원상회복제도 등을 들 수 있다.

보호관찰은 법제에 따라 형벌의 대용인지 보안처분의 일종인지가 일정치 않으나 우리나라의 법제에서는 일부는 보안처분의 일종이지만, 일부는 형벌대용으로 볼 수 있는 보호관찰도 있는 실정이다.

더 나아가 정태적인 분류방식에 따른다면 넓은 의미에서 자유형 대안의 보안처분제도를 들 수 있다. 또한 벌금형, 형의 유예제도, 형의 면제제도, 기소유예 내지 형사절차 정지제도, 민영교도소제도, 그리고 독자적인 제재제도로서 피해원상회복제도, 사회봉사명령제도 등을 들 수 있다. 그 밖에도 외국의 입법례이기는 하지만

13_ 김일수, 독일 · 오스트리아 · 스위스의 형사법 개정추이 연구, 2005, 142면 이하 참조.

경영사법(Betriebjustiz), 직장 · 학교 내의 사회법정, 사회상담 · 치료교정원, 지역사회교정센터, 중간처우의 집, 숙박위주교정시설 등의 제도를 들 수 있을 것이다.

사회내처우 제도에 일찍 눈을 돌린 미국의 경우, 1970년대까지 보호관찰을 중심으로 범죄자 재활과 사회재통합에 초점을 맞추었다. 따라서 당시의 사회내처우 프로그램의 목표는 유죄로 확정된 범죄자가 사회에 재통합(reintegration)하는 데 필요한 기술을 향상하도록 기회를 만들어 주는 데 있었다.

그러나 1980년대와 1990년대를 거치면서 미국에서 사회내처우 정책은 변화를 겪게 되었다. 즉, 범죄율 급증과 재범률 상승에 따른 범죄통제 및 지역사회안전에 대한 주민들의 불안감이 증폭되자 종래의 불간섭원칙이나 회복적 사법의 정신에서 벗어나 중간적 개입수단들이 불가피하다는 인식이 일반화되었다. 그에 따라 지역사회안전을 도모하고 실효성있는 재범률 통제를 위하여 집중감독, 전자감시, 가택구금, 금전적 원상회복과 사회봉사명령, 약물남용 치료와 강한 개입, 중간치료센터, 지역사회교정, 치료시설 수용, Boot Camp 등의 중간적 제재수단들이 등장하기 시작했다.

이들 중간적 제재수단들은 일면 교도소의 과밀구금을 완화하는 수단일 뿐만 아니라 전통적 보호관찰 대상자 중 특히 재범위험성이 높은 범죄자들을 더욱 밀착하여 감시하거나 사회 내에서도 통제된 자유 안에서 활동할 수 있도록 감독하는 작용이다. 다른 한편 전통적인 교정수단에 대한 대체수단으로 다이버전 프로그램들이 확대 투입되었다. 중간적 처우의 확산과 다이버전의 확대실시로 사회내처우는 보호관찰과 가석방 외에도 중간적 처벌과 다이버전을 융합시킨 복합적인 기제들을 동원하였다.

물론 연방차원에서 마련한 「1984년 양형개혁법」 제정과 개별주 차원의 「삼진아웃 법률」의 제정 이후 중범죄에 대하여는 엄벌주의 경향이 우세를 점하고 있지만, 많은 법원에서 여전히 중간정도의 범죄군, 경한 범죄군에 대해서는 보호관찰, 중간적 처벌 등 사회내 교정수단들을 교도소 수용구금에 비해 선호하는 편이다. 이 같은 제재수단의 다양화는 범죄유형과 정도가 실로 다양하며 범인도 단순한 초범에서부터 습벽적 상습범에 이르기까지 다양한 데 상응한 것이다. 이들 다양한 범죄양태와 범죄자의 개인적 성향 등에 비추어 비례성의 원칙에 입각한 적정수준의 처벌(just deserts)을 부과하려면, 그만큼 다양한 처벌수단을 필요로 하지 않을 수 없다.

결국, 사회내처우가 범죄인의 재활(rehabilitation)과 재사회통합(reintegration)을 목표로 한다면 적정처벌의 이념 외에도 범죄자에게 긍정적이고 의미있는 영향을 주는 사회내 교정프로그램들을 적시 · 적소에 따라 투입할 수 있어야 한다. 그러려면 무엇보다 범죄자를 지역사회 내에 머물 수 있도록 허용해야 하고, 사회 내에서 정상적인 관계를 유지 · 강화하도록 해야 하며, 가족과의 유대를 회복할 뿐만 아니라 직업을 갖도록 지도 · 알선하여 건전한 사회생활로 유도하는 일이 중요하다.

앞에서 열거한 사회내처우의 여러 가지 제도들 외에 여기에서 특별히 언급할 것은 먼저 가택구금제도이다. 가택구금은 전자감시를 통해 범죄자를 일정한 기간 동안 가택에 머물게 한 채로 자유형의 일부 또는 전부를 집행하게 하는 제도이다. 이는 보호관찰과 병행하거나 보호관찰 없이 독립처분으로 과할 수도 있다.

가택구금은 직장, 학교, 교회 기타 교정프로그램 등 미리 허가된 외출 외에는 집에서 수용생활을 대신하도록 하는 것이지만, 범죄에 대한 정당한 처벌의 메시지를 전달하며, 감금을 통한 무해화와 가택에서의 구조화된 생활을 영위하게 함으로써 사회복귀를 용

이하게 하는 이점이 있어 자유형을 완화한 변형된 구금형태의 일종이다.[14]

가택구금에 대해서는 그것이 공공의 안전에 적합한가, 가택구금이 진정한 의미에서 구금형 대체수단이라고 할 수 있는가, 국가의 공권력이 개인의 사적 공간인 가정에까지 간섭할 수 있는가라는 의문이 제기되기도 한다.[15] 하지만 다른 지역사회 내 교정프로그램처럼 별도의 시설을 마련하거나 특별한 준비없이도 즉시 시행이 될 수 있고 그 부작용도 상대적으로 적다는 장점을 갖고 있다.

또한 범죄인 각자의 집에 구금함으로써 처벌에 의한 범죄예방 및 억제, 무해화, 사회복귀 등 제반요소들을 충족시킬 수 있다. 전자감시장치를 수반한 가택구금을 강력범죄를 제외한 일부 재산범이나 일부 만성적인 음주운전자 등에게 선별적으로 실시한다면, 대상자의 사회복귀를 용이하게 하는 효과 외에도 시설내 과밀수용의 문제점을 해결할 수도 있을 것이다.[16]

또 하나 여기에서 언급할 것은 성인 형사범에 대한 독립된 제재조치로서 사회봉사명령의 법제화이다. 원래 사회봉사명령(community service order, gemeinnützige Arbeit)은 유죄가 인정된 범죄자에게 일정한 기간 무보수로 사회적으로 가치 있는 공익적 사업에 노동급부를 제공할 의무를 지우는 제재를 말한다. 이것은 범죄인이 자신의 범죄로 손해를 본 사회에 대해 자신의 노력으로써 그 손해를 배상하고 봉사를 통한 사회적 책임감과 근로의식을 배양함으로

14_ 남상철, 앞의 책, 354면; 박영규, 「현행 구금제도의 새로운 형태로서의 전자감시제도와 가택구금의 도입가능성 문제」, 보호관찰 제4호(2004), 145면.

15_ 남상철, 앞의 책, 355면 이하 참조.

16_ 박영규, 앞의 글, 155면.

써 사회복귀와 재사회화를 촉진시킬 수 있다는 의미를 갖는다.

보통 피해자원상회복제도(victim restitution)가 범죄피해자에 대한 직접적인 피해복구를 꾀함으로써 가해자와 피해자의 화해를 추구하는 제도라면, 사회봉사명령은 직접적인 피해자의 차원을 떠나 규범위반의 피해자라고 할 수 있는 사회일반의 법적 정의감의 만족에 초점을 맞춘 것이라 할 수 있다. 이런 의미에서 사회봉사명령을 상징적 원상회복(symbolische Wiedergutmachung)의 일종으로 보기도 한다.[17]

형사절차에서 사회봉사명령이 투입되는 방식에는 몇 가지 유형이 고려될 수 있다:

- 독자적인 형벌로서 기능하는 방식 (영국)
- 기소유예, 선고유예, 가석방 등의 조건에 부수적으로 부과되는 처분의 방식 (독일, 한국)
- 벌금미납에 따른 환형유치를 대체하기 위한 수단으로 활용하는 방식 (독일)

Ⅲ. 사회내처우의 문제점

사회내처우는 교정학적 관점에서 몇 가지 장점을 갖고 있고, 그 때문에 오늘날 엄벌주의 경향의 파고를 뛰어넘어 구금형 대안으로 국제사회의 지지를 받고 있다.[18]

17_ 이진국, 사회내 제재수단의 도입 및 활성화 방안, 2004, 126면.

18_ 형사정책연구원, 유엔 형사사법 핸드북, 2007, 13면 이하 참조.

그 장점으로 다음과 같은 것들을 꼽을 수 있다:

첫째, 구금의 범죄 배양효과 내지 낙인효과를 피할 수 있어 재범예방에 도움이 된다는 것이다. 구금이 경미한 범죄를 저지른 사람들과 특정 취약집단의 사회복귀와 재통합의 측면에서 역효과를 내기 때문이다.

둘째, 시설내처우에 비해 재사회화목적 달성에 더 효과적이고, 열악한 교도소 환경과 다른 사회 내에서 사회화학습을 함으로써 사회적응력 향상에서 더 효과적이라는 점이다.

셋째, 과밀수용과 수용경비의 경감을 들 수 있다.[19]

그러나 그 단점으로 지적되는 사항도 간과할 수 없다:

첫째, 사회내처우가 지역기반의 처우기법이지만, 지역이기주의와 결합하여 부득이 시설내처우에 회부된 범죄자들에 대한 낙인효과를 더 심화시킬 수 있다는 점이다.

둘째, 사회내처우는 구금형태만 바뀌었을 뿐 본질적으로 형벌요소를 내포하고 있기 때문에, 급진적 폐지주의의 관점에서 보면 그 자체 처우의 비인격성과 강압성이 불식되지 않고 있다는 점이다.[20]

셋째, 사회내처우는 범죄인의 교화개선을 위한 것이라기보다는 오늘날의 사회구조를 배경으로 하여 과밀구금문제를 해소하기 위해 등장한 새로운 사회통제전략에 지나지 않는다는 점이다.[21]

19_ 남상철, 앞의 책, 315면.

20_ 이에 관해서는 정승환, 「폐지주의의 형사정책적 의미」, 고려법학 제55권(2010), 162면 이하 참조.

21_ 남상철, 앞의 책, 316면.

물론, 연구자들 사이에는 미국의 경우 1975년을 기점으로 사회내처우의 내면적 특성의 변화가 일어났다는 점에 주목함으로써, 이들 제도에 대한 비판의 관점을 끌어내는 예도 없지 않다. 즉 1975년까지 미국에서 사회내처우는 범죄자의 교화개선을 위한 사회교육적 효과에 목표를 정했던 반면, 그 이후의 새로운 사회내처우는 종래의 사회내처우에 형벌적 요소를 가미하는 형태로 나아갔다는 것이다. 용어적으로 전자의 경향을 치료모델(treatment model), 후자의 경향을 정의모델(justice model)이라고 지칭하기도 한다. 치료적 처우모델은 재범률 낮추기에 초점을 맞춘 처우의 효율성에 중점을 둔 것이라면, 정의모델은 범죄자의 책임에 비례하여 얼마나 공정한 죗값을 물리느냐에 중점을 둔 것이다.

그러나 이 같은 관점을 양자 모순관계나 대립적 택일관계로 보아서는 안 된다. 처우이념의 역사적 · 문화적 진화과정에서 사회복귀를 위한 치료적 처우 관점으로부터 비례적 정의에 입각한 처우 관점으로의 진화라고 파악해야 할 것이다. 형벌이념에서 책임관점과 예방관점은 서로 변증론적 관계에서 지양되고 합일하면서 발전하기 때문이다.

이러한 과정 속에서 불간섭원칙과 엄벌주의의 반작용이 등장하기도 한다. 현대 과학기술의 발전을 응용한 새로운 사회내처우 기법들은 종래의 구금과 사회내처우의 시각에서 보면 양자의 요소가 일정한 농도로 응축된 중간제재로서의 성격이 강하게 나타난다고 할 것이다.

그 성격에서 정도의 차이가 어떠하든 사회내처우의 보다 큰 문제는 그것에 포기할 수 없이 내포되어야 할 처벌로서의 교육적 개념이 형법을 한계짓는 법치국가사상을 공동화시킬 수 있는 잠재성을 갖는다는 점이다.[22] 이 같은 잠재적인 위험을 '법치국가에서

트로이 목마'라고 지칭하는 연구자들도 있다.[23]

대부분의 사회내처우가 확정재판에 의한 선고형량을 행정처분에 의해 변경을 가함으로써 이루어지기 때문이다. 사회내처우에 따른 집행비용의 변경 그리고 조건과 효과를 행정처분의 권한에 맡기다 보니, 예측가능성과 최소성·최후수단성을 지녀야 할 법치국가형법의 비정형화(Informalisierung)를 초래한다는 것이다.[24] 사회내처우가 구체적인 개별사례 내지 구체적인 개별 범죄자의 필요에 상응하는 기준을 좇다보니 전통적인 형사사법에서 추구해 왔던 정형화와 예측가능성의 기준들이 흔들리게 된다는 점이다.

이를 루만(Luhmann)의 법사회학적 용어를 빌려서 말하자면, 사회내처우에 수반되는 행정처분적 조치들은 조건프로그램(Konditionalprogramm)보다는 목적프로그램(Zweckprogramm)에 의해 수행되는 경향을 나타낸다.[25] 목적프로그램은 사회내처우에 수반되는 행정처분적 조치들의 목표를 한정하지만, 그 목표에 도달하는데 필요한 적절한 수단의 선택을 전문적인 국가기관 봉사자들에게 맡긴다.

이렇게 하여 개념화된 이른바 집행형법(exekutives Strafrecht)은 규율의 과제들을 사법권에서 행정권으로 이양시키는 목표를 지향

22_ W. Deichsel, Nichtintendierte, nicht so intendierte, nicht so unintendierte Folgen von diversion. diversion als Botschaft, dass Strafe sein muss, in: H. Peters (Hrsg.), Muss Strafe sein? 1993, S.174.

23_ Gerken/Schumann (Hrsg.), Ein trojanisches Pferd im Rechtsstaat, 1988, S.3.

24_ 이를 규범적 정신과학인 형법의 물질화(Materialisierung)라고 칭하는 학자도 있다. 이에 관하여는 J. Savelsberg, Materialisierung des Strafrechts: Funktionen, Folgenprobleme und Perspektiven, in: Zeitschrift für Rechtssoziologie 10, 1989, S.6.

25_ Luhmann, Zweckbegriff und Systemrationalität, 1968, S.101f.

한다. 그에 상응하여 전통 법치국가의 권력분립의 원칙, 적법성의 원칙, 평등의 원칙, 죄형법정원칙 등은 점차 이완되고 상대화되는 경향을 나타낸다.[26] 형법의 비정형화와 물화 및 그의 집행의 행정처분화는 결국 사회내처우를 형법개혁에서 하나의 화려한 정책적 택일안으로 내세우고 형법프로그램을 비공식적, 개방적, 유동적, 정치적 도구의 대상으로 만든다. 형법의 비공식화와 그의 집행관할권을 사법작용으로부터 행정작용으로(from adjudication to administration) 전환시키는 정도가 많아질수록 사회통제의 그물망을 확장시킬 위험과 법치국가 원리의 침융화 현상도 점점 높아질 수밖에 없다.

이 같은 사회내처우의 점증으로 형법에 의한 공식적인 사회통제의 폭이 좁아진다. 또한 비공식적인 행정조치에 의한 목적합리성의 추구가 강화되면서 불기소처분이나 형의 선고유예 · 집행유예 판결 및 가석방의 빈도가 정상적인 사법작용에 의한 공식적 사회통제의 빈도를 압도해 나갈 수 있다.

그렇게 되면, 위에서 언급한 법치국가형법원리의 잠식뿐만 아니라 또 다른 역작용도 예상할 수 있다. 즉 형법의 질서유지기능과 법적 안정성에 대한 법수범자인 일반인의 신뢰상실이 누적되고, 범죄자들의 처벌을 요구하는 범죄피해자들의 법감정이 천박한 복수감정으로 폄하됨으로써, 범죄피해자들의 트라우마와 재(再)트라우마 현상이 심화되고, 형법의 적극적 일반예방기능이 약화될 수

26_ 이에 관한 상세한 논의로는 P.A. Albrecht, Exekutives Recht, 1990, S. 7ff: Rottleuthner (Hrsg.), Atternative Rechtsformen und Alternativen zum Recht, 1980, S.165ff; M. Voss, Jugendstrafrechtliche Konsequenzen aus jugendkriminologischer Forschung: Walter/Koop (Hrsg.), Die Einstellung des Strafverfahren im Jugendrecht, 1984, S.26ff.

있다. 국민의 법성실성(Rechtstreue)과 법준수의식이 약화되면서, 형법을 통한 사회통합과 법적 평화질서의 확립이 곤란에 처할 수 있기 때문이다.

그 밖에도 사회내처우는 그 집행의 종류와 양태에 따라서도 법치국가원리를 위태롭게 할 수 있다는 문제점이 제기된다. 사회내처우의 비정형화 과정이 형사제재를 제한하는 책임원칙이나 비례성의 원칙, 무죄추정의 원칙, 공판중심주의와 증거재판주의와 같은 법치국가적 장치들을 우회하거나 생략 · 대체시킬 수 있기 때문이다.[27]

사회내처우가 구조적인 특징으로 삼는 개별 범죄자의 특성에 맞는 처우, 등급화, 교육이념, 탈사회화 예방에 의한 정당성 확보 등은 통상적인 경우 긍정적인 효과를 낳지만, 경우에 따라 범죄자 개인이나 그의 가족 그리고 그와 사회적 관계 속에 얽힌 사람들에게까지 개입의 폭을 넓혀나갈 소지가 있다. 특히 과학기술적인 예방장치들이 등장함으로써 그들의 사생활과 자유의 영역에 예방조치라는 명목으로 이 같은 기술적 장치들이 필요 이상으로 지나치게 전진배치(Vorverlagerung)되어 사생활에 대한 과도한 개입이 일어날 수 있다.

사회내처우가 예방수단으로 전환되면, 예방이라는 목표지향이 사회내처우의 중간제재적 성격을 넘어 개인의 프라이버시 영역까지 깊숙이 파고 들어갈 위험이 있다는 것이다.

사회내처우 이념의 유형과 더불어 현대형법은 한때 "왜 형법

27_ W. Deichsel, Ebd., S.177: W. Heinz, Neue Formen der Bewährung in Freiheit in der Sanktionspraxis der BRD, in: Jescheck-FS II, 1985, S.955ff; H. Cornel, Gemeinnützige Arbeit als Sanktion, in: Lüderssen-FS, 2002, S.828ff.

이어야 하느냐?", "왜 형벌이어야 하느냐?"라는 질문 앞에 기능상실(Funktionsverlust)의 위기에 처한 적도 있었다. 그것은 마티센(Mathiesen)과 같은 극단적인 폐지주의자이건 크리스티(Christie)와 같은 온건한 폐지주의자들이건 다 같이 시도한 바이기도 하다.[28] 마티센은 기존의 형법에 의한 문제해결이나 자유형에 대한 이른바 '긍정적' 대안은 현존하는 체계의 정당화로 이어지기 때문에 철저히 부정되어야 한다는 입장이고, 크리스티도 고통을 부과하는 공식적 통제기구를 포기하고 형벌을 가해자와 피해자간 중재의 방법으로 대체할 것을 주장하기 때문이다. 이들이 공통적으로 요구했던 것은 총체적 통제시설인 현재와 같은 형태의 구금시설의 폐지였다. 그들이 중점적으로 의도했던 바는 사회적 갈등해결의 탈제도화와 비공식화였던 것이다. 탈공식화를 위해 법치국가적 절차를 회피하는 것은 그만큼 자의적 사법으로 흐를 위험이 높다는 의미도 된다.

이렇게 본다면, 자유형의 주형화(主刑化) 고수는 오늘날 자유화와 인간화된 형사정책의 관점에서 볼 때 문제가 있지만, 이를 근본적으로 대체하고자 하는 사회내처우의 탈공식화 정책도 문제가 없지 않다. 사회내처우의 강화로 기능상실의 위험에 처한 형법이 그 변형을 통해 오히려 '새 옷으로 갈아입은 형벌(Strafe in neuen Gewand)'로 등장하고 있다는 사실이다.[29]

그러면 사회내처우의 발전과 그 수단의 증대 및 예방적 조치의 강화 등으로 인한 현대적 형사정책의 흐름에서 공식적인 형법통제와 비공식적인 사회통제의 중간을 조화롭게 헤쳐 나갈 합리적

28_ 폐지주의의 형사정책적 논의에 관하여는 정승환, 앞의 논문, 162면 이하 참조.

29_ W. Ludwig, diversion: Strafe im neuen Gewand, 1989, S.11ff.

인 법정책과 인간의 얼굴을 가진, 즉 인간을 위한 형사정책의 방도는 무엇일까? 수형자들의 낙인효과를 그 얼굴에서 벗겨내기 위한 이른바 낙인이론의 정신으로부터 우리가 인간을 위한 형사정책, 인간의 얼굴을 가진 형사정책의 지평으로 이미 저만큼 발걸음을 내디딘 지도 상당한 세월이 흘렀다.

자유형 대체 노력과 형사사법의 부담과 비용을 줄이려는 노력의 일환으로 등장한 사회내처우는 전략적으로 사회사업과 형사사법의 숙명적인 동맹관계 속에서 처벌받아야 할 범죄자들을 지금보다 강화된 조치로 통제하려는 경향이 있다. 또한 재사회화라는 명분으로 교육과 처벌을 혼합시킨 제재수단을 투입함으로써 본디 교육적인 목적의 수단들이 너무 쉽게 형벌수단으로 전환하는가 하면 새 옷으로 갈아입은 형벌이 교육이라는 형식으로 등장하기도 한다.

그러므로 사회내처우에서 구체적인 교육목표들(특히 수강명령에서 다루어지는 교육프로그램)은 교육이념에 따라 준법교육에 국한하여 사용될 때 비로소 정당성을 획득할 수 있을 것이다. 그리고 이 같은 교육목표가 성취될 수 없는 경우에는 형벌이 뒤따른다는 경고음은 살아 있어야 한다.[30] 결코 형벌이 교육적 필요와 사회화 이념의 실현을 위한 압력수단으로 전용되어서는 안 되지만, 그럼에도 불구하고 형벌이 최후수단의 원칙에 따라 교육적 전략의 버팀목으로서의 의미를 잃어버려서는 안 될 것이다.

30_ E. Schlüchter, Der Erziehungsgedanke im Jugendstrafrecht, GA 135, 1988, S.106ff.

Ⅳ. 결 론

사회내처우는 결코 형벌을 회피하는 수단이 아니라 보다 인간다운 형벌을 배양하고, 최후적으로는 반드시 형벌이 간다(Strafe muss sein!)는 잠재적인 메시지를 매개하는 의미를 지닌 제도이다. 그것은 사회적인 갈등, 비행, 반사회적인 범죄행위에 대해 형벌로 대응해야 할 목표를 결코 혁명적으로 포기시키지 않는다. 단지 처벌강화적인 형사정책의 조류에 맞서 완화된 처벌의 퇴로를 열어주는 출구 역할을 하는 셈이다. 그것은 또한 침해에 대해 반응하는 규범과 그 효력을 확인시키는 제재수단들을 송두리째 의문시하는 어떤 이데올로기도 아니다. 단지 규범침해에 대해 보다 더 완화된 제재수단들의 투입으로 규범안정을 회복 · 유지시키려는 인간화된 노력의 일환이다.

사회내처우가 사회적 통제의 확장에 기여할 수 있고, 그것이 처분의 당사자들에게는 때때로 추가적인 형벌로 체험될 수도 있다. 그것이 형사제재 발동조건에 신축성과 예측불가능을 제공할 수 있다. 또한 항상 새로운 통제기법을 경우에 따라서는 소급적용함으로써, 입법적인 조치 아래서이기는 하지만 사법작용을 배제하고 행정작용화하는 경향도 띤다. 하지만 사회내처우는 그의 의도와 사실상의 결과에 있어서도 최후의 방편으로는 형벌이 버티고 있다는 사실을 알리는 중간처벌의 의미를 결코 잃지 않는다. 그것은 현대의 예방적 형사정책, 회복적인 국가형벌권이 어느 수단이 더욱 인간다운 것인지를 합리적으로 선택할 수 있는 폭을 넓혀주고 넌지시 그 길을 안내하는 몫을 담당하고 있는 셈이다.

문제는 당사자에게 피할 수 없는 고통과 부수적으로 낙인효과를 낳는 자유형은 사형이라는 극한 상황을 제외한다면 모든 제재수단 중 최후수단이어야 한다. 그것은 민사적인 그리고 행정법적인 제재수단만 가지고서는 실효성을 담보할 수 없고, 원상회복조치를 완강히 거부하는 고집스러운 범법자들이나 규범을 심각한 정도로 침해하여 사회적 유해성이 감내할 수 없을 정도에 이른 중한 범죄자들에게나 강제수단의 최후방편으로 투여될 수 있을 것이다. 자유형이 결코 응보의 수단이나 속죄의 수단으로까지 남용되어서는 안 될 것이다. 그것은 수형자의 탈사회화를 심화시킬 뿐만 아니라 비인격화를 초래할 위험이 높기 때문이다.

범죄자도 자유로운 인격의 주체이며 인간의 존엄성과 행복추구의 주체라고 한다면, 그를 피해자 또는 잠재적 피해자의 복수의 대상물로 전락시킬 것인가 아니면 열린 사회의 구성원의 일원으로 회복시켜 고개를 들고 사회라는 숲 속을 함께 걸어가게 할 것인가. 사회내처우는 폐쇄된 공간에서의 자유박탈적 처벌에 대한 인도주의적 대안으로 출발한 것이다.

범죄라는 사회의 그늘만 바라보고 인간을 비관적으로 파악할 때, 우리는 범죄박멸을 위한 과도한 국가작용을 쉽게 용인하고, 복수감정을 분출하는 소박한 일반인의 요구에 쉽게 부응하는 값싼 법의 포퓰리즘(legal populism)에 빠지기 쉽다. 리스트(v. Liszt)가 1892년에 행한 '형법의 장래'라는 강연에서 '우리가 이해하는 형사정책은 인간, 즉 개인 및 사회의 개선능력에 대한 신앙에 의해 조건지워져 있다'고 말했던 것처럼, 현대사회의 어둡고 음침한 범죄의 골짜기를 지나면서도 인간의 자기개선과 자기발전 능력에 대한 신뢰를 잃지 않는다면, 범죄인을 박멸하고 사회로부터 배제할 것이 아니라 오히려 수용하고 포섭하여, 보다 유리한 삶의 조건하에서라면 범죄 없이 살아갈 수 있는 잠재력을 가진 사회의 일원으로

인정하는 안목을 잃지 않아야 할 것이다.[31]

이런 관점에서 라드브루흐(Radbruch)도 1929년 그의 강연에서 '형법발전의 끝없는 목표는 형벌 없는 형법전일 것이다. 그 목표는 형법의 개선이 아니라 형법을 형법보다 더 좋은 어떤 것에 의해 대체하는 것이다'라고 말했다. 여기에서 그가 상정했던 '더 좋은 어떤 것'이란 개선하고 치료하는 데 중점이 놓인 오늘날의 사회내처우의 다양한 형태의 수단들을 암시한 것으로 보인다.[32]

후기

이 글은 2013년 5월 중국베이징에 있는 중국사회과학원에서 행한 초청강연문이다. 인간애의 관점에서 사회내처우제도들을 살핀 이 강연문은 2012년 출간된 나의 단행본 「전환기의 형사정책—패러독스의 미학」에서 이미 깊이 있게 다룬 부분들이기도 하다.

엄벌주의경향이 짙은 현재 중국의 형사정책 흐름에서 이 주제가 던져주는 시사점이 결코 적지 않다는 인상을 받았다.

31_ Il-Su Kim, Das Liebesstrafrecht hinterm Berge des Feindstrafrechts, 고려법학 제49호, 2007, S.19ff.

32_ A. Wiertz, Strafen-Bessern-Heilen?, 1982, S.139f.

[5] 왜 또 보안처분제도의 부활이냐?

Ⅰ. 서 론

어느 형법교과서나 주석서에도 예외없이 형법의 법효과, 즉 형사제재와 관련하여 이원론(Zweispurenlehre)이 언급되고 있다. 여기에서 이원(Zweispurigkeit)이란 두말할 것도 없이 형사제재의 틀로 형벌과 보안처분을 철로의 두 레일과 같은 시스템으로 작동하게 하는 것을 말한다.

형벌의 역사는 범죄의 역사만큼 오래되었다. 하지만 보안처분의 역사는 근대산업사회의 등장과 함께 나타난 새로운 범죄현상에 대응하기 위한 새로운 형사정책 및 형법개정 노력과 궤를 같이한다. 근대산업사회가 사회구조의 변동과 사회의식의 변화를 가져왔고, 전통사회가 체험하지 못했던 새로운 범죄문제를 야기했다는 점은 오늘날 이미 진부한 상식에 속한다. 농촌에서 도시로 산업인력의 대이동, 도시인구의 집중화와 과밀화, 주거환경의 열악과 Ghetto화, 우범지대의 확장, 범죄율의 증가, 상습범 내지 누범의 급증 등은 산업사회가 유발하고 떠안게 된 새로운 사회적 위험이었다.

이러한 새로운 사회적 위험에 대처하기 위해 당시 '사회를 돌보는 위생관리자'[1]로 자처한 형사정책가들은 형법과 형사정책의 이원론 구상과 함께 형사제재제도를 형벌과 보안처분 이원으로 구성해야 한다는 논지를 폈다. 형사제재제도 안으로 종래의 형벌 외에 보안처분을 끌어들이는 형법개정을 위해 그들은 국경을 뛰어넘어 지칠 줄 모르는 학문적 공동노력을 경주했다. 이러한 연유로 형사제재제도 안에서 이원론은 근대형법개정운동의 역사와 궤를 같이했던 것이다.

이원론의 입법화는 현실적으로 유럽대륙에서 한 세대를 뛰어넘어 첨예하게 대립했던 고전학파와 근대학파 사이의 절충하기 힘들었던 세계관 · 인간관의 대립과 순이론적인 학파논쟁에서 벗어나는 계기가 되었다. 형사제재제도의 목적과 현실적인 실현과정에서 일종의 타협을 형성하는 계기를 마련해 준 셈이다.[2]

널리 알려진 바와 같이 형사제재의 일원론과 이원론을 둘러싼 신 · 구파의 학파논쟁은 다음과 같은 두 가지 점에서 첨예한 대립을 보였다:

첫째, 형벌과 보안처분은 서로 다른 전제에 기초하고 있다는 관점이었다. 즉 형벌은 범죄행위에, 그리고 보안처분은 위험한 범죄행위자에게서 출발한다는 관점이었다. 형벌은 불법하고 유책한 행위에 기초한 행위책임에 상응하는 사법작용인 반면, 보안처분은 행위자의 장래 유해성에 기초한 위험예방에 상응하는 일종의 행정작용으로서, 일정한 불법행위에 의해 징표된 위험한 행위자로부터

1_ 이 말은 Franz von Liszt가 고전학파(구파) 형법학자들과 구별하기 위해 근대학파(신파) 형법학자들을 지칭한 말이다. v. Liszt, AuV. II, 80면 참조.

2_ R. von Hippel, Reform der Strafrechtsreform, 1976, S.32.

일반인을 보호하고 사회를 방위하는 조치라는 것이다. 따라서 형벌은 전통적인 행위형법의 귀결이요, 보안처분은 행위자형법의 귀결인 셈이다.

둘째, 형벌과 보안처분은 서로 다른 목적을 추구하며, 그 한에서 양자는 본질적으로 상이한 제도라는 관점이었다. 즉 형벌은 책임응보를 본질적 내용으로 하는 반면, 보안처분은 행위자의 개선과 위험한 행위자로부터 사회의 안전을 보호하는 것을 본질적 내용으로 한다는 것이다. 형벌은 이미 저지른 죗값에 상응한 해악을 행위자에게 과하는 응보라는 관점의 응보사상을 고려에 넣는 한 형벌과 보안처분은 이 응보의 관점에서 확연히 구별된다. 보안처분은 과거에 저질러진 죗값을 묻는 것이 아니라, 불법행위로 징표된 행위자의 장래 위험성을 고려한 예방목적을 추구하기 때문이다. 따라서 응보형 사상은 전통적인 자유주의적 법치국가형법의 귀결이요, 보안처분의 위험예방사상은 새로운 사회국가 형법의 귀결인 셈이다.

첫 번째의 상이점은 쉽게 절충이 가능한 대목이었다. 두 레일 시스템의 등장은 이와 같은 절충의 산물이었다. 그러나 두 번째 상이한 관점, 즉 목적과 본질의 차이는 절충이나 가교가 그리 쉽지 않은 대목이었다. 완고한 응보형론자들에게 예방사상 내지 보안처분이란 범죄행위자를 인간존엄성의 주체인 한 인격으로 바라보지 않고, 다른 사회적인 목적을 위해 행위자를 단순한 수단(bloss als Mittel)으로 취급할 위험성으로 비춰졌기 때문이다.[3]

이 같은 난점을 극복하기 위해 응보형사상에 입각한 1962년 독일형법 정부초안에 맞서서 v. Liszt의 개혁정신을 답습한 14명의

3_ Maurach는 그래서 응보형을 '일체의 목적사상과 절연된 장엄성'이라고 칭했다(Maurach, Deutsches Strafrecht, 4.Aufl., 1971, S.77).

형법학자들에 의해 제출된 1966년 독일형법 택일안은 뿌리깊은 응보사상을 형벌론에서 배제하고 일반예방과 특별예방 사상만을 형사제재의 목적으로 순화한 뒤, 특별예방우위의 관점에서 형벌과 보안처분을 형사제재의 이원구조로 채택했다. 이 택일안 입안자들의 관점에 따르면, 형사제재 목적에서 형벌과 보안처분 사이에 본질적인 차이점은 없다. 다만 형벌은 이미 저질러진 범죄행위 내지 그로 인해 야기된 법질서의 동요를 진정시키기 위한 진압작용인 반면, 보안처분은 장래 예상되는 행위자의 재범위험을 막기 위한 예방작용이라는 점에서 관점 방향의 차이가 있을 뿐이다. 그렇기 때문에 그와 더불어 형벌은 전통적인 법치국가 형법의 제약원리인 책임원칙에 의해 제한되는 반면, 보안처분은 행정법의 제약원리인 비례성의 원칙에 의해 제한되는 데 불과하다는 것이다.[4] 이들 택일안 입안자들의 생각으로는 형벌론에서 응보사상만 포기하면 결국 형벌과 보안처분은 예방목적에서는 일원이요, 다만 그 제약원리만 이원론에 머문다는 것이다.

프랑스의 신사회방위론(Ancel)은 앞서 본 목적일원론보다 더 근본적인 관점에서 형사제재제도를 아예 형벌 대신 보안처분으로 일원화할 것을 주장하기도 했었다.[5]

우리나라에서 보안처분제도가 본격적으로 시행된 것은 구 사회보호법(1980.12.18. 법률 제3268호)의 발효와 때를 같이 한다. 구 사회보호법은 자유박탈적인 보안처분으로 보호감호를, 개선처분

4_ 이에 관하여는 Roxin, Franz von Liszt und die Kriminalpolitische Konzeption des AE(김일수 역), 고대 법률행정논집 제15집(1977), 189면 이하 참조.

5_ M. Melzer, Die Neue Sozialverteidigung und die deutsche Strafrechtsreformdiskussion, 1970, S.37ff.

으로 치료감호를, 그리고 사회내처우의 일종인 보호관찰, 이 세 가지 종류의 보안처분을 규정했었다. 이 법률은 강벌적인 5공 입법의 상징물 중 하나였지만, 2005년 8월 폐지될 때까지 25년간 형법전의 형벌제도 외에 형사제재제도의 다른 한 축을 형성했던 역사적인 의미를 지닌 법률이었다.

이 법률의 폐지에서 논란의 중심이 된 것은 두말할 것도 없이 보호감호제도였다. 청송감호소를 거쳐 온 피보호감호처분자들은 대부분 보호감호처분이 형벌보다 더 수용하기 어려운 제도라는 데 인식을 같이하고 있었기 때문이다. 이론적인 구별과 보호감호처분에 대한 정당화가 아무리 그럴듯하다 하더라도 현실적인 청송감호소의 수용환경은 형벌보다 더욱 열악했고, 사회적인 냉대와 편견 등 이른바 낙인효과 또한 형벌보다 덜하지 아니했다. 이런 현실적인 이유로 자유박탈적 보호감호처분은 실제 이중형벌이라는 인식을 불러일으켰다. 헌법재판소의 합헌결정과 그 후 일부위헌결정,[6] 대법원 판결,[7] 그리고 여러 번의 사회보호법 개정[8]에도 불구하고 문민화 이후 우리사회에서 높아진 인권의식과 함께 불어난 비판에 이 제도가 홀로 버티기에는 힘겨워 보였다.

2003년 6월 청송감호소 수감자 616명의 보호감호제 위헌헌법소원 제기를 계기로 2003년 7월 대한변호사협회는 보호감호제 폐지 의견을 법무부에 제출했다. 2005년 1월 청송감호소 수감자 200여명이 보호감호제 폐지를 요구하는 단식농성에 돌입했고, 2005년 6월 사회보호법 폐지법안이 국회법사위를 통과했다. 그리하여

6_ 헌재 88헌가5, 88헌가44 병합결정; 헌재 89헌가86; 헌재 92헌바28.

7_ 대판 83도3161, 89감도524; 대판 90도135, 90감도19; 대판 95도2162.

8_ 1987.12.4. 법률 제3993호; 1989.3.25. 법률 제4089호; 1994.1.5. 법률 제4704호; 1995.1.5. 법률 제4993호; 1996.12.12. 법률 제5179호.

1980년 12월 제정된 사회보호법은 2005년 8월 폐지되고, 청송감호소도 청송 제3교도소로 개명되었다. 다만 구 사회보호법에 들어있던 보호처분 중 이중처벌의 위험이 없는 치료감호처분과 그에 따른 보호관찰처분은 구 사회보호법 폐지와 동시에 제정된 치료감호법(2005.8.4. 법률 제7655호)에 의해 명맥을 그대로 유지할 수 있게 되었다.

법무부 형사법 개정특위가 보호감호처분을 폐지 5년 만에 재도입하기로 결정한 데는, 그동안 사회적 센세이션을 일으킨 흉악범들의 대부분이 동종 또는 유사한 범죄를 저지른 누범이거나 상습범인 점이 드러난 때문이다.[9] 이들에 대한 대책으로 장기에 걸친 자유형을 부과하여 사회로부터 격리효과를 증대시키는 것도 한 방안이 될 수 있을 것이다. 하지만 원래 누범 및 상습범 가중은 전통적인 행위책임의 관점에서 볼 때 문제가 많은 제도일 뿐만 아니라, 장기간의 형벌만으로는 행위자의 개성에 알맞은 맞춤형 교정을 시행하는 데 애당초 한계가 있다. 따라서 특별예방적 관점에서 맞춤형 교정처분을 시행하려면 자유형 외에 자유박탈적인 보호감호처분의 재도입이 불가피한 것으로 인식되어 왔다. 그리하여 이 보호감호처분의 도입을 전제로 책임형법의 관점에서 볼 때 문제점이 많은 누범 및 상습범 가중규정을 형법에서 삭제하기로 결정하였다.

더 나아가 보호감호처분을 우리 형사제재제도의 일환으로 재도입할 바에는 기존의 치료감호법의 치료감호처분도 형법전으로 편입하는 것이 체계적으로도 합리적이라는 결론에 이르렀다. 이에

9_ 가출소자 재범률이 구 사회보보법 폐지 전(1984~2005.7) 36.4%이었던 것이 폐지 이후(2005.8~2009.12) 60.4%로 급증한 점 등이 재도입의 근거로 제시되기도 한다(2010.8.26. 국민일보 사설).

상응하여 보호관찰처분도 구 사회보호법의 예에 따라 치료감호 및 보호감호 처분의 집행종료, 유예, 가출소 시의 위험예방수단으로 널리 적용할 수 있게 하였다. 만약 형사법 개정특위의 안(案)대로 형법이 개정된다면, 우리나라는 형법전의 형사제재제도를 이원화한 서구 여러 나라, 즉 독일, 오스트리아, 스위스, 이태리, 스칸디나비아 여러 나라의 반열에 서게 되는 셈이다. 다만 지난 30여 년간 보안처분제도를 특별법형식으로 근 25년간 시행해오다가, 지난 5년전 인권침해의 소지를 없애려는 취지에서 보호감호처분을 폐지한 경험 때문에, 이를 새로이 부활시켜 형법전에 편입할 경우, 이중처벌이라는 비난으로부터 벗어날 수 있는 조치들을 마련하지 않으면 안 될 것이다. 그러한 조치들은 형법전에 수록될 개별적인 규정 속에서 먼저 구현되어야겠지만, 더 나아가 교정행정의 실제에서도 형벌과 차별화된 개선효과들이 나타나게 해야 할 것이다.

II. 형법개정시안의 보안처분과 그 준거모델

1. 일반론

이미 언급한 바와 같이 보안처분은 행위 속에 나타난 행위자의 재범위험성으로부터 사회를 보호·방위하고 행위자를 개선하기 위해 과해지는 형벌 이외의 형사제재이다.[10] 형벌은 개별적인 행위책임에 근거하여 진압적으로 과해지는 반면, 보안처분은 책임과 무관하게 행위자에게 예방적으로 과해지는 조치이다. 전통적인

10_ 김일수, 「사회보호법의 문제점과 개선방향」, 형사정책연구 제4권 제3호(2003), 5면 이하 참조.

책임원칙은 행위자의 위험성 때문에 책임의 정도를 넘어 형벌을 과하는 것을 금지하고 있다. 그런데 행위자가 책임무능력 상태에서 범행을 저질렀기 때문에 구체적인 재범위험성에도 불구하고 행위자를 무죄방면해야 하는 경우 또는 구체적인 범행자의 재범위험성이 그의 행위책임의 상한선보다 더 심각한 정도에 이른 경우, 종래의 형벌이론체계 하에서는 그 위험성을 사회가 감수할 수밖에 없었다.[11]

하지만 독일의 근대학파, 이태리의 실증학파, 프랑스의 사회방위학파의 예방적 형법사고는 이 같은 위험성이 상존할 경우 사회보호를 위해 추가적인 보안처분으로써 형벌을 보완하거나 아예 신축성 있는 보안처분만으로써 그 같은 위험성에 대응하지 않으면 안 된다는 입장이었다. 역사적으로 보안처분제도가 형벌 이외의 형사제재제도로 입법화될 수 있었던 것은 수십 년간의 학파논쟁이 절충에 이르면서 매듭지어진 결과이다.

형벌은 행위책임에 의존하나 보안처분은 책임과 무관한 행위자의 장래 위험성에 의존한다. 그러므로 형벌은 책임비난작용과 위해작용을 함께 지니지만, 보안처분은 책임비난작용 없이 단지 위해작용만 한다는 특징을 지닌다. 응보사상을 형벌의 목적에서 배제한다면 행위자의 특별예방과 사회적인 일반예방을 목적으로 삼는다는 점에서 형벌과 보안처분의 목적 사이에는 아무런 본질적인 차이가 없다. 다만 형벌은 책임을 기초로 하기 때문에 책임원칙에 의한 제한을 받으나, 보안처분은 비례성의 원칙에 의한 제한을 받는다는 점이 다를 뿐이다. 이 같은 유사성과 차이점 때문에 이원체계하에서는 형벌과 보안처분의 분리와 집행, 그 밖의 운영 등에

11_ 이것은 고전학파의 자유주의적 응보사상의 요체였다.

관해서 다양한 양식이 존재할 수 있다.

형법개정시안에 열거된 보안처분의 종류로는 ① 보호감호, ② 치료감호, ③ 보호관찰 세 가지가 있다(안 제81조).[12] 보안처분의 종류는 비교법적으로 고찰할 때 매우 다양한 양태를 띤다. 대체적으로 '대인적 보안처분'과 '대물적 보안처분'으로 양분할 수 있는데, 시안의 보안처분은 모두 대인적 보안처분에 속한다. 대인적 보안처분은 다시 '자유를 박탈하는 보안처분'과 '자유를 제한하는 보안처분'으로 세분된다. 전자에는 치료감호처분, 교정원 또는 금절시설 수용처분, 보호감호처분, 노동시설 수용처분, 사회치료시설 수용처분 등이 있다. 후자에는 보호관찰, 선행보증, 직업금지, 주거제한, 주점출입금지, 전자발찌착용, 운전면허박탈 등이 있다. 시안의 보호감호와 치료감호는 자유를 박탈하는 보안처분이되 양자 사이에는 그 정도의 차이가 있을 수 있다. 시안의 보호관찰은 자유를 제한하는 보안처분에 속한다.

보호감호와 치료감호는 다 같이 자유를 박탈하는 보안처분이면서도 전자가 사회방위를 주목적으로 하는 본래적 의미의 보안처분(Sicherungsmassnahme)인 반면, 후자가 치료를 주목적으로 하는 개선처분(Besserungsmassregel)이라는 점에서 구별된다.

이미 언급한 바와 같이 형벌론에서 아직도 그 영향력이 소멸되지 않은 책임응보의 관점은 책임과 무관한 보안처분의 목적이 될 수 없다. 보안처분의 중심에 자리 잡은 목적은 일찍이 C. Stooss, v. Liszt가 주창했듯이 특별예방에 있다.[13] 하지만 개별적

12_ 이것은 구 사회보호법 제3조 및 1992년 법무부 형법개정안 제92조의 내용과 동일하다.

13_ C. Stooss, Sichernde Massnahmen, ZStR 33/ 1920, S.135ff.; v. Liszt, Lehrbuch des Deutschen Strafrechts, 21/22. Aufl., 1919, S.24.

인 보안처분의 종류에 따라 특별예방목적도 구체적으로 세분화할 수 있다. 보호감호처분이 특별예방의 카테고리 중 보안목적에 주력하는 반면, 보호관찰처분은 재사회화 목적에 주력하며, 치료감호처분은 이 양 요소를 함께 고려한다.

보안목적 위주의 보호감호처분은 오늘날 대체집행의 원칙과 보안처분에 대한 집행유예 내지 가석방원칙의 적용에서 배제되는 경향이 있다. 오늘날 등장한 위험형법 내지 적대형법적 사고에서 보면 더욱 그러하다. 왜냐하면 보호감호처분의 대상이 될 만한 범죄자군은 개선불가능한 상태범 내지 위험범으로서 전통적인 자유주의적 시민형법의 주체인 '시민'이 아니라 오직 격리와 배제를 통해 무해화시켜야 할 대상인 '대적'일 뿐이기 때문이라는 것이다.[14]

두말할 것도 없이 보호감호처분은 피처분자의 장기간 구금과 고립, 형벌 이상으로 피처분자를 사회적 이단자로 낙인찍은 효과가 크기 때문에 일찍이 Kohlrausch는 이를 징역형의 위장술이라는 의미에서 명칭사기(Etikettenschwindel)라고 지칭했는가 하면,[15] 보호감호처분의 형사제재화에 철저한 반대입장을 폈던 H. Mayer도 '사회의 보안 필요성을 위해 자기의 자유를 빼앗기는 자는 타인의 목적을 위한 수단으로 전락된다. 원호·교육의 의미를 갖지 않는 보안처분은 형벌이며, 적법성의 한계를 넘어 과해지는 형벌은 인간의 존엄성 및 기독교적 박애사상과 상치된다'고 하여,[16] 다 같

14_ 이에 관하여 Il-Su Kim, Das Liebesstrafrecht hinterm Berge des Feindstrafrechts, 고려법학 제49호, 2007, 1면 이하; Il-Su Kim, Punitivistische Grundtendenzen der gegenwärtigen Kriminalpolitik?, 고려법학 제56호, 2010, 513면 이하 참조.

15_ Kohlrausch, ZStW 44(1924), S.33.

16_ H. Mayer, Strafrechtsreform für heute und morgen, 1962, S.36, 380; 또한 Hall, Sicherungsverwahrung und Sicherungsstrafe, ZStW 70, 1958,

이 보호감호처분의 정당성을 부인했다.

인간의 존엄성이 구체적으로 보호감호제도 자체를 금지하고 있는지는 의문이다. 다만 이 처분이 법치국가적으로 정당화될 수 있는가는 여전히 중요한 문제이다.

보안처분의 정당성에 관하여는 '피처분자의 내적 자유의 결함'(Welzel, Bockelmann), '행위자의 사회적 위험성에 대한 긴급피난'(Sax), '인간의 자유의 사회적 구속성'(Schönke/Schröder), '인간의 자유의 남용에 대한 보호박탈'(Stree), '자유남용에 대한 자유구속과 신체적 · 정신적으로 결함있는 자에 대한 치료처우'(Jescheck)에서 파악하는 여러 가지 입장이 제시되고 있다.

그러나 인간의 내적 자유의 결함이나 사회적 구속성에서 보안처분의 정당성을 찾을 때에는 보안처분이 실제 행위자의 책임범위를 넘어서까지 자유를 박탈하는 이유를 제시해주지 못한다. 또한 긴급피난의 이론도 구체적인 긴급피난의 성립요건에 미치지 못하는 행위자의 장래의 위험성에 대해서도 보안처분이 과해지는 근거를 해명해주지 못하는 난점을 안고 있다. 신체적 · 정신적 결함 있는 자에 대한 치료처우도 왜 피처분자의 의사에 반하여 강제적으로 과해져야 하는지를 만족스럽게 설명할 수 없다.

보안처분은 오늘날 법익교량사상으로부터 정당성의 근거를 획득한다는 것이 우세한 입장이다.[17] 즉 한사람의 자유가 타인의 자유를 침해할 고도의 개연성이 있고, 타인의 자유보호가 전체적으로 보아 침해자의 자유박탈이나 제약에 비해 훨씬 중요한 의미

S.55도 같은 입장이다.

17_ Nowakowski, Zur Rechtsstaatlichkeit der vorbeugenden Massnahmen, FS-v. Weber, 1963, S.98ff.; 그 밖에도 Schmidhäuser, Maurach, Zipf, Schultz, Blei, Germann 등이 있다.

를 갖는 때에는 침해의 위험 야기자는 그것을 제약하는 보안처분을 감수하지 않으면 안 된다는 것이다.[18]

보호감호처분도 법익교량의 원칙에서 출발하여 비례성의 원칙의 한계 안에서 과해진다면 법치국가적으로 정당화될 수 있다. 다만 이 처분의 남용으로부터 개인의 자유를 보호하기 위해서는 제한적이고도 신중한 부과절차가 필요할 뿐만 아니라, 그로부터 벗어나기 위한 완화장치들도 갖추어져야 한다. 최초로 보안처분제도의 형사제재 제도화를 시도한 Stooss도 그 같은 남용의 위험을 최소화하기 위해 개개 보안처분의 시적(時的) 한계설정과 독립된 법관에 의한 부과절차를 염두에 두었다.[19] 그 밖에도 비례성의 원칙과 보안처분의 최후수단성(ultima-ratio-charakter)도 일반적인 제약원리로 명시할 필요가 있다.[20]

형법개정시안은 이와 같은 관점들을 염두에 두고서 보안처분의 종류에 이어 막바로 비례성의 원칙을 명시하였다(안 제82조).[21] 그리고 종전처럼 보호감호기간의 7년 제한(안 제85조 제2항)을 답습하는 외에[22] 보호감호의 집행유예제도(안 제86조)까지 두었다. 문제

18_ 이재상, 보안처분의 연구, 1978, 24면 이하; 이재상, 사회보호법론, 1981, 20면 이하; 심재우, 보안처분에 관한 고찰, 고대 법학논집 제22집, 1984, 156면 이하; 그 밖에도 김일수, 서보학, 배종대 등도 이 같은 입장에 서 있다.

19_ C. Stooss, Motive zu dem Vorentwurf eines Schweizerischen StGB, AT, 1893, S.35f.

20_ P. Albrecht, Die allgemeinen Voraussetzungen zur Anordnung freiheitsentziehender Massnahmen gegenüber erwachsenen Delinquenten, 1981, S.15.

21_ "보안처분은 과거의 범죄행위, 장래에 예상되는 범죄행위 및 그 위험성의 정도에 비례하지 않는 경우에 명하여져서는 안 된다."

22_ 물론 구 사회보호법도 동일한 시적 제한을 둔 바 있었으나, 독일 · 오스트리아가 장기 10년, 덴마크가 단기 4년, 장기 무제한, 벨기에가 장기 20년으

는 그 피처분자의 자유박탈이 사회의 안전을 위한 최후수단으로서 그리고 제한적이고도 엄밀한 법정조건에서 사려깊은 실무관행에 따라 수행될 수 있느냐 하는 점이다. 이 점을 또한 고려하여 개정시안 제1조는 형법전의 모두에 죄형법정원칙을 선언하되 그 적용대상은 죄의 법정주의뿐만 아니라 형벌법정주의와 보안처분법정주의까지 명시하였다.

2. 보호감호

앞서 언급한 바와 같이 개정시안은 누범가중과 상습범가중 규정을 삭제하는 대신 보호감호제도를 다시 도입하기로 하였다. 누범가중과 상습범가중 규정은 형사정책적 관점에서 볼 때, 위하적인 일반예방의 관점에서 볼 때 무용하다고 단정할 수 없고, 응보형의 관점에서 볼 때에도 가중된 비난과 무관하다고 단언하기 어려운 측면이 있다. 그러나 공동책임사상과 특별예방 우위의 관점을 견지하는 한, 누범가중과 상습범가중은 바리새적인 강벌적 위하조치로서 합리적인 제재조치라고 보기 어렵다. 오히려 누범성과 상습성을 재범위험의 징표로 간주하여 형벌 외에 특별예방적인 보호감호처분으로 대응하는 것이 합리적인 형사정책의 방도가 되리라는 생각이다.[23]

이 같은 맥락에서 개정시안은 종래 구 사회보호법에 있던 보호감호처분을 부활시켜 형법전에 도입하면서, 종래의 보호감호처

로 한 데 비하면 훨씬 자유보장이념에 가깝다.

23_ 이 같은 입장은 1930년 바이마르공화국 형법초안(라드브루흐 초안)의 기초가 되었고, 그 후 1933.11.24.「위험한 상습범과 보안처분에 관한 법률」로 입법화된 후, 1975년 개정독일형법전에 그대로 승계되었다.

분보다 그 요건을 더 명료하고 제한적으로 설시했다. 두말할 것도 없이 보안처분에도 위법행위의 존재가 필요하다. 여기에서 위법행위는 불법을 넘어서 유책한 행위단계까지 이르러야 할 필요는 없다. 하지만 구성요건에 해당하고 위법한 행위가 있어야만 보안처분 발동의 준거점으로서 행위자의 위험성에 대한 법적 징표가 외부적으로 나타나는 셈이다. 보안처분은 당해 피처분자의 위험성이 적어도 이 같은 위법행위의 존재에 의해 외부적으로 확실히 징표된 후에 비로소 부과될 수 있기 때문이다. 물론 형법상 위법행위조차 저지르지 않은 사람에 대하여도 국가적 예방조치가 필요한 경우가 없는 것은 아니지만, 그 경우는 형사법의 과제가 아니라 행정법상 또는 사회복지법상의 과제에 속할 뿐이다.

보안처분의 요건이 되는 준거행위(Anlasstat) 내지 징표행위(Symptomtat)는 객관적으로 보안처분에 의해 예방·개선하고자 하는 위험성을 표시하는 일정한 성질의 행위여야 하며, 또한 행위자에 대한 관계에서 그 위험성의 징표로 볼 수 있는 것이어야 한다. 예컨대 부녀추행의 습벽을 가진 이상행위자가 그런 나쁜 상태 및 성벽과 관계없는 재산범죄를 저질렀다는 이유로 수용처분에 과하여져서는 안 된다.[24]

구 사회보호법상 보호감호는 누범 또는 상습범으로서 재범의 위험성이 있다고 판단되는 피감호자(제5조, 제6조)를 보호감호시설에 수용하여 감호·교화하고, 사회복귀에 필요한 직업훈련과 노동(피처분자의 동의가 있는 경우)을 과하는 처분이다(제7조 제1항). 이 법 시행 초기부터, 1989년 7월 헌법재판소가 '재범의 위험있는 경우로 제한해야 한다'는 일부 위헌결정을 내림으로써 1987.12.4. 이

24_ 김일수/서보학, 형법총론 제11판, 809면.

법이 개정되기까지 '재범의 위험성'을 요건으로 하지 않은 이른바 필요적 보호감호가 있었으나, 헌법재판소의 일부 위헌결정으로 이것을 폐지한 것은 국가의 전단적 사회방위로부터 개인의 자유 확보를 위해 진작부터 그랬어야 할 일이었다. 보호감호기간은 특정되지 않아서 일종의 부정기 처분인 셈이지만 최대한 수용기간을 7년으로 한정했었다(제7조 제2항). 이 기간 안에 사회보호위원회가 그 집행 개시 매 1년마다 가출소 여부를, 가출소에 대해서는 매 6월마다 집행면제 여부를 심사·결정하도록 되어 있었다(제25조 제1항). 보호감호와 형이 병과된 경우에는 보호감호가 부정기 처분인 속성상 형을 먼저 집행하지만 자격정지는 보호감호와 같이 집행한다(제23조 제1항). 이른바 누적·중복 집행주의를 채택한 셈이다.

3. 치료감호

구 사회보호법상 치료감호는 정신장애자, 마약 및 알코올중독자로서 재범의 위험성이 있다고 판단되는 치료감호자(제8조)를 치료감호시설에 수용하여 이들에게 치료를 위한 조치를 행하는 보안처분이었다(제9조 제1항). 외국의 입법례를 보면 정신장애자에 대한 치료처분과는 별도로 마약·알코올중독자에 대한 금절처분(독일형법 제63조, 제65조 등; 1974.5. 법제심의회에서 채택된 일본 개정형법초안 제98조, 제101조 등)을 나누어 규정하고 있는 데 비해, 구 사회보호법상 치료감호는 이 양자를 통합했기 때문에 이 처분의 집행을 위한 수용시설도 동일한 곳이 될 수밖에 없었다.[25]

치료감호기간은 피치료감호자가 감호의 필요가 없을 정도로

25_ 이 같은 시스템은 구 사회보호법 폐지와 동시에 마련된 치료감호법(2005. 8.4. 법률 제7655호)에서도 그대로 유지되고 있다(제2조).

치유되어 사회보호위원회의 치료감호종료결정을 받거나 가종료결정을 받을 때까지로 하고 있어 일종의 절대적 부정기처분인 셈이다(제9조 제2항). 다만 사회보호위원회가 피치료감호자에 대하여 그 집행개시 후 매 6월 종료 또는 가종료 여부를, 가종료 또는 치료위탁된 피치료감호자에 대하여는 가종료 또는 치료위탁 후 매 6월 종료여부를 심사 · 결정하도록 되어 있었다(제25조 제2항). 또한 집행개시 후 2년이 지난 때에는 상당기간을 특정하여 친족에게 치료감호시설에서 치료하도록 위탁할 수 있었다(제28조). 피치료감호자와 그 법정대리인 및 친족은 치료감호의 필요가 없을 정도로 치유되었음을 이유로 사회보호위원회에 그 감호의 종료여부를 심사 · 결정해 줄 것을 신청할 수 있었다(제35조의2 제1항). 이 신청은 집행개시 후 적어도 6개월이 지난 때라야 하며, 만약 이 신청이 기각되면 그 후 다시 6개월이 지난 때 재신청할 수 있었다(제32조의2 제4항). 치료감호와 형이 병과된 경우에는 치료감호를 먼저 집행하고, 그 집행기간은 형기에 산입케 하였다(제26조 제2항). 이른바 대체집행주의를 채택한 셈이다.

이러한 제도의 틀은 현행 치료감호법에 대부분 그대로 반영되고 있다. 다만 치료감호대상자에 책임무능력자 · 제한책임능력자와 마약 · 향정신성의약품 · 대마 · 알코올 등 중독자 외에 소아성기호증, 성적 가학증 등 정신성적 장애자로서 성폭력범죄를 지은 자까지도 포함시킨 것이 특이하다(2008.6.13. 동법 전부개정). 물론 치료감호 청구는 검사가 하고(제4조), 그 부과는 법원의 판결로써 하도록 한 점(제12조) 및 집행지휘(제17조)와 집행순서 및 방법(제18조) 등은 종전 구 사회보호법과 같지만, 수용기간을 15년, 2년 등으로 명시한 점(제16조 제2항), 구분수용(제19조), 치료감호심의위원회에 의한 가종료 등의 심사(제22조), 치료위탁(제23조) 등은 명칭 내지 내용상 차이를 드러낸 점이다.

4. 보호관찰

구 사회보호법상 보호관찰은 가출소한 피보호감호자나 피치료감호자를 감호시설 밖에서 지도 · 감독하는 것을 내용으로 하는 보안처분이었다. 보호감호나 치료감호가 시설내처우인 점에 비추어 보호관찰은 사회내처우로서 현대의 교정행정에서 재사회화이념과 잘 어울리는 제도임에 틀림없다. 우리나라는 「보호관찰 등에 관한 법률」(1988.12.31. 법률 제4059호; 1996.12.12. 법률 제5178호 전면개정)에 의해 널리 형법에 의한 보호관찰조건부 선고유예 · 집행유예를 선고받은 자 또는 보호관찰을 조건으로 형의 집행에서 가석방 또는 가퇴원한 자, 그리고 소년법 제32조 제1항 제2호 · 제3호의 가처분을 받은 소년 또는 소년원을 가석방 · 가퇴원한 소년, 그 밖의 다른 법률에 의해 이 법률에 정한 보호관찰을 받도록 규정된 자를 보호관찰대상자로 삼고 있다(동법 제3조 제1항).

보호감호 또는 치료감호와 같은 자유박탈적 보안처분도 시설내처우 상태로부터 일정한 조건하에서 가출소 또는 감호종료 내지 친족위탁 등의 조치로 말미암아 사회로 복귀시킬 때, 사회안전을 위해 사회내처우를 계속 이어가야 할 필요가 있다. 이 같은 맥락에서 구 사회보호법은 ① 피보호감호자가 가출소한 때 또는 병과된 형의 집행 중 가석방된 후 가석방이 취소되거나 실효됨이 없이 잔형기를 경과한 때, ② 치료감호가 종료된 때 또는 치료감호자가 치료감호시설 외에서 치료를 위하여 친족에게 위탁된 때 보호관찰을 실시토록 규정했었다(제10조 제1항).

보호관찰기간은 3년이었다. 다만 친족에게 위탁된 자에 대하여는 계속 보호관찰이 필요하다고 인정되는 경우 사회보호위원회의 결정으로 보호관찰기간을 1차에 한하여 3년간 연장할 수 있었다(제10조 제3항). 이 단서조항은 1996.12.12. 사회보호법 개정으로 신설된 것이었다. 그러나 보호관찰기간 만료 전이라도 사회보호위원회의 보호감호집행면제 또는 치료감호의 종결결정이 있거나, 피보호관찰자가 다시 감호의 집행을 받게 되어 시설에 재수용되거나 금고 이상의 형의 집행을 받게 된 때에는 보호관찰이 종료되도록 하였다(제10조 제4항).

구 사회보호법의 폐지 후 이를 어느 정도 대체할 치료감호법이 시행되면서 치료감호시설 밖에서 사회내처우를 위해 보호관찰제도가 이어질 수 있도록 함으로써 이 제도가 그 명맥을 유지할 수 있었다. 즉 ① 피치료감호자에 대한 치료감호가 가종료되었을 때, ② 피치료감호자가 치료감호시설 외에서 치료받도록 법정대리인 등에게 위탁되었을 때, 3년 이내의 기간으로 보호관찰이 시행된다(동법 제32조 제1항, 제2항).

Ⅲ. 구 사회보호법상 보안처분의 문제점

1. 보호감호처분의 문제점

(1) 이중처벌의 문제

보호감호처분에 대한 문제점 중 가장 오랫동안 논란이 되었던 문제점이 이중처벌성이다.[26] 형사제재를 형벌과 보안처분 2원체

26_ 이하의 글은 김일수, 「사회보호법의 문제점과 개선방향」, 형사정책연구 제14권 제3호(2003), 11-21면을 약간 수정한 것이다.

계로 운용하는 것은 상습범가중처벌에 인박힌 형사사법에서 위험한 상습범에 대해서도 일단 형벌완화의 물꼬를 틀 수 있다는 점, 그리하여 형사제재 전반을 형사정책적인 관점에서 보다 합리적으로 재구성할 수 있다는 점에서 진일보한 제도라고 할 수 있다.[27] 의사책임의 관점에서 상습범에 대한 가중책임의 근거를 찾기는 그리 쉽지 않다. 이 같은 곤궁에서 벗어나기 위해 일찍이 Mezger가 생활영위책임(Lebensführungsschuld), Bockelmann이 생활결정책임(Lebensentscheidungsschuld), Engisch가 성격책임(Charakterschuld)을 언급했지만, 곤궁을 제거하는 데 성공했다고 보기 어렵다. 형사정책적인 관점에서 상습범에 대한 형사사법 대응으로 가중된 형벌이 효과적인지는 의문이 아닐 수 없다. 가장 최선의 해결책은 못된다 하더라도 차선의 해결책으로 보안처분을 끌어들임으로써 상습범에 대한 형벌근거책임이 갖는 이 같은 난점을 피해갈 수 있는 길이 열린 셈이다.

하지만 이원주의가 갖는 내재적인 모순은 이로써 끝난 것이 아니다. 왜냐하면 형벌과 보호감호처분이 함께 선고된 행위자는 동일한 판결에서 동시적으로 일면 의사자유가 있어 그 죗값을 치러야 할 사람으로, 타면 의사자유가 없어 보호감호시설에 수용돼야 할 사람으로 다루어져야 하기 때문이다. 한쪽으로는 행위자를 비결정론적 관점에서 의사자유를 지닌 주체로 바라보면서 동시에 다른 한쪽으로는 행위자를 결정론적 관점에서 의사자유를 잃어버린 주체로 바라보는 것은 이론적으로 양자의 대립각만큼 모순의 틈이 깊어 보인다.[28]

27_ Maurach, Die kriminalpolitischen Aufgaben der Strafrechtsreform, 1960, S.16.

28_ U. Eisenberg, Strafe und freiheitsentziehende Massnahme, 1967, S.7f.

이 같은 모순은 법제도와 실무관행에서 형벌에 뒤이어 보안처분을 누적적·연속적으로 집행함으로써 모순 없는 것처럼 위장되고 있다. 하지만 그것은 일시적인 착시효과를 낼 수 있으나 근본적인 해결책이 될 수는 없다. 바로 일순간의 착시효과에서 깨어난 사람마다 보호감호처분은 명칭만 형벌과 다를 뿐, 실질적으로 이중처벌이라는 인식에 도달하게 된다.

이중처벌이라는 인식은 우선 사회보호법 제1조의 목적과 행형법 제1조의 목적을 비교해 보면 그 대동소이함에서 비롯되기 십상이다. 또한 형벌 집행 후 교도소에서 감호소로 옮기어진 피감호자는 교도소와 너무도 유사한 수용시설과 수용규칙에 놀라면서 스스로 제2의 순수한 형벌을 다시 받는다는 의식에 사로잡히게 된다.[29] 그 결과 감호소에서 시작되는 보호감호 처분은 위에서 본 사회보호법상의 아름다운 목적에도 불구하고 초장부터 피감호자들의 재생과 거듭남의 의지를 꺾어, 기대되는 처분성과나 소기의 집행목적에 도달할 수 없게 만든다.

(2) 부정기화의 문제

보호감호처분은 최장기간이 7년이지만 그 한도 안에서 언제 출소할 수 있을는지를 가늠하기 어렵다는 점에서 부정기처분에 속한다. 수용기간의 부정기화는 피처분자에게 또 다른 정신적 고통을 가할 뿐만 아니라 인격을 황폐화시키는 악영향을 가져오기 십상이다. 이러한 나쁜 영향력은 특히 재사회화에 필요불가결한 전제인 자발적인 재사회화노력과 협동노력을 고사시킬 수 있다. 더

29_ 독일에서도 보호감호처분은 동일한 행형시설물 내의 특별하게 구획된 공간에서, 자유시간만 수형자보다 약간 더 넓은 자유를 맛볼 수 있다는 점을 제외하고는, 형벌과 실질적인 차이가 없다.

나아가 부정기처분은 피처분자들로 하여금 적대감을 갖게 하여 더욱 고치기 힘든 사고뭉치로 전락시킬 위험을 내포한다. 이것은 결과적으로 이미 집행된 형벌의 개선효과까지 무효화시킬 수 있다. 형벌효과까지도 변질시킬 수 있는 이 같은 부정기화는 피처분자에게 감내하기 어려운 가혹한 부담으로 인식되기 십상이다.[30]

(3) 재범위험과 가출소조건 판단의 어려움

보호감호처분의 선택적 부과조건으로 재범의 위험성이 있어야 한다. 이 위험성은 미래적인 사항이기 때문에 실무적으로 예측에 의해 확정될 수밖에 없다. 여기에는 직관적 예측, 통계적 예측, 인상적 예측, 통합적 예측방법 등이 있다.[31] 통계적 예측과 인상적 예측방법을 활용하려면 과학적으로 이를 수행할 수 있는 인력과 장비 같은 자원인프라가 구축되어야 하지만, 우리나라의 사법실무에서 검찰이나 법관의 판단오류를 예방하고 그 판단능력을 보완해 줄 전문적인 연구인력 인프라가 구비되어 있지 못한 실정이다. 결국 판단자들의 직관적인 예측능력에 의존할 수밖에 없다. 천차만별, 백인백태의 직관적 예측능력에 의존하다보면 예측판단은 결국 원님식 재판처럼 자의적인 판단에 흐르기 십상이다. 이처럼 충분한 인프라도 구축하기 전에 보호감호처분제도를 서둘러 도입한 우리나라의 형사사법실무에서 나타난 통계자료를 접하면 이 제도를 활용하고 있는 유럽 여러 나라에 비해 우리나라가 너무 손쉽게 보

30_ 필자는 8년 전 청송 제2보호감호소에 수용되어 있던 이○○씨(41세, 징역 10년에 보호감호 3년 8개월째)와 조○○씨의 진정서를 받은 적이 있었다. 거기에도 "보호감호는 보호감호 이전의 교정을 부정하고 있다"는 주장이 나온다.

31_ 배종대, 「보안처분과 비례성원칙」, 법치국가와 형법, 1998, 66면 이하.

호감호처분을 남발하고 있지 않은가 하는 의구심을 갖게 할 정도이다.[32]

더 나아가 합리적인 형사정책을 일관되게 수행하지 못하고 있는 우리나라의 형사사법에서는 누범 · 상습범이 발생하는 것이 아니라 불합리한 사법운영으로 인해 양산되는 경향이 있다. 노태우 정권시절에 있었던 범죄와의 전쟁이나, 춘 · 추계 도범 강조기간 같은 캠페인성 사법작용이 열풍처럼 휩쓸고 지나가면 전과자는 양산되고 만다. 좀도둑으로 소년원을 드나들기 시작한 소년은 성년이 되기도 전에 같은 좀도둑의 누적으로 상습범으로 제조되는 예가 허다하다. 이러한 형사사법 풍토하에서 보호감호처분의 조건인 2회 이상의 누범자나 상습범(제5조, 제6조)의 요건을 충족시키는 것은 어려운 일이 아니었다.[33]

사회보호법에는 가출소의 전제조건에 관한 근거규정이 미비하여(제25조 1항), 사회보호위원회가 집행개시 후 1년간의 수용성적을 바탕으로 재범의 위험성이 약화되었는지, 다시 재범할 위험은 없는지를 심사 · 결정할 수밖에 없다. 이것 또한 예측 가능한 합리적인 기준의 잣대가 없어 판단자들의 자의가 개재될 소지가 컸다. 대개 위원회는 확실한 판단의 기준 없이 재량으로 보호감호의 목적이 성취되었다고 판단되므로 가출소한다는 결정을 내리게 된

32_ 검찰의 보호감호청구인원은 1981년 2,076명, 1982년 1,723명, 1984년 1,137명, 1985년 883명, 1990년 729명, 1998년 490명, 1999년 620명, 2000년 578명, 2001년 582명, 2002년 655명에 이른다(법무부 보호국 보호과 제공자료). 이미 사양산업에 접어들었다고 일컫는 독일의 보호감호청구인원에 비하면 월등하게 높은 수준이다.

33_ 수용된 피보호감호자의 죄명 중 압도적 다수를 차지하는 것이 절도이다. 2002년 현재 총 1,675명의 피보호감호수용자 중 강도 255명, 절도 1,243명, 폭력 99명, 사기 50명, 기타 28명으로 절도가 무려 74.2%를 점한다(법무부 보호국 보호과 제공자료).

다. 이런 사정 때문에 가출소의 기대가 무산된 수용자들은 수용시설의 관리들이나 법무부관료, 사회보호위원들에 대한 불신으로 가득 차게 되고, 자신을 버려진 2등인간이나 사회적 이단자로 단정한 나머지, 스스로 개과천선하려는 의지의 날개를 접고 만다.

이 같은 상황하에서 보호감호처분의 목적이 남아 있다면 개선목적은 사실상 제로에 가깝고 순수한 보안목적만 남는다. 실제 피보호감호처분자들은 대부분 비사회적 일탈자군(群)이지 본래 공격적이고 난폭한 살상범죄자나 폭력범 또는 직업적 범죄자군이 아니다. 만약 우리나라도 좀도둑 사례를 경영사법(Betriebjustiz)에 일임하거나 오스트리아 형법처럼 피해원상회복을 조건으로 공소권을 제한하거나 사회봉사명령과 같은 자유형의 대안형을 널리 활용하게 된다면, 보호감호처분의 필요성과 비율은 현저히 낮아질 수 있을 것이다.

(4) 그 밖의 문제점

중요한 논점 중 하나는 상습범의 상습성은 본래 정신의학적 · 심리학적 치료의 대상이지 형벌의 가중처벌이나 보안처분의 대상인가 하는 점이다. 처벌보다는 치료가 형법의 보충성 · 최후수단성의 이념에 더 적합한 수단이 되리라는 점은 두말할 필요조차 없다. 이 점에서 사회치료교정원과 같은 보다 인간존중적인 보안처분제도의 도입이 필요하다.[34]

더 나아가 형의 선집행 후 보호감호처분의 후속집행에 들어갈 때, 판결시 함께 선고된 보호감호처분의 필요성이 여전히 남아 있는지를 검증하는 중간심사제가 구 사회보호법에는 없었다. 그 밖

34_ 이에 관하여는 Wiertz, Strafen-Bessern-Heilen?, 1982, S.103, 122, 139.

에도 누적집행방식을 대체집행방식으로 바꾸고, 그 집행방법도 형벌과 보안처분에서 차별화가 드러나게 각각 독자성을 부여하는 문제도 개선되어야 할 과제이다. 처분을 전후하여 행해질 심사·결정의 주체도 심사위원회와 같은 행정기구로 할 것인가, 법관의 사법적 판단을 거치게 해야 할 것인가도 심도 있게 논의해야 할 문제로 보인다. 끝으로 가출소준비를 위한 사회복귀 프로그램의 활성화방안이 미비하다는 점이다. 이를 위해서는 맨투맨의 집중관찰과 집중준비가 반드시 행하여져야 한다.[35]

2. 치료감호처분의 문제점

구 사회보호법상 치료감호처분에서 심각하게 문제되었던 점은 첫째, 절대적 부정기처분이라는 점이다. 언제 끝날지도 모르는 치료기간을 수용기간으로 예정해 놓은 상태에서는 피치료감호처분자가 자신의 확고한 의지로 치유노력을 스스로 경주하기 더욱 어려워진다. 모든 치료의 승패는 치료자와 환자(수용자)의 개인적인 신뢰관계에 달려 있다고 해도 지나친 말은 아닐 것이다. 수용자에게 동기부여를 하기 힘든 절대적 부정기처분 하에서 수용시설의 치료 종사자들과 수용자 사이의 교육·개선적인 대화나 정신적인 접촉은 그만큼 더 어려워질 수밖에 없을 것이다. 이 같은 소원한 인간관계가 장기화할수록 수용자들은 자신의 처지를 스스로 치유하여 개선상태로 나아가기보다는 자신을 운명에 내맡긴 채 자포자기상태에 빠질 확률이 높아진다.[36]

35_ Jescheck, Lehrbuch AT, §9 II 2.

36_ U. Eisenberg, Strafe und freiheitsentziehende Massnahme, a.a.O., S.32.

둘째, 치료감호처분과 수용시설의 미분화 문제이다. 구 사회보호법은 치료감호의 대상자로 정신장애자군(제8조 1항 1호)과 마약습벽 · 중독자군(제8조 1항 2호 전단)과 알코올습벽 · 중독자군(제8조 1항 2호 후단) 세 부류를 포함하고 있다. 여기에서 정신장애자군에 대한 치료감호처분은 외국 입법례에서도 흔히 있는 일이지만, 마약 · 알코올중독자에 대해서는 이와 구별되는 금절시설에 수용하는 교정처분이 행해지고 있다.[37] 이러한 제도 자체의 세분은 치료 · 교정과정의 전문성을 낳고, 그 교정 · 개선효과를 높일 수 있다. 이 점에서 사회보호법상 보안처분은 더욱 세분화 · 전문화되어야 할 필요가 있겠다.

더욱이 인격장애 있는 누범자나 성적 충동을 이기지 못하는 범죄성 정신병질자군에 대해서는 사회치료교정처분이 필요하고 그 피처분자들을 치료 · 개선하기 위한 사회치료교정원 같은 시설기구가 필요한데, 구 사회보호법에는 아직 이 제도가 없었고, 따라서 이를 전담할 전문인력도 준비되어 있지 못한 실정이었다. 이런 사정하에서 이들 정신병질자범죄군은 불행하게도 누범자군으로 간주되어, 보호감호처분의 멍에를 지고 갈 수밖에 없었다.

현행 치료감호법은 소아성 기호증, 성적 가학증 등 성적 성벽이 있는 정신성적 장애자를 치료감호의 대상으로 삼고 있는 점에서 진일보한 것이지만, 이들을 치료할 사회치료교정시설과 같은 전문시설에 관하여는 아무런 규정을 두지 않고 단지 구분수용(제19조)에 관해서만 언급하고 있을 뿐이다.

37_ 독일형법 제63조, 64조, 오스트리아형법 제22조, 스위스형법 제43조, 44조, 덴마크형법 제62조, 65조 등.

3. 보호관찰처분의 문제점

감호소를 출소하는 자는 모두 가출소자로서 보호관찰처분에 연계된다. 가출소나 위탁개시가 보호관찰처분의 개시를 의미한다(제10조 1항). 3년간의 보호관찰기간 중(제10조 3항) 이들 출소자들은 매월 1회 보호관찰소에 출석신고를 하게 되어 있었다. 장기수용 후 준비 없이 사회로 던져진 이들이 하루 하루 생계유지와 사회적응에도 힘든데 특정일 보호관찰소로 출석하게 하는 일은 이들에게 또 하나의 형벌 못지않은 중압감으로 다가간다. 뿐만 아니라 보호관찰관의 전화접촉이나 지시가 주위사람들에게는 이들을 전과자군으로 인식시키는 결과를 낳고, 따라서 소외감과 속박감은 사회 속에서도 이들의 가슴을 항시 짓누른다.

결과적으로 보호관찰은 가출소자들에게 3중의 처벌로서의 의미를 지닌다.[38] 차라리 안에 있는 것이 더 낳았으리라는 체념과 반항심이 끓어오르면 그들은 영락없이 재범의 나락으로 빠져들고 만다. 가출소자 중 3년 이내에 재범에 이른 사람은 1989년 41.4%, 1990년 45.7%에서 1991년 37.5%, 1992년 32.8%, 1995년 26.7%로 감소추세를 보이다가 1996년 37.4%, 1997년 41.5%, 1998년 46.1.%, 1999년 47.9%로 다시 상승세를 타고 있다. 이것은 우리나라 보안처분제도가 아직 실질적인 의미에서 범죄예방과 사회방위 역할을 제대로 해내지 못하고 있다는 증거일 수 있다.[39]

38_ 8년 전 필자에게 보낸 청송 제2보호감호소 수용자 조○○의 사회보호법 폐지를 호소하는 진정서에서도 '보호관찰은 3중 형벌'이라는 언급이 있었다.

39_ 1984년 25명의 가출소가 시작된 이래 1999년 가출소 인원 457명에 이르기까지 전체 가출소 인원 9,385명 중 3년 이내에 재범인 인원은 3,482명에 달해 평균 37.1%의 높은 재범률을 보여주고 있다(2003년 6월 19일자 법무

Ⅳ. 보호감호처분을 둘러싼 형법정책과 그 개선방향

현재 중요한 쟁점은 5년 전 폐지되었던 보호감호처분의 재도입 여부에 쏠려 있다. 폐지론을 염두에 둔 사람들은 보호감호처분이 제5공화국 출범 과정에서 야기된 삼청교육대 수용자들을 처리하는 수단으로 급조되었다는 점을 주목한다. 마치 독일의 보호감호처분이 한 세대를 넘는 학파논쟁의 와중에서도 설자리를 잡지 못하고 유동하다가 나치집권 직후 전격적으로 입법화된 점을 떠올리면서, 보호감호처분과 같이 뜨거운 논쟁거리는 권위주의시대 위로부터의 밀어붙이기식이 아니고는 함부로 법제화되기 어려운 권위주의적인 제도라고 단정한다. 그리고 민주화시대에 인권과 자유라는 근본으로부터 새로운 논의를 거쳐 폐지된 보호감호제도는 인간다운 형사제재제도, 인간존중적인 형사사법문화를 위해 다시 되돌아보지 않는 것이 옳다는 주장에 이른다.

하지만 사회구조의 급격한 변화와 해체, 산업화 · 도시화의 결과로 범죄의 질과 양이 달라진 우리사회의 오늘 여기에서 빈발하는 누범 · 상습범의 격증 앞에 책임형법적으로 가중된 형벌제도만으로 효과적인 대처가 될 수 있다고 과신하는 것은 비현실적인 환상일 것이다. 직업적인 누범 · 상습범의 사회적 위험원에 대한 사회안전망 구축의 일환으로, 그리고 '형사정책의 최후 긴급조치'[40]라는 최후의 보루로 보호감호처분의 존치는 여전히 유효해 보인다.

형법정책적으로 보호감호처분의 재도입이 진지하게 고려될

부 보호국 보호과 제공자료).

40_ 이것은 독일형법개정안에 대한 독일 정부의 입장표명 속에 들어 있는 말이다(BT- Drucksache V/4094 S.19).

시기라면 중요한 과제는 그 개선방향에 있다.

첫째, 보호감호처분은 재범의 위험성이 있는 범인을 격리시켜 사회를 보호하는 것을 본질적 특성으로 하는 만큼, 이것을 교화교정처분으로 얼버무리지 말고, 순수한 안전처분 · 보안처분으로 순화시켜서 사회적 위험성이 현저하거나 높은 대상범죄자군에 대해서만 적용할 필요가 있다. 그 범위도 명백한 한계를 설정하여 축소시킬 필요가 있다. 여기에서 더 나아가 실제 운용상에 있어서도 최후의 긴급조치로서만 신중하게 발동하게 된다면 2중처벌이라는 일반인의 오해를 불식시킬 수 있을 것이다.

문제는 피보호감호처분자들이 갖는 이중처벌감을 어떻게 불식시킬 수 있겠느냐 하는 점이다. 안전처분 안에서 의식주 · 여가선용 · 시설활용 · 규율 · 일과 · 직업훈련 · 작업 · 근로임금 등에 교도소와 비교하여 월등히 개선된 처우가 주어질 때 형벌과 보호감호처분의 차별화를 체감할 수 있을 것이다. 이에서 더 나아가 피보호감호처분자들이 자기 죗값 때문에 수용을 강요받고 있는 것이 아니라 자신의 장래 위험성 때문에 그리고 타인과 사회를 위하여 자유박탈을 감수하는 자기희생의 짐을 지고 있는 점을 감안하여 그들이 인간으로서의 품위를 지닌 채 인격적인 처우를 받도록 국가가 세심한 배려를 더해야 한다. 국방 의무를 다하기 위해 병영생활을 하는 군인들을 우리가 편견을 가지고 대하지 않듯, 안전의무를 다하기 위해 수용생활을 하는 피감자들을 역시 편견 없이 대할 수 있는 제도와 의식변화가 반드시 뒤따라야 한다.

둘째, 부정기처분을 출소가능시기를 가늠할 수 있는 단계적 처분형식으로 바꿀 필요가 있다. 가출소의 기준을 입법적으로 명백히 해 두어야 하고, 비례성의 원칙이 적용될 수 있는 구체적인 준거점도 명문으로 설시해 두는 것이 좋다. 실제 운용상으로는 가출소준비를 위한 대인집중배례제도를 도입하여 사회복귀능력을 향상시켜야 하고, 가출소의 길도 지금보다 훨씬 넓힐 필요가 있다. 신체구속의 장기화는 인격의 성숙에 유해할 뿐만 아니라, 개과천선은 절망에서 나오지 않고 희망과 신뢰에서 생겨나기 때문이다.[41]

셋째, 보호감호처분의 경우 형벌의 선집행은 부득이해 보인다. 하지만 형의 선고시 선고된 보호감호처분을 연속 집행할 필요가 있는지는 그간의 행형효과를 고려해서 (행형이 악을 행하는 과정이 아니라 선을 조장하는 과정이라면) 반드시 법원에 의한 중간심사제도를 거치도록 해야 할 필요가 있다. 이른바 중간심사제도의 도입은 시급하다. 오스트리아형법 제24조 2항은 보호감호처분을 형벌과 누적적으로 집행하되(동법 제23조), 수용시설에 넘기기 전, 법원이 직권으로 다시 보안처분필요성을 검토하도록 하고 있다.

만약 보호감호처분에 이와 같은 중간심사제도가 없다면 누적집행방식(Kumulieren)이 아니라 대체집행방식(Vikariieren)을 고려해야 할 것이다. 구 스위스형법 제42조 5항은 상습범에 대한 보호감호처분에 필요적인 대체집행방식을 적용하고 있다. 형사제재에서 응보관념을 배제하고 일반예방에 대한 특별예방 우위를 고려할 때, 대체집행방식은 사회일반인의 법익보호와 피처분자의 사회복귀를 돕는 형사제재제도에 가장 적합한 수단으로 보인다. 다만 대체주의가 보안처분의 집행이 형기에 산입되고 남은 나머지 부분에 대하여 형벌의 집행을 고집하거나 형벌이 집행되고 난 뒤에도 남은 보호감호처분의 집행을 굳이 고집한다면 그것은 응보관념의 잔

41_ 보호감호처분 기간을 7년 범위 내에서도 단기자유형인 경우 그 이내로, 중·장기자유형인 경우 그 1/2 이내로 축소하여 부과하도록 하는 방안도 고려해 봄직하다.

재일 뿐 재사회화를 위한 형사정책에 걸맞지 않다. 대체집행방식을 채택하는 한 원칙적인 일몰제도 함께 고려해야 하는 이유가 여기에 있다.

넷째, 보호감호처분을 행형법(형의 집행 및 수용자의 처우에 관한 법률)의 광범위한 준용하에 두는 것은 좋지 않다. 안전처분으로서의 특성을 살리려면 형벌집행과는 다른 독자적인 집행방법과 그 근거법률을 강구해야 할 필요가 있다. 원칙적으로 강화된 안전조치 아래서 용서와 사랑, 포용과 신뢰를 바탕으로 한 집행법상의 새로운 착상들, 즉 개선에 중점을 둔 이른바 non-intervention이나 diversion방법을 널리 적용해 보았으면 좋겠다.

다섯째, 위와 같이 개선에 중점을 둔 보안처분의 집행방법을 전제할 때, 보안처분의 명칭을 개선보안처분으로 바꾸고,[42] 보호감호처분도 개선감호처분으로 바꾸는 것이 좋다. 그렇게 되면 이른바 개선보안처분의 장에 개선감호처분, 치료감호처분, 보호관찰이 들어가게 되는 셈이다.

Liszt가 일찍이 개선불가능한 상태범에 대한 제재는 교육형으로서의 의미를 잃어버리고 순전히 사회방위를 위한 보안형(Sicherungsstrafe)을 통한 형벌노예화 내지 무해화(incapacity) 조치 외에 다른 방도가 없다고 말했을 때,[43] 급증했던 상습성과 누범성을 띤 육욕범들에 대한 당대의 비관론이 그 바탕에 깔려 있었던 게 사실이다. 이 비관론이 또한 보호감호처분의 기조로 이어져 온 것도 사실

42_ 독일의 형사법개정에서도 종래 보안 및 개선처분이라는 용어가 지금은 개선 및 보안처분이란 용어로 그 우선순위가 바뀐 점은 우리에게 시사하는 바가 크다. 최근 법무무 형사법개정특위 전체회의에서 심희기 교수도 이와 같은 취지의 견해를 피력한 바 있다.

43_ v. Liszt, 형법에 있어서의 목적사상(심재우 역), 고려대 법률행정논집 제15집(1977), 175면 이하.

이다.

개선불가능한 범인상을 전제하면서 그들에 대한 개선처우를 논하는 것은 모순임에 틀림없다. 하지만 세대를 뛰어넘으면서 형법사상과 형벌이념의 발전은 이러한 모순을 해결했다. 결정주의의 잔재인 개선불가능성이라는 신화는 역사의 뒤안길로 사라지고, 대신 인간의 변화가능성과 개선가능성을 전제한 교정처우 및 개선처우가 오늘날 행형의 지배적인 관행으로 정착했기 때문이다. 이제 불가피한 자유박탈이라는 안전조치하에서 보호감호처분의 내용도 형벌보다 더 실제적으로 개선과 재사회화에 중점을 둔 개선처분으로 채워져야 할 것이다.[44]

Ⅴ. 형법개정시안의 윤곽

1. 일반론

이미 언급한 바와 같이 형법개정시안은 보안처분제도를 형법전에 편입하기로 하고, 2003년 8월 구 사회보호법 폐지와 더불어 폐기된 보호감호처분을 되살리고, 현행 치료감호법에 규정된 치료

44_ "자연은 자연에 반하는 행위를 한 자를 침실에 던져 버리지만, 국가는 그런 자를 감방에 던져 넣는다"는 표어 아래 무해화조치를 인위적 도태의 작용으로서 사회로부터의 배제 또는 사회내에서의 격리수용(앞의 글 173면)이라고 말했던 v. Liszt도 이 경우 사회복귀에로의 희망이 완전히 배제될 필요는 없다는 점을 첨언한다(앞의 글 180면). 오늘날 형사제재에서 무해화조치 같은 물리적-직접적 강제는 자취를 감추고, 대신 심리적-간접적 강제로서 동기화작용이 전면에 부상했다. 이런 의미에서 심리강제설을 주창한 v. Feuerbach는 단지 소극적 일반예방론의 주창자가 아니라 이미 적극적 일반예방론의 향도자이기도 한 셈이다.

감호와 보호관찰을 손질하여 형법전으로 편입시키기로 했다. 구 사회보호법에 규정되었던 보안처분의 세 종류를 형벌 이외의 형사제재의 축으로 삼아 이른바 이원주의 형사제재제도를 구축한 셈이다. 이 같은 틀은 1992년 법무부 형법개정안을 그대로 답습한 것이다.

다만 보안처분에 대해서도 죄형법정원칙이 적용되도록 한 점(안 제1조), 보안처분을 비례성의 원칙을 통해 제한하고자 한 점(안 제82조) 등은 진일보한 성과로 보인다. 그 밖에도 보호감호의 집행유예제도의 도입(안 제86조-89조), 치료감호기간을 ① 정신장애자군, ② 마약 · 주류 중독자군, ③ 정신성적 장애자군으로 구별하여 ①과 ③은 15년, ②는 2년을 한도로 한 것(안 제91조) 등은 새로운 조치들이다.

2. 보호감호

개정시안은 누범과 상습범에 대한 형벌가중규정을 폐기하고, 일정 범죄의 누범성, 상습성이 인정되는 자들로서 재범의 위험이 있다고 인정되는 자들에게 보호감호를 부과한다(안 제83조).

첫째, 보호감호대상범죄를 살인, 상해, 방화, 유괴범죄, 강도, 강간 등 주로 강력범죄에 한정한다. 그리고 인권침해의 소지를 최소화하기 위해 구 사회보호법상 '2회 이상 금고 이상의 실형을 받고 형기 합계 3년 이상'이던 요건을 더 강화하여 열거한 각 죄로 '3회 이상 징역 1년 이상의 실형을 선고받고 형기 합계 5년 이상인 자가 최종형의 전부 또는 일부의 집행을 받거나 면제를 받은 후 5년 이내에 다시 열거된 각목의 죄를 고의로 범하여 1년 이상의 징역을 선고받을 때'로 한정한다(안 제83조 제1호). 이 요건은 강력범죄의 누범자들에게 초점을 맞춘 규정이다. 강력범죄의 범위를 축소한 대신, 구 사회보호법상 '동종 또는 유사한 죄'라는 요건을 따르지 않고, 누범성의 연계범위를 넓힌 것은 사회안전을 위한 대책을 강화하기 위한 조치로 보인다.

둘째, 제1호 각목에 규정된 죄로 징역 1년 이상의 실형을 선고받은 자가 최종형의 전부 또는 일부의 집행을 받거나 면제를 받은 후 5년 이내에 실형을 받은 죄와 동종 또는 유사한 범죄를 2회 이상 범하여 상습성이 인정될 때에도 보호감호처분이 부과된다(안 제83조 제2호). 구 사회보호법은 '별표에 규정된 죄를 수회 범하여 상습성이 인정될 때'(제5조 제2호)라고 하였던 데 비하여, 시안은 상습성 인정요건을 엄격히 강화했다.

셋째, 보호감호의 선고를 받은 자가 그 감호의 전부 또는 일부의 집행을 받거나 면제를 받은 후 5년 이내에 보호감호를 받은 죄와 동종 또는 유사한 범죄를 범하여 상습성이 인정된 때에도 보호감호처분이 부과된다(안 제83조 제3호). 구 사회보호법은 기간의 제한을 두지 않았는데(제5조 제3호), 시안은 '5년 이내'의 기간을 설정함으로써 그 요건을 강화했다.

보호감호기간을 7년 이내로 한 것은 구 사회보호법이나 1992년 법무부 형법개정안이나 현재의 개정시안(안 제85조 제2항)이 동일하다. 독일의 보호감호제도는 ① 판결선고시 위험성을 확신할 수 없을 경우 보호감호명령 유보, ② 보안감호를 선고했더라도 형집행 후 보안감호 집행유예, ③ 판결선고시 보안감호명령을 하지 않았더라도 형집행종료시점에서 사후적 보안감호명령 부과 등의 제도를 내용으로 하고 있으나(§§66a, 66b StGB), 시안은 보호감호의 집행유예를 위한 중간심사제도를 새로 도입했다. 즉 보호감호가 선고된 경우 징역형의 집행을 종료하기 6개월 전에 뉘우치는 빛,

교정성적 등을 고려하여 보호감호의 집행을 필요로 할 정도의 위험성 여부에 대해 필요적으로 심사하게 하였다(안 제86조 제1항). 만약 보호감호의 필요성이 없는 경우에는 판결로 2년 이상 7년 이하의 기간동안 보호감호의 집행을 유예할 수 있다. 다만 보호감호를 선고받아 그 감호의 전부 또는 일부의 집행을 받거나 면제 또는 유예를 받았던 경우에는 제외한다(안 제86조 제2항).

이와 관련하여 보호감호집행유예의 취소(안 제87조), 보호감호집행유예의 실효(안 제88조), 보호감호집행유예기간 경과의 효과(안 제89조) 규정도 새로 마련하였다.

3. 치료감호

현행 치료감호법에 치료감호제도가 그대로 존치되어 있으므로 이것을 형법전으로 이동시키는 문제에 지나지 않는다. 다만 종래 구 사회보호법상의 치료감호의 요건에는 없었으나 치료감호법 전면 개정법률(2008.6.13)에 소아성 기호증, 성적 가학증 등 성적 성벽이 있는 정신 성적 장애자에 대한 치료감호처분이 추가되었으므로, 형법개정시안도 현행 치료감호법상의 치료감호요건을 그대로 수용하였다(안 제90조).

종전 구 사회보호법상 "치료감호시설의 수용은 피치료감호자가 감호의 필요가 없을 정도로 치유되어 사회보호위원회의 치료감호의 종료결정을 받거나 가종료결정을 받을 때까지로 한다"고 규정하여(제9조) 치료감호기간을 부정기화한 후, 사회보호위원회가 집행개시 후 매 6월마다 종료 또는 가종료 여부를, 가종료 또는 치료위탁의 경우에는 매 6월마다 치료감호의 종료 여부를 심사 · 결정하도록 했다(제25조). 그러나 치료감호기간의 부정기화는 인권침해의 소지가 높으므로 2008.6.13.자 개정 치료감호법은 15년, 2년의 제한을 두었다(제16조 제2항). 개정시안은 이 기간제한도 그대로 수용하였다(안 제91조 제2항).

치료위탁제도와 관련하여 종래 치료감호부과대상자 중 마약 등 중독자는 그 대상에서 제외했으나, 시안은 구별없이 모든 치료감호 집행 중에 있는 자에 대해, ① 치료감호만을 선고받은 경우에는 그 집행이 시작된 후 1년이 지난 후, ② 치료감호와 형이 병과된 경우에는 형기에 상당하는 치료감호를 집행받은 때, 행정처분으로 의료기관이나 친족 기타의 자에게 치료를 위탁할 수 있게 했다(안 제92조).

4. 보호관찰

구 사회보호법상 보호관찰은 ① 피보호감호자가 가출소한 때 또는 병과된 형의 집행 중 가석방된 후 그 가석방이 취소되거나 실효됨이 없이 잔형기를 경과한 때, ② 치료감호가 가종료된 때 또는 피치료감호자가 치료감호시설 외에서의 치료를 위하여 친족에게 위탁된 때 개시하게 되어 있었다(제10조 제1항). 보호관찰기간은 3년이고, 다만 친족에게 위탁된 자에 대하여는 계속 보호관찰이 필요하다고 인정될 경우 사회보호위원회의 결정으로 보호관찰기간을 1차에 한하여 3년간 연장할 수 있게 했었다(제10조 제3항).

형법개정시안은 보호관찰의 개시를 두 종류로 나누어 법률의 정한 바에 따른 당연개시와 법원의 선고에 의한 개시를 규정하고 있다. 당연개시의 경우는 ① 보호감호의 집행 중에 있는 자가 가출소한 때, ② 가출소 또는 가종료됨이 없이 보호감호 또는 치료감호의 집행이 만료된 때, ③ 보호감호의 집행을 유예할 때, ④ 치료감호의 집행 중에 있는 자가 가종료되거나 치료위탁된 때이다(안 제96조 제1항). 법원의 선고에 의한 보호관찰개시는 보호감호의 개시요건인 특정강력범죄(안 제83조 제1호)를 고의로 범한 사람에게 3년 이상의 유기징역을 선고할 경우, 재범의 위험성 정도를 고려하여 판결로써 징역형 집행종료 이후의 보호관찰을 함께 명할 때 이루어진다(안 제96조 제2항). 보호관찰이 개시되는 경우 판결 또는 행정처분으로 보호관찰기간 범위 내에서 전자장치를 부착하도로 명할 수 있다(안 제96조 제2항).[45]

종래 구 사회보호법을 비롯해(제10조) 현행 치료감호법상(제32조 제2항) 보호관찰기간은 모두 3년이었으나, 시안은 가출소, 가종료 또는 치료위탁으로 인한 보호관찰기간을 5년으로 하고, 다만 재범방지를 위해 필요한 경우 1차에 한하여 5년의 범위 내에서 그 기간을 연장할 수 있도록 규정했다(안 제98조 제1항). 이것은 최근 범죄예방 차원에서 보호관찰기간을 5년으로 연장하는 내용의 치료감호법 개정안이 국회에 계류 중인 사정을 감안한 것이다. 그리고 보호감호 또는 치료감호 집행기간의 만료로 인한 보호관찰 기간을 7년으로 하되, 안 제90조 제1호 또는 제3호의 치료감호 집행기간의 만료 후 보호관찰기간이 만료된 경우, 재범방지를 위해 필요한 경우에 법원의 결정으로 보호관찰기간을 1차에 한하여 5년의 범위에서 연장할 수 있도록 했다(안 제98조 제2항). 더 나아가 보호감호집행유예로 인한 보호관찰기간은 그 집행유예기간으로 한다(안 제98조 제3항). 시안 제96조 제2항 징역형 종료 후의 보호관찰기간은 1년 이상 5년 이하로 한다(안 제98조 제4항). 다만 앞서 본 시안 제98조 제2항부터 제4항까지의 경우, 보호관찰기간이 1년을 경

45_ 전자장치부착도 보안처분의 일종인 점을 감안할 때, 이를 행정처분으로도 명할 수 있게 하는 것은 의문의 여지가 있어 보인다.

과한 후에는 행정처분으로 보호관찰의 집행을 면제할 수 있다(안 제98조 제5항).

가출소 · 가종료 · 치료위탁으로 인한 보호관찰기간 경과의 효과(안 제99조) 및 보호관찰의 종료(안 제100조)는 구 사회보호법(제27조)과 현행 치료감호법(제32조 제3항)의 규정들을 약간 보완한 정도이다.

5. 기 타

감호선고 전 구금일수의 통산에 관하여 구 사회보호법은 감호선고 전의 보호구금일수의 전부 또는 일부를 보호감호시설에의 수용기간에 산입토록 했으나(제20조 제6항), 시안은 형의 선고 없이 보호감호 또는 치료감호만을 선고하는 때에는 감호선고 전의 구금일수는 그 전부를 수용기간에 산입하도록 하였다(안 제102조). 감호의 집행순서 및 방법(안 제103조), 감호의 시효(안 제105조) 등은 구 사회보호법과 대동소이하다. 다만 시효의 중단에 관하여 1992년 법무부 형법개정안은 "시효는 보호감호 또는 치료감호의 선고를 받은 자를 그 집행을 위해 구속한 때에 중단된다"(안 제109조 제4항)고 했었으나, 개정시안은 "시효는 감호선고를 받은 자를 그 집행을 위하여 체포한 때에 중단된다"(안 제105조 제4항)고 하여 공권력 발동시점에 맞추어 시효중단의 시점을 정한 것이 특이하다.

VI. 결 론

형법개정작업 중 가장 중요한 부분은 개개의 죄형법규를 어떻게 손질하느냐에 있다고 하기보다는 형사제재제도를 어떻게 확립하느냐 하는 데 있다. 세간의 관심은 온통 간통죄의 존치여부나 낙태죄의 자유화, 동성간 · 부부간 강간죄의 인정여부에 쏠리는 경향이 있다. 하지만 정작 중요한 것은 형법개정이 형법의 미래를 열어가는 개혁적 작업이냐 아니면 전통적인 형법사고의 숨막히는 공간 속에 아무런 변화없이 머물러 있을 것인가의 선택이다. 그 선택은 바로 형사제재를 둘러싼 형사정책적 방향에 달려 있다. 무엇보다도 형벌 및 보안처분 제도가 바로 형법의 인간상과 국가관 및 사회체계와 직결되기 때문이다.[46]

범죄라는 사회의 그늘만 바라보고 인간을 비관적으로 파악할 때, 우리는 범죄박멸을 위한 과도한 국가작용을 쉽게 용인하는 우에 빠질 수 있다. v. Liszt가 1892년에 행한 "형법의 장래"라는 강연에서 "우리가 이해하는 형사정책은 인간, 즉 개인 및 사회의 개선능력에 대한 신앙에 의해 조건지어져 있다"고 말했던 것처럼, 현대사회의 어둡고 음침한 범죄의 골짜기를 지나면서도 인간의 자기개선과 자기발전 능력에 대한 신뢰를 잃지 않는다면, 범죄인을 박멸하고 사회로부터 배제할 것이 아니라 오히려 수용하고 포섭하여, 보다 유리한 삶의 조건하에서라면 범죄 없이 살아갈 수 있는 잠재력을 가진 사회의 일원으로 인정하는 안목을 놓쳐서는 안 될 것이다.[47] 이런 관점에서 Radbruch도 1929년 그의 강연에서 "형법발전의 끝없는 목표는 형벌 없는 형법전일 것이다. 그 목표는 형법의

46_ 이에 관한 대표적인 단행논문으로는 Jescheck, Das Menschenbild unserer Zeit und die Strafrechtsreform, 1957; Maihofer, Menschenbild und Strafrechtsreform, 1964 등을 들 수 있다.

47_ 윤재왕, 「포섭/배제—새로운 법개념?: 아감벤 읽기 I」, 고려법학 제56호(2010), 261면 이하; Il-Su Kim, Das Liebesstrafrecht hinterm Berge des Feindstrafrechts, a.a.O., S.19ff.

개선이 아니라 형법을 형법보다 더 좋은 어떤 것에 의해 대체하는 것이다"라고 말했다. 여기에서 그가 상정했던 '더 좋은 어떤 것'이란 보안처분제도, 즉 개선하고 치료하는 데 중점이 놓인 보안처분을 암시한 것으로 보인다.[48]

우리나라의 형법개정논의에서 보안처분의 형법전 편입시도는 아직 재사회화형법의 실현가능성에 대한 낮은 기대와 구 사회보호법 제정 당시의 5공 악법이라는 선입견 때문에 그 저항이 만만치 않으리라 예상된다. 그러나 보안처분이 v. Liszt 이래 형법개정작업에서 개혁정신의 전통 위에 서 있는 새로운 그 무엇임을 부인해서는 안 될 것이다.[49]

1970년대 서구, 특히 독일의 형법개정작업은 계몽주의와 근대주의 사상조류를 좇은 v. Liszt와 Radbruch의 사상에 감화된 택일안 주창자들에 의해 획기적인 개혁성과를 담을 수 있었다. 택일안의 형사정책적 방향은 형법의 탈신화화, 탈윤리화 그리고 합리화, 자유화와 인간존중의 정신이었고, 그 구체적인 개혁프로그램의 표어는 다음과 같은 것들이었다:

① 응보사상의 배제, ② 일반예방에 대한 특별예방의 우선, ③ 형벌의 정당화 전제로서 보충성과 실효성의 원칙, ④ 형벌을 법익보호의 기능에로 국한시키는 것.[50]

형법개정 논의에서 "학설의 논쟁은 학설에 맡긴다"라든가 "추상성의 구체화는 본질상 판결의 일부에 속한다"라는 속설이 위력

48_ Wiertz, Strafen-Bessern-Heilen?, a.a.O., S.8.

49_ 이에 관하여는 Roxin, 「Franz von Liszt와 독일형법 택일초안의 형사정책적 입장」(김일수 역), 고대 법률행정논집 제15집, 1977, 195면 이하 참조.

50_ 앞의 글, 205면.

을 발휘하는 경우가 많다. 그러나 형법의 개정작업에서 개개 형벌목적의 충돌을 판결의 일부에 속하는 양형작업에 돌린다든가, 건축학적인 균형미를 도외시하고 지엽말단에 매달린 나머지 파편화된 모자이크 입법이 되도록 방치하는 것은 매우 후회스러운 일이 아닐 수 없을 것이다. 변화와 선택을 주저했던 1962년 독일형법개정 정부초안의 보수적인 행보에 대해, 택일안의 공동발의자 중 한 사람이었던 Roxin은 다음과 같이 비판하고 있다:

> "입법자의 형사정책적 임무로부터 이와 같은 자진사퇴는 매우 유감스러운 일이다. 왜냐하면 특별예방적 형사사법이 자연히 통일성 없는 실무가의 재량에 내맡겨지게 되고, 상이한 법원간의 이질적인 목표설정이 법적 평화와 형벌의 효과에 꼭 알맞은 것일 수도 없고, 무엇보다도 응보가 일반예방이라는 미명하에 개선장군처럼 법정안으로 다시금 입성할 가능성도 없지 않기 때문이다."[51]

최근 일부형법개정으로 우리 형법의 이념적 지표는 더욱 애매모호한 지경에 빠져들고 있다. 즉 유기징역 · 금고형의 상한선을 1월 이상 15년에서 1월 이상 30년으로, 가중하는 경우 25년에서 50년으로 두배까지 상향한 것이다. 이것은 최근 조두순 · 김길태 사건으로 악화된 시민의 법적 평온감의 회복을 꾀한 대응입법이긴 하지만, 형사정책적 관점에서 합리성과 실효성을 찾기 어려운 Legal Populism적 강벌정책의 천명으로 보인다. 이 같은 즉흥적 발상들은 바로 형벌이 지니고 있는 사회윤리적 비난성 외에 응보적 대응이라는 신화적 요소에 편승한 것이지 결코 인간의 얼굴을

51_ 앞의 글, 207면.

지닌 그리고 사회통합적 예방이라는 합리적인 형사정책의 일환으로 이해하기 어렵다.

이와 같은 형벌 인플레이션과 과부화를 막기 위해서는 오히려 우리가 5공 악법이라는 낙인을 찍어 장사지내 버렸던 보호감호처분을 다시 그의 묘석에서 끌어내어, 새 생명으로 거듭나게 할 뿐만 아니라 이를 형벌 외에 형사제재의 한 축으로 형법전에 당당히 안치시키는 것이 상책이라 사료된다. 형사제재에서 이원체계가 갖는 장점이란 바로 사회안전을 위협하는 현대형 범죄에 응보적 성격의 중형만으로 대응하는 한계를 극복하여 합리적이고 실효성 있는 형사정책을 도모할 수 있다는 점이다. 이 점 때문에 나치 폭정하에서 입법된 상습범에 대한 보안처분법을 v. Liszt와 Radbruch의 개혁정신을 이어받은 1966년 독일 택일안 발의자들도 형법전에 형사제재제도의 일부로 편입 · 수용하는 입장을 견지했던 것이다.

나쁜 권력이 나쁜 의도로 활용한 바 있는 보안처분은 실제 상습 · 누범적으로 범죄경력을 쌓아가는 구체적 · 현실적 인간의 운명적 고리를 형벌과 함께 또는 형벌대용으로 끊고 해결하는데 도움을 주는 인간존중의 정신과 합리성의 산물이라는 점을 간과해서는 안 될 것이다. 한국적 현실에서 보안처분, 특히 보호감호처분이 5공 악법의 산물 내지 인권침해제도로 낙인찍힌 데는 정치적 현실과 형법정책 사이를 세분해서 살펴보지 않은 냉소주의가 작용하지 않았을까.

사회가 극악한 범죄인의 범행에 일말의 공동책임을 양심적으로 느낄 수 있다면, 범죄인에게서 정신적 · 사회적으로 파괴된 것을 그에게 복구해주어야 할 책무가 있다. 그를 영원히 배제하고 격리시키는 것이 아니라, 그를 사회의 일원으로 받아들이고 그에게 잠재해 있는 자기발전과 자기보존의 능력을 북돋우어 주어야 할 책무가 있는 것이다. 왜냐하면 인격적 존엄의 주체인 인간이라면 어느 누구나 개선가능성을 갖고 있기 때문이다. 비록 형벌이 개선불가능한 자로 낙인찍은 인간에게도 보안처분은 사회공동체와 범인 자신의 공동이익을 위해 호의 있는 온화와 배려깊은 보호를 베풀어야 한다. 그것은 박애주의적 열정이나 신념이 아니라 오히려 냉철한 사회과학적 통찰인 것이다.

이런 맥락에서 보호감호제도조차 인간에 대한 낙관론적 믿음을 담고 있는 보안처분제도라는 인식이 필요한 시점이다. 그것은 위험한 범죄인에게 자기 자신과 사회공동체에 대한 새로운 관심을 떠맡을 수 있도록 환기시키는 데 목표를 두고 있기 때문이다. 개선불가능한 자를 영원히 격리해야 한다는 정치공학적 사고에 맞서서 오히려 호의와 배려깊은 사랑의 정신으로 포용하는 보안처분의 새 지평을 열어가야 할 때이다.

오늘날 형사소송법상 diversion 프로그램, 형사사법분야에서 ADR 프로그램, 회복적 사법 프로그램의 활성화도 바로 이와 같은 방향으로 걸어가는 인류의 오랜 공동노력의 일환으로 보인다. 한국 형법의 이원체계는 바로 응보적 형벌관의 무겁고 협소한 방문을 열고, 합리적인 형사정책의 지평을 넓혀가는 과정으로 이해되었으면 좋겠다. 보호감호의 부활문제만 해결되면 실제 치료감호법에 담겨진 치료감호와 보호관찰을 형법전으로 편입시키는 데는 별 어려움이 없어 보인다.

문제는 보호감호의 부활문제이다. 한국의 현실에서 보호감호제도하면 연상되는 삼청교육대 → 청송감호소를 부인할 수도, 변명할 수도 없다. 구 사회보호법상의 보호감호제도나 집행은 차라리 폐기하는 편이 나을 정도로 잘못된 것이었다. 하지만 보호감호제도가 본래 갖고 있었던 특별예방적 관점은 응보적 형벌관의 단점을 보완하거나 개선하는 충분히 합리적인 장점이기도 하다. 응보적 형벌관이 갖고 있는 바리새인적 정의관에 비해 보호감호제가 갖고 있는 정의관은 구체적 개인의 곤궁과 사회의 안전을 조화시키는 사회통합적 시각이 밑바탕이 되어 있기 때문이다. 즉, 보호감호는 재범위험성이 높은 행위자를 그의 죗값 때문이 아니라, 단지 그의 위험성 때문에 시설에 수용하여 자유를 박탈한다. 자유박탈이라는 점에서 형벌과 보호감호는 동일하다. 하지만 형벌은 자신이 치러야 할 마땅한 죗값으로 자유를 박탈하지만, 보호감호는 자신의 죗값이 아니라(그래서 보호감호는 사회윤리적 비난작용과 거리가 멀다), 동료시민들의 안전을 위해 자유를 박탈한다. 형벌의 자유박탈은 비난작용의 결과이지만, 보호감호의 자유박탈은 죗값과 비난과는 무관하게 순전히 타인을 위한, 동료시민을 위한, 공동사회를 위한 목적 때문에 시행되는 것이다.

비난 없는 형벌은 현실과 거리가 먼 이상일 뿐이다. 그러나 비난 없는 보호감호는 바로 현실이다. 그 현실의 왜곡이 구 사회보호법 하에서 이루어진 것은 부끄럽고 안타까운 과거의 현실이었다. 개정시안에서 새로 도입하려는 보호감호는 그 왜곡된 현실을 돌려놓는 새로운 현실의 출발점이지, 결코 현실의 지평을 이상과 혼동하는 것이 아니다. 새로운 출발점에서 새롭게 출발하자면, 무엇보다도 보호감호의 집행에 있어서 그 집행의 정당성을 담보할 수 있는 별도의 집행법을 기존 「형의 집행 및 수용자의 처우에 관한 법률」(법률 제10273호, 2010.5.4)과 구별하여 만들 필요가 있다. 여기에는 신뢰와 사랑의 이념과 희망의 지평이 주류를 이루어야 할 것이다. 동료시민을 위해 자신의 자유를 내놓은 사람들에게 사회도 그들에 대한 사랑과 신뢰의 통로를 만들어야 한다. 이것은 보호감호처분으로 자유를 박탈당한 자들이 사회에 대해 당당히 요구할 수 있는 권리요, 사회가 이 권리에 응답해야 할 의무이다. 보호감호에 형벌과 같은 비난작용을 더한다면, 그것이야말로 이중처벌이요, 그러한 이중처벌은 불필요할 뿐만 아니라 불합리한 것이다.

후기 이 글은 2010.8.25 법무부 형법총칙개정 공청회에서 발표한 강연문을 보완하여, 고려법학 제58호(2010.9)에 기고한 것이다. 보안처분을 프란츠 폰 리스트가 이해했던 당시의 상황을 벗어나 후기현대사회의 상황에서 사랑의 형법학의 눈으로 새롭게 바라본 글이다. 이 글은 그 후 일본 도쿄에 있는 메이지대학 법률논총 제85권 제11호(2012.7) 469면이하에 「韓国刑法改正における保護監護制度の導入」으로 번역 수록되었다.

[6] 위험형법 · 적대형법과 사랑의 형법

Ⅰ. 새로운 도전 앞에 선 전통형법

근대 이래 시민의 자유의 대헌장, 범죄인의 마그나카르타라고 일컬어지는 전통형법은 후기현대사회의 난제를 해결하는 데 한계를 나타내면서 새로운 도전들 앞에 직면해 왔다. 사회정책의 최후수단이었던 형사정책과 형사정책의 최후수단이었던 형법은 이제 사회문제의 해결과 사회문제를 조정하는 최우선 수단으로 나가야 한다는 요구에 휩싸여 있기 때문이다. 이것은 때로는 형벌을 전진배치시킴으로써 형법의 영역확장에 이르기도 하고 때로는 엄혹형을 수단으로 한 엄벌주의에 경도되기도 한다.

형법의 영역을 확장하는 방식은 가벌성의 확대, 형법적 통제영역의 확장, 형사절차법상의 강제처분수단의 조기투입 및 강화, 법치국가형법의 기본원칙에 대한 예외의 확대 등을 들 수 있다. 이 같은 조류의 중심에 서 있는 형법이론이 위험형법(Risikostrafrecht) 내지 안전형법(Sicherheitsstrafrecht)의 논의이다. 그리고 엄벌주의 경향을 띠는 형법이론이 적대형법(Feindstrafrecht)의 논의다. 물론 이들 형법관은 최근의 형법논의에서 아직도 뜨거운 논쟁의 대상이 되고 있다.

여기에서 위험형법은 형법의 활동영역을 법익보호의 전 단계에까지 확대시킴으로써 가벌성의 범위를 확장시키는 결과를 낳는다. 안전형법은 사회안전을 극대화하기 위해 원래 경찰법의 영역이던 사전예방의 영역들까지 사후진압적인 형법의 영역으로 편입시킬 뿐만 아니라 형사소송법상의 강제처분 수단까지도 광범위하게 확장시키는 경향을 띤다. 그리고 적대형법은 특정범죄인을 시민사회의 일원이 아니라 그 적으로 간주함으로써, 그에게는 사회적 배제의 효과를 극대화할 수 있는 형법수단의 투입 내지 법치국가에서 널리 통용되어 온 기본적 인권보장책의 몰수를 인정할 수 있다는 것이다.

전통형법에 대한 이 같은 도전과 함께 전통형법이 겪는 이 같은 침식(erosion)에는 몇 가지 새로운 사회문화적, 정치적 그리고 경제적인 조건의 변화가 그 배경이 되고 있다.

첫째, 사회문화적 배경으로 새로운 위험에 대한 인식과 그에 대한 관리의 형식으로 위험의 논리가 우선시되는 이른바 위험사회[1]의 현실화이다. 위험사회에서의 새로운 위험(Neues Risiko)은 장소, 시간 그리고 해당성의 범위에 따라서 제한될 수 없고, 인과관계 및 책임에 관한 현행법의 원칙에 따라 귀속될 수도 없으며, 보험을 통한 해결도 불가능한 성질의 위험을 말한다. 새로운 위험에 기초한 위험사회는 이전의 산업사회와 구별되는 특징을 갖는다. 즉 인위적으로 생성된 원자력, 화학, 생태학적 그리고 유전학적 영역에서 발달된 기술적 진보가 그 부수효과로서 이전에는 알지 못

1_ 위험사회라는 명칭은 1986년 독일의 사회학자 Ulrich Beck가 출간한 동일한 제명의 책으로부터 널리 사용되기 시작했다.

했던 거대위해를 유발시키고, 그로 인해 인류멸망의 잠재성이 증대된다는 것이다.

비록 객관적 안전이 유지되는 장소와 시기에서도 주민들의 주관적 불안이 광범위하게 확산될 때, 그러한 사회도 위험사회 내지 불안사회로 전락한다. 따라서 사회는 객관적 위해와 마찬가지로 이 주관적 불안의 증대에 대해서도 답을 주어야 한다. 후기현대사회는 독신가구, 저출산, 핵가족화, 다원주의, 고령화 사회, 세대 간의 단절 등 사회의 복잡성으로 인하여 선악판단기준의 결핍, 타인에 대한 신뢰성 약화 그리고 위험에 대한 과잉정보로 종전 산업사회에서보다 주민들을 훨씬 더 불안감에 휩싸이게 한다. 그리고 때때로 주관적으로 느끼는 불안감이 객관적인 불안을 분명히 초과할 때 그 불안감의 증대를 진정시키기 위한 비통상적인 조치의 투입이 요구되기도 한다.

이와 같은 불안감의 요인이 되는 위험원으로는 소위 새로운 위험 외에 범죄위험도 빼놓을 수 없는 요소가 된다. 삶의 질을 위협시키는 요소로는 강도, 주거침입, 자동차절도, 가정폭력, 아동에 대한 폭력과 같은 범죄에 대한 두려움도 무시할 수 없기 때문이다. 더 나아가 세계도처에서 발생하는 테러리즘, 조직범죄, 초국가적 범죄 유형도 사회의 안전을 심각하게 교란하는 요인이다. 따라서 국가가 근본적으로 이 같은 불안감을 제거할 수는 없을지라도, 그 불안감을 감소시키고, 그에 상응한 안전을 회복 · 유지하는 것은 오늘날 더 많은 안전을 요구하는 국민들에 대한 국가의 주요한 책무가 아닐 수 없다.

둘째, 정보기술혁명으로 인한 산업구조와 생산양식의 획기적인 변화는 일상생활과 소비생활의 패턴까지도 바꾸어 놓았다. 노동집약적 대량생산양식은 점차 자동화되어 노동의 감경을 가져왔고 일자리 분배를 위한 새로운 기준을 마련하지 않으면 안 되게 되었다. 생산과 근로관계의 유연성이 높아지면서 포드식 생산양식은 새로운 변화를 피할 수 없게 되었다. 신자유주의 경제체제로의 전환을 겪으면서 동질적이고 평판화한 근로대중 대신 유연하고 창의적이며 전문화된 개인근로자들의 비중이 높아졌다. 평생고용을 약속했던 종래의 대기업들은 구조조정을 통해 경쟁력을 제고(提高)해야만 했고, 실업과 비정규직 근로자들이 증가하게 되었다. 그 결과 고용불안 · 임금차등에 따른 사회적 격차가 심화되어 다수의 가난한 자들은 점점 더 가난해진 반면 소수의 부자들은 점점 더 부해지는 불평등을 낳았다. 그것은 바로 중산층의 몰락과도 밀접한 연관성을 갖는다.

셋째, 경제적인 구조변화와 함께 국가의 역할과 정책도 변화를 체험했다. 20세기 후반 서구의 사회복지국가모델은 20세기 말과 21세기에 이르러 각국의 재정위기와 경제위기를 통해 변화를 겪고 있다. 시장실패와 정부실패를 체험했던 나라들은 순수한 신자유주의이념에 입각한 국가기능의 광범위한 민간이양을 멈추고, 재정자원의 효율적인 재분배와 사회보장제도의 재편에 손을 쓰지 않을 수 없게 되었다. 더 나아가 환경보호, 테러예방, 시민생활의 위험원 통제와 예방, 세계화와 지역화의 조화 등 새로운 국가질서의 모델을 모색하기에 이르렀다. 여기에는 18세기적인 경찰국가 내지 관헌국가나 개인의 자유권에 중점을 둔 19세기적인 법치국가나 20세기 산업화 시대의 사회적 복지국가들이 누렸던 국가의 존재의미와 기능에 대한 자명성이 쇠퇴하고, 새로운 양태의 국가기능에 대한 논의가 진행 중이다. 예컨대, 예방국가(Präventionsstaat), 협동국가(Kooperativer Staat), 조정국가(Steuerungsstaat), 네트워크 국가(Netzwerkstaat)에 관한 담론 등이 그것이다.[2]

II. 위험형법을 둘러싼 논쟁

후기 현대사회, 후기산업사회의 새로운 위험원에 대응하는 실존론적 투쟁수단으로 형법을 전진배치하거나 최우선 수단화할 수 있느냐의 논의가 위험형법을 둘러싼 논쟁의 핵심이다. 일찍이 슈트라텐베르트(Stratenwerth) 교수에 의해 주창된 위험형법론은 형법의 확장과 조기투입문제를 긍정적으로 평가하는 관점이다.[3]

전통적 법치국가형법이 새로운 범죄유형, 특히 미래의 안전과 관련된 범죄유형에 대처하는 데 적합지 않다고 생각하는 사람들은 위험사회의 새로운 위험에 대처하기 위해 이른바 위험형법(Risiko-strafrecht)의 등장이 불가피하다고 주창한다. 미래의 안전과 관련된 보호영역에서는 명확하게 윤곽이 드러난 보호법익을 확정하기 어렵기 때문에, 범죄화의 소극적 기준으로서 그 자리를 굳힌 자유주의적 법익사상 대신 문화적으로 각인된 행위규범, 즉 개인 또는 단체가 취한 위험행위를 기준 삼아야 한다는 제안이다. 형사사법은 더 이상 범죄자의 자유에 초점을 맞출 것이 아니라 공동체 보호와 필요성에 점점 더 초점을 맞추어야 한다는 것이다.[4] 그리하여 위험형법은 이제 '새로운 법익'이 아니라 '새로운 행위'를 형법적 통제의 대상으로 삼아야 한다는 것이다. 21세기의 문제를 18세기의

2_ 이에 관한 상세한 논의는 T. Singelnstein/P. Stolle, Die Sicherheitsgesellschaft, 3.Aufl., 2012, S.20ff.; L. Stienen, Privatisierung und Entstaatlichung der inneren Sicherheit—Erscheinungsformen, Prozesse und Entwicklungstendenzen, 2011, S.30ff.

3_ G. Stratenwerth, Zukunftssicherung durch den Mitteln des Strafrechts?, ZStW 105 (1993), S.694f.

4_ P. O'Malley, Crime and Risk, 2010, pp.15, 42.

정신적 도구를 가지고 해결할 수는 없다는 인식 때문이다.

위험형법에서는 ① 전통적인 법치국가형법의 보충적 법익보호사상을 실효성 있게 완화할 수 있고(보편적 법익개념의 확대, 피해자 없는 범죄의 영역확대), ② 형법의 투입으로 정치적 이익을 얻을 수 있는 곳에서는 즉각 보충성의 원칙을 밀어내고 형법을 투입해야 하며(특별형법의 비대화 인정), ③ 결과범 이전 단계의 광범위한 처벌화(추상적 위험범의 영역 확대, 기수 이전 단계의 미수 · 예비의 처벌범위 확대), ④ 환경형법 · 여성보호형법(성폭력 예방법) 분야에서 사람들의 주의를 환기시킬 수단으로 형벌의 활용(형법의 최우선수단화, 국민계몽의 도구화) 등 예방입법 · 상징입법의 경향을 긍정적으로 받아들인다.

법치국가의 고전적 형법관을 고집하는 견해는 현대사회의 다양한 문제들에 대한 형법적 임무에 대해 맹목적이고 지나친 소극주의요, 그 반대의 편에 서 있는 위험형법사고는 전통적인 자유주의의 투쟁의 산물인 인권보장을 경시할 위험이 있다. 현대형법이 처한 이러한 곤궁상태에서 탈피하기 위해 최근 하쎄머(Hassemer) 교수는 현대형법을 핵심형법으로 축소시키고, 형법과 질서위반법, 私法과 公法 사이에 간섭법(Interventionsrecht)을 위치시킨 뒤 현대사회의 난제들 중 핵심형법으로 해결할 수 없는 것은 신축성 있는 위험형법을 통해서가 아니라 오히려 형법보다 작은 보장, 작은 절차규율, 작은 제재력을 갖는 간섭법으로 해결할 것을 제안한바 있다.[5]

이미 故人이 된 히르쉬(Hirsch) 교수도 형법은 국가행위의 최후수단이지 근본적인 사회정책의 대체수단이 아님을 전제하고 형

5_ W. Hassemer, ZRP 1992, S.382f.

법은 단지 보충적 부수적 임무만 갖고 있으며, 현대사회의 형법이라고 해서 현대과학기술분야에서 갈릴레이식 재판에 악용되어서는 안 된다는 점을 강조한다. 그러나 히르쉬 교수는 오늘날의 형법적 도구는 18세기의 유물이라기보다 오히려 200년간 점진적 발전을 거듭해 온 정신적 산물이므로 위험사회의 새로운 위험갈등요인들에 대한 형법적 대응을 전통적 법치국가의 틀 안에서 立法과 理論學(Dogmatik)의 조화를 통해 해결할 것을 촉구한다. 그리하여 예컨대 법인의 범죄능력을 인정함으로써 환경범죄, 경제범죄의 규율에서는 형법의 적극적 개입을 인정해야 한다는 입장이다.[6]

18세기적 근대형법이 예상하지 못했던 20세기, 21세기적 사회변동과 실존론적 위기를 직시할 때, 나는 위험형법론의 관점에도 부분적으로 긍정할 부분이 있다고 판단한다. 다만 유동성이 높은 이 위험형법의 적용영역은 원자력형법, 화학형법, 생명공학형법, 경제형법 등 사회적 안전확보의 필요성에 선제적으로 대응해야 할 몇몇 제한된 부분이라야 한다는 조건을 전제해야만 한다.

이 새로운 위험영역을 유동적인 그러나 일정한 한도에서 분계된 대상이라는 의미로 나는 델타(Delta)라 지칭했고, 전통형법과 위험형법의 이러한 역동적인 관계성을 한 개의 델타모델로 엮어내고자 했다.

물론 델타존(Deltazone)의 경계선을 확정하는 문제는 이 델타모델에서 풀어야 할 어려운 과제임에 틀림없다. 왜냐하면 델타는 분명히 현상으로 존재하지만, 그 주변경계는 심각하게 퇴적과 침융을 계속함으로써 유동적이고 신축성을 띨 수밖에 없기 때문이

6_ H. J. Hirsch, ZStW 107(1995), S.289; ders., Strafrecht als Mittel zur Bekämpfung neuer Kriminalitätsformen?, in: Neue Strafrechtsentwicklungen, 1994, S.29.

다. 그럼에도 불구하고 후기 현대적 델타존은 언제나 근대형법이 장구한 세월을 거치면서 흘러온 조류가 토해 낸 퇴적물이자 그 조류의 한복판을 막아선 장애물임이 분명하다. 비록 이 델타가 결코 전통적 법치이념의 흐름에 지배되거나 포위되어 있는 것은 아니지만, 항시 델타를 둘러싸고 도는 전통적 법치이념의 흐름을 분산시키고, 그 속도를 조절하며, 그 방향을 선회시키기도 하며, 그리하여 목적지인 새로운 생활세계의 바다로 흘러가게 하는 것만은 사실이다. 그렇다면 그 한에서 델타모델은 위험형법의 착상을 전통 깊은 법치국가형법의 영역에 잇대어 변증론적 합일을 도모한다고 말해도 좋을 것이다.[7]

Ⅲ. 적대형법의 경향과 찬반논쟁

위험형법의 논의가 소강국면에 접어든 시기에, 범죄율의 증가, 특히 조직범죄와 테러리즘의 현실화에 영향을 받아 엄벌주의 내지 적대형법(Feindstrafrecht)의 형법관이 등장하였다. 엄벌주의란 범죄에 대해 될 수 있는 대로 강하고 엄격하게 중형을 과하는 처벌의 방식과 태도를 말한다. 형법이론적으로 엄벌 개념은 응보적 제재를 선호하고 유화적인 제재를 꺼리는 경향을 지칭한다. 고대로부터 전래된 복수법의 동기가 원상회복 내지 피해자와의 화해 같은 탈형법적인 제재방도를 압도할 때 충동적으로 엄벌에 경도되는 경향이 있다.

문명의 진보와 이성의 발달을 가져온 근대화과정 수 세기를

7_ 김일수, 「과학기술의 발달과 형법」, 한일법학연구 제13집, 1994, 131면; 김일수, 「전환기의 법학 및 형법학의 과제」, 법 · 인간 · 인권, 1996, 536면.

지나서 후기현대에 이른 오늘날 새로운 중벌주의 요구를 충동적인 감정에서 찾는 데에는 이론상 의문의 여지가 남는 게 사실이다. 엘리아스(Elias)의 문명론에 따르면 적대자들 사이에서 타협 없는 공격성의 충동은 근대를 거치면서 약화되었고 국가의 권력작용과 적법절차 속에 흡수되었다는 것이다. 그에 따라 피해자의 복수충동은 완화되었고, 형사제재도 사회계약의 방식으로 국가권력의 작용 속에 체계화되었다는 것이다. 근대화, 합리화와 문명화는 서구 근대사회에 이미 깊이 각인된 듯이 보이기 때문이다.

하지만 이 같은 근대화와 합리적 이성은 제2차 세계대전이 발발한 1939년을 기점으로 그 의미를 상실했다고 보는 견해도 있다. 군국주의 · 전체주의의 발호로 인한 세계대전과 대량의 인명살상, 홀로코스트, 집단학살, 강제수용소와 집단추방 등은 일종의 문명단절과 파괴를 의미하기 때문이다. 그 후 사회과학에서는 이 같은 무시무시한 인간학대와 인간성 파괴를 설명하기 위한 끊임없는 시도가 이루어졌다. 그러나 그와 같은 잔혹성은 지적으로 완전히 극복되지는 못했다. 다만 '계몽의 변증론(Horkheimer/Adorno)', '질서의 변증론에 대응한 도덕의 부름(Bauman)' 또는 '벌거벗은 생명의 거룩성 추방(Agamben)'의 저술에서 문제제기가 있을 뿐이다.

어쨌거나 그 후 몇십 년이 지나지 않아 새로운 엄벌주의 사조가 돌아왔다. 하지만 이번에는 과학기술적인 장비를 갖추고 능률적인 조직까지 정비해 가지고 돌아왔다는 사실이다. 이러한 조류를 감지하면서 일찍이 비판범죄학의 크리스티(Christie)는 법과 질서의 체계들이 드디어 현대 관료국가의 목적합리적 논리에 종속되었고, 거기에서 전체주의적 냄새가 난다고 언급한 바 있다. 타자의 범죄학(criminology of the other)을 제시했던 갈랜드(Garland)도 새로운 엄벌주의가 계몽주의와 합리주의의 길에서 벗어나 이미 극복된

바 있는 범죄인의 악마상을 다시 되살리는지에 관해 주목한 바 있다. 그는 통제문화(culture of control)라는 논저에서 복지국가 모델(약 1890년부터 1970년까지)에서 고범죄 위험사회(high crime society)(1970년대 이후 현재까지)의 형벌국가로의 시대적 변화를 잘 설명해 주고 있다. 더 나아가 그는 영미법권의 형사실무와 집행실무에서 형벌의 중형주의적 전환(punitive turn)을 말해주는 일단의 조치들을 확인할 수 있었다고 말한다.[8]

실은 이 같은 엄벌주의 사조와 정신적 궤를 같이하는 것이 야콥스(Jakobs) 교수에 의해 최근 형법이론의 가장 뜨거운 논쟁거리로 떠오른 적대형법(Feindstrafrecht)이다. 그는 테러리스트나 조직범죄자군들과 같은 특정행위자군에 대응하려면 전통적인 법치국가 형법과 그 형벌은 별 도움이 되지 못한다는 전제에서 출발한다. 법치국가형법에 의하면, 그 형법적 규범위반자들을 일탈한 동료시민의 하나로 상정하기 때문에, 그에 대한 형벌은 포섭(Inklusion)과 사회복귀가 주목적이 될 수 있다. 하지만 이들 특정범죄자군은 사회의 존립 자체에 문제를 일으키기 때문에, 동료시민으로서가 아니라 사회의 적으로 간주하여 사회로부터 배제(Exklusion)시켜야 한다는 것이다. 그 효과적인 진압과 배제를 위해서는 이들 공동사회의 적에게 결코 법치국가형법과 형사절차법이 보장한 자유보장 장치가 걸맞지 않기 때문에 광범위한 예외상황이 허용되어야 한다는 것이다. 그들은 시민이 아니라 적으로, 사람이 아니라 난폭한 짐승과 같은 비인격으로 간주되기 때문이다.[9]

8_ Il-Su Kim, Punitivistische Grundtendenzen der gegenwärtigen Kriminalpolitik, 고려법학 제56호, 2010. S.513f.

9_ Jakobs교수의 적대형법론은 점진적으로 변형해 왔다. 출발단계에서는 법치국가형법의 과도화를 분석 · 비판하는 틀로 사용되었지만[Jakobs, ZStW

야콥스의 견해에 의하면, 정상적인 규범국가가 그의 법질서에서 선언해 놓은 적들과 맞닥뜨린 긴급상황의 순간에는 예외적으로 긴급조치국가(Maβnahmenstaat)로 전환해야 한다는 것이다. 예컨대 세계적인 테러리즘에 직면하였거나 테러리스트의 활동개시 상황에서는 적법절차에 따르도록 된 형사소송법은 전쟁상황의 비상조치법상 형식으로 전환되어야 한다는 것이다. 또한 최근의 논문에서 야콥스는 심지어 독일 항공안전법 §14③이 잘못 조종된 항공기에 의한 더 큰 불행을 피하기 위해(9 · 11 테러 당시 뉴욕 국제무역센터 빌딩의 비행기 충돌을 상정), 무죄한 승객의 죽음을 감수해야 할 사정을 상정한 것이라면, 테러리스트를 고문하거나 살해하는 것도 만약 그것이 보다 더 많은 무죄한 사람들의 생명을 구조하기 위한 유일한 수단일 때는 역시 허용되어야 한다고 주장한다.

Jakobs는 2004년 논문 "국가의 형벌"에서 사회의 적과의 관계는 다름 아닌 전쟁이라는 결론에 이른다. 그러나 적에 대항하는 전쟁은 이중의 방법으로 제한된다고 한다. 그 한 가지는 국가가 적을 완전히 법률의 보호밖에 놓인 것으로 선언해서는 안 된다고 한다.[10] 다른 하나는 후에 평화협상을 불가능하지 않게 만들기 위해서, 적에게 대항하여 모든 것을 한꺼번에 쏟아붓지 않는 현명성의 요구라고 한다.[11]

적대형법은 물론 형법분석에서 전통적인 시민형법의 일탈현

97(1985), S.753ff.], 그 후에 규범적 · 긍적적 틀로 변모하였다[Jakobs, ZStW 117(2005), S.253f.].

10_ 이것은 적들을 Agamben의 homo sacer처럼 취급해서는 안 된다는 주의사항의 언급이라고도 볼 수 있다.

11_ Jakobs, Staatliche Strafe, S.44; ders., Bürgerstrafrecht und Feindstrafrecht, in: Foundation and Limits of Criminal Law and Criminal Procedure, 2003, S.62.

상을 비난하는 도구로서는 널리 승인되지만,[12] 규범적-긍정적인 범주로서는 압도적인 반대에 부딪친다.[13] 적대형법은 일견 '적'이라는 단어 때문에 범죄인에 대한 증오심 같은 감정적인 특징을 띤 형법관이라는 인상을 받는다. 아닌게 아니라 적대형법을 둘러싼 논쟁에서는 감정적인 대결로 떨어지는 경향도 없지 않다. 적대형법에 대한 불쾌감은 재앙의 징조,[14] 나치망령의 부활[15] 또는 형법이론의 스캔들[16]이라는 격앙된 어조로 표현되기도 하기 때문이다. 적대형법의 반자유적인 특징에 대하여 비판자들은 미래와 현재의 불법통치를 정당화시켜주는 것이라는 관점으로부터[17] 그것은 진정한 의미의 형법도 법도 아니라는 비판을 넘어,[18] 행위책임원칙을 무시하고 특정한 범죄인 내지는 범죄집단을 마녀화하는 행위자형법이라는 비판에까지 이른다.[19]

12_ Albrecht, ZStW 117(2005), S.855. ; Aponte, in: Uwer(Hrsg.), "Bitte bewahrenSie Ruhe", 2006, S.140; Hörnle, GA 2006, S.82ff.; Saliger, JZ 2006. S.757.

13_ Cancio Melià, ZStW 117(2005), S.284.

14_ Schünemann, FS Nehm, 2006, S.226f.

15_ Ambos, SchwZStr 124 (2006), S.156f.

16_ Greco, GA 2006, S.104.

17_ Düx, ZRP 2004, S.194.

18_ Schünemann, FS Nehm, 2006, S.227.

19_ Eser, Schlussbetrachtungen, in: Eser u.a. (Hrsg.), Die deutsche Strafrechtswissenschaft vor der Jtwende, 2000, S.437 ; Lüderssen, FS BGH, 2000, S.883 ;ders., GA 2003, S.71; Schulz, ZStW 112 (2000), S.653; Prittwitz, ZStW 113(2001), S.774; ders., FS Lüderssen, 2002, S.499; ders., FS Nehm, 2005, S.219ff.; Ambos, AT des Völkerstrafrechts, 2. Aufl., 2004; Cancio Melia, ZStW 117(2005), S.267ff.; Roxin, AT 1, 4. Aufl., 2006, §2 N Rn. 127; Hörnle, GA 2006, S.80ff.; Greco, GA 2006, S.96ff.; Gössel, FS Schroeder; 2006, S.33ff.; Kindhäuser, FS Schroeder, 2006, S.8lff.; Schöch/Lösel/Jehle(Hrsg.), Kriminologie und wissensbasierte Kriminalpolitik,

이 같은 적대형법관은 계몽주의적 · 인도주의적 형법의 발전 방향을 전도시키거나 종식시킬 위험을 안고 있으며, 그런 점에서 현대 형법이론 중 가장 논쟁적이고 위험한 방향선회 중 하나라고 할 수 있다. 여기에서는 최후수단으로서의 형법, 단편적 성격과 보충적 성격을 지닌 형법, 겸손성과 한계지음의 형법질서관은 물러가고, 타도 대상으로서의 범죄자, 천인공노할 적으로서의 범죄자만 남기 때문이다.

테러리스트만을 고려대상으로 삼더라도 특정된 영역에서 범죄자의 시민지위를 부정하는 적대형법의 요구는 극도로 위험해 보인다. 왜냐하면 법치국가에서 형벌은 국가의 형벌권을 정당화시키고 제한할 수 있는 바로 그 척도에 의해 입증되어야 하기 때문이다. 법치국가의 형벌은 시민의 자유를 확립하는 임무에 충실한 한에서만 정당화될 수 있다. 법치국가에서는 범죄자도 그 시민사회의 한 구성원이다. 즉, 범죄자는 자신을 사회질서의 유지를 위한 공동책임의 공동소유자로 안다. 바로 이러한 전제로부터 Jakobs의 의사소통이론상의 형벌논의가 정당화될 수 있다. 그렇지 않으면 Jakobs의 형벌론은 내적 모순에 빠질 위험이 있다.[20]

적대형법이 또한 돈세탁, 마약거래, 탈세, 정치적 망명을 오용한 불법이민 그리고 성범죄 등에 대한 투쟁을 위해 그렇게 애매하고 신축성 있는 형태의 형법을 요구한다면, 그 확장방향은 법치국가 형법에 대한 확실한 위험이 될 것이다. 왜냐하면 이로써 형법과 전시법 사이, 그리고 사법기관의 형사소추와 군대의 예방조치 사이의 경계가 축소되고, 다른 한편으로는 기본상황에 대한 예외상

2006, S.1ff. ; Pfaffgen, NK, Vor §32 Rn. 212; Saliger, JZ 2006, S.757ff.

20_ Il-Su Kim, Das Liebesstrafrecht hinterm Berge des Feindstrafrechts, 고려법학 제49호, 2007, S.1f.

황이 돌연변이하여 국가형벌의 한계에 대한 오늘날까지 통용되고 있는 법치국가적 원칙들이 점차 쇠퇴하고 말 터이기 때문이다. 그러므로 우리들은 법치국가의 형법원칙들과 모순에 빠지는 국가형벌권의 전쟁도구화 위험을 예측하고 더 나아가 항상 경각심을 곧추세우고 있어야만 한다. 이것은 관용, 합리성 그리고 인도주의의 정신적인 전통으로부터 기인하는 형법사상의 발전이 아니라, 전체주의 국가의 사고방식으로의 복귀를 의미할 수도 있기 때문이다. 그러한 결과는 적대형법의 대표주장자들조차도 결코 받아들일 수 없을 것이라고 생각한다. Jakobs마저도 이전에 말했던 것처럼 적대형법은 결코 무엇인가 새로운 것을 통해 현존하는 형법을 대체하는 문제가 아니라, 단지 형법의 새로운 해석의 문제이기 때문이다.

유감스럽게도 사람들은 오늘날 악감정이 섞인 처벌적인 어휘를 자주 의식적으로 만들어 내고, 또 사용하고 있다. 센세이셔널한 범죄 내지 국가위급상황에 준하는 범죄공포와 직면하여 정치, 사법 그리고 언론기관처럼, 국가 그리고 준정부적인 권력기관들이 매우 손쉽게 과잉예방조치를 취하지만, 목적에 있어서는 공중의 흥분과 공포를 일시적으로 진정시키려는 과도한 액션에 불과하다. 이미 일련의 투쟁입법안들이 보여준 바과 같이, 형법은 특정한 범죄집단에 대해 새로운 적개심을 불러일으키고, 동시에 이러한 범죄에 대항할 전쟁을 선포하기 위하여, 국가적 차원에서 동원되고 남용되는 경향마저 없지 않다.[21] 국가권력집행의 미궁에서 적대형법과 같은 감정적으로 부풀려진 슬로건은 권력정치를 위해 자의적으로 오용될 수 있다. 그러한 현상 뒤에는 사람을 잡아먹는 우상, 즉 몰록(Moloch)이 숨어 있을 것으로 추측된다.[22]

21_ Cremer-Schäfer, Normklärung ohne Strafe, in : Petero (Hrsg.), Muss Strafe sein?, 1993, S.94f.

더 나아가 또 하나의 본질적인 질문은 적대형법의 사고체계가 적극적인 일반예방으로부터 정확하게 도출되는지의 문제이다. 결론적으로 말해 그러한 것처럼 보이지 않는다. Jakobs는 규범이 정향기준으로서 유지되기 때문에, 국가 형벌을 바로 적극적인 것으로 묘사한다. 예방은 바로 이러한 규범충실을 유지하고자 하는 목적을 가지고 있다. 이러한 맥락에서 형법에 통합적 예방기능이 있다고 말한다.23

그러나 적대형법은 형벌의 적극적인 반응 밖에 서 있다. 적대형법이 갑자기 등장하게 된다면, 그것은 사안에 따라, 예를 들어 전부 또는 전무의 경우처럼, 무분별한 위협을 추구할 수도 있다. 그 경우 적대형법은 규범승인의 연습처럼 적극적인 일깨움이 아니라 기껏해야 소극적인 진압, 그 자체에 지나지 않는다. 또한 대부분의 현명한 시민들은 그러한 지나친 반응을 가혹한 형벌조치로 인식하며, 결코 이성적인 것으로 간주하지 않을 것이다. 사회질서의 유지를 위하여 적극적, 소극적 및 예방적, 응보적 형벌론 사이의 존재하는 차이는 Jakobs의 적대형법관에서 매우 현저하게 줄어든다.24

사람들은 적어도 형법의 임무수행시에 행위와 형벌 또는 규범침해와 규범확증 사이의 일원론적 인과관계에서만 출발해서는 안 되고, 더 넓고 높게 인간존엄의 불가침성이 전체 사회질서의 중심을 이루고 있는 법치국가 헌법질서의 최상위규범까지 주목해야 한다. 그렇다면 범죄인은 단지 규범유지의 수단으로서만 취급되어서는 안 되고, 매 순간 인격으로서 존중되어야 한다. Jakobs가 여러

22_ Schünemann, Nehm-FS, 2006, S.220.

23_ Jakobs, Staatliche Strafe, 2004, S.31.

24_ Pawlik, Person, Subjekt, Bürger, 2004, S.57.

번 언급한 것처럼, 범죄와 형벌의 관계에 있어서도 의사소통적 상호이해의 논리가 중요하다면, 공적인 처벌의례를 통한 규범효력의 공적(公的)인 선언이, 강력한 형벌고통의 부과로 인한 규범효력의 인지적인 안정화보다 훨씬 더 중요해 보인다. 범죄인은 고립된 개인이아니라, 사회적인 관계에서 어느 누구로서의 존재론적 인격이며, 적은 단순한 개인일 뿐 그러한 인격이 아니라는 Jakobs의 가설은 오랜 인문학적 전통에 따른 개인(Individuum) 또는 인격(Person)의 이해에 바탕을 둔 것이 아니라, 그것을 왜곡하거나 신조한 용어에 바탕을 둔 것이다.

개인이란 개념은 더 이상 나눌 수 없는 개체를 의미하며, 그러한 개체로서의 인간은 물건처럼 나누거나 교환되는 대상처럼 다루어서는 안 될 소중한 존재라는 의미를 갖고 있다.[25] 현실적 · 구체적 인간은 바로 이 같은 의미의 개체요 동시에 사회적 관계속의 인격이다(ens individuale et sociale).[26] 개념적으로 법공동체로부터 완전히 배제되어야 할 개인이라는 대상은 관념적으로 사유 가능하나 현실적으로 존재하기 어렵다. 특정개인에게 적이라는 부담을 덧씌워 일반범죄인의 지위보다도 인격적으로 더 못한 대접을 가능케 하는 특별조치가 부과될 수 있게 한다면, 그러한 적대형법은 단순히 형용의 모순이거나 또는 국가형벌의 법윤리적 근거지음에 대한

25_ 자유주의나 개인주의는 원래 여기에 바탕을 둔 것이다.

26_ 테러리스트 빈 라덴(Bin Laden)은 국제형사법정에 세워져야 할 지극히 위험스러운 인물이지만, 그가 인격이 아니라고 주장하는 것은 관념의 유희일 뿐이다. 현실적으로 그는 테러리스트이지만, 한 가정의 가장이요, 자녀들의 아버지요, 아내의 남편이며, 비록 국경을 넘나드는 도망자일지라도 모국과 과거 및 현재의 다양한 삶의 관계 속에 있는 인격이다. 그것을 규범적으로 인격이 아니라고 한다면 특정한 규범의 한 잣대만 가지고 현실적인 인간의 인격을 왜곡한 언어의 유희이다.

포기라는 결과에 이를지도 모른다.[27] 이것이 적대형법 창시자의 본래적인 의도였는지는 명확히 알 수 없다.

현실의 불확실성과 불안감으로부터 벗어나 더 많은 안전을 선호하는 후기현대사회의 국가들은 위험형법, 안전형법, 적대형법의 유혹에 경도되는 경향이 없지 않다. 그리고 국민적 공분을 불러일으키기에 충분한 테러범죄, 증오범죄들과 대항하기 위해서 적대형법이라는 이론적 장비를 동원하여 테러와 증오를 되갚아 주어야만 정의가 서는 것이 아니냐 하는 소박한 생각에 사로잡히기 쉽다.[28] 하지만 증오에 증오로써 맞서는 것이 결코 증오범죄를 해결할 정의의 잣대일수는 없다.

우리 사회의 법제도가 정의이념에 기초하고, 그 결과 아무런 문제없이 기존 법률체계를 강화할 만한 가치가 있는지는 논외로 치자. 시민형법이 모두의 법이고, 적대형법이 적에 대항해 서 있는 자들의 법이며, 그 적에 대하여는 단지 육체적인 억압을 넘어 전쟁상태를 불문하는 데까지 나아가도 좋다는 것이라면, 적은 이미 사회체계의 주체가 아니라 단지 객체로 전락될 뿐이라는 사실이 분명해진다.

나는 적대형법이 전반적으로 오늘날의 법치국가의 형법과 상용할 수 있는지의 여부에 대한 근본적인 의문을 갖지 않을 수 없다. 왜냐하면 적대형법에는 법공동체 구성원들이 그 공동체 내에서 일어나는 범죄에 대해 함께 나누어야 할 공동책임의 여지가 조금도 남아 있지 않고, 단지 증오의 대상인 적에게만 그 책임을 전가시키고 이 위험한 적의 타도만이 상책이라고 하고 있기 때문이

27_ Cancio Melià, ZStW 117 (2005), S.282f.

28_ 이에 근접한 착상으로는 김지영/이재일, 증오범죄의 실태 및 대책에 관한 연구(한국형사정책연구원 연구총서 11-14), 2011, 249면 이하 참조.

다. 우리는 정치적인 관계로서의 친구-적-관계의 사고를 너무 쉽게 형법에서 시민-적-관계로 전환해서는 안 된다. 이러한 사안의 차이를 인식한다면, 적대형법의 견해 뒤에 법치국가 한계치를 초과하고자 하는 형벌권의 위험이 도사리고 있음을 눈치채야 한다. 국가형벌이 이러한 유혹에 빠지게 된다면, 그와 함께 그것의 법적 성격도 사라진다. 그러한 경우에 형벌은 증오와 공포의 수단으로 변질되고 말 것이다.

IV. 사랑의 法

사랑의 법 또는 사랑과 법을 우리는 말할 수 있지만, 그럼에도 불구하고 나는 사랑을 定義할 수 있다고 생각하지는 않는다. 사람들은 다양한 삶의 현실세계에서 사랑을 이해하고 사랑을 꿈꾸며, 사랑을 노래하며, 사랑을 주고받으며 체험한다. 비록 사랑을 한마디로 정의할 수는 없을지라도 사람들은 항상 사랑의 이념에 부단히 접근하고 수렴됨으로써 사랑을 경험하고 서술할 수 있는 지평에까지 점진적으로 나아갈 수 있다.29

사랑의 숭고한 의미는 그것이 본래 신적 언어(神的言語)라는 데 있다. 영원하신 하나님이 타락한 인간을 구원하기 위해 하나님의 아들, 예수 그리스도를 인간의 역사 속으로 보내셨다. 그리고 죄 없는 그를 속죄양으로 십자가에 못 박혀 죽게 했다. 그의 죽음으로써, 하나님과 인간 사이에 죄로 인해 막혔던 담이 무너지고,

---

29_ I. Santeler, Die Grundlegung der Menschenwürde bei I. Kant, 1962, insbes. S.281; G. Küchenhoff,Die Neugestaltung der Gesellschaft im Recht, 1977, S.93ff.

하나님과 인간이 다시 화목하게 되었다. 이것이 하나님의 완전한 아가페적 사랑의 이야기이다.[30]

법과 사랑의 관계를 논하기에 앞서 법과 증오가 결합된 가장 최근의 논쟁거리에 대해 언급하는 것이 현실인식에 도움이 될 것 같다. 그것은 다름 아닌 법질서에서 적(敵)개념을 정치적으로 끌어들이는 일이다.

오늘날 적대형법이 형법이론으로서 등장한 데는, 바로 법과 사랑에 대한 이해가 부재한 데서 비롯되었다고 할 수 있다. 아니 어쩌면 대립을 극한적인 투쟁과 일치시켰던 칼 슈미트(Carl Schmitt)의 착상에서 비롯된 것일지도 모른다. 정치적인 것의 핵심이 적과 동지의 구분에 있다고 주창한 슈미트에게 적이란, "실존적으로 다르고 낯선 존재"[31]이며, 끝없는 투장의 상대방일 뿐이다. 그러나 이 같은 적관념은 신학자 칼 바르트(Karl Barth)에게서 전혀 다른 의미로 읽힌다는 사실을 알 수 있다. 하나님의 사랑안에서, '적'은 정치적인 의미가 아니라 신학적인 의미에서 '절대적 존재'이다. 바울이 말한 대로 "우리가 원수되었을때 그의 아들의 죽으심으로 말미암아 하나님과 화목하게 되었은즉",[32] 하나님의 사랑 아래 있는 우리는 원수까지도 사랑하는 것이 마땅하다.[33] 하나님은 적의 존재 안에서도 자신을 계시하시기 때문에, 바르트에게서 "적과 사랑은 하나님을 체험하게 하는 두 가지 상호 보완적인 형식"[34]들

30_ G. Outka, Agape An Ethical Analysis, 1972, (정경화 옮김), 76면 이하 참조.

31_ Carl Schmitt, Theorie des Partisanen, Berlin: Duncker & Humblot, 1975, S.93.

32_ 롬 5:10.

33_ 롬 12:20.

34_ Karl Barth, Römerbrief, Zürich: Theologischer Verlag, 1984, S.456,

이다. 즉 “적이 하나님과 세계 사이에 놓인 경계를 느끼게 해준다면, 사랑은 이 경계를 폐기하며 하나님의 존재를 인지하게 해 준다”[35]는 점에서 하나님의 온전함은 적에 대한 사랑(Feindes-Liebe)에서 가장 밝게 드러난다.

“모든 지식을 소유하고 있어도 사랑이 없으면 아무것도 아니라”는 바울의 말처럼 사랑은 오히려 지식의 결핍속에서 발생하게 되며, 불가능의 지평속에서 가능성의 실현으로 나타나는 역설이기도 하다. 때문에 완전한 사랑의 하나님은 예수 그리스도 안에서 인간과—비록 슈미트적인 의미로서 그가 ‘적’일 지라도—인격적인 교제와 소통을 통해 그 사랑의 법을 일깨워 주시고, 그 영원한 사랑에 참여케 함으로써 인간의 현실적인 삶의 세계에서도 우리가 서로 이웃이든 타인이든 적의 관계이든 그 사랑의 빛에 이끌리어 사랑을 채워가며 살아가게 하신다. 인간의 세상에서 인간간의 사랑은 공적(公的), 사적(私的) 관계에서 다양한 모양으로 발현되지만, 그것은 언제나 이기적인 자기욕심을 내려놓고, 자기희생을 통해 상대방의 인격을 있는 그대로 포용하고 존중하는 것을 의미한다.

이와 같은 사랑의 변증적 역설은 독일의 철학자 헤겔의 논리에서도 찾을 수 있다. 헤겔에 따르면 사랑은 “타자의 정신적인 것이 자기의 내면성과 밀접히 결합하여, 바로 이 타자에게서만 한 주체의 마음이 자기 자신과 친밀히 융합하여 살고 있는 관계, 이러한 타자 안에서의 자기 내적 삶(Das Leben in sich in einem Anderen)”이라는 감정이다.[36] 변증법의 속성이 그러하듯이 사랑의 합일에 있

Jacob Taubes, DiePolitische Theologie des Paulus(조효원 역), 2012, 268면에서 재인용.

35_ Jacob Taubes, Die Politische Theologie des Paulus(조효원 역), ‘편집자 후기’, 2012, 268면.

어서도 '부정의 계기'가 존재한다. 이는 주체가 자기 자신으로부터 벗어나 자기를 부정하고 각자의 고유성의 완고한 면을 희생하며 서로 헌신해야 하는 과정을 통해 사랑이 발현되기 때문이다.

헤겔이 제시하는 바와 같은 변증법적 모순의 감정으로서 사랑의 관념은 프랑크푸르트 시대에 칸트주의를 넘어서는 것으로서 횔덜린 등의 영향하에 형성되었다고 한다.[37] "객체에 대한 의존"(실정적 신앙에의 예속)도 "객체로부터의 도피"(실정적 신앙을 단적으로 거부하는 이성적인 도덕종교)도 아닌 제3의 길이 사랑과 상상력에 의한 주객합일의 종교에서 추구되었던 것이다.[38]

일찍이 예수가 유대교의 외면적인 율법과 내면적인 양심에 쓰여진 도덕법칙이라는 이름의 율법을 대치시키지 않고서 율법에서의 정의 그 자체를 사랑에 의해 넘어서고자 했던 것처럼, 또한 사도 바울이 복음을 받아들이지 않으려는 유대인들을 '적'에서 '사랑받는 자'로 말했던 것처럼, 사랑은 율법을 어길 운명에 처한 사람을 용서하고 포용할 수 있는 계기가 되는 것이다. 더 나아가 이와 같이 이해된 사랑에 의해 운명과도 화해하는 길이 열리게 된다. 헤겔은 〈기독교의 정신〉에서 다음과 같이 말하고 있다: "죄의 용서는 사랑에 의해서 화해된 운명이다. 따라서 예수의 가르침은 다음

36_ Hegel, Vorlesungen über die Ästhetik, Werke in Zwanzig Bänden. Theorie Werkausgabe. Readaktion Eva Moldenhauser und Karl Marcus Michel, 1969ff. 14, S.146, ヘーゲル事典(李信哲 譯), 2009, 도서출판 b, 175면에서 재인용.

37_ 사랑에 대한 헤겔 관념의 역사적 의미에 대해서는 山崎純, ヘーゲル事典(李信哲 譯), 도서출판 b, 175면 이하의 내용을 참조하였다.

38_ Hegel, Moralität, Liebe, Religion, Werke in Zwanzig Bänden. Theorie Werkausgabe. Redaktion EvaMoldenhauser und Karl Marcus Michel, 1969ff. 1, S.239~243, ヘーゲル事典(李信哲 譯), 도서출판 b, 175면에서 재인용.

과 같다: 당신들이 잘못을 용서하면 당신들의 잘못도 역시 아버지[神]에 의해서 용서된다. 타인을 용서하는 것은 적대관계의 지양이며 사랑으로 되돌아온 것에 지나지 않는다. 그리고 이 회복된 사랑이야말로 통합이다."[39]

그러나 사랑이라는 관념은 나와 너라는 개인적 관계의 특수성을 지양하고 사회와 공동체를 아우르는 보편적인 정서로서 변증적인 발전으로 나아가는 계기가 필요하다. 즉 사랑의 추구는 차이를 배제하고 성립하는 직접적인 정서적 결합이 아니라 차이를 산출하는 소유관계(시민사회 영역)를 포함하는 인륜적 화합이다. 이는 특히 한 인간을 처벌하는 문제에서도 적용되는 인륜의 철학이라고 할 수 있다. 사랑에는 구별이 있어도 대립은 없기 때문에, 사랑은 이제 피해자와 가해자라는 이분법을 넘어서, 즉 차이를 넘어 하나로 합일되는 화해의 단계로 나아가게 된다. 이처럼 하나님의 온전함이 가해자(적)에 대한 사랑의 형태로만 가능한 역설에서 볼 수 있듯이, 화해 또한 타자의 죄를 용서하는 것이 동시에 자기의 죄를 용서받는 길이라는 역설을 통해 사랑의 의미에 다다르게 되는 것이다.

사랑으로 이루어지는 화해란 타자가 자신의 재산과 명예를 침해하더라도 그 침해된 것 이상의 회복을 타자에게 요구하지 않는 것이며, 또한 복수를 단념하고 타자의 잘못을 내면으로부터 용서해주는 것을 의미한다.[40] 헤겔은 이러한 화해의 "가장 숭고한 체현

39_ Hegel, *Der Geist des Christentums und sein Schicksal*. Werke in Zwanzig Bänden. Theorie Werkausgabe. Redaktion Eva Moldenhauser und Karl Marcus Michel, 1969ff. 1, p.306, ヘーゲル事典(李信哲 譯,) 도서출판 b, 175면에서 재인용.

40_ 돌아온 탕자의 비유(눅 15:11-32).

자"[41]를 예수에게서 찾았다.[42] 예수가 타자 안에서 '신앙'을 발견했을 때 '당신의 죄는 용서되었다'고 말한 것도 그 믿는 자 안에서 "그와 하나가 되는 마음, 율법과 운명의 넘어섬"[43]을 인정했기 때문이다.[44]

그러면 도대체 왜 법에서 사랑인가? 그에 대한 대답은 법의 인간학적 기초에서 찾아야 할 것으로 보인다. 법이 인간을 위해 존재하는 것이지, 인간이 법을 위해 존재하는 것은 아니기 때문이다.[45] 더 정확히 말하자면 법은 인간의 근본상황을 위해 존재한다. 인간의 근본상황이란 한 사람이 다른 사람과 더불어 살 수 있는 평화로운 공존관계를 주로 의미하지만, 더 나아가 인간의 삶을 가능하게 해주는 자연과도 조화를 이루고, 궁극적으로는 인간이 神과 화목을 누리는 관계상황을 의미한다.

이 근본상황은 인간의 탐욕과 이기심, 인간의 타락과 무지로 인해 깨어지기 쉽다. 근본상황이 스스로의 평온을 유지할 수 없을 정도로 깨어져, 인간이 타인과 적대와 반목으로 돌아서고, 자연이

41_ Hegel, Der Geist des Christentums und sein Schicksal. Werke in Zwanzug Bänden. TheorieWerkausgabe. Radaktion Eva Moldenhauser und Karl Marcus Michel, 1969ff. 1, p.64, ヘーゲル事典(李信哲 譯), 도서출판 b, 491면에서 재인용.

42_ "또 눈은 눈으로, 이는 이로 갚으라 하였다는 것을 너희가 들었으나 나는 너희에게 이르노니 악한 자를 대적하지 말라. 누구든지 네 오른편 뺨을 치거든 왼편도 돌려대며"(마 5:38,39).

43_ Hegel, *Der Geist des Christentums und sein Schicksal.* Werke in Zwanzig Bänden. Theorie Werkausgabe. Redaktion Eva Moldenhauser und Karl Marcus Michel, 1969ff. 1, p.354, ヘーゲル事典(李信哲 譯), 도서출판 b, 491면에서 재인용.

44_ 마 9:18-26.

45_ 막 2:27(안식일이 사람을 위하여 있는 것이요, 사람이 안식일을 위하여 있는 것이 아니니).

그 자정력을 잃어버릴 만큼 환경이 파괴되고, 신이 인간본성의 외침에 귀를 막고 돌아설 때의 상황을 한계상황이라 칭한다. 한계상황에서는 인간이 스스로 자기 자신을 보존하거나 발전시키기가 힘들다. 거기에는 약육강식과 같은 정글의 법칙이 지배하기 때문이다. 만인의 만인에 대한 투쟁상태라고 부를 수밖에 없는 사회적 혼란이나 전쟁상태에서 인간이 윤리적으로 자기 자신을 발전시킬 수 있는 가능성은 제로에 가깝다.

그러므로 법은 인간의 근본상황이 깨어져 한계상황에 빠지지 않도록 이를 유지 · 존속 · 발전시킬 임무를 갖고 있다. 만에 하나 근본상황이 깨어져 한계상황에 처했을 때라도 한계상황을 종식시키고 다시 근본상황이 회복되도록 물길을 잡는 역할이 법의 기능에 속한다. 이념적으로 법에서 말하는 정의(正義)는 바로 인간의 한계상황을 주목하고 근본상황을 회복 · 유지 · 발전시키는 과제라고 말할 수 있다.

법에서 추구하는 근본상황은 한마디로 말해서 인간이 살 만한 가치를 지닌 인간관계라고 단정할 수 있다. 인간이 주위의 다른 사람과 공존할 수 있는 관계, 인간이 주위환경과 조화롭게 살아갈 수 있는 관계, 인간이 자기 자신의 내면세계와 모순 없이 살아갈 수 있는 관계가 바로 그것이다. 인간관계가 정상성을 유지하고 있는 근본상황이란 신뢰와 사랑이 생동하고 있는 상황을 말한다.[46]

관념적으로 들릴지 모르나 지하철이나 시내버스에 함께 몸을 싣고 출퇴근하는 승객들에게도 신뢰와 사랑이 있기에 그러한 상황적인 삶이 가능한 것이다. 대중교통수단의 안전성과 운전자들이 목적지까지 편안하게 실어다 줄 것이라는 신뢰가 없으면 누구도

46_ Il-Su Kim, Das Liebesstrafrecht hinterm Berge des Feindstrafrechts, a. a.O., S.21.

그 대중교통수단에 몸을 싣지 않을 것이다. 더 나아가 승객과 승객 사이에도 내가 먼저 저 사람을 이웃으로 믿고 대접하는 만큼 저 사람도 나를 이웃으로 믿고 대접하리라는 기대와 신뢰가 없다면 누구도 그 지하철이나 버스에 몸을 싣지 않을 것이다. 서로를 아련한 간격의 이웃으로 감지하고 신뢰하는 그 가운데 우리는 함께 타고 가는 승객으로 어깨를 나란히 하고 있으며 호흡을 나누고 있는 것이다.

이것을 사랑의 관계라고 얘기한다면 너무 관념적이라고 탓할지 모르지만, 이것을 사랑의 관계가 아니라고 얘기한다면 너무 비현실적이라는 비난에 직면하게 될 것이다. 사랑의 농도는 국가와 국민의 관계, 정부와 시민의 관계, 부부나 가족관계, 신앙공동체나 향리공동체관계, 학교나 직장의 동료관계 등 사적(私的) 또는 공적(公的) 관계에 따라 다를 수 있지만, 인간이 더불어 함께 걸어가고 있는 정상적인 다양한 인간관계 속엔 다양한 농도의 사랑이 그물망의 고리처럼 또는 아교질처럼 역할을 하고 있기 때문이다.

우리들에게도 널리 알려진 만큼 미국 시인 오딘의 '법은 사랑처럼'을 떠올리지 않더라도 법에서 정의라는 이념은 사랑이라는 가치와 손잡지 않고는 강물처럼 제대로 흘러갈 수 없다. 일찍이 토마스 아퀴나스가 말했던 것처럼 그래서 사랑 없는 정의는 폭력이요, 정의 없는 사랑은 맹목이라는 격언은 법률가들이 깊이 성찰해 보아야 할 법언이기도 한 것이다. 문제는 형법과 사랑이 어떻게 어울릴 수 있느냐이다.

Ⅴ. 사랑의 刑法

위에서 본 적대형법의 사상은 인간의 얼굴을 지닌 모든 사람들과 더불어 연대하는 법적 의무의 관점에서 볼 때, 범죄 극복을 위한 해결방안으로는 잘못된 책략이다. 엄밀히 살펴보면 적형상(Feindbild)에서는 어떻게 하면 적을 고립시키고 무해화할 수 있을까에 관심이 집중될 뿐, 소통을 통해 공동체의 일원으로 복귀시키려는 의사소통 공동체의 이념은 설 자리가 없다. 법이 그러한 의사소통공동체의 어떤 본질적인 인간관계형성을 의미한다면, 적대형법은 그러한 법의 성격을 더 이상 지니고 있지 않은 셈이다. 의사소통적 공동체에서는 법이 결코 유일한 인지적 구조는 아니다. 법 외에도 예를 들면 진실, 자비, 사랑, 용서, 관용과 같은 의사소통의 다른 매개체도 있다. 그렇다면 적대형법의 저편에 다른 대안은 없을까?[47] 사랑의 형법질서를 여기에서 떠올리는 것은 바로 그런 이유 때문이다.

여기에서 범죄자, 심지어 테러리스트를 데리고 자비 내지 사랑을 논하는 것은 매우 비현실적인 일일지도 모른다. 범죄자를 단지 공동체의 적으로만 취급하고, 더 나아가 인도주의적인 형집행시스템을 단지 국고의 낭비로만 간주하는 사람들에게, 이 같은 착상은 분명 무의미한 일일 수도 있겠다. 하지만 사랑의 형법이념은 최근 도전받는 형법의 새로운 관점 방향이 될 수 있다는 가설에서 출발할 수 있을 것이다.

47_ Il-Su Kim, Das Liebesstrafrecht hinterm Berge des Feindstrafrechts, 고려법학 제49호, 2007, 19면 이하; 김일수, 「나의 형법학 이해 30년」, 고려법학 제62호, 2011년, 1면 이하 참조 바람.

모든 법이 선도기능(Leitungsfunktion)과 규제기능(Regulierungsfunktion)을 갖듯이,[48] 형법도 그 예외는 아니다. 형법의 규제기능은 미리 금지규범과 명령규범을 선언하고, 그와 같은 규범을 침해했을 때 그것을 범죄로 간주하여, 그에 상응한 형사제재를 과하는 데서 발견된다. 이러한 규제기능의 일환으로 형법은 전통적으로 일정한 범죄에 동일한 정도의 해악을 과하여야 한다는 응보사상, 일반인에 대한 위하작용을 의미하는 소극적 일반예방사상, 그리고 유죄판결을 선고받은 범죄인에게 위하를 주거나 그를 사회로부터 격리시키는 소극적 특별예방사상을 추종해 왔다. 물론 이러한 착상은 인간의 본성이 원래부터 사악하고 부패했다는 비관적인 인간상(Menschenbild)에 기초를 둔 것이다.

그러나 형법은 이러한 규제기능만 가지고 그의 임무를 충족하기 어렵다. 그래서 형법은 동시에 선도기능을 갖는다. 여기에서 선도기능이란 사회를 인간의 존엄성과 자유롭고 평화로운 공동체질서의 이념하에 구성되도록 이끄는 작용이다. 형법이 그의 선도기능의 관점에 따라 국가사회 시민들에게 사회윤리적으로 훨씬 더 적극적인 영향을 주어야 한다는 관점은 최근에 이르러서야 그 중요성을 다시 획득하게 되었다.

형법은 그의 선도기능에 충실하기 위해 지금까지 금지규범과 명령규범으로 가득 채워진 행위규범 배후에 감추어져 있던 적극적인 요구규범을 일반인의 의식 대상으로 내세워, 사회교육적으로 동기짓는 학습효과를 기대한다. 형법의 선도기능은 종전보다 훨씬 더 법충실화의 학습에 관심을 기울인다.

따라서 소극적인 금지 · 명령보다 적극적인 요구, 타율적인 위

48_ 법에서 이와 같은 기능에 관한 상세한 서술은 H. Henkel, Rechtsphilosophie, 2.Aufl., 1977, S.45ff.

협보다 감동적인 호소, 행위결과보다는 자율적인 행위의사, 외적인 행동을 규율하는 범죄예방보다 내면적인 질서의식의 안정화에 그리고 소극적인 일반예방과 소극적인 특별예방 대신에 상호간의 화해와 용서를 통해 이루어지는 적극적인 사회통합적 일반예방과 범인의 자기화와 사회화에 초점을 맞춘 적극적 특별예방에 더 큰 관심을 갖는다. 물론 이러한 착상은 인간본성의 총체적인 타락에도 불구하고 때가 되면 선한 양심이 회복될 수 있다는 일말의 기대를 품는 낙관적인 인간상에 기초를 둔 것이다.

규제기능의 측면에서 볼 때 형법은 더욱 겸손하고 절제할수록 더욱 훌륭하고 좋다. 법치국가 형법의 덕목은 그의 시민들에게 최소한의 규율을 통해 최대한의 자유를 부여할 때 발현되기 때문이다. 이것이 바로 형법의 보충성, 비례성, 최후수단성, 단편적 성격의 표현이다.

이에 비해 선도기능의 측면에서 볼 때 형법은 더욱 크고 영향력이 강할수록 더욱 훌륭하고 좋다. 복지국가 내지 문화국가의 범주 안에서 형법의 덕목은 그의 시민들에게 가급적 가치정향된 삶의 방도에 이르도록 조장하고 원호하는 데서 발견되기 때문이다. 이것이 바로 형법의 도덕형성력(H. Mayer), 사회윤리적 심정가치의 보호라는 제일차적 기능(H. Welzel), 사회통합적인 적극적 일반예방기능(Roxin, Jakobs)의 표현이다.

오랫동안 형법학은 형법의 규제기능에 더 시선을 집중시키고, 그의 선도기능을 등한시하는 경향으로 흘렀었다. 그러나 형법의 적극적 임무는 인간의 존엄과 가치를 구현하고, 자유롭고 평등한 평화로운 공동체적 삶에 기여하는 그의 선도기능을 통해서 더욱 현실화될 수 있다. 우리는 형법의 거대한 규범의 건축물 속에서 지금까지 금지와 명령규범만을 주목했을 뿐, 정작 이들 규범의 기초와 배후에 놓여 있는 요구규범을 응시하지는 못했다.[49] 그리고 그 요구규범의 산을 넘어서 규범세계의 최고봉에서 흘러 내리는 근본규범(Fundamentalnorm), 즉 사랑의 계명(Love commandment)이 보내오는 신호체계의 교신을 포착하지 못했다. 사랑의 메시지를 전달하는 요구규범이 오늘날 우리가 적극적 일반예방의 관점에서 우리의 의식 내면에 자리 잡도록 기대하는 규범의 청사진이다. 우리는 살인죄 규범에서 "타인을 살해하지 말라"는 음산한 목소리에 익숙해져 왔지만, 적극적 일반예방의 관점에서 오히려 "타인의 생명을 존중하라"는 요구규범의 코드를 읽어내야 한다. 이렇게 찾아낸 수많은 요구규범들은 실로 "네 이웃을 네 몸과 같이 사랑하라"는 예수 그리스도의 한 가지 새 계명에 모두 수렴되어 있다.[50] 현대 사회의 시민들의 법의식 속에 비록 개별적인 금지규범 · 명령규범 · 요구규범들이 쓰여져 있지는 않더라도, 그들의 가슴 속에서 예외없이 이 사랑의 계명은 쓰여져 있음을 간과해서는 안 될 것이다.[51]

후기현대사회에 들어와 형법학의 새로운 임무는 낡은 형법의 고정관념들을 허물고 인간의 삶에 봉사하는 인간의 얼굴을 지닌 형법을 만들어 가는 데서 발견된다. 일찍이 헤겔(Hegel)은 죄란 법의 부정이요, 형벌이란 법의 부정의 부정이라 칭했다. 물론 헤겔의 이 같은 형벌관은 응보형론에 입각한 것이어서 오늘날 우리시대의 정신에 비추어볼 때 그대로 수용하기 어려운 면이 있지만, 죄와 벌의 상관관계에 관한 그의 변증론은 그때나 지금이나 달라진 게 없

49_ 요구규범(Aufforderungsnorm)은 내용적으로 금지 · 명령으로 채워진 법규범의 최소한에 해당하지만 또한 윤리규범의 최대한에 해당한다. 그것은 Kant의 윤리학에 나오는 定言命令(Kategorischer Imperativ)에 상응하는 것이다.

50_ 마 22:39.

51_ J. Budziszewski, Written on the Heart, 1997, p.196.

다. 만약 그의 변증론을 우리의 새로운 형법 이해에 적용해본다면, 죄란 근본상황의 부정, 즉 사랑의 부정이요, 형벌이란 이 부정의 부정, 즉 사랑의 회복을 의미한다.

그렇게 볼 때 형법은 본질적으로 사랑의 형법이라고 말할 수 있다. 범죄란 사랑에 대한 비극적이고 공격적인 악용 내지 거부이다. 인간은 사랑 안에서 사랑을 주고받기 위해 태어난 존재이다. 신은 인간이 서로를 사랑하고 또 신을 사랑하도록 하기 위한 거룩한 목적에서 인간을 만드셨다.[52]

이런 관점에서 출발할 때 죄가 아무리 추악하고 더러워도 인간의 작품, 인간의 솜씨라는 점을 잊어서는 안 된다. 죄의 주체는 바로 인간이다. 죄는 바로 인간의 인격의 표현으로 만들어진 인간의 작품이다. 한 작품이 그 작가의 모든 면을 대신할 수 없듯이 죄가 한 사람의 인격을 다 대변할 수 없다. 그러므로 아무리 극악한 범죄인이라 할지라도 그의 가슴 속 한 구석엔 여전히 사랑의 가능성, 사랑을 주거나 받고 싶은 마음이 남아 있다. 그의 가슴 속엔 여전히 선을 사모하는 마음, 이웃과 더불어 살아갈 수 있는 여지가 남아 있다는 사실을 외면해서는 안 된다. 이 점을 외면하면 죄만 보고 죄를 만든 인간을 보지 못하는 잘못을 저지를 수밖에 없다.

흔히 형법은 힘없는 자들의 탐욕적 행동만 범죄화하고, 힘있는 자들의 그와 똑같은 행동을 정당화시켜 주는 데 오랫동안 길들여져 왔다는 점은 이미 17세기 마키아벨리(Machiavelli)가 "남의 손수건을 강탈한 자는 감옥에 가도, 한 고을을 강탈한 자는 공작이 된다"는 코멘트에서부터 극명하게 드러난 바이다. 죄의 이 같은 상대성에도 불구하고 범죄혐의자에게 가해지는 고문이나 인격 모독

52_ Ebd., S.24f.

은 모두 인간과 죄에 대한 잘못된 이해가 빚어낸 또 다른 범죄일 뿐이다.

더 나아가 벌이 아무리 가혹하고 중하다 해도 벌의 수용주체도 인간이라는 사실을 잊어서는 안 된다. 벌이 일면으로는 인간의 죄악된 본성에 맹렬한 분노를 쏟아붓지만 분노 그 자체가 벌의 목적일 수 없다. 오히려 죄로 얼룩진 인간본성의 찌끼를 벗기면서 감추어진 사랑의 잠재력을 북돋우고, 죄에 대한 부끄러움을 일깨우는 일을 형벌이 담당한다. 벌을 통해서 인간이 인격적으로 거듭날 수 있다는 믿음을 우리는 저버려서는 안 된다. 그리하여 죄의 무서움과 형벌의 두려움이 보여 주었던 강제와 공포의 형법을 사랑과 희망의 형법으로 변화시켜야 한다. 이것이 형법의 미래음악이다.

구약성경에 나오는 사형은 오늘날과 같은 의미의 극단적 응보수단이 아니라 하나님과 범죄자와의 화목, 죄로 인한 공동체의 구속, 범죄자와 공동체의 화해를 위한 사회위생적인 의식(儀式)으로 행하여졌던 것이다. 살인에 대한 보응을 뜻하는 히브리어 shillum 또는 shalam은 평화를 의미하는 shalom과 그 어근이 같은 말이다.[53] 죄에 대한 하나님의 보응은 관계단절이나 파괴가 아니라 관계회복과 건설의 의미를 지니고 있다는 점은 그리스도의 십자가 사건을 통해 더욱 분명해졌다. 범죄는 같은 범죄로 되갚아져서는 안 된다. 살인자의 생명은 제도적인 살인을 통해 되갚아지는 방법으로 박탈되어서는 안 된다. 그것은 절망과 상실의 극치일 뿐이다.

자, 여기에서 우리는 하나의 통속적인 의문에 대한 답을 찾을 수 있다. 왜 형벌을 통해 어떤 사람은 성숙하는 반면, 다른 사람은 성숙하지 못 하는가? 그것은 유전적 성향보다 외부의 다른 사람 또

53_ H. Zehr, Restorative Justice, 2005, p.165.

는 제도의 운용에 더 많이 좌우된다는 점이다. 사랑이 없는 형벌은 재범의 원인이 되는 반면 사랑이 있는 형벌은 기왕의 실책과 수치 · 고통이 변화 · 성숙의 열매가 되게 한다. 그러므로 응보적 정의에 입각한 아주 오래된 감옥제도, 교도소 제도와는 근본적으로 다른, 회복적 정의에 입각한 질적으로 선한 사랑의 형벌, 거듭남(born again)의 소망을 일깨우는 교도소제도가 더욱 절실하게 필요한 이유가 여기에 있다. 사랑만이 인간심성의 근본적인 변화를 낳고 새로움 삶을 향한 새 출발을 가능하게 해준다.

형법은 이제 죄와 벌의 무거운 짐을 인간의 어깨에 덧씌우는 장치가 아니라 그것을 벗겨주는 장치로 이해되어야 한다. 형법 속에서도 인간을 해방시키고 인간을 인간답게 만드는 새로운 지평을 바라보아야 한다. 그것이 인류가 오늘날까지도 그 완성도에 이르지 못한 인도주의 정신이기도 하다.

VI. 결 론

사랑의 형법학이라는 법신학적 논의를 적대형법의 반대편에서 이어갈 수 있었던 것은 역설적으로 후기현대사회의 포스트모더니즘이라는 흐름이 만들어낸 해체의 틈새, 즉 정신적 여백에 힘입은 바가 크다. 하지만 그것은 자유로운 주변 분위기의 조성에 일조했을 뿐이다. 사랑의 형법학이 저초하고 있는 철학적 바탕은 인간의 구원과 참된 행복 그리고 그리스도의 평화를 아우르는 기독교적 세계관이다. 세계관은 모순과 혼돈을 논리정연하게 통합하는 장점을 지니고 있는 게 사실이다. 하지만 후기현대주의의 맥락에서 보면 세계관은 편견과 이데올로기에 빠질 위험에서 자유롭지 못하다는 단점도 지니고 있다.

그러나 우리가 한편으로 항시 깨어 있는 반성적 이성으로써 그와 같은 이데올로기화의 위험을 직시하고, 다른 한편으로 열린 마음으로써 세계관의 일방통로를 지나 열린 지평의 융합으로 나아갈 때, 우리는 서로 다름을 인위적으로 왜곡시키지 않고서 통합의 단계에 이를 수 있을 것이다. 다양함 속에서의 일체성(Einheit in der Vielfalt), 이것이 내가 기독교적 세계관을 통해 익혔던 사유논리의 한 지평이다. 기독교적 세계관을 통해 나는 만남과 세계개방성, 관용과 인내, 사랑과 희생, 용서와 화해와 원상회복에 대한 말과 그 무거운 의미들을 배울 수 있었다.

무엇보다도 사랑의 의미를 통해 하나님의 장엄과 인간의 존엄이 융합하는 지평을 만날 수 있었고, 하나님의 법과 인간의 법이 융합하는 지평을 바라볼 수 있었다. 요구규범이라는 제3의 비교인자(tertium comparationis)를 통해 사랑의 계명과 다양한 행위규범 사이의 가교를 놓을 수 있었다. 모든 율법의 대강령인 사랑의 계명, 즉 이웃사랑을 통해 모든 법질서, 특히 형법질서의 규범체계에서 행위규범과 제재규범의 초석을 다시 놓을 수 있었다. 그리하여 사랑이 없는 행위규범은 맹목이요, 사랑이 없는 제재규범은 폭력이라는 결론에 이르렀던 것이다.[54]

이 같은 사유과정은 바로 형법이 인간적대성을 통해서가 아니라 인간호의성을 통하여서 그의 임무를 더욱 잘 실현할 수 있다는 인식으로 우리를 이끈다. 다시 말해서 몇몇 실책한 동료시민들을 시민의 상태에서 배제하거나 악마화하지 말고, 포용, 용서 그리고 화해를 통해 형법의 임무를 더 근본적으로 실현할 수 있다는 점이

54_ Il-Su Kim, Das Liebesstrafrecht hinterm Berge des Feindstrafrechts, a.a.O., S.21.

다. Heidegger의 말처럼, 인간의 현존재가 있는 곳에서만 의미가 존재한다면, 적극적 일반예방의 의미도 적대형법과 같은 변칙을 통해서가 아니라 인간존재 그 자체의 무게를 의미 깊게 받아들이는 사랑의 형법이라는 체계를 통해 그 본질에 이를 수 있을 것이다.

사랑과 희망의 형법이념은 오늘날 그다지 생소한 것이 아니다. 앞으로 회복적 정의(restorative justice) 내지 치료적 사법(therapeutic justice) 이념과 함께 덜 징벌적(less punitive)이고 더욱 인도적인 형사정책의 조류와 어깨동무를 하고 흘러갈 것으로 전망된다. 그것이 바로 형법의 미래음악이었으면 좋겠다.

후기

이 글은 2012년 6월 7일 백세(百歲) 생신을 맞이하신 은사 남흥우(南興祐) 선생님의 만수무강을 기원하는 마음으로 고려법학 제65호(2012.6)에 기고한 글이다. 같은 시기 나는 「전환기의 형사정책—패러독스의 미학」이라는 단행본을 남선생님께 헌정한 바 있다. 그러나 남선생님은 그해 가을 천수를 다하시고 하나님의 부름을 받으셨다. 이제는 하늘을 우러러 고인의 영원한 안식을 빈다.

[7] 한국형법과 「나쁜 사마리아인」의 처벌문제

Ⅰ. 서 론

「나쁜 사마리아인」은 「착한 사마리아인」이라는 성서적 예화(例話)에서 인문학적 상상력을 동원하여 이끌어 낸 반어(反語)이다. 물론 법학자, 특히 형법학자들이 논술의 편의를 위해 종종 사용하는 전문용어임을 전제해야 한다. 따라서 나쁜 사마리아인이란 선한 사마리아인처럼 행위했어야 할 상황에서 그렇게 행위하지 않은 사람들을 널리 일컫는 말이다. 거기에는 인종이나 민족, 성별이나 지역색 같은 차별적 요소가 끼어들어서는 안 된다.

성경에는 다음과 같은 예화가 나온다: 「어떤 사람이 예루살렘에서 예리고로 내려가다가 강도들을 만났다. 강도들이 그의 옷을 벗기고 상처를 입혀 거의 죽게 된 것을 내버려 두고 갔다. 마침 한 제사장이 그 길로 내려가다가 그 사람을 보고 피하여 지나갔다. 이와 같이 레위사람도 그곳에 이르러 그 사람을 보고 피하여 지나갔다. 그러나 한 사마리아인은 그 길로 지나가다가 그를 보고 측은한 마음이 들어 가까이 가서 그 상처에 감람유와 포도주를 붓고 싸맨

후에 자기 짐승에 태워 여관으로 데리고 가서 여관 주인에게 주며 '이 사람을 돌보아 주시오. 비용이 들면 내가 돌아오는 길에 갚겠소'라고 말했다(누가복음 10장 30-33절)」.

형법은 도덕법전이 아니다. 따라서 착한 사마리아인에 대한 칭찬과 보상은 형법의 주된 관심 사항이 아니다. 오히려 나쁜 사마리아인을 어떻게 대우해야 하느냐가 형법의 주된 관심사이다. 이 논의는 형법이 전제하고 있는 인간상(人間像)의 문제와도 직접적인 관련성을 갖는다.

개인주의적 인간상(個人主義的 人間像)은 개인을 절대시하고 개인 이외의 일체의 사회적 실체를 부인하는 관념이다. 여기에서 인간은 오로지 고립적 · 이기적 · 독자적 개체(個體)에 불과하다. 각자는 무제한의 자유를 가지려고 하나, 그 자유의 한계를 객관적으로 설정할 구속적 기준이 없으므로 결과적으로는 도덕적 무정부주의(道德的 無政府主義)에 이를 위험을 안고 있다. 개인주의적인 인간상을 전제로 삼는 한 나쁜 사마리아인에 대한 형법적 통제는 애당초 어불성설(語不成說)이다. 그 실례(實例)를 우리는 영미법체계에서 보기도 하고 듣기도 한다. 즉, 강도를 만난 사람에 대한 구조(救助)를 의무화한다는 것은 한 사람을 다른 사람의 노예로 만드는 것이라고 한다. 그러므로 형법은 애타주의(愛他主義)를 강요해서도 안 되며, 도덕규범을 입법화해서도 안 된다는 것이다(최종고 편역, 착한 사마리아인법, 25면).

이에 반한 전체주의적 인간상(全體主義的 人間像)은 개인의 존재와 가치를 부인하고 실존하는 것은 오직 공동체뿐이라고 고집하는 생각이다. 여기에서 개인은 독자성과 자유를 유보당한 채 전체 속의 부속품으로서, 그가 전체사회의 이익에 어떤 몫을 할 수 있는가에 따라 그 가치를 평가받을 수 있을 뿐이다. 그러나 이러한 인간상은 사회전체의 이익을 위해 개인의 이익을 무제한 유보한 채 의무만을 강요하는 이데올로기로 전락할 위험이 있다. 전체주의적 인간상을 출발점으로 삼는 한 나쁜 사마리아인에 대한 형법적 통제는 당연지사이다. 「사회가 당신에게 폭력사건에 처해 두려움에 떨고 있는 당신의 동료시민을 도와야 한다고 강제하거나 도움이 필요한 경찰을 도와야만 한다고 강제하지 않더라도 당신은 손해를 무릅쓰고라도 그를 도와야 하지 않겠는가?」라는 것이 이에 대한 형사법적 통제의 정당성의 근거이다.

그러나 중요한 것은 타인을 나쁜 사마리아인처럼 돕지 않는 것이 단지 개인의 인간성 또는 도덕성만의 문제가 아니라는 점이다. 거기에는 또한 중요한 사회적·법적 측면이 내포되어 있다는 점이다. 그러므로 나는 이 글에서 이 점을 주된 검토의 대상으로 삼고자 한다.

II. 형법적 대응

1. 직접적 대응

형법의 직접적 대응은 형법전 속에 이른바 선한 사마리아인 규정을 두어, 실제로 나쁜 사마리아인들을 형벌로 다스리는 방법이다. 1905년에 제정된 우리나라 최초의 형법전(刑法典)인 형법대전(刑法大全) 제4편 제14장 잡범률(雜犯律) 제7절 견급불구율(見急不救律) 제675조에 "동행(同行)이나 동거(同居)한 사람이 타인을 모해(謀害)함을 지(知)하고 조당(阻當)치 않거나 수화(水火)나 도적(盜賊)의 급(急)이 유(有)한데 구호(救護)치 아니한 자는 태일백(笞一白)에 처함이라"는 규정이 있다. 이로써 나쁜 사마리아인에 대한 제재가 우리의 전통적 법관념에서 그다지 생소한 것이 아님을 엿볼 수 있다. 북한형법 제20조 · 제138조에도 이에 관한 규정이 들어 있다. 물론 사회주의 휴머니즘이 전제된 것이기는 하지만 도덕적 의무(道德的 義務), 인도주의적 의무(人道主義的 義務), 사회적 연대성(社會的 連帶性)과도 관련이 있다는 점을 부인하기 어렵다.

오늘날 미국의 31개주 이상, 유럽의 14개국 이상, 심지어 구사회주의국가(舊社會主義國家)의 형법에서조차 악한 사마리안인 처벌규정인 「선한 사마리아인 법규정」이 입법화되어 있는 실정이다.

생명 · 신체의 위난에 처한 사람들을 구조해야 할 의무는 공동체 생활에서 인간의 도덕적 의무만이 아니라 윤리적 의무의 최소한으로서 법적 의무이기도 하다. 도덕적 의무를 형법적 의무로 전환시키는 것은 비효율적이고 법치국가형법의 보충성의 원리에도 어긋난다는 비판이 있지만, 그것은 단지 원론적인 한계선을 긋는 의미 이상이 것이 아니다.

도덕규범을 너무 광범위하게 그리고 너무 과도하거나 급작스럽게 법적 규범으로 전환할 경우, 그것이 때로는 비효율적이고 보충성의 원리에 반한다는 것은 의문의 여지가 별로 없어 보인다. 그러나 법이 사회의 이익, 사회의 공동선(共同善)을 추구하면서 필요한 최소한의 범위 안에서 인간의 태도를 결정하도록 영향력을 행사하며 사회적 연대성해체를 예방하며 고전적 의미의 사회계약 준수를 강화하는 자극을 주는 것은 보충성의 원리에 반하는 것이 아니다. 형법도 사회적 임무를 담당해야 한다면 최소한 형법의 수범자(垂範者)들에게 각자가 서로를 위하여 있다는 사회계약상태를 확인시키는 사회통합작용을 외면해서는 안 되기 때문이다.

바로 이 점이 여러 나라 형법에서 악한 사마리아인 처벌규정을 둔 정당성의 근거라고 여겨진다.

2. 간접적 대응

우리나라 현행형법에 직접 악한 사마리안인 규제를 위한 법적 장치는 없다. 그러나 간접적인 통제조항들이 여러 곳에 산재해 있는 것은 사실이다.

(1) 부진정부작위범

우리형법 제18조는 "위험의 발생을 방지할 의무가 있거나 자기의 행위로 인하여 위험발생의 원인을 야기한 자가 그 위험발생을 방지하지 아니한 때에는 그 발생된 결과에 의하여 처벌한다"고 규정하고 있다. 여기에서는 아무나 부작위범으로 처벌될 수 있는 것이 아니고 보증인적 지위(保證人的 地位)에서 보증인적 의무(保證人的 義務)를 진 자만이 부작위범으로 처벌된다.

보증인적 지위를 분류하는 데는 법령(法令)·계약(契約)·선행행위(先行行爲) 등 발생원인에 따라 형식적으로 분류하는 형식설(形式說)과 기능에 따라 보호의무(保護義務)와 안전의무(安全義務)로 분류하는 실질설(實質說)이 있다. 우리나라에서는 형식적 분류방법이 지배적이었으나 조리(條理)·공서양속(公序良俗) 등의 초법규적 기준을 추가함으로써 실질적 관점에서 그 범위를 확장해 왔다. 그러나 선한 사마리아인 규정을 갖지 않는 우리형법에서는 그 범위를 어느 범위까지 넓힐 수 있느냐가 중요한 관심사이다. 이른바 긴밀한 자연적 결합관계, 즉 사실혼관계(事實婚關係)에 있는 부부, 동거자, 약혼자 사이에서도 밀접한 개인적 유대와 결속 및 신뢰관계가 존재하는 것으로 보아 상호간에 개인적인 보호보증인적 지위

(保護保證人的 地位)를 인정해야 할 것인가의 문제이다.

형식설에 따르는 한 이들 관계에 대해서까지 보증인적 지위를 인정하기는 곤란하다. 그러나 우리형법처럼 선한 사마리아인 규정이 없기 때문에 일반적인 구조불이행(救助不履行)을 처벌하지 않는 법제하에서는 부진정부작위범의 보증인적 지위를 위에서 본 긴밀한 자연적 결합관계에 있는 사람들 사이에도 넓혀 적용하는 것이 입법의 공백을 메꾼다는 점에서 바람직해 보인다(金日秀, 韓國刑法 II, 557면).

선행행위(先行行爲)가 객관적으로 위법하지 않은 것일 때에도 보증인적 지위와 의무가 생기는가? 예컨대 노상강도를 만난 행인(行人)이 오히려 정당방위(正當防衛)로 그 강도에게 중상을 입힌 경우이다. 이 경우에 적법한 선행행위자들에게도 피해자를 구조해야 할 보증인적 의무를 인정하는 견해도 있으나, 부정하는 견해가 다수이다. 피해자에 대한 일반적인 부조의무(扶助義務)는 있을지라도 이를 능가하는 특별한 구조의무는 발생하지 않기 때문이라는 것이다.

일반적인 부조의무위반을 처벌하는 선한 사마리아인 규정을 두고 있는 법제에서는 적법한 선행행위(先行行爲)로부터 보증인적 의무를 도출하지 않더라도 이 부조의무불이행(扶助義務不履行)을 진정부작위범(眞正不作爲犯)으로 처벌함으로써 공동체의 최소한의 연대성을 법으로 보호할 수 있다.그러나 이런 조치가 미비한 우리 형법에서는 단순한 윤리의무로 볼 수밖에 없어 그만큼 연대성보호가 약한 것이 사실이다.

(2) 도로교통법 · 특가법

일반적인 부조의무위반(扶助義務違反)은 형법적 규제대상이 아니라 자율적인 선행(善行)일 수밖에 없는 우리의 법제에서도 도로교통생활분야에서는 사고운전자에게 비록 위법하지 않은 사고라 하더라도 필요한 구호조치(救護措置)를 취하도록 요구하고 있다. 예컨대 고속도로에서 교통규칙을 준수하고 운행하던 자동차운전자가 갑자기 차도로 뛰어든 농부를 치어 중상을 입혔으면 일단 그 장소에 차를 멈춘 뒤 피해자를 구호하고 경찰에 신고하는 조치를 취해야 한다. 따라서 위법하지 않은 사고를 일으킨 운전자라도 일단 밀접한 부조의무를 행하지 않으면 진정부작위범으로서 도로교통법 제106조, 제50조 제1항에 의한 처벌을 받게 된다. 만약 이 운전자가 결과발생에 대한 미필적 고의(未必的 故意)를 가지고 도망했다면 부작위(不作爲)에 의한 살인(殺人)이 가능하다. 뺑소니 운전자의 경우 특정범죄가중처벌법(特定犯罪加重處罰法) 제5조의3에 해당함은 물론이다.

(3) 유기죄

우리형법 제271조 제1항은 "노유(老幼) · 질병(疾病) 기타 사정으로 인하여 부조(扶助)를 요(要)하는 자를 보호할 법률상 또는 계약상 의무 있는 자가 유기(遺棄)한 때에는 3년 이하의 징역에 처한다"고 규정하고 있다. 따라서 유기죄를 범할 수 있는 주체는 법률상 · 계약상의 의무를 가진 자이다. 이 점에서 유기죄의 범죄주체는 부진정부작위범(不眞正不作爲犯)의 보증인적 지위에 있는 범죄주체보다 그 개념의 폭이 좁음을 알 수 있다.

법률상 보호의무를 진 유기죄의 주체는 경찰관직무집행법(제4조)에 의한 경찰관, 도로교통법(제106조)에 의한 사고운전자, 상호부양의무를 진 친족, 자녀에 대한 보호의무를 진 친권자, 금치산자에 대한 후견인 등이 있다. 계약상의 의무는 다양하다. 종래 유기죄의 범죄주체를 부진정부작위범의 그것과 동일시하여 유기죄의 의무발생원인을 법률상·계약상 의무 외에 널리 사무관리·관습 또는 조리(條理)에 의한 보호의무, 심지어 공서양속(公序良俗)이나 사회통념(社會通念)에 의한 보호의무까지 포함시켰다. 그러나 형법의 법률명확성의 원칙과 유추적용금지는 이 같은 과도한 확장을 허용하지 않으므로 근자에는 학설뿐만 아니라 대법원판례까지도 유기죄의 주체를 문언(文言)에 충실하도록 제한하는 입장을 취하고 있다.

이렇게 볼 때 입법론으로서는 유기죄의 주체에 법률상·계약상 의무 있는 자를 넘어 각자가 사회일반인으로서 일상적인 사회공동생활을 통해 마주치는 조난당한 이웃에 대한 보호의무불이행을 처벌하는 일반규정의 도입이 필요해 보인다. 그 방안으로는 보호의무 없는 자의 유기를 1년 이하의 징역으로 벌하는 일본형법 제217조의 규정방식이나 더 포괄적으로 선한 사마리아인 규정을 두는 방식을 고려해 볼 수 있다.

(4) 경범죄처벌법

경범죄처벌법 제1항 제6호는 일반적인 신고의무를 과하는 규정을 두고 있다. 즉 "자기가 관리하고 있는 곳에 도움을 받아야 할 노인, 어린이, 장애인, 다친 사람 또는 병든 사람이 있거나 시체 또는 사산아가 있는 것을 알면서 이를 관계 공무원에게 지체 없이 신고하지 아니한 사람"을 10만원 이하의 벌금, 구류(拘留) 또는 과료형(科料刑)에 처하도록 하고 있다. 더 나아가 같은 법 제1항 제29호는 "눈·비·바람·해일·지진 등으로 인한 재해, 화재, 교통사고, 범죄, 그 밖의 급작스러운 사고가 발생하였을 때에 현장에 있으면서도 정당한 이유 없이 관계 공무원 또는 이를 돕는 사람의 현장출

입에 관한 지시에 따르지 아니하거나 공무원이 도움을 요청하여도 도움을 주지 아니한 사람"을 역시 10만원 이하의 벌금, 구류또는 과료형에 처하도록 하고 있다.

경범죄처벌법은 1905년 형법대전(刑法大全)이 악한 사마리아인을 잡범(雜犯)으로 취급하여 태일백(笞一百)에 처하도록 한 것과 일맥상통하는 점이 있다. 하지만, 경범죄처벌법은 역시 질서위반법적 성격을 주로 하고 있어 형법만큼 높은 사회윤리적 비난성을 갖고 있지 못하다.

물론 형사제재(刑事制裁)란 그 사회를 지배하는 도덕적 가치체계를 재확인하는 보충적 수단에 불과하다. 그러나 형법적으로 이를 재확인하려면 일반인의 법의식에 호소할 만큼 대상행위의 사회윤리적 비난성이 강렬해야 한다. 그 점에서 보면 악한 사마리아인에 대한 형법상의 규제를 적어도 벌금형(핀란드 · 터키), 3개월 징역(덴마크 · 이태리 · 네덜란드 · 노르웨이 · 루마니아), 6개월 징역(체코 · 에티오피아), 1년 징역(독일 · 그리스 · 헝가리), 3년 징역(불가리아 · 폴란드), 5년 징역(프랑스)에 처하는 외국의 예에 비해 경범죄 처벌법적 대응은 미흡하기 짝이 없어 보인다.

Ⅲ. 비교법적 고찰

형법은 나쁜 사마리아인을 처벌대상으로 삼음으로써 기본적으로 선한 사마리아인의 사회질서를 지향하고 있다. 이러한 지향성과 적극적 일반예방의 관점에서 서양 여러 나라는 일찍부터 형법전(刑法典) 속에 선한 사마리아인 규정을 마련해 놓고 있다.

- 스위스 칸톤 Unterwalden ob dem Wald 경찰법(1870.4.20)

제136조: 자신의 위험 없이, 생명에 대한 절박한 위험에 처한 다른 사람을 구해줄 수 있는 사람이 그를 충분한 이유가 없이 내버려두었을 경우, 만약 그가 목숨을 잃거나 건강에 대한 지속적인 손해를 입을 때에는 14일 이상 8개월 이하의 금고형이나 300프랑 이하의 벌금형에 처한다.

제137조: 제136조의 경우 이외에, 생명이나 건강에 대한 위험이 있거나 신속한 도움이 필요한 처지에 있는 사람을 충분히 도움줄 수 있으나 이유 있는 구실 없이 자신의 본질적인 위험 때문에 그를 구해주지 않은 사람은 150프랑 이하의 벌금형이나 적당한 금고형에 처한다.

- 네덜란드 형법전(1881.3.3)

제450조: 다른 사람이 급박한 죽음의 위험에 처해 있는 것을 목격한 자로서 위험에 처한 자를 도움으로써 자신이나 다른 사람에게 위험을 야기시킬 만한 충분한 상황이 아닌데도 불구하고 구조를 하지 않았을 경우에 그로 인하여 방기된 자가 사망에 이르렀을 경우 3개월 이하의 징역 혹은 300프로랩 이하의 벌금형에 처한다.

- 노르웨이 형법전(1902.5.22 제정, 1961.3.1 개정)

제387조: 그 자신이나 다른 사람들에게 어떤 특별한 위험이나 희생없이 그가 할 수 있는 일인데도 다음의 사항을 하지 않는 사람에게는 누구에게나 벌금이나 3개월까지의 구금에 의한 처벌이 부과된다.

1. 그 생명이 명백하고 임박한 위험에 처해 있는 사람을 자신

의 능력에 따라 도와주지 않음.

2. 관계당국에 즉시 신고하지 않거나 그렇지 않으면 그의 능력에 따라 화재 · 홍수 · 대폭발 혹은 인간의 생명을 위협하는 이와 유사한 사건을 방지하지 않음. 만약, 누군가가 그러한 행위에 기인하여 사망한다면 6개월 이하의 징역이 부과될 수 있다.

- 러시아 형법(1960.10.27)

제127조(위험한 상황에서의 유기): 도움의 제공이 자신이나 다른 사람에게 심각한 위험이 없는데도 고의로 죽음의 위험에 처해 있는 사람에게 필요하거나 즉시 분명하게 요구되는 도움을 주지 않거나 혹은 관계기관이나 도움을 제공할 필요가 있는 사람에게 알리지 않은 것은 6개월 이내의 징계 노동형에 처하거나 사회적 비난에 의해 처벌받을 것이며 사회적 압력의 조치에 의한 적용대상이 될 것이다.

- 독일 형법(1980.7.1. 개정)

제323조의C(구조부작위): 재난사고 또는 공공의 위험이나 긴급한 사태에서 구조가 요구되며 여러 가지 사정에 비추어 특히 자신에 대한 현저한 위험이 없고 기타 중요한 다수의 위반 없이 가능하다고 기대되어지는 구조를 행하지 않은 자는 1년 이하의 자유형(自由刑) 또는 벌금형(罰金刑)에 처한다.

- 오스트리아 형법 제95조(원조제공의 불이행)

제1항: 어떤 사고 또는 공공위험의 경우에 사망이나 신체손상 또는 건강손상의 위험으로부터 인명을 구조하기 위하여 필요한 원조를 제공하지 아니한 자는, 그 원조제공을 행위자에게 기대할 수

없었을 때를 제외하고 6월 이하의 자유형 또는 360일 이하의 일수벌금형(日數罰金刑)에 처하고 원조제공을 하지 아니하여 타인의 사망을 초래한 때에는 1년 이하의 자유형 또는 360일 이하의 일수벌금형(日數罰金刑)에 처한다.

제2항: 그 원조제공이 특히 생명 · 신체의 위험 또는 다른 중요한 이익의 침해 하에서만 가능한 때에는 구조를 기대할 수 없다.

우선 이상의 여러 나라 형법전에서 볼 수 있는 바와 같이 선한 사마리아인 규정은 죄형법정원칙상 몇 가지 요건을 갖추고 있음을 알 수 있다.

먼저 구조에 앞서 위난을 당한 자가 존재해야 하고 그 위난의 정도는 생명과 신체에 중대한 위험이 있는 상태여야 한다. 특히 강조되는 것은 생명이 위태로운 상태에 있다는 점이다. 그 밖의 명예나 재산, 심지어 성적 자기결정의 자유(정조라고 흔히 부르는 것)가 위험한 상태에 놓여 있을 때 일반인에게 구조의무를 부과하지 않는다. 살아 있는 사람의 생명이 위난을 받는 정도에 관해 "즉각적", "직접적"인 위난으로 한정하거나(에티오피아 · 헝가리 · 네덜란드 · 폴란드), "절박한" 위난으로 규정하기도 한다(프랑스 · 노르웨이) (최종고 편역, 착한 사마리아인법, 13면). 단 프랑스 형법은 유기죄의 구성요건 속에 일반적인 구조부작위를 넣고 있기 때문에 여기에서 "위험에 처한 사람"이라는 문언(文言) 속에는 죽음의 위험이나 그에 버금가는 심각한 상해뿐만 아니라 일반적인 어떠한 심각한 상해 및 일반적인 어떠한 심각한 육체적인 곤궁도 포함한다고 해석된다.

그 다음은 구조의무자의 상황적 한계문제인데 각국의 선한 사마리아인 규정은 "도와줄 힘이 있는 자"로 한정하고 있다. 여기에서 도와줄 능력있는 자란 위험에 근접해 있는 정도, 위험의 인식도, 효과적인 구제의 가능성 등을 종합하여 판단해야 한다. 즉 구조자가 본인의 의사와 관계없이 위난당한 사람과 조우하게 되었고, 그 상황에서 그 위난당한 자를 돕는 것이 구조자의 동일한 법익에 대한 중대한 위험이 될 수 없는 상황이라면 구조를 해야 한다. 단순히 갈 길이 바빠서, 경제적 손실이 있기 때문에 또는 귀찮아서라든가 어쩌면 자신에게 미칠지 모르는 손실을 두려워하여 그 상황으로부터 도피적인 탈출을 한다면 나쁜 사마리아인의 처벌규정에 적용을 받게 된다. 위난에 처한 자가 도움받기를 거부한 때에는 구조의무가 법적으로 강요되지 않는다는 데 각 나라의 입법례가 인식을 같이한다는 점이 확인된다(최종고 편역, 앞의 책, 18면).

구조의무의 내용은 기대할 수 있는 만큼의 최소한이다. 적어도 구조의 능력과 의무를 진 당국에 신고하거나 이웃에 도움을 요청하는 것 내지 알리는 것이 최소한의 의무라 할 수 있다. 그러한 가능성이 없을 때, 자신에게 기대되는 범위 안에서 스스로 구조를 제공해야 한다. 자신의 승용차로 위난에 처한 자를 싣고 인근 병원으로 옮기는 등의 조치를 예상할 수 있다.

이 같은 선한 사마리아인 법규정은 전통적으로 기독교에 뿌리를 둔 사랑의 계명에 기초를 두고 있음이 사실이다. 일찍이 Wilhelm Leonhard는 이 선한 사마리아인 규정을 「사랑의 조항」(Liebesparagraph)으로 지칭하였다(W. Leonhard, Der sog. Liebesparagraph, 1910, Heidelberger Diss.). 이러한 관념의 배후에는 긴급상황에 처한 이웃에게 원조를 해야 할 의무는 원칙적으로 윤리적 계명이었으나, 차차 관헌의 요구가 있었을 때에 한 해 법적 의무로 승인하는 경향으로 흘렀다가(따라서 선한 사마리아인 규정은 경찰법 내지 경범죄적 성격을 애당초 띠었었다), 그 후 사회적 연대성과 사랑의 공동체, 상호의사소통 구조로서의 사회관념이 확립되면서 일반적인 시민의 법적 의무로까지 인식되기에 이르렀다. 서로의 안전을 보장하기 위한 일종의 법적인 품앗이사상이라고 할 수 있을 것이다.

기독교적 문화전통을 배경으로 하면서도 사회적 연대성의 의미를 개인의 자율성과 같은 정도로 강조하는 대륙의 형법체계에서는 오직 법률이 사랑의 계명을 구체화하고 있을 경우에 한하여 공권력은 하나님의 요구에 부응하여 공의를 행하고 있다고 말할 수 있다는 인식에서 출발한다. 법이 사람들로 하여금 이웃의 권리와 지위를 존중하도록 격려하고 또 강제할 때 그 법은 하나님의 목적에 이바지한다는 것이다(R. 챔브레인, 하나님 나라안에서의 법률—실정법으로서의 사랑의 계명, 전재중 역, 1995년 IVP). 법이란 자기의 권리를 호소하고 있는 이웃의 호소에 대하여 우리가 인격적으로 받아들이고 승인한 결과이기도 하다(진웅희, 한국개신교법사상, 1993년 서울대 석사학위논문, 104면). 물론 형법도 그 예외가 아니다.

Ⅳ. 결 론

법이 불구조자(不救助者)를 처벌해야 하는가 아니면 고무·격려해야 하는가는 사회질서관점에서 결정해야 할 입법정책(立法政策)의 문제이다. 형법은 지나친 애타주의(愛他主義)로 흘러 우리의 이웃집 아기가 울 때마다 가서 도와주라고 요구할 수 없다. 호의를 형법적으로 유도하는 것은 적절한 방법이 아니기 때문이다. 한 가족의 조그만 가정싸움에 이웃의 즉각적인 관심표명은 애타주의가 아니라 지나친 간섭일 수 있기 때문이다.

그러므로 재난당한 이웃이 생명이나 신체적 위험에 처했을 때 그 재난(災難)으로부터 벗어나도록 돕는 것이 구조자에게 같은 생명이나 신체에 대한 위험을 야기하지 않는 상황이라면 도움을 제공하거나 적어도 관계당국에 신고하는 정도의 도움은 더불어 사는 공동체의 구성원이라면 서로서로 주고받는 관계에 있어야 한다. 그러한 부조행위는 단순한 도덕적 요청을 넘어 규범의 세계에서 형법적 규율의 대상이 될 수 있다.부조불이행행위를 형법적 규율의 대상으로 삼는 것은 법경제적 관점에서 일부 논자들이 주장하는 것과 같은 단순한 낭비가 아니다. 형법의 법익질서의 근간을 이루는 기초적인 윤리성의 관점에서 볼 때 그것은 결코 과도한 형법적 통제라고 보여지지는 않기 때문이다. 이러한 최소한의 윤리에 배반하는 개인의 무관심과 탈연대성(脫連帶性)은 형법적 통제의 대상이 될 수 있다고 생각한다.

개인과 사회는 고립된 그 무엇이 아니다(귄터 야콥스, 규범 · 인격 · 사회, 김일수/변종필 공역, 2013, 7면). 사회전체의 이익을 위해 개인의 자유를 무제한 유보하고, 의무만을 강요하거나 개인의 과도한 자유를 위해 사회의 기본질서의 안정조차 등한시하는 관점은 인간의 현실과 동떨어진 이데올로기일 뿐이다. 개인주의와 집단주의의 양극단을 지양(止揚)한 인격주의(人格主義) · 연대주의(連帶主義)의 인간상(人間像)이 형법의 바른 인간상이다. 여기에서는 개인을 존중하되 사회의 일원으로서 존중할 뿐 그를 결코 신격화(神格化)하여 방임하지 않는다. 또한 사회를 인정하되 그것이 개인의 자유로운 인격발전에 유용한 한에서 그 가치를 인정할 뿐 이를 결코 절대화하지 않는다. 따라서 개인과 사회는 인간존재의 존재론적 구조의 양면으로서 상호의존 · 상호보완관계로 파악해야 한다. 개인(個人)의 사회관계성(社會關係性)과 사회구속성(社會拘束性)을 인정할 뿐만 아니라 사회(社會)의 개인존중성(個人尊重性)과 개인구속성(個人拘束性)도 인정한다. 이로부터 인간존재의 고유가치인 개별

존재성과 사회존재성을 훼손하지 않으면서 사회 속에서 개인, 개인을 위한 사회의 질서관을 도출할 수 있다(金日秀, 韓國刑法 III, 46면).

이상의 관점에 입각할 때, 우리형법은 사회연대성에 관한 배려가 미흡하다. 함께 밤길을 동행하는 두 사람이나, 함께 눈길을 동행하는 두 사람이 있다고 가정해 보자. 우리 형법 질서하에서는 두 사람 중 한 사람이 자신에 미칠 만약의 재난에 대해 다른 동행자가 보증인이 되어 주기를, 선한 사마리아인이 되어 주기를 기대할 수 없다. 나쁜 사마리아인들끼리 어깨를 걸고 걸어간다고 생각해야 한다. 이것이 형법개정을 앞둔 우리현실에서 보완되어야 할 중요한 하나의 관점이라고 생각한다.

나는 이 같은 보완책은 사랑의 형법 내지 형법질서의 애린사상(愛隣思想)이 요구하는 필요불가결한 요소라고 생각한다. 왜냐하면 사랑이란 타자를 위한 공간을 스스로 내어줌으로써, 타자를 서로 어깨동무하는 이웃으로 변환시키는 힘의 원천이며, 타자와 만나서 더불어 살아가게 하는 연대성의 지평이라고 말할 수 있기 때문이다.

후기

이 글은 1994년 봄 서강대 사회과학연구소에서 개최한 법과 윤리에 관한 학술세미나의 발표문이다. 「선한 사마리아인」 비유에 나오는 애린사상(愛隣思想)을 형법신학적 측면에서 더 심도 있는 깊이로 천착해 볼 계획이었지만, 여기에서는 원문을 약간 수정하는 선에서 그쳤다.

물론 「선한 사마리아인」 비유는 우리들에게 인간의 실존상황에서 누가 우리의 이웃이며, 또 이웃이 되기 위해서는 어떤 실존의 지평으로 나아가야 할지를 가르쳐 주고 있다. Erik Wolf는 이 비유에서 이웃법(Nächstenrecht)이라는 법신학적 사상을 이끌어 낸 적이 있었지만, 사랑의 형법학이라는 관점에서도 이웃이라는 언어가 함축하고 있는 의미는 넓고도 깊다. 이 비유에서 이웃이란 신분이나 사회적 계층, 차별을 뛰어넘어 서로 남남이던 개체들이 포용 안에서 인격으로 하나되는 삶의 지평, 사회적 유대관계, 사랑의 관계를 의미한다. 여기에서 부버(M. Buber)의 말을 빌리자면, 이웃이란 나와 그것의 관계가 아닌, 나와 너의 관계, 참된 만남과 어울림의 관계이다.

[8] 한국법에 나타난 효도법의 모습 —특히 형법을 중심으로

Ⅰ. 서 론

우리나라도 다른 선진국처럼 급속하게 고령화 사회(Aging Society)로 옮겨가고 있다. 2000년도에 65세 이상 노인 인구가 전체 인구의 7.1%인 337만 명에 이르더니 2002년도에는 이미 7.9%를 차지했다. 이런 추세라면 2022년에는 노인인구 비율이 현재의 2배 가량인 14.3%에 도달하게 될 전망이다. 신생아 수가 감소하는 데 비해 노인 인구가 증가일로에 있어 우리 사회는 2022년보다 앞서 이른바 고령사회(Aged Society)로 진입할 것으로 전망된다.

연구결과에 따르면 2000년도 노인부양비(노인인구/생산연령인구)는 10%로 생산연령(15세~64세) 인구 약 10명이 노인 1명을 부양하나, 2022년에는 20.8%로 증가하여, 생산연령인구 약 5명이 노인 1명을 부양하는 수준이 될 것이라는 예측이다. 또 하나 주목할 점은 2000년도 노인부양비는 유년부양비(14세 이하인구/생산연령 인구)의 1/3 정도이었으나, 2022년에 이르러도 이와 비슷한 수준을 벗어나기 어려울 것이라는 점이다. 노인부양에 드는 공·사적 비용이 자녀부양에 비해 약 1.7배로 높다는 점을 감안하면 실제적인 노인부양비는 훨씬 빈약해질 것으로 추론된다.[1]

그런데 자녀수의 감소와 여성의 경제활동 참여 증가로 전통적인 가족 구성원들 에 의한 노인부양기능은 점점 더 약화되고 있는 추세이다. 자녀와 동거하는 노인의 비율이 1985년도 78.3%에서 1990년도 66.4%, 1994년도 55.9%, 1998년도 48.6%로 점 점 줄어들고 있고, 혼자 사는 노인도 1990년도 8.9%이던 것이 1994년도 16.2%, 1998년도 17.9%로 점차 증가 추세를 보이고 있다.[2]

더 나아가 전통적인 가족윤리의 해이로 법적인 부양의무자들이 부양을 기피함으로써 최저생활을 유지하기 어려운 노인가구도 늘어나 2002.3 현재 부양기피 등에 따른 기초생활보장 수급자로 보호받는 노인가구는 2만 4천 가구에 이른다.[3]

고도산업 · 정보화 사회로 이행하면서 고령화 사회와 고령사회를 우리는 당장 목전에 두고 있다. 핵가족화와 개인주의가 확산되면서 가족의 노인부양기능이 약화되는 가운데 전통적인 경로효친사상마저 사양길로 치닫고 있다.

그동안 이와 같은 사회변동을 고려하여 노인복지 차원의 대책이 전혀 없었던 것은 아니다. 하지만 관련대책이 종합적 · 체계적이지 못하고 즉흥적 · 산발적이었고, 경로우대제도나 효행자포상 등 전통적인 효의 강조 수준에 머물렀다. 부양제공자로서 가족역할에 상응한 통합적인 지원책이 구비되지 않았고, 해체되어 가는 가족윤리 문제에 대한 대응책도 미미했었다.

1_ 국무조정실 정책평가위원회, 「고령사회에 대비한 노인보건 · 복지정책 평가」, 2001.4, 1면 이하 참고.

2_ 정경희 외, 「98년도 노인생활실태 및 복지욕구조사」, 1998, 자료 참고.

3_ 대한변협, 2002년도 인권보고서(제17집), 219면 이하.

우리나라 헌법 제34조 4항은 "국가는 노인과 청소년의 복지향상을 위한 정책을 실시할 의무를 진다"고 했고, 제5항은 "신체장애자 및 질병·노령 기타의 사유로 생활능력이 없는 국민은 법률이 정하는 바에 따라 국가의 보호를 받는다"고 말한다. 그렇지만 국가가 이와 같은 의무를 이행하는 데는 국민경제와 국가재정의 제약을 받지 않을 수 없다. 노인들의 인간다운 생활을 보장하기 위한 복지기반을 국가가 홀로 구축할 수 있다면 경로효친사상은 단지 호소하고 계몽하는 윤리차원에 머물러도 충분할 것이다. 하지만 국가의 복지정책과 제도만으로 해결할 수 없는 노인 부양문제를 풀어가려면 국가가 효친의 정신적 유산에 대해서도 그 활성화를 위한 합리적인 제도를 만들고 실효성 있는 정책을 펴 나가지 않으면 안 된다. 바로 그것이 헌법이 국가에 부과한 의무를 충실히 이행하는 일이 될 터이기 때문이다.

오늘 여기에서 우리가 단순히 효도를 말하지 않고 굳이 효도법을 말하고자 하는 까닭도 이런 맥락에서 있다. 먼저 우리의 정신적·윤리적 전통인 효도가 오늘의 사회상이나 시대상황에서 단지 윤리 차원에 머물러야 할 가치인지 아니면 강화된 법적 보호의 대상이 될 법익으로서의 적격을 갖고 있는지를 검토해 볼 필요가 있다. 이 점은 법과 윤리의 관계에 관한 아주 오래된 담론의 대상이기도 하다.[4]

하지만 일반론을 떠나서도 우리나라 현행법 속에 효를 하나의 질서가치로 승인하고 그 바탕 위에 형성된 구체적인 법제도나 법

4_ 법과 윤리의 관계에 관하여는 양자가 독립별개의 것이라는 분리설과 양자는 전적으로 일치한다는 합치설, 그리고 양자가 부분적으로 일치하나 부분적으로 불일치하는 구석도 있다는 부분적 합치설 등이 대립하지만, 부분적 합치설이 합리적인 견해임은 두말할 것도 없다.

규범은 없는지를 살펴본다면 한국법에서 효 윤리의 법규범화를 위한 준거점을 확보할 수 있을 것으로 보인다. 더 나아가 이와 같은 확인을 통해 우리는 건전한 상식을 지닌 보통사람들보다 오히려 전문 법률가나 법률지식인들이 거부감을 품음직해 보이는 효도법 입법에 대한 선입견을 완화시킬 수 있는 지평에도 도달할 수 있으리라 기대한다.

II. 형법상의 효도법 원리

1. 보편적인 법문화 유산으로서의 효도

한국법의 원류를 더듬어 보면 조선조가 다하기까지도 윤리규범과 법규범의 분화 가 오늘날의 법질서에서처럼 극명하게 드러나 있지 않음을 알 수 있다.[5] 강상윤리는 당대의 최고규범이었으므로 법과 제도도 이 최고규범의 실현을 보장하는 수단에 불과했기 때문이다.[6] 한국법의 관습법적 토양이라고 할 향약(鄕約)도 효의 근본의 실현을 제도화된 규범의 출발점으로 삼고 있음을 보여준다.[7] 물론 이러한 현상은 한국법의 특유한 내용이라기보다 유교적 예

5_ 우리나라 최초의 형법전이라 할 수 있는 대한제국 刑法大全(1905)에도 이와 같은 미분화가 확연히 표출되어 있다.

6_ 고대민족문화연구소 간, 국역 大典會通, 1960, 1면 이하 17면까지 참고.

7_ 향약 제1조 1항에는 맛있고 진귀한 음식은 맨 먼저 부모에게 바치고, 옳고 그름을 떠나 부모의 명에 따라야 하며, 부모를 위해 재물을 아끼지 말고 일임하며, 부모를 잃으면 만사를 제치고 구환하고, 喪祭는 만사에 우선시해야 한다. 만일 이를 위반하면 上罰에 처하되, 선비일 경우 저자나 동구 밖에 죄목을 쓴 팻말을 목에 걸고 서 있게 하는 명예형이요, 상민일 경우 笞 40대를 치게 하는 신체형을 과했다.

규범을 주축으로 한 아시아적 농경문화권의 일반적 내용이었다. 약간의 미묘한 차이점은 있을지라도 기독교적 영향하에 있던 중세 서구사회의 법문화와 전통 가운데서도 이와 유사한 양태를 발견할 수 있다.[8]

한국형법상 효 관념의 법규범화는 존속살해죄(제250조 2항), 존속상해죄(제257조 2항), 존속중상해죄(제258조 3항), 존속상해치사죄(제259조 2항), 존속폭행죄(제260조 2항), 존속유기죄(제271조 2항), 존속중유기죄(제271조 4항), 존속학대죄(제273조 2항), 존속유기치사상죄(제275조 2항), 존속체포·감금죄(제276조 2항), 존속중체포·감금죄(제277조 2항), 존속체포·감금치사상죄(제281조 2항), 존속협박죄(제283조 2항) 등에 잘 나타나 있다.

혈족이건 인척이건 자기 또는 배우자의 직계존속에 대한 존중·보은(報恩)의 생활풍습은 보편적 윤리성을 지닐 뿐만 아니라 사회생활의 기본질서로서의 의미도 지닌다.[9] 따라서 그와 같은 사회생활 질서는 형법상 특별히 보호할 만한 가치가 있는 것이어 서 그에 대한 침해는 존속이 아닌 일반인을 대상으로 한 보통범죄에 비해 더 높은 사회적 비난을 가할 수 있다. 즉 존속살해죄의 주된 보호법익은 존속의 생명이지만, 효를 중심으로 한 가족질서로서의 인륜관계도 부차적인 보호법익이 된다. 마찬가지로 존속유기 또는 존속학대죄의 주된 보호법익은 존속의 생명과 건강, 존속이 인간으로서 지니는 인격권이지만, 효를 중심으로 한 가족질서로서의

8_ Eb. Schmidt, Einführung in die Geschichte der strafrechtspflege, 2. Aufl., 195.1.

9_ 로마법·게르만법의 전통에 서 있는 서구 여러 나라의 형법 속에도 존속범죄 가중처벌 규정이 최근까지도 전해져 왔거나(독일, 헝가리 형법 등; 아시아에서는 일본 형법), 현재도 효력을 유지하고 있다(프랑스, 이탈리아, 아르헨티나 형법 등; 아시아에서는 대만 형법).

인륜관계도 부차적인 보호법익이 된다.[10]

동양전통형법사상에서 불효는 十惡의 중요한 일부분이었고, 이것을 통제하기 위한 친속범죄는 일반범죄에 보다 가중하여 중하게 다루어졌다.[11] 그러나 인륜관계로 서의 효도는 전통형법사상에서 단순한 심정윤리의 대상이 아니라 가정과 사회의 기본질서를 이루는 핵으로서 객관화된 사회질서의 일부였다.[12] 이런 관점에서 볼 때 존속범죄에서 형의 가중처벌은 단순히 행위자가 보여준 패륜성에 대한 책임 가중적 비난이 아니라 그 행위로 말미암아 야기된 사회질서교란에 대한 불법 가중적 응징이라고 해야 할 것이다

물론 존속범죄를 보통범죄에 비해 중하게 처벌하는 것이 결과적으로 자연적 신분을 이유로 보통사람보다 특별한 처벌상의 차별대우를 하는 것 아니냐는 문제제기를 비켜갈 수 없다. 특히 존속살인죄의 위헌여부에 관해서는 최근까지 학설상의 논란이 많고, 존속상해치사죄의 위헌여부에 관해서는 최근 헌법재판소 결정까지 나왔다.

2. 존속살해죄의 위헌논의 속에 나타난 효도가치

(1) 위헌론

이를 위헌이라고 보는 견해가 형법학자 중에는 소수이나 헌법학자 중에는 다수를 점한다.[13] 그 이유로는 ① 존속살 가중은 봉건

10_ 김일수, 한국형법 II(개정판), 1997, 66면.

11_ 이것을 조선족의 刑典은 綱常罪라 하여 엄히 다스렸다. 이에 관하여는 앞에 언급한 국역 大典會通, 538 면 이하, 597면(妻의 父母를 살해한 자는 謨殺緦麻親律로 論罪한다) 등 참고.

12_ 戴東雄, 中國古代刑法的 發展與演變, 1993.3(고대 법대 강연), 6면.

13_ 劉基天, 刑法各論(上), 37면; 姜求眞, 刑法各論(上) 34면; 權寧星, 憲法學

적 가족제도의 유산이며 계몽기 이후의 자연법사상은 친자관계도 평등한 개인 대 개인의 관계로 고찰할 것을 요구한다는 점, ② 인간은 자기의 자유를 초월하는 어떤 이유로 책임을 부과해서는 안 되는데, 인간은 출생하게 할 자유는 갖고 있지만, 출생할 자유는 갖지 못하므로 자유로이 취득하지 아니한 직계비속이라는 신분을 근거로 가중 처벌하는 것은 사회적 신분으로 인한 차별대우라는 점, ③ 친자관계를 지배하는 도덕이 인륜의 대본이라 할지라도 법률과 도덕 사이에는 엄연한 한계가 있고 효라는 도덕적 가치는 형법에 의해 강제될 성질의 것이 아니어서 법 앞의 불평등을 근거지을 합리적 이유가 되지 않는다는 점,[14] ④ 존속살과 같은 관계범죄에서 피해자의 행태를 고찰해 보면 비속의 패륜성 못지않게 존속의 패륜 · 잔혹성이 문제되는 경우도 많은데, 그럼에도 불구하고 유독 존속살만 가중처벌하는 것은 존속에 대한 차별대우라는 점,[15] ⑤ 개정 전 형법의 존속살은 형의 가중정도(사형 또는 무기)가 극단적이어서 그 입법목적달성의 수단으로서 균형을 상실했을 뿐만 아니라, 그것을 정당화할 근거도 없기 때문에 존속살 가중처벌은 불합리한 차별에 해당된다는 점[16] 등을 들고 있다. 그리고 ⑥ 헌법 이론적으로 접근하기보다 형법 이론적으로도 법과 도덕의 구별은 근대 형법의 기본원칙이며, 효라는 도덕적 가치는 형법으로

原論, 314면; 金哲洙, 憲法概論, 212면; 韓相範, 韓國憲法, 137면; 李康赫, 憲法의 基本原理, 257면.

14_ 姜求眞, 앞의 책, 35면.

15_ 鄭盛根, 형법각론, 19면.

16_ 日最判 1973.4.4(刑集 제27권 3호, 265면); 일본에서도 이 점을 중요시하여 위헌논의가 활발했고, 그 후 1995.5.12 형법개정으로 존속범죄가중처벌 규정을 모두 삭제하게 되었다. 우리나라도 1995년 1월 1일 발효한 개정형법에서 존속살해죄 중형완화라는 취지로 사형 · 무기 또는 징역 7년 이상의 징역에 처하도록 하여, 법관의 양형결정에 융통성을 부여했다.

강제될 성질의 것이 아니기 때문에(형법의 보충성) 존속살해죄 규정은 폐지되어야 한다는 지적도 있다.[17]

(2) 합헌론

존속살해 죄 가중처벌규정을 합헌이라고 해석하는 견해가 우리나라에서는 다수를 점하고 있다.[18] 그 이유로는 ① 법 앞의 평등원칙은 일체의 차별을 금지하는 절대 적 평등을 의미하는 것이 아니고 정당한 이유가 있거나 합리적 근거가 있는 차별은 허용될 수 있다는 상대적 평등을 의미한다는 점, ② 존속살 가중처벌은 인륜의 기본이요 보편적 도덕원리인 子의 親에 대한 도덕적 의무에 근거를 둔 것이므로 이 효도의 원리가 합리적 차별대우의 근거로 삼을 만한 가치 있는 사유가 된다는 점, ③ 親子의 관계는 자연적 신분이므로 헌법 제11조가 차별대우의 이유로 드는 사회적 신분이나 그 밖의 어떤 사유에도 해당하지 않는다는 점, ④ 존속살해죄 가중처벌의 입법취지는 비속의 패륜성을 특히 비난하려는 것이므로 이로 인해 존속이 강하게 보호받는 것은 그 반사적 이익에 불과하다는 점[19] 등을 그 이유로 들고 있다.

(3) 합헌론의 정당성

존속살해죄 가중처벌규정은 우리의 전통문화와 사회질서에 대한 지배적 법의식 에 비추어 법이론적으로나 형사정책적으로도

17_ 裵鍾大, 형법각론, 69면 이하.

18_ 南興祐, 형법각론, 23면; 鄭暢雲, 형법각론, 32면; 黃山德, 형법각론, 26면; 鄭盛根, 형법각론, 22면; 李在祥, 형법각론, 25면; 金日秀, 한국형법 III, 74면.

19_ 金鍾源, 형법각론(上), 38면 ; 헌재결정 2000헌바53(2002.3.28).

충분한 정당성의 근거를 갖고 있는 제도이다.

먼저 존속범죄의 행위주체는 자연적 신분과 사회적 신분의 결합형태이다. 이 사회적 신분이란 측면에서 보면 직계비속 및 그 배우자가 합리적 이유 없이 법적으로 차별대우를 받게 되어서는 안 된다. 그러므로 문제의 핵심은 존속살해에 대한 가중 처벌이 일반범죄에 비해 합리적 근거가 있는 차별취급인가를 밝히는 데 있다.

효도는 가족윤리일 뿐만 아니라 사회적 기본윤리의 구성부분이요 더 나아가 인륜의 대본에 속한다. 그것을 봉건적 가족제도의 유산이라고 탓하는 것은 가족제도와 그 변천에 관한 인류문화사적 공통인식에 부합하지 않는다.

물론 계몽주의 이래로 개인이 자유롭고 평등한 법주체로서 등장했고, 그에 따라 가족, 사회, 국가, 법제도 전반에 변화를 가져온 것이 사실이다. 하지만 가족, 사회 또는 국가라는 차원에서 개인과 개인의 관계, 개인과 집단의 관계는 획일적인 변화속에 진보해 온 것이 아니다. 사회체제의 변화나 국가체제의 변화가 훨씬 유동성 있게 진행되기도 했고, 같은 사회체제 속에서도 어떤 공동체적 질서는 완만하게, 어떤 질서는 빨리 해체되기도 했다.

이런 와중에서도 가족제도와 가족 구성원 간의 인격적인 연대성과 일체성은 가장 완만한 변화 속에 있고, 또 이 연대성과 일체성의 근본토대는 격변하는 사회구조의 변혁 속에서도 생명력을 그대로 유지해 왔다. 이 같은 자연적 연대성이 강한 가족단위에서는 개인주의와 정신적인 개별성이 의식적으로 돌출하지 않고, 서로 의존하고 보호하는 가족 구성원 사이의 무의식적인 친화의 끈으로 자연스럽게 결속되고 보존되어 왔던 것이다.

효도 또한 이 같은 가족적 인간관계의 특유한 친화의 끈으로 작용해 왔다. 그것은 봉건시대를 멀리 뒤로 한 오늘날의 가족생활

질서에서도 비록 이완화 경향은 있을지라도 그 정신적 · 도덕적 생명력을 보존하고 있음을 부인하기 어렵다.[20]

효도는 봉건적 가족제도의 유산이라기보다 문화와 사회윤리 내지 지배적인 법의식의 본질적인 구성부분이라고 말해야 옳을 것이다.[21] 따라서 친자관계(親子關係)에서 존속에 대한 子의 효경(孝敬)과 子에 대한 존속의 자애(慈愛)는 단순히 자연적인 인간과 인간간의 관계를 넘어서 하나의 윤리적 · 법적 기본가치로 발전한 것이다.

형법은 존속살해죄에서도 생명을 보호법익으로 삼지만 그와 더불어 사회윤리의 기본적인 행위가치도 보호하고 있으므로, 이 경우 직계비속이나 그 배우자에 의해 효도의 사회윤리적 행위가치가 내면화되기를 기대하고 있다. 이를 위한 적극적 일반예방의 관점에서 존속살해를 가중 취급하는 것은 충분한 가치합리적 · 목적합리적인 근거를 지니며, 헌법상의 평등규정과도 상치되지 않는다. 이 같은 사회윤리적 기 본질서의 보존 없이는 법익보호를 통한 평화로운 공동생활의 질서도 유지되기 어렵기 때문이다.[22]

물론 그렇다고 하여 형법전이 전적으로 도덕법전화되어서는 안 될 일이다. 형법이 사회질서의 근간이 되는 기본적인 윤리적 가치들을 보호하고 이로써 적극적인 도덕형성력을 갖는 점은 부인하기 어려우나 그렇다고 형법이 도덕의 완전한 실현을 추구할 수는

20_ J. Wackernagel, Die geistigen Grundlagen des mittelalterlichen Rechts, 1929, S.7f., 25.

21_ 이것은 특히 한국문화와 한국인이 갖고 있는 正體性의 일부이기도 하다. 독일 사람들이 존속유기는 일반유기의 일부로 취급하면서도 1998년 형법 제6차 개정시까지 영아유기를 가중 처벌했던 것은 그들이 갖고 있는 문화, 즉 개인의 자유와 책임이라는 正體性이 우리의 그것과 다르기 때문이다.

22_ 이런 뜻에서 Welzd은 일찍이 형법의 제1차적 임무는 사회윤리적 행위가치를 보호하는 데 있고, 법익보호는 형법의 제2차적 임무에 속한다고 했다(Welzel, Das Deutsche Strafrecht, 11. Aufl., 1969, S.4).

없는 노릇이고 또 그렇게 해서도 안 된다. 형법과 도덕을 내용적으로 일치시켜 형법을 윤리적 최소한으로 보고, 도덕의 특별하고 중요한 요구를 모두 형법적으로 보호해야 된다는 Jellinek의 명제는 너무 과도한 것임에 틀림없다.[23]

형법은 단지 사회적 기본윤리의 유지를 외면하지 말라는 것이다. 이것도 형법이 보호해야 할 평화롭고 자유로운 공동생활질서의 중요한 일부분이기 때문이다. 이 한도 내에서 형법과 도덕은 내용적인 중첩성을 띠고 있고 상호보완적이기도 한 것이다.

따라서 형법은 죄형법규의 신설 · 존속 · 폐지나 가중 또는 감경처벌 그리고 양형 등에서 독자적인 형사정책적 가치판단에만 의존해서는 안 되고, 지배적인 도덕적 가치판단도 함께 고려해야 한다. 형법이 사회공동체의 평화유지자로서 그 임무에 충실하자면 죄형법규의 입법과 적용에 있어서 사회의 지배적인 법의식이나 피해자의 법감정을 만족시켜 줄 수 있을 정도로 기존 도덕적 윤리관념에 대한 고려는 부득이해 보인다.[24]

3. 존속상해치사죄의 위헌논의 속에 나타난 효도가치

(1) 사건 개요

헌법소원 청구인 정모는 2000.3.23. 그의 아버지에게 두부출혈상을 가하여 사망에 이르게 한 존속상해치사죄로 2000.4.29 기

23_ G. Jellinek, Die Sozialethische Bedeutung von Recht, Unrecht und Strafe, 1878, S.1.

24_ 李壽成, 「형법적 도덕성의 한계에 관하여」, 서울대 법학 제18권 1호(1977.6), 106면; C. Roxin 「서독 형법개정 발전의 배경이 된 형법과 도덕과의 관계」, 한양대 법학논집 제2집(1985), 268면.

소되어 서울지방법원 동부지원에서 재판을 받던 중이었다. 그는 변호사를 통해 2000.5.17 존속상해치사죄 가중처벌 규정인 형법 제259조 제2항이 헌법 제1조 인간으로서의 존엄과 가치 및 행복추구권을 침해하고, 헌법 제11조 평등의 원칙과 헌법 제17조의 사생활의 자유를 침해하며 헌법 제36조의 혼인 · 가족 제도 보장의 원칙에 위배된다는 등의 이유로 위헌법률심판제청신청을 하였다. 그러나 그 신청이 2000.6.19 기각되자, 2000.7.11 헌법소원심판청구를 하였다. 헌법재판소는 헌법재판관 9명 전원의 일치된 의견으로 위 형법 존속범죄 가중처벌규정이 헌법상의 평등원칙에 반한다고 할 수 없고 달리 헌법상 기본권을 침해하거나 다른 기본원칙에 반한다고 할 수 없어 합헌이라는 결정을 내렸다.

(2) 합헌결정의 이유

1) 존속살해죄의 합헌론과 공통되는 논거

헌법재판소는 이 사건의 합헌결정에서 앞서 본 존속살해죄의 합헌론과 공통되는 논거를 들어 존속상해치사죄의 가중처벌이 합리적 이유 없는 차별적 처벌이 아니라는 점을 강조하고 있다. 그 사유 중 주목할 만한 몇 가지를 간추려 보면 다음과 같다:

혼인과 혈연에 의하여 형성되는 친족에 있어서는 존경과 사랑이 그 존재의 기반이라고 말할 수 있다. 이를 바탕으로 직계존속은 비속에 대하여 경제적 측면에서는 물론 정신적 · 육체적 측면에서 올바른 사회구성원으로 성장할 수 있도록 양육하며 보호하고 그 비속의 행위에 대하여 법률상 · 도의상 책임까지 부담한다. 한편, 비속은 직계존속에 대하여 가족으로서의 책임 분담과 존경과 보은(報恩)의 기본적 의무를 부담하게 된다. 이는 인류가 가족공동체를 구성하고 사회를 형성하기 시작한 이래 확립되어진 친족 내지 가족에 있어서의 자연적 · 보편적 윤리에 해당한다. 이러한 윤리는 가정은 물론 사회를 유지 · 발전시키는 기본질서를 형성하게 된다는 점에서 형법상 보호되어야 할 가치이다. 이는 또한 배우자의 직계존속에 대하여도 마찬가지이다.

따라서 존속상해치사죄의 범행은 위와 같은 보편적 사회질서나 도덕원리, 나아가 인륜에도 반하는 행위로 인식된다. 그 패륜성에 대하여는 통상의 상해치사죄에 비하여 고도의 사회적 비난을 받아야 할 이유가 충분하다. 그러므로 이를 엄벌하여 반인륜 · 패륜행위를 억제하는 것이 꼭 불합리하다고만은 할 수 없으며, 우리의 윤리관에 비추어 볼 때 아직은 합리적이라 할 것이다.

비속의 직계존속에 대한 존경과 사랑은 봉건적 가족제도의 유산이라기보다는 우리 사회윤리의 본질적 구성부분을 이루고 있는 가치질서이다. 특히 유교적 사상을 기반으로 전통적 문화를 계승 · 발전시켜 온 우리나라의 경우는 더욱 그러한 것이 현실이다. 그렇다면 이 사건 법률조항의 입법목적의 정당성과 이를 달성하기 위한 수단의 적정성, 즉 가중처벌의 이유와 그 정도의 타당성 등에 비추어 그 차별적 취급에는 합리적 근거가 있으므로 헌법 제11조 제1항의 평등원칙에 반한다고 할 수 없다.

2) 이 사건 결정에서 특유한 논거

청구인은 존속범죄 가중처벌이 봉건적인 잔재가 깃든 가부장제를 전제한 것으로서, 비속에 대하여 존속에 대한 도덕적 의무, 즉 효를 강요하고, 개인의 윤리문제에 직접 개입하여 헌법 제17조의 사생활의 자유를 침해하고, 헌법 제36조의 가족 구성원의 평등원칙에 반하여 위헌이라는 주장을 폈다.

이에 대해 헌법재판소는 사생활의 자유와 혼인과 가족생활에서 양성평등규정이 결코 존속범죄 가중처벌과 충돌하지 않음을 들

어 위헌주장을 배척했다. 그 이유를 간추려 보면 다음과 같다:

사생활의 자유는 사회공동체의 일반적인 생활규범의 범위 내에서 사생활을 자유롭게 형성해 나가고 그 설계 및 내용에 대해서 외부로부터 간섭을 받지 아니할 권리라고 할 수 있다. 그런데 우선 존속상해치사죄와 같은 범죄행위가 헌법상 보호되는 사생활의 영역에 속한다고 볼 수 없다. 뿐만 아니라, 이 사건 법률조항의 입법목적이 정당하고 그 형의 가중에 합리적 이유가 있으며 직계존속이 아닌 통상인에 대한 상해치사죄도 형사상 처벌되고 있는 이상, 직계존속에 대한 상해치사죄를 가중 처벌한다 하여 가족관계상 비속의 사생활이 왜곡된다거나 존속에 대한 태도 및 행동 등에 있어서 효의 강요나 개인 윤리문제에의 개입 등 외부로부터 부당한 간섭이 있는 것이라고는 말할 수 없다.

존속상해치사죄 규정에 의한 가중처벌에 의하여 가족 개개인의 존엄성 및 양성의 평등이 훼손되거나 인간다운 생활을 보장받지 못하게 되리라는 사정은 찾아볼 수 없고, 오히려 패륜적 · 반도덕적 행위의 가중처벌을 통하여 친족 내지 가족에 있어서의 자연적 · 보편적 윤리를 형법상 보호함으로써 개인의 존엄과 가치를 더욱 보장하고 이를 통하여 올바른 사회질서가 형성될 수 있다고 보아야 할 것이다.

3) 헌법재판에서 확인된 효도가치

이 헌법재판을 통해 효도가치는 과거의 정신적 · 문화적 유산이 아니라 지금 여 기 우리들의 현재적 삶의 세계에서도 타당한 사회 윤리적 · 법적 기본가치임이 확인된 셈이다. 형법은 각양 존속범죄를 설정해 둠으로써 단순히 일정한 행위를 금지하는 금지규범 차원에 머물러 있는 것이 아니다. 형법은 보다 근본적으로 가장 기초적인 사회 윤리적 행위가치를 실현하도록 호소하고 향도하는 임무를 갖고 있다. 왜냐하면 이와 같은 형법상 금지규범의 배후에는 기초적인 사회윤리적 의무로서의 행위가치가 놓여 있기 때문이다. 형법은 금지규범위반을 형벌의 제재로써 규율한다고 선포함으로써, 동시에 이 사회윤리적인 행위가치 실현의무를 형벌의 힘으로써 적극적으로 담보하고자 하는 것이다.[25] 이것이 오늘날 이론적으로 널리 확립된 형법의 적극적 일반예방기능의 요체이다. 이로써 형법의 임무에서 소극적 일반예방과 적극적 일반예방은 형벌위하와 함께 제시한 동일한 행위규범의 앞뒷면에 불과하다는 사실이 드러난다.[26]

4. 형사소송절차법에 나타난 효도가치

형사소송법은 범죄로 인한 피해자는 누구든지 고소할 수 있음을 원칙으로 한다(형소법 제223조). 그러나 자기 또는 배우자의 직계존속을 고소하지는 못한다(형소법 제224조). 단, 「가정폭력범죄의 처벌 등에 관한 특례법」 소정의 가정폭력범죄의 경우에는 그 행위자가 자기 또는 배우자의 직계존속인 경우에도 고소할 수 있도록 했다(동법 제6조 제2항).

가정폭력범에 대한 고소제한 예외조치는 최근 해체되어 가는 우리사회의 가족윤리의 현주소를 말해주는 상징물이라고 해도 지나침은 없을 것이다. 가족구성원의 중심에 서 있는 부모가 자녀를 무의미한 폭력의 희생물로 삼는다든지(가정폭군화한 가장의 경우),

25_ Welzel, a.a. O., S.5; 김일수, 「실천형법학의 좌표」, 개혁과 민주주의, 1996, 194면 이하.

26_ 김일수, 한국형법 III, 서문; 김일수, 좋은 나라 꿈꾸는 작은 소금 이야기, 2003, 41면.

존엄한 독립된 인격주체로서가 아니라 단지 부모의 부속물처럼 간주하는 시대상황에서 가정폭력의 희생자를 우선적으로 보호해야 할 필요성은 그만큼 크다고 말하지 않을 수 없다. 이것이 이와 같은 특별법적 조치를 법의 세계로까지 들어서게 한 이유이다. 그리고 이와 같은 예외조치는 최근 「성폭력 범죄의 처벌 등에 관한 특례법」에도 그대로 반영되고 있다.

이와 같은 특단의 예외조치를 제외하면 동양법제와 한국법제에서 자기 또는 배우자의 직계존속에 대한 고소제한은 효도의 기본원리에 뿌리를 둔 아주 오래된 전통의 법원칙이다. 대전회통(大典會通) 등 조선왕조의 형전(刑典)에는 고존장(告尊長)이라고 해서 자손이 부모를 고소하면 그 부모가 모반이나 반역죄를 지은 경우를 제외하고는 고소 행위자를 교형(絞刑)에 처하도록 범죄시했다. 대개 자손으로서 그의 조부모·부모를 고소한 자는 곡직을 가릴 것 없이 형법에 의해 논죄하여 인륜을 밝힐 것이라 했다.[27]

영종이 갑자년에 강상죄에 대해 하교한 것을 보면, "슬프다, 사람의 양심은 본래 그 성품이 있는 것인데, 어찌 이런 율을 범하는 자가 있겠는가. 만일 죄를 범한 것이 있으면 교화를 펴지 못함과 관리로서 소임에 미치지 못하기 때문일 것이다. 그러나 죄를 범한 자에게는 이 율도 오히려 가벼워"라고 한 언급도 있다.[28]

한 나라, 한 사회가 윤리적 기본질서 속에 바로 서려면 인륜의 근본을 소홀히 해서는 안 된다는 생각이 이러한 법제도의 밑바탕에 깔려 있다. 효도는 오늘날의 시점에서 그 비중이 약해진 것은 사실이지만 쇠멸하였거나 사회적인 역기능을 불러일으킬 교란인자가 아님은 분명하다. 형법은 도처에서 그것을 단편적으로 보여

27_ 국역 대전회통, 559면.
28_ 국역 대전회통, 540면.

주고 있다. 문제는 그 약화를 막고 효도의 근본을 사회질서 · 법질서의 일부로 확립하기 위한 법정책은 어떠해야 하며, 또한 그것이 바람직한 일인가 하는 점이다.

Ⅲ. 결 론

효도가 다시 살아나게 할 수만 있다면, 아직 불완전한 사회적 안전망을 구축하는 데 있어서나 생산적 복지국가를 건설하는 데 있어 국가가 부담해야 할 부자연스러운 역할을 줄이고 자발적인 가족 간의 유대관계를 통해 문제의 상당부분을 해결할 수 있는 길이 열릴 것으로 보인다. 문제는 효도를 다시 살리는 데 법제도와 법정책이 어느 정도까지 실효성 있는 실천적 도구가 될 수 있을까 하는 점이다.

우선 강조해야 할 점은 효도법의 제정운동이 효도의 극대화를 추구하는 데 목표점을 두지 않고 자녀들로 하여금 최소한 부모의 생존위험을 외면하거나 회피하지 못하게 하는 데 주안점을 두어야 한다는 점이다.[29]

이런 맥락에서 볼 때 최악의 사태는 형법상 이미 범죄로 규율되고 있다는 점이다. 존속유기, 존속유기치사상, 존속학대 등의 형법규범은 부모의 생존위험을 방치하여 부모의 생명 · 건강 · 정신적 안정감 · 인격적 품위를 현저히 해할 경우를 자녀들로 하여금 사전에 예방토록 주의를 환기시키고 있다.

그 밖의 다른 대부분의 일상적 생존위험에 대해서는 민사법적

29_ 최성규, 「효도법이 제정되어야 나라가 산다」, 효도법 제정을 위한 학적 고찰, 2003.6.27, 6면.

부양의무가 적용될 수 있을 것이다. 이를 위해 딱한 처지에 있는 부모는 자녀들에게 재판상 부양청구권을 행사할 수 있다. 물론 이 단계에서도 자녀의 경제적 능력이나 생활여건이 부모의 생존위험을 덜어 드리기에 모자람이 있을 경우라면 국가가 사회보장적 책임을 감당해야 한다.

소망스럽지 못한 경우로는 자녀가 경제적 능력이나 부모 봉양에 충분한 생활여건을 갖추고 있음에도 불구하고 가족 간의 유대의 끈이 끊어졌거나 장기간의 불화누적 등의 이유로 부양이 사실상 기피된 경우를 들 수 있다. 이와 같은 경우에는 국 민생활보장법에서 특별조치하고 있는 예처럼, 정부나 지방자치단체에서 일단 최저 생활유지가 어려운 노령부모들에게 생계급여를 지급해 주고, 부양능력 있는 자녀들에게서 사후 그 지급분을 구상하는 방안을 제도화해 볼 필요가 있다.

불화가 해소되기 전에 법적 강제로 효의 의무를 강제하기보다는 제3자적 개입으로 그 완충지대를 형성하고 그 중간자의 매개를 통해 문제해결을 꾀하는 것이 더 현명하고 인간적일 수 있기 때문이다. 물론 유대의 줄이 끊긴 부모와 자녀 사이에서 이와 같은 제3의 중간자 역할을 하는 데는 반드시 정부나 지방자치단체만이 아니라 사회복지사 자격을 갖춘 개인이나 사회단체까지도 참여가 가능하도록 제도화할 필요가 있다.

일단 효도법 제정 논의가 본격화하게 되면 민사법적 부양의무이행을 신속하게 실현시킬 수 있는 절차법적 긴급조치가 우선적으로 고려되어야 하겠다. 또한 노인복지법, 기초생활보장법상의 관련 조치들을 효의 활성화 차원에서 포괄하는 것도 고려해 봄 직하다. 지금 민법개정안 중에 포함된 효도상속제도의 취지를 살려 효도의 정신적 기여분이 재산적 · 물질적 기여분으로 효도하는 자녀들에게 귀속될 수 있게 하는 방안도 여기에 포함할 것인지를 검토해 볼 필요가 있다. 세법 등 각종 조세제도 속에도 효도비용이 그 보상차원에서 감세혜택으로 돌아갈 수 있도록 활성화되게 해야 한다.

효도에 정성을 쏟는 지극한 자녀가 사회적 · 국가적으로 인정받고 그 비용을 보상받을 수 있도록 제도화하는 것은 여러 면으로 가능할 뿐만 아니라 필요하기 때문이다. 각종 효도위반에 해당하는 사태를 효과적으로 예방하고, 그 피해를 신속히 구제하기 위해 효 교육을 제도화하고, 피해상담소 등 효 관련 NGO 활동을 지원하기 위한 제도적 장치들도 효도법 제정과정에서 짚고 넘어가야 할 사안으로 보인다.

끝으로 형법상 여러 가지 존속범죄에 대해 이를 패륜범죄로 삼아 이를테면 「성폭력범죄의 처벌 및 피해자 보호 등에 관한 법률」이나 「가정폭력 방지 및 피해자 보호 등에 관한 법률」, 「가정폭력범죄의 처벌 등에 관한 특례법」처럼 각종 절차상의 특례를 만들 필요가 있는지도 검토해 볼 필요가 있을 것이다. 다만 효도법 제정의 공감대를 확산시키기 위해서는 전략상 형사법적 존속범죄 가중처벌을 가해자가 부양비 공탁 등 능동적인 참회조치를 취한 경우 그에 상응하여 형기의 1/2까지 감경할 수 있게 하든지 또는 가해자의 진지한 반성적 사후조치와 피해자의 명시적인 불처벌 희망의사가 있을 경우 해방감경조치 등의 도입도 고려해 봄 직하다.

효도법 제정에 이르기까지는 아직 많은 오해와 편견들을 걷어내기 위한 폭넓은 대화와 공론의 과정이 지속적으로 요구되리라는 점을 마지막으로 첨언하면서 결론을 맺고자 한다.

후기

이 글은 2003년 한국효학회가 주최한 효행장려법 준비 학술대회에서 강연했던 것이다. 효가 동서양을 막론하고 인륜의 대본이라는 점은 널리 알려져 있는 사실이다. 그러나 더 근본적으로 중요한 것은 효가 사랑의 근간을 형성한다는 점이다. 이 글이 어버이에 대한 자녀의 사랑이야기라면, 다음에 볼 "「되찾은 아들 비유」가 주는 죄와 벌의 의미"라는 글은 자녀에 대한 어버이의 사랑이야기로서 서로 대조를 이룬다고 할 수 있다.

[9] 간통죄 찬반논쟁의 핵심은 무엇인가?

Ⅰ. 서 론

문명사회의 미래에 대한 불길한 예감은 지구온난화나 생태계 교란 같은 자연환경의 위기에만 연계된 것이 아니다. 사회적 불안정도 그 한 징표에 해당한다. 사회적 불안의 원인은 인간간의 공동체의식이 점점 희박해져 가는 데서 찾을 수 있다. 그러나 더 근본적인 원인은 사회의 근간을 이루는 혼인과 가정의 해체위기라고 말해도 지나치지 않으리라. 이미 Hegel도 그의 법철학에서 근대적 가정의 특징적인 표지로 "해체"를 들었다. 자녀들은 집을 등지고, 가정은 혼인이 존속하는 한에서만 존속한다는 것이다. 전통적인 가정에서는 가정이 결혼의 후견인 역할을 했으나, 근대적인 가정은 오히려 결혼이 가정을 이끈다는 점에서 부부중심가정(Gatten-familie)이 된다는 것이다.[1]

1_ S. Blasche, Natürliche Sittlichkeit und bürgerliche Gesellschaft. Hegels Konstruktion der Familie als sittliche Intimität im entsittlichten Leben, in: M. Riedel (Hrsg.), Materialien zu Hegels Rechtsphilosophie Bd. 2,

결혼과 가정의 결속력은 후기현대사회에 들어오면서 점점 더 이완되어 가는 경향을 나타낸다. 이혼율은 세대와 계층을 망라하여 증대하고 있고 이혼을 통제하는 규범의 그물코는 점점 넓어져 가고 있다. 사람들은 이혼이 불명예와 불행의 징표가 아니라 행복의 새로운 출구라는 생각을 갖고 있다.

가정 붕괴의 결정적 원인이 되는 간통에 대해서조차 사람들은 죄책감을 점점 잃어가고 있다. 그리고 간통죄를 범죄로 다스리는 형법적 규율을 형법전에서 아예 추방해 버리자고 한다. 간통죄를 형법전에서 삭제함으로써 사람들은 마음 속에서 직면하게 될 죄책감으로부터 자유로울 수 있다고 생각하기 때문이다. Menninger는 한때 모든 사람들의 마음 속에 있는 단어였으나 이제는 거의 들을 수 없는 죄(sin)가 고집스럽고, 반항적이며 누군가를 무시하거나 공격하거나 상처를 입히는 속성이 있음을 들어, 죄를 결코 문화적 금기나 사회적인 실수 정도로 대강 처리할 것이 아니라 심각하게 취급해야 한다고 강조한 바 있다.[2]

간통은 범죄(crime)이기 이전에 죄이다. 간통은 애정이란 아름다움으로 은폐된 은밀한 사적 영역이 아니라, 범죄심리학적 분석에 의하면, 사랑의 정원(가정)에 착근(着根)하지 못한 불안한 인간 존재의 자포자기적(가출적)인 공격성의 발현이다.[3] 그 영향력이 한 가정을 어떻게 또 얼마나 오랫동안 고통 속으로 몰아넣는지는 최근 한 명사가 그린 어린 날의 초상화에서도 극명히 드러난다:

나를 귀여워하시던 아버지가 어머니보다 훨씬 못생긴 여자를 첩실

1975, S.312ff; 헤겔, 법철학(임석진역), 1989, §176~180, §255 참조.

2_ Karl Menninger, Whatever became of sin?, pp.19, 178.

3_ J. Rattner, Aggression und menschliche Natur, 1970, S.53ff.

로 들인 일이 일어났다. 충격적이었다. 동생 A는 추운 어느 날에 반바지를 입고 등교했다 돌아오지 않았다. 오빠가 한참을 찾다 데려온 A는 새파랗게 얼다시피 돼 있었다. 어디를 돌아다니다 왔느냐고 다그치는 어머니 물음에 동생은 "오늘은 아버지가 집에 오시지 않는 날이잖아요"하고 동문서답했다. 어린 마음에 동생은 추운 날 예닐곱 시간을 음식도 먹지 않고 헤맸던 것이다. A는 그 후부터 몸이 갈수록 쇠약해졌고 이듬해가 되자 병색이 더 짙어졌다. 오빠 또한 사그라지는 동생의 건강을 보면서 아버지를 향한 항변의 가출을 시도했다. 일주일 후 오빠가 돌아왔지만 부자지간에 어떤 얘기도 오가지 않았다. 우리 모두 말이 줄어들었다 … 그렇게 동생은 세상을 떠났다. 어머니는 이때부터 세상을 떠나시던 날까지 순수한 기쁨과 즐거움을 모르고 사셨다. 기도하면서 한없이 우시는 어머니에게서 늘 바닥모를 슬픔과 한을 짐작할 수 있었다.[4]

그럼에도 불구하고 사람들은 간통죄(형법 제241조)가 헌법에 위반되는 무효인 법률이라고 끊임없이 헌법재판소 문을 두드린다. 조규광 헌법재판소장의 법정에서 두 번, 윤영철 헌법재판소장의 법정에서 한 번, 그리고 최근 이강국 헌법재판소장의 법정에서도 다시 간통죄 위헌여부에 관한 결정이 내려졌다. 지난 1990.9.10(89헌마82)의 헌재결정에서 시작하여, 1993.3.11(90헌가70)의 헌재결정을 거쳐 2001.10.25(2000헌바60)에 합헌결정을 내린 지 불과 7년이 지난 지금 헌재는 또 이 문제에 대한 해답을 제시해야 할 형편에 처했고, 지난 2008.10.30. 합헌결정을 내렸다. 과거 3차례 헌법재판에서 1990년과 1993년은 6 대 3으로 합헌결정이 내려졌고, 2001

4_ 국민일보 2008.9.25(제6078호), 「역경의 열매」 연재〈4〉.

년에는 8 대 1의 압도적 다수의견으로 합헌결정이 내려졌던 반면, 가장 가까운 2008년에는 전체 재판관 9명 중 4명이 합헌의견, 4명이 위헌의견, 1명이 헌법불합치의견을 내어, 위헌의견이 다수였음에도 불구하고, 위헌선언에 필요한 정족수 6명을 채우지 못해, 결국 합헌결정으로 결말을 보게 된 것이다. 큰 변화의 속도이긴 하지만, 그것이 과연 사회의식과 법의식의 변화를 반영한 것인지, 아니면 특정 이데올로기나 도그마틱의 편향성을 반영한 것인지는 앞으로 더 세심한 검토가 필요한 대목으로 보인다.

II. 헌재가 보여준 간통죄의 합헌성 논의

[헌재 2008.10.30. 선고 2007헌가17 · 21, 2008헌가 7 · 26, 2008헌바21 · 47(병합)]

1. 합헌의견(이강국, 이공현, 조대현 재판관)

① 이 사건 법률조항에 의해 제한되는 기본권은 개인의 인격권과 행복추구권이다. 이 기본권은 개인의 자기운명결정권을 전제한 것이고, 이 자기운명결정권에는 성행위 여부 및 그 상대방을 결정할 수 있는 성적 자기결정권이 포함되어 있다. 따라서 간통죄규정은 개인의 성적 자기결정권을 제한한다. 더 나아가 개인의 성생활이라는 내밀한 사적 생활영역의 행위를 제한하므로 헌법 제17조가 보장하는 사생활의 비밀과 자유 역시 제한한다. 그러나 이 같은 기본권도 헌법 제37조 제2항에 따라 그 본질적 내용을 침해하지 않는 범위 안에서 법률로써 제한할 수 있다(헌재 1990.9.10. 89헌마

82와 같은 취지).

② 과잉금지원칙위배여부

간통죄는 성적 성실의무위배, 혼인관계파탄야기, 일부일처주의에 대한 위협, 배우자와 가족구성원의 유기, 건전한 성도덕침해 등의 결과를 초래하는 범죄행위다. 이를 규제하는 것은 헌법 제36조 제1항에 정한 국가의 의무에 비추어 볼 때 입법목적의 정당성이 인정된다.

또한 성적 욕구나 사랑의 감정이 내면의 세계를 넘어 외부에 행위로 표출되어 혼인관계에 파괴적인 영향을 미치게 된 때에는 법이 개입할 수 있고, 형벌수단의 투입도 그 입법목적달성에 기여할 수 있는 적절한 수단이 된다. 그 결정은 입법정책의 문제로서 입법권자의 입법형성의 자유에 속한다(헌재 2001.10.25. 2000헌바60과 같은 견해).

사회구조와 국민의식의 커다란 변화에도 불구하고 간통이 사회질서를 해치고 타인의 권리를 침해하는 경우에 해당한다고 보는 우리의 법의식은 여전히 유효하다(헌재 2001.10.25. 2000헌바60).

더 나아가 간통 및 상간행위는 그 행위태양에 관계없이 혼인과 가족생활의 해체를 초래하거나 초래할 위험성이 높다는 점에서 사전예방에 대한 강한 요청 역시 부인하기 어렵다. 따라서 입법자가 고소권의 제한 등으로 그 남용을 방지한 간통죄처벌은 개인의 성적 자기결정의 자유 등에 대한 과도한 제한이 아니다. 또한 간통자·상간자의 사익과 선량한 성도덕수호 및 혼인과 가족제도보장이라는 공익 사이에 공익의 중요성이 높아 법익균형성 역시 인정된다. 결국 간통죄는 과잉금지원칙에 위배되지 않는다.

③ 간통죄처벌은 남녀평등처벌주의를 취하고 있어 양성평등을 훼손할 여지가 없다.

④ 법정형의 종류와 범위의 선택은 입법자가 결정할 입법재량 내지 형성의 자유에 속한다(헌재 1992.4.28. 90헌바24; 1995.4.20. 91헌바11). 간통죄 제재수단으로 2년 이하의 징역형만 규정되어 있으나 법정형의 상한 자체가 높지 않을 뿐더러, 비교적 죄질이 가벼운 간통행위에는 선고유예도 가능하므로 책임과 형벌간 비례원칙에 반하지 않는다. 또한 간통죄가 소추되면 그 행위양태에 관계없이 필연적으로 가족의 해체에 이른다는 점에서 다른 성풍속범죄와 다른 법익침해가 문제되며, 경미한 벌금형은 혼인관계 해소에 따른 부양이나 손해배상책임을 피하고자 하는 간통행위자에 대하여는 위하력을 가지기 어렵다는 점 등을 고려할 때 입법자가 벌금형을 규정하지 않은 것이 형벌체계상의 균형을 깬 것이라 할 수 없다.

2. 재판관 민형기의 합헌의견의 추가(obiter dictum)

앞서 본 합헌의견과 견해를 같이하면서도 간통죄 행위양태와 관련하여, 비록 입법재량에 속하는 사항이긴 하지만, 사안에 따라 경중이 구별될 수 있도록 입법적인 개선노력이 필요하다. 여기에서 주목을 끄는 대목은 성문의 규범이 스스로 예정하거나 의도하지 아니한 사실상의 요인으로 인하여 발생하는 사회적인 문제나 법률적인 평가 등으로 규율의 당부에 의심이 있는 경우 이를 개선하는 것은 입법기관의 책무이지, 사법기관인 헌법재판소가 적극적으로 개입하여 합헌 또는 위헌여부의 헌법적 판단을 하여야 할 몫은 아니라는 점이다.

3. 재판관 김종대, 이동흡, 목영준의 위헌의견

간통죄처벌규정으로써 개인의 성적 자기결정권과 사생활의 비밀과 자유를 제한한 것은 헌법상 과잉금지원칙에 반하여 위헌이다.

그 이유로 간통죄처벌규정이 목적의 정당성을 충족시키지만, 수단의 적절성과 피해최소성의 요구, 즉 비례성의 요구에 반한다는 것이다. 오늘날 급속한 개인주의적, 성개방적인 사고의 확산으로 성과 사랑은 법의 통제영역 밖에 있는 사적인 생활영역이라는 인식이 커지고 있고, 성도덕과 가족이라는 사회적 법익보다 성적 자기결정권이라는 개인적 법익이 더 중시되는 경향이 있다. 우리의 생활영역에서 법률이 도덕률에 맡겨두어야 할 영역을 침범해서는 안 되며 성인간의 성생활은 간통을 포함하여 개인의 자유 영역에 속하여 이를 형사처벌의 대상으로 삼으면 사생활의 비밀과 자유를 침해하고, 성적 자기결정권을 지나치게 침해하는 것이 된다. 간통죄보다 더 비도덕적이고 혐오감이 큰 근친상간, 수간, 혼음 등에 대하여 우리나라에서 별도 처벌규정을 두지 않으면서, 간통을 형벌로 다스리는 것은 입법체계상으로도 균형이 맞지 않는다.

세계적으로 간통죄폐지추세에 있고 우리나라의 실무관행에서도 과거에 비해 간통죄처벌이 많이 완화되었다. 또한 이것이 일부일처제나 가정질서 보호에 기여하지 못하고, 그 범죄억지력 또한 실효성이 있는지 의문이다. 성적 성실의무는 개인과 사회의 자율적 윤리의식, 배우자의 애정과 신의에 의해 준수되어야지, 형벌로 강제될 성질의 것이 아니다. 오늘날 여성배우자 보호에도 간통죄 존재가 별무소용이라는 것이다.

그 밖에도 형사처벌로 인한 부작용도 종종 발생하고, 법익의 균형성도 상실했으므로, 간통죄처벌규정은 헌법 제37조 제2항의 과잉금지원칙을 위반한 위헌법률이라는 것이다.

4. 재판관 김희옥의 헌법불합치의견

간통죄처벌규정이 단순히 도덕적 비난에 그쳐야 할 행위 또는 비난가능성이 없거나 근소한 행위 등 국가형벌권행사의 요건을 갖추지 못한 행위에까지 형벌을 부과하는 등 형벌권의 과잉행사에 해당하여 헌법과 불합치한다는 견해이다.

간통행위의 다양한 행위양태 중, 장기간 생활을 공동으로 영위하지 아니하는 등 사실상 혼인이 파탄되고 부부간 성적 성실의무가 더 이상 존재한다고 보기 어려운 상태에서 행한 간통이나 단순한 1회성 행위 등과 같이 일부일처주의 혼인제도나 가족생활을 저해하는 바 없고 선량한 성도덕에 반한다고 보기 어려워 반사회성이 극히 약한 경우까지 처벌하는 것은 불필요하거나 과도한 형벌로서 국가형벌권의 과잉행사에 해당한다. 이러한 경우는 형벌필요성의 요건을 갖추지 못하여 민사적인 제재 등 다른 수단으로도 충분히 그 제재가 가능하다.

결국 간통죄처벌규정의 위헌성은 그 처벌 자체에 있는 것이 아니라, 반사회성이 약하여 형벌까지 이르지 않아도 될 행위까지 국가형벌권행사의 대상으로 한데 있으며, 이 같은 행위양태에 대한 처벌은 헌법불합치에 해당하나, 간통죄처벌조항의 적용을 중지하는 경우 그 처벌이 요청되는 간통행위의 처벌마저 불가능해지므로, 입법자가 합헌적 법률을 입법할 때까지 잠정적으로 적용케 할 필요가 있다.

5. 재판관 송두환의 위헌의견

간통행위에 대한 형사처벌제도 자체는 합헌이라는 데 찬동하면서도, 그 처벌조항에 법정형으로 징역형만을 규정한 것은 책임과 형벌간 비례성의 원칙에 반하여 위헌이라는 입장이다.

이다만 합헌의견에서 말하는 바 간통죄처벌규정에 의해 제한되는 주된 기본권으로 '개인의 성적 자기결정권'을 들고, 이를 전제로 과잉금지위배여부를 심사하는 것에 대해서는 의문이 있다는 것이다. 개인의 성적 자기결정권이라는 개념은 일반적인 성폭력범죄, 성희롱 등의 문제, 배우자 간의 강간 등의 문제에 있어서는 핵심적 개념이 될 수 있지만, 이것을 간통죄처벌로 인해 침해되는 주된 기본권으로 삼는 것은 적절하다고 보기 어렵다. 그럼에도 불구하고 간통죄처벌조항은 혼인제도 및 배우자 간 성적 성실의무를 보호하는 한편, 간통 및 상간자에 대한 자연적 응보관념을 인정하면서도 사적 보복을 금지하는 법체계 등을 구조적으로 조화시키기 위한 입법자의 노력이 구체화된 것으로 볼 것이고, 입법자의 입법형성권의 범위를 일탈하여 현저히 자의적인 것이라고는 볼 수 없다.

하지만 간통죄처벌로 자유형 일원주의를 취하고 있는 것은, 헌법 제10조의 요구 및 헌법 제37조 제2항이 규정하는 과잉입법금지의 정신에 따라 형벌개별화의 원칙이 적용될 수 있는 범위의 법정형을 설정하여 실질적 법치국가의 원리를 구현하도록 해야 하는 점 및 형벌이 죄질과 책임이 상응하도록 비례성을 지켜야 한다(헌재 2003.11.27. 2002헌바24)는 요청에 비추어 볼 때 정당하지 않다. 이것은 실무상 간통죄 수사 및 재판과정에서 구체적 사례에 따른 적절한 법운용을 어렵게 하고 판결선고 단계에서도 법관의 양형재량권을 제한하는 등 책임원칙 및 비례성의 원칙에 위배되어 위헌이다.

Ⅲ. 간통죄 폐지론과 존치론의 현황

형법상 간통죄 처벌규정을 둘러싸고, 폐지론과 존치론이 팽팽한 접전을 계속해 오고 있다.

1. 폐지론의 논거

① 간통죄가 성풍속 보호를 목적으로 삼지만, 형법의 탈윤리화 경향에 반하므로 폐지되어야 한다는 것이다. 최근까지 형법개정을 이끈 형사정책적 프로그램 가운데 하나가 형법의 탈윤리화였으며, 이에 따라 간통, 수간, 동성애, 근친상간 등의 형사처벌규정이 전부 또는 일부 폐지된 실례를 그 배경으로 한다.

② 간통죄가 개인의 성적 자기결정권을 침해하므로 폐지되어야 한다는 것이다. 성의 자유화 경향에 비추어, 개인은 부부간에서도 성적 자기결정의 자유를 향유할 수 있어야 하며, 애정의 조건에 따라 성적 상대방을 자유롭게 선택할 수 있는 자유를 누릴 수 있음을 그 배경으로 한다.

③ 간통죄가 이른바 법익 없는 범죄의 유형에 속하므로 비범죄화해야 할 대상이라는 것이다. 간통죄의 보호법익으로 거론되는 혼인의 순결이나 부부간의 성적 성실의무는 개인의 애정이 관련된 극히 사적인 문제에 속하여서 형법적인 보호대상이 될 수 없음을 그 논거로 삼는다.

④ 간통의 피해자인 배우자가 과도한 위자료를 받아 내거나 복수심을 충족시키기 위한 합법적인 공갈수단으로 간통죄규정을 악용하고 있는 현실을 감안하여 폐지해야 한다는 것이다. 국가형

벌권이 개인의 사적 복수심을 만족시키는 도구로 사용되거나 과도한 재산적 이익을 챙기는 상업적 수단으로 전락해서는 안 된다는 점을 그 논거로 삼는다.

이들 폐지론의 주된 논거는 형법이 성에 관한 윤리나 도덕을 강제하는 수단으로 사용될 수 없다는 점, 개인의 성적 자기결정의 자유를 형법으로 제한해서는 안 된다는 점, 형벌실현의 수단으로서 공형벌이 갖는 형사정책적 기능에 충실해야 한다는 점으로 요약할 수 있을 것이다.[5]

2. 존치론의 논거

① 간통죄가 혼인과 가정의 건강성을 보호하는 헌법규범(헌법 제36조 제1항)의 구체화규범으로서 부부간의 성적 성실의무 및 제도로서의 혼인과 가정을 보호법익으로 삼는 죄형법규이므로 이 법익보호의 차원에서 존치시켜야 한다는 것이다.

② 간통이 배우자에 대한 침해 또는 모욕을 수반하게 되므로 단순히 개인의 성적 외도를 문제삼는 피해자 없는 범죄가 아니어서 개인적 법익보호의 관점에서도 처벌의 필요성이 인정된다는 것이다.

③ 선량한 성풍속도 평화로운 공동생활의 질서 안정에 전제가 되는 한 형법적 보호의 필요성을 갖기 때문에 존치되어야 한다는 것이다. 우리 형법에 중혼죄 규정이 없는 이상 선량한 성풍속의 지

5_ 차용석, 「간통죄에 관한 고찰」, 고시계 1987.3, 170면 이하; 차용석, 「사회변동과 형법」, 한일법학연구(제13집), 1994, 86면 이하; 허일태, 「간통죄의 위헌성」, 저스티스 104호(2008.6), 118면 이하 참조.

나친 문란을 경계하는 의미에서 그리고 간통죄 처벌규정을 둠으로써 규범형성적 의미와 사회교육적 의미를 획득할 수 있다는 점에서 제기하는 존치론도 같은 맥락이다.

④ 합리적인 형사정책도 국민의 지배적인 가치관에 대한 고려를 배제할 수 없다는 점에서 간통죄는 존치되어야 한다는 것이다. 아직도 국민의 절대다수가 간통죄 존치를 지지하고 있는 현실을 감안한 것이다. 간통 사유로 인한 이혼시 약자의 입장에 있는 여성들이 장래의 생활기반을 확보하기 위한 방편의 하나로 고소권을 이용하는 현실을 무시할 수 없다는 고려도 이와 같은 맥락이라고 할 수 있다.[6]

그간 정치적 · 경제적 상황의 변화 못지않게, 사회변동과 규범의식의 변동도 활발하게 진행되어 온 것은 사실이다. 세계화의 물결은 문화적 정체성에도 영향을 미쳤다는 점에 이의를 제기할 사람은 많지 않을 것이다.

가장 오랜 제도와 전통 중 하나인 결혼과 가정도 변화의 진통을 겪고 있다. 호주제의 폐지, 동성동본 불혼의 완화, 상속에서 양성평등을 위한 제도적 개선 등은 입법을 통한 '전통으로부터의 탈피, 현대에로의 진보'라고 할 수 있는 반면, 효행장려 입법의 실현은 해체되는 가족 간의 연대성을 강화하고 가치질서 형성을 도모하기 위한 노력으로 보인다. 매년 급증하는 이혼율, 이혼의 자유화 추세는 말할 것도 없고, 전통적인 혼인관념과 일부일처제에서 이탈한 동성혼, 근친혼, 중혼, 미혼가정의 등장으로 인해 결혼 및 가

6_ 이수성, 「한국의 문화전통과 형법」, 한일법학연구(제13집), 1994, 31면 이하; 김일수, 「간통죄폐지에 대한 기독교적 입장」, 개혁과 민주주의, 1996, 131면 이하 참조.

정을 둘러싼 규범의 앞날을 예측하기 어려운 실정이다.

이러한 변화를 이끄는 이념의 중심에는 개인주의적 자유주의가 자리 잡고 있으며, 특히 개인의 자기결정의 자유가 중요한 견인차 역할을 하는 것으로 보인다. 그에 따르면, 개인의 자유영역에 대한 제한으로 간주되어 온 공동체적 윤리규범, 역사적 · 문화적 전통, 사회적 제도로부터 벗어나 개인이 스스로 자기입법자가 되어서, 스스로 선택하고 결정하는 주체가 되어야 한다는 것이다. 이와 같은 개인적 자유의 극대화를 위하여 윤리규범으로부터의 해방(탈윤리화), 법규범의 최소화 내지 최후수단성(탈비대화), 제도의 환원주의적 해체가 정책적 도구로 등장하고는 한다.

개인적 삶의 안정기반인 사회제도, 가치체계, 법의식, 문화와 전통 및 정체성까지 해체시켜 버린다면 개인은 당장 무제약의 자유를 만끽할 수 있을지 모른다. 혼인과 가정의 가치를 둘러싼 제도와 전통, 헌법적 보장, 사법적 실현, 그리고 그 이념의 형법적 구체화에 해당하는 간통죄 규범은 이 같은 무제약적 자유를 꿈꾸는 이들에게 거추장스럽거나 아주 성가신 괴물 이외의 다른 것일 수 없다. Fichte와 그에게 한때 경도되었던 청년 Schelling 같은 독일 관념철학자들은 세계와 절연된 순수하고 절대적인 자아로부터 절대 무제약적인 자유이념을 이끌어 내어 그들의 철학의 기초로 삼기도 했었다.[7] 그렇지만 인간은 태어나면서부터 세계와 고립된 관념적인 자아나 개별자가 아니다. Heidegger의 말처럼 인간은 세계 내 존재(In-der-Welt-Sein)이다. 인간이 개인적 존재이면서도 동시에 사회적 존재라는 인격적 인간상을 전제하는 한 극단적 자유주의가 발붙일 곳은 세계 어느 곳에서도 그다지 넓어 보이지 않는다. 결국

7_ W. Schulz. Freiheit und Geschichte in Schellings Philosophie, in: Schelling.

개인의 자유도 사회적 공동생활의 평화를 깨뜨리지 않는 범위 안에서만 자유일 수 있다는 것이 이성적인 자유의 요청일 것이다.

문제는 그 이성적 자유의 한계를 구체적인 사태와 관련하여 어떻게 그을 수 있느냐이다. 간통죄의 위헌시비도 결국 이 문제를 비껴갈 수는 없는 논제 중 하나라고 생각한다.

Ⅳ. 간통죄 합헌론과 위헌론의 검토

이미 살펴 본 바와 같이, 초대 헌법재판소장 조규광 재판장으로부터 2대 헌법재판소장 윤영철 재판장을 너머서 제3대 헌법재판소장 이강국 재판장에 이르기까지 20여년 가까이 4번의 간통죄 위헌 여부에 대한 헌재의 결정이 있었다. 하지만 다수의견이 된 합헌결정의 논증구조는 근본적인 틀에서 그 골격을 그대로 유지하고 있다. 그것은 위헌제청 주체들의 논증구조가 동일한 전선을 사이에 둔 지리한 공방의 양상을 벗어나지 아니하였기 때문으로 보인다. 위헌론에 입각한 반대의견은 주로 "성적 자기결정권의 침해, 사생활은폐권에 대한 침해, 과잉금지원칙에 위배됨"을 위헌의 논거로 제시하고 있지만, 합헌론을 견지한 다수의견은 "선량한 성도덕과 일부일처주의 혼인제도의 유지 및 가정생활의 보호를 위해서나 부부간의 성적 성실의무의 수호를 위하여 그리고 간통으로 인한 사회적 해악의 사전예방을 위해서 간통행위의 처벌은 불가피"하며, "간통죄가 사회상황, 국민의식의 변화에 따라 그 규범력이 약화되었음에도 불구하고 아직은 반사회성을 띠고 있으므로 헌법위반이 아니다"라는 것이었다.

합헌론의 논거 중 간통죄가 전통윤리로서 여전히 자리 잡고 있는 정절관념과 선량한 성도덕의 유지를 위해 불가피한 제도라는 측면은 오늘날 가장 의문시되는 논거 중 하나라고 지적하고 싶다. 이 점은 헌재 합헌결정(2000헌바60)의 부기에서 이미 간통죄를 기본적으로 개인 간의 윤리적 문제에 속한다는 점과 또한 그것이 개인의 사생활 영역에 속하는 내밀한 성적 문제라는 점을 전제로 입법자에게 폐지여부에 대한 진지한 숙고를 요청했던 논리와도 상치되기 때문이다. 선량한 성도덕은 성풍속의 범주와 함께 사회적 지평에만 머물러 있는 것이 아니라 사적 윤리의 문제 내지 내밀한 성생활 문제로서 개인의 사생활영역과도 밀접한 연관을 맺고 있다.

형법적 규율대상은 행위의 부도덕성이 아니라 법익위해의 사회적 유해성이다. 형법은 시민들을 도덕적으로 훈육하기 위한 도덕법전이 되어서는 안 되고, 사회의 평화질서를 보전하기 위해 필요한 최소한도의 법규범이어야 한다. 시민의 자유와 안전 및 사회체제의 기능과 무관한 단지 사적 영역에서의 부도덕한 일탈행동은 도덕적 비난의 대상은 될 수 있을지언정 형법적 규율대상으로 삼아서는 안 된다. 시민사회의 원리는 적극적으로 특정윤리를 옹호하기 위해 법적 수단을 동원하는 이른바 윤리행동주의(moral activism), 윤리실증주의(moral positivism)와의 연계를 거부한다. 그와 같은 일탈행동이 평화로운 공존질서를 깨뜨릴 만큼 사회적으로 유해해서 그것을 통제하지 않고 묵인할 경우 오히려 사회심리적 갈등과 질서의 불안정을 초래할 위험이 있을 때에만 형법적 통제의 대상으로 삼아야 한다. 법은 단지 자율적 개인들의 평화로운 공존을 가능케 해주는 임무만을 담당한다.

이 같은 전제 위에서 가벌성을 규정할 수 있는 2가지 근거는 ① 범인의 행위를 통해 사회적 공분(혐오, 당황, 수치심, 충격, 분노)을 불러일으킬 만한 때, ② 그 행위를 통해 동시에 제3자의 권리를 침해하게 될 때이다.[8] 여기에서 도덕적 일탈행동에 대한 사회적 공분과 유해성 판단의 기준이 문제인데, 그것이 우리사회의 기초적인 윤리규범, 즉 사회윤리적 기본질서이다.[9]

사회윤리적 기본질서는 결코 급변하지는 않지만, 사회의식의 변화로부터 완전히 자유로울 수도 없다. 성의 자유화 추세에도 불구하고 형법에서 성생활과 관련된 성풍속을 굳이 보존해야 할 필요가 있는가? 형법은 개인의 자유로운 성생활에 직접 개입하여 성인들의 성생활의 표준을 유지해야 할 임무를 갖고 있지는 않다. 자유로운 가치관적 다원사회에서 법은 특정한 성도덕이나 성풍속 그 자체를 보호해야 할 임무를 갖고 있지 않기 때문이다.

하지만 그 사회의 구성원인 각자는 원칙적으로 성적 품위에 관한 자기관념을 타인으로부터 침해받지 않을 권리를 갖고 살아가고 있으며, 이 같은 권리는 타인의 성적 일탈행위로 인해 직접 침해되어서는 안 된다. 성풍속이 문란해져 성생활의 질서가 무너지면 가정 · 사회생활이나 개인의 인격발전에 나쁜 영향을 미칠 수 있어, 자신의 가정, 자신이 속한 사회가 소돔 · 고모라의 공동체(창세기 19:1~29)가 될 것을 꺼리는 개인들은 성풍속 · 성질서의 문란에 공분을 느끼게 마련이다. 그래서 헌법도 당대에 지배적인 혼인과 가족제도의 건강성을 보호함으로써 일부일처제도와 양성평등의 성제도에 관한 보장책을 국가에 부과하고 있다.

이러한 시각에서 형법은 비록 선량한 성도덕 그 자체의 수호자는 아니지만, 개인의 성적 품위에 관한 자기관념이 타인의 무절제한 성적 일탈행위에 의해 침해받거나 성과 결혼 및 가족제도를

8_ R. Lautmann, Moral, Wissenschaft und Strafrecht, in: Jahrbuch für Rechtssoziologie u. Rechtstheorie Bd. 15(1993), S.259.

9_ 김일수, 한국형법III(개정판), 1997, 359면 이하.

포함한 공동체의 기본적 윤리질서가 파괴될 때 그로부터 야기될 혼란을 예방해야 할 책임까지 외면해서는 안 된다. 바로 여기에 성풍속 및 혼인과 가정에 대한 죄형법규의 존재 이유가 있는 것이다.[10]

반면 위헌론의 논거 중 과잉금지원칙의 위배는 법이론적으로 천착해야 할 논제여서 별개의 장에서 상론토록 하고, 여기에서는 성적 자기결정권의 침해 내지 인간의 존엄성 침해라는 주제를 검토해 보기로 한다.

우리 형법은 성과 관련된 죄형법규를 개인적 법익과 사회적 법익에 따라 양분하고 있다. 전자를 개인의 성적 자유를 침해하는 범죄, 후자를 성풍속에 관한 죄라고 부른다. 외국의 성형법은 성에 관한 범죄를 우리형법처럼 개인적 법익과 사회적 법익에 따라 분류하지 않는다. 성에 관한 범죄는 대개 두 법익의 양면성을 갖기 때문에 양자를 확연히 구분하는 데 어려움이 따르기 때문이다. 독일형법은 성적 자기결정에 관한 죄(제13장)와 혼인과 가정에 관한 죄(제12장)를 분류한다. 오스트리아 형법과 스위스 형법은 성풍속에 관한 죄와 혼인 및 가정에 대한 죄를 따로 취급한다.

성적 자기결정권을 보호법익으로 삼는 범죄는 강간 · 강제추행 등과 같은 성범죄이다. 간통은 전통적으로 혼인과 가정을 보호하는 죄형법규로서 성적 자기결정권, 즉 성적 자유를 보호법익으로 삼는 성범죄와 성격을 달리한다. 강간 · 강제추행을 성풍속에 대한 죄로 다루는 입법례는 있으나(오스트리아, 스위스 등), 간통죄의 보호법익을 성적 자기결정권으로 다루는 입법례나 형법이론은 발견하기 어렵다. 그럼에도 불구하고 우리나라의 간통죄 위헌논의에

10_ 김일수, 한국형법III(개정판), 1997, 359면 이하.

서 성적 자기결정권이 주요 논거로 자주 떠오르는 것은 지평의 혼동이라고 해야 할 것이다. 그 혼동은 자기결정(Selbstbestimmung)이라는 법철학의 핵심문제에 대한 선이해(先理解)의 부족에 기인하는 것으로 보인다.

법규범의 수범자(受範者)로서 인간이 자기행위에 대해 법적으로 책임져야 할 정당한 근거는 그에게 자기결정의 능력이 있다는 점이다. 윤리적 현상으로서 자기결정은 인간이 그에게 제시된 당위의 요청을 이행할 수 있는 능력을 의미한다. 이런 관점에서 일찍이 독일연방최고법원은 "인간은 자유롭고, 책임있는 윤리적 자기결정의 소질을 타고 났으며, 그렇기 때문에 스스로 법에 순응하고 불법에 반하는 결정을 내리고, 자신의 행위를 법적 당위규범에 맞추어 정립하고 법적으로 금지된 것을 회피할 수 있는 능력을 가졌다"고 판시한 바 있다(BGHSt 2, 200).

유신론적 실존철학의 입장에서는 실존의 전제인 자기결정을 여러 가지 행위가능성들이 열려 있는 상황에서 인간이 실존적인 결정과 선택의 자유를 갖고 있음을 의미한다. 일반철학적 관점에서 자기결정은 인간이 의사결정에서 외부의 그 무엇에 의해 결정되는 것이 아니라 자기 스스로 자유롭게 결정함을 뜻한다. 물론 여기에서는 의사자유를 둘러싼 비결정론(Indeterminismus)의 관점이 핵심이 되고 있다.

인간학적 관점에서 자기결정은 인간이 다른 생물에 비하여 특별히 빼어나게 갖고 있는 능력으로서 자신에게 영향력을 미치는 본능적 충동을 억제하고 의미내용과 가치 그리고 당위규범에 맞추어 자신의 결정을 내릴 수 있는 능력이라고 말한다. 이 관점에 따르면 의미내용과 가치 및 당위규범에 반하고 의무위반적인 행동은 자기결정이 아니라 도리어 자기결정에 대한 거역이라는 것이다.

인간은 두 가지 정신능력, 즉 사고작용을 통해 생활관계와 인과관계를 인식할 수 있는 인지능력, 그리고 의미와 목적과 가치를 파악할 수 있는 이성적 통찰능력을 갖고 있다. 이 점에서 인간은 지적인 존재일 뿐만 아니라 이성적인 존재이기도 하다. 인지적 사고와 이성적 통찰을 통해 인간은 그의 행동방향과 목표를 바르게, 목적 합리적으로, 의미와 가치 충족적으로 수행해 나갈 수 있다는 것이다.

이런 의미의 자기결정능력은 법규범의 준수와 법질서 확립에 근본적인 토대를 제공한다. 이 능력이 일면 법적 당위질서의 실현 자체를 가능케 하고, 타면 그것을 필요하게 만들기 때문이다.

당위요청을 지닌 법규범이 수행하는 결정기능은 법이 첫째로 수범자들의 자유의사에 따라 준수될 수 있음을 전제한다. 법은 먼저 그들의 이성적 통찰에 호소하여 그들이 자신의 목적과 이해의 추구에서 공동생활의 질서요청과 일치하도록 인도하고, 충돌이 있는 경우에는 자기결정의 조정능력에 의해 사회유해적인 충동의 분출을 억제하고 회피하게 만든다. 더 나아가 그럼에도 불구하고 법의 당위규범을 침해한 경우에는 예고된 제재나 그 밖의 유사한 불이익을 가함으로써 자신의 행동에 대한 책임을 학습하게 한다. 개인이 사회생활에서 법규범의 당위요청을 자신의 가치체험을 통해 주관적으로 의식함으로써 그 규범의 의미가 내면화된 이상 그 위반에 대한 제재는 자기책임 부담의 원리로 귀결된다.[11]

자기결정의 의미를 이렇게 이해할 때, 간통죄 처벌이 성적 자

11_ H. Henkel, Die Selbstbestimmung des Menschen als rechtsphilosophisches Problem, in: Larenz-FS zum 70. Geburtstag, 1973, S.6ff.; H. Welzel, Persönlichkeit und Schuld, in: Abhandlungen zum Strafrecht und zur Rechtsphilosophie, 1975, S.185ff.

기결정권의 침해라는 논지는 이해가 가지 않는 대목이다. 결혼이 자기결정의 산물이기 때문이다. 즉 결혼은 성적 공동생활의 지속성과 배타성의 의지를 기초로 하여 배우자 상호간의 배려와 도움 및 공동의 삶의 목적과 가치를 실현하기 위한 노력을 결집시키는 법적·사회적 제도이다.[12] 이 지속성과 배타성 안에서 배우자 쌍방은 자기실현의 일환으로 성(性)공동체적 자유를 누린다.

이에 비해 간통은 결혼을 통한 평화로운 성적 공동생활의 배타성을 침해하고, 지속성의 의지를 배반함으로써 성립하는 결혼 및 가정의 건강성 파괴행위이다. 성적 공동체의 배타성과 지속성을 향한 의지의 공개적인 표명과 함께 배우자 쌍방은 제도로서 혼인의 가치를 체험하게 되며, 또한 이 의지에 기초하여 각각 상대방을 위한 성적 성실의무를 지게 된다.[13] 그런 의미에서 간통죄는 개인의 성적 성실의무에 대한 죄로서의 성격뿐만 아니라 제도로서 혼인에 대한 죄로서의 성격도 지닌다.[14] 간통은 결코 행위자의 자유로운 자기 결정이 아니라 부부간의 사랑에 대한 내면적 자기모순과 자의적인 자기부정이다.[15] 간통죄 처벌은 실제로 성적 자기결정의 자유를 성적 욕망에 이끌리어 스스로 부정(否定)한 행위자에게,[16] 자기결정의 부정(否定)의 부정(否定)을 통하여 본래적인 의

12_ EKD, Denkschrift zu Fragen der Sexualethik, 1971, S. 20 ; J. Eekelaar/ M. Maclean, "Marriage and the Moral Bases of Personal Relationships", in: S.B. Boyd / H. Rhoades (ed.), Law andFamilies, 2006, p.105.

13_ W. Maihofer, Ideologie und Naturrecht, in: ders. (Hrsg.), Ideologie und Recht, 1969, S. 136 f.; 헤겔, 법철학(임석진 역), 1989, §161 이하 참조.

14_ G. Stratenwerth, Schweizerisches Strafrecht, BT Ⅱ, 3. Aufl., 1984, S. 78; 김일수, 한국형법Ⅲ, 363면.

15_ Eb. Schockenhoff, Naturrecht und Menschenwürde, 1996, S.228ff. 참조.

미의 자기결정권을 회복시켜주는 데 의미가 있는 것이다.[17]

다시 한 번 강조하건대, 인간은 본능과 환경의 굴레에서 완전히 자유로울 수 없지만 정신적 능력으로 말미암아 본능의 철쇄와 환경의 굴레를 벗어나 스스로 선택하고 결정하면서 자신의 인격을 실현시켜 나갈 수 있는 존재이다. 그런 의미에서 인간은 "자유에로 부름받은 존재"이다. 인간의 자기결정의 자유는 동물의 삶처럼 "가치로부터의 자유"가 아니라, 의미 있는 행위 속에서 추구하고 해결해야 할 과제로 임무지워진 "가치에로의 자유"이다. 그렇기 때문에 인간의 자기결정의 자유는 애당초 무절제하고 자의적인 자유가 아니라, 의미충만한 삶의 형성을 위한 제한된 자유를 의미한다.[18] 만약 가치실현적인 자기결정의 자유의 이 같은 기본구조를 무시한다면 인간의 삶에서 모든 자유는 그 파괴적인 동물의 야성과 구별하기 어려워질 것이다.[19] 물론 인간의 정신능력에도 실패와 파행은 있을 수 있지만, 그와 같은 한계를 극복하고 윤리적인 자기실현을 통해 인간다운 삶을 영위해 나갈 수 있다는 점에서 인간의 존엄성의 근거를 발견할 수 있다.[20] 그렇다면 간통죄 처벌이 자기결정권의 침해 내지 인간의 존엄성 침해라는 위헌론의 논거는 매우 주관적인 견해에 불과한 것으로 보인다.

성적 자기결정권의 논리에 관해 종래 헌법재판소가 20여 년 견지해 왔던 관념을 뿌리치고, 새로운 근거지음을 시도한 견해가

16_ 이 같은 욕망도 결국 사회적 성격을 가지며, 그래서 내가 타인에게 맞추어 행하지 않으면 안 된다는 점에 관하여는 헤겔, 법철학, §192 참조.

17_ 헤겔, 법철학, §97 참조.

18_ H. Welzel, Persönlichkeit und Schuld, a.a.O., S.203 ; Ed. Dreher, Die Willensfreiheit, 1987, S.396.

19_ J. Rhemann, Einführung in die Sozialphilosophie, 1979, S.20ff.

20_ 김일수, 한국형법 I (개정판), 1996, 80면; 한국형법 III, 359면.

제4차 간통죄 헌법재판에서 처음으로 등장했다. 재판관 송두환의 위헌의견 중 간통행위의 금지 및 형사처벌 자체의 합헌성에 관한 근거지음이 바로 그것이다. 그는 헌법 제10조의 개인 인격권과 행복추구권에는 개인의 자기운명결정권이 내포되어 있고, 그 안에 성적 자기결정권이 포함되어 있으나, 이 같은 성적 자기결정권이 간통행위와 상간행위까지 포함하는지는 의문이라는 전제에서 출발하여 다음과 같이 주목할 만한 논거를 제시했다:

"개인의 '자기결정권'은 원하는 것은 언제든, 무엇이든지 할 수 있다는 의미에서의 무제한적 자유를 포함하는 것은 아니다. 개인의 자기결정이 타인과의 관계를 결정하거나 타인에 대하여, 또는 사회에 대하여 영향을 미치게 되는 때에 타인과의 공존을 부정하는 자기결정은 사회적 존재로서 자신의 인격을 실현시키고 자아를 실현하기 위한 자기결정권의 순수한 보호 영역을 벗어나게 된다. 이는 성적 자기결정권에 있어서도 마찬가지로 … 일부일처제에 기초한 혼인이라는 사회적 제도를 선택하는 자기결단을 한 자가 배우자에 대한 성적 성실의무에 위배하여 간통행위로 나아가거나 또는 그러한 점을 알면서 상간하는 것은 … '성적 자기결정권'의 보호영역에 포섭될 수 없다. 따라서 개인의 성적 자기결정권이라는 개념은 일반적인 성폭력범죄, 성희롱 등의 문제 및 배우자 상호간에 있어서도 일방통행적인 성관계는 허용될 수 없다는 등의 문제에 관련해서는 핵심적 개념이 될 것이지만, 이것을 간통행위를 처벌함으로 인해 침해되는 주된 기본권으로 삼는 것은 적절하다고 보기 어렵다."

V. 간통죄의 헌법적 정당화

1. 헌법의 구체화규범

헌법은 인간의 존엄과 가치 및 행복추구권의 실현이 모든 기본권질서와 법질서의 최상위의 원칙이며 또한 이에 봉사하는 것이 국가의 임무임을 전제하고 있다(제10조). 더 나아가 혼인과 가족생활도 개인의 인간으로서의 존엄과 양성평등에 기초하여 성립·유지되도록 봉사하는 것이 국가의 임무임을 천명한다(제36조 제1항).

여기에서 인간이 존엄성과 가치 그리고 행복추구의 주체가 되는 근거는 바로 인간이 이성적 자기결정의 능력에 따라 윤리적 자기발전과 자기완성을 실현시켜 나갈 수 있는 존재라는 데 있다.[21] 물론 인간의 윤리적 자기발전과 자기완성은 국가와 모든 법질서의 목적이지만, 그것을 실현하는 일은 제1차적으로 이성적 주체인 개인 자신의 몫이다. 다만 법질서의 기능은 그와 같은 자기실현 가능성의 조건을 확보하고, 그것이 침해받지 않도록 예방하며, 침해될 경우에는 강제력을 동원해서라도 그의 정상성을 회복시켜 주는 데 있다.[22]

형법상 간통죄 금지규정도 이 같은 법질서 기능의 범주를 벗어날 수 없다. 즉 인간의 존엄성과 행복추구권의 전제인 인간의 윤리적 자기결정의 자유가 혼인과 가정의 영역에서도 그 가치와 부

21_ 이에 관하여는 Il-Su Kim, Die Bedeutung der Menschenwürde im Strafrecht, insbes. für Rechtfertigung und Begrenzung der staatlichen Strafe, Münchener Diss., 1983, S.111-150.

22_ Ebd., S.154-193.

합하여 잘 실현될 수 있도록 그에 필요한 하나의 외적 조건을 마련하는 것이다. 그런데 앞에서 본 1990.9.10. 89헌마82 결정과 2001.10.25. 2000헌바60 결정 및 2008.10.30. 2007헌가17 · 21, 2008헌가7 · 26, 2008헌바21 · 47 결정에서 대세를 이룬 합헌론도 간통죄가 개인의 성적 자기결정권을 제한하는 것이라는 데 위헌론과 인식을 같이했다.[23] 다만 그 자기결정권도 국가, 사회의 공동생활의 범위 안에서 공중도덕, 사회윤리의 존중에 의한 제한이 불가피하므로 형법 제241조에 의한 성적 자기결정권의 제한이 헌법 제37조 제2항에 반하지 않는다는 입장이었다.[24]

결혼제도의 성격과 의미를 도외시한 채 본래 성범죄피해자가 향유해야 할 성적 자기결정권의 논리를 비약을 통해 간통죄 행위자에게 원칙적으로 승인해 주는 이 같은 헌재의 입장은[25] 일면 자기결정의 자유에 대한 F. Nietzsche나 J.P. Sartre 철학의 입장처럼 도덕적 허무주의나 가치무정부주의에 빠질 위험이 있다.[26] 타면

23_ 2000.10.25. 2000헌바60(헌법 제10조에서 보장하는 개인의 인격권에는 개인의 자기운명결정권이 전제되고, 이 자기운명결정권에는 … 성적 자기결정권이 포함되어 있으며 … 형법 제241조의 규정이 개인의 성적 자기결정권을 제한하는 것은 틀림없다); 다만 2008.10.30. 2007헌가17 · 21 등 병합사건에서 송두환 재판관의 소수의견은 기존의 합헌론 또는 위헌론의 근거지음과 다른 견해를 취하고 있음은 앞서 언급한 바와 같다.

24_ 1990.9.10. 89헌마82; 2008.10.30. 2007헌가17 · 21 등 병합사건.

25_ 간통죄 규정이 범인의 성적 자기결정권의 제한이라면, 강간 · 강제추행 등의 처벌규정도 이들 성범죄자의 성적 자기결정권의 제한이라고 해야 헌재의 일관된 논리가 될 것이다. 왜냐하면 아무개의 성적 자기결정권을 침해한 이들 범죄자도 헌법상 보장된 개인의 인격권에 속한 성적 자기결정권의 향유주체라고 해야 논리의 일관성이 유지될 터이기 때문이다. 하지만 이 같은 논리가 얼마나 우스꽝스러우며, 법질서에 대한 해괴한 교란이 되는지는 더 이상의 설명을 필요로 하지 않는다.

26_ 에밀 브루너, 정의와 자유(전택부 역), 1974, 17면 이하; 베르너 마이호퍼, 인간질서의 의미에 관하여(윤재왕 역), 2003, 27면 이하 참조; D. Lyons,

도덕적 최소주의(moral minimalism)와 자유적 관용(liberal toleration)을 지향하는 개인주의적 가치상대주의자(relativist)나 개인주의적 의사자유주의자(voluntarist)의 주장과 궤를 같이하는 것이다. 이 같은 입장은 또한 "내가 원하는 대로 하자(do as I please)"는 현대의 신개인주의(new individualism)의 관점과도 일맥 상통하는 점이 있다.[27] 신개인주의는 개인의 자율성을 새로운 가치로 중시하지만, 같은 가치관념을 가진 다른 사람과 공존해야 할 필요성 때문에 상호제약을 받을 수밖에 없고, 그 제약의 준거점은 기존의 선량한 풍속, 기타 사회질서, 제도화된 법과 도덕이 아니라 바로 공존자 상호간의 협상일 뿐이라는 것이다.[28]

어쨌거나 자기결정권에 관한 헌재의 관점은 신개인주의가 취하는 내재적 제약논리라는 안전판마저 무시한 것으로 보인다. 이 같은 자유주의적 가치관점은 그 반대편에 서 있는 공동체주의자(communitarianist)들로부터의 비판을 피할 길이 없다.[29] 즉, 이 같은 자유주의는 역사나 사회로부터 독립해서 존재하는 주체, 즉 "연고자 없는 자아"에서 출발하며, 한 사회에 필수적인 도덕적 자산은 자주 바뀔 수 없음을 간과하고 있다.[30] 이 같은 자유주의적 관점은 인간이 평등하게 누리고 있는 신적 이성이 인간자유의 원리가 된다고 한 스토아철학의 사상까지 소급한다. 즉, 인간은 개인일 뿐이

Ethics and the Rule of Law, 1984, pp.11-15.

27_ D. Lyons, supra note 17, pp.25-29; M. P. Baumgartner, The Moral Order of a Suburb, 1988, p.129; M. J. Sandel, Moral Argument and Liberal Toleration, in: G. Dworkin (ed.), Morality, Harm, and the Law, 1994, p.110.

28_ J. Eekelaar / M. Maclean, op. cit., n. 6, p.107.

29_ G. Dworkin, 「Liberal Community」, in: n. 18, p.36 참조.

30_ Böckenförde, Recht, Staat, Freiheit, 1991, S.92ff. 참조.

며, 개인으로서의 인간은 각자 이성을 가지고 있을 뿐 가정, 민족 및 국가로부터 독립되어 있다는 관념이다. 뿐만 아니라 인간은 의지의 자유를 가지고 있으며, 그에 따라 자기가 원하는 것과 원치 않는 것은 선택할 자유가 있다는 것이다. 이 스토아철학의 자유선택사상이 John Locke, J. J. Rousseau 등의 계몽자유사상을 거쳐, 현대의 무신론적 실존주의에서 그 실체를 드러내고 있는 셈이다.

더 나아가 이 같은 자유주의적 개인주의 가치 관념은 헌법질서가 기초하고 있는 인격주의와 연대주의 이념과도 상용하기 어려워 보인다.[31] 인간은 본원적으로 개인적인 존재인 동시에 사회적 존재이다. 개인은 사회를 필요로 하며 사회는 개인을 필요로 한다. 개인은 사회에 의존하며, 사회는 개인에 의존한다. 양자의 상호의존, 상호보완, 상호발전의 관계는 인간존재의 존재론적 구조여서 인간은 결혼, 가정 및 사회, 국가, 교회와의 관련성을 벗어나 고립된 개인으로 실존할 수 없다.

이 같은 사상에 영향받은 계몽기의 합리주의자, 개인주의자들은 사회계약의 가설을 끌어들여 국가도 사회계약에 의한 개인의 집합체로, 가정도 역시 사회계약의 산물로, 결혼도 사회계약의 일환으로 본다. 결혼이 계약에 불과하므로 그 계약이 당사자의 마음에 따라 언제든지 해약될 수 있는 것이라고 오도하고 있다.

그러나 결혼의 성격은 ① 제도(institution), ② 전통(tradition),

31_ 인격주의와 연대주의의 의미에 관하여는 Il-Su Kim, a.a.O., S.183-192; 개인의 일반적 행동의 자유에 대 한 제한의 근거가 된 헌법적 인간상에 관하여는 김주현, 「자기결정권과 그 제한」, 헌법연구 제7집(1996), 55쪽 이하 참조: 이 논문에서는 자유로운 자기결정권의 존재론적 구조에 관한 논의보다 온정적 간섭주의(paternalism)의 적용한계에 중점을 두었기 때문에, 자기결정의 자유를 일반적으로 전제하고, 그 제한의 정당성을 따지는 헌재의 간통죄위헌논의의 사고논리와 궤를 같이한다.

그리고 ③ 문화(culture)로서의 의미를 지니고 있는 것이다. 이 같은 성격은 공통적으로 결혼이 우연성의 산물처럼 주기적으로 변하거나 개인의 임의대로 해체될 수 있는 성질의 인간관계가 아니라 한 번 형성된 것을 확고히 하고 지속시키려는 사회적 의지에 의해 질서 잡힌 사회체계임을 말해준다. 문화와 전통은 결혼의 이 같은 지속성을 강화하기 위해 결혼의 질서적 의미에 "신성성"과 "존엄성"과 같은 부가적 성격을 부여하기도 했다.[32] 이 같은 정신적 의미는 현대사회에서 다소 퇴색했다고 말할 수 있지만, 그 근본은 변질되지 않았다고 생각한다. 그런 의미에서 결혼은 단순히 의사주의에 입각한 당사자 간의 사법상 계약이 아니라 사회체계로 편입하는 전인격적인 연합과 연대인 것이다.[33]

간통은 인간의 성적 공동체로서 맺어진 인격적인 연대의 끈을 끊고 행위자의 인격적 품위의 실현과 진정한 행복의 추구를 포기한 채, 성적 충동본능과 쾌락에 온몸을 내맡김으로써 자신과 상간자를 동물적인 개체(Das tierische Individuum)로 전락시키는 행위이다. 또한 간통은 배우자 개인에게 정신적인 모욕과 고통을 안기는 가해행위일 뿐만 아니라 결혼과 가정이라는 사회체계와 문화, 전통에 대한 자의적인 테러행위이다.[34] 더 나아가 간통은 배우자 상호간 및 법공동체 구성원 모두의 자유와 승인에 기초하여 형성된 법의 호소적인 요청을 무시함으로써 질서안정을 해치는 사회적 유

32_ H. Zeltner, Sozialphilosophie, 1979, S.55-62.

33_ 결혼제도의 인격적 연대의 기원에 관해서는 문화인류학적 탐구가 더 필요하다고 하겠으나, 결혼을 인격적으로 가치 체험하는 당대의 모든 사람들은 그와 같이 전래되어 온 결혼제도에 참여하면서 변함없이 결혼의 인격연대적 의미를 확인 · 학습할 뿐만 아니라 그 본질적인 중요성을 재해석하면서 이를 유지 · 발전 · 전승시켜 나간다.

34_ Ebd., S.105.

해행위이다.

이렇게 볼 때 간통죄 규정은 결코 법공동체 내에서 인간의 인격이나 자기결정의 자유 또는 행복추구를 제약하는 것이 아니라 인격적 자기실현과 행복추구에 장애가 되는 유해행위를 제지함으로써 참된 의미에서 자유로운 자기결정의 실현과 진정한 행복의 추구가 사회적으로 융성해질 수 있도록 우리를 인도하는 것이다. 이런 의미에서 형법상 간통죄 금지규정은 헌법(제10조, 제36조 제1항)의 구체화규범일 뿐이다.

2. 과잉금지원칙과 충돌?

어떤 죄형법규가 헌법상 과잉금지원칙에 반하여 위헌일 수 있기 위해서는 ① 죄형법정원칙의 제한을 벗어난 경우, ② 사회유해성 없는 행위를 규율대상으로 삼는 경우, ③ 형법의 최후수단성 및 보충성의 원칙에 반하는 과도한 입법인 경우, ④ 책임원칙에 반하는 처벌규정인 경우, ⑤ 비례성의 원칙에 반하는 처벌규정인 경우, ⑥ 이중처벌적 의미를 지니는 형사제재규정인 경우, ⑦ 단순히 상징적 의미의 입법일 뿐 실효성 없는 처벌규정인 경우 등을 상정할 수 있을 것이다.[35] 더 나아가 헌법상 실체적 평등권(헌법 제11조)을 해하는 처벌규정이거나 자유와 권리의 본질적 내용까지 침해할 수 있는 기본권제한적 형사입법(헌법 제37조 제2항)도 과잉금지원칙에 반하는 위헌법률일 수밖에 없다.[36]

35_ Il-Su Kim, a.a.O., S.220-272.

36_ Ebd., S.393-460; 물론 과잉금지원칙을 비례성의 원칙의 구체적 내용 중 하나로서 '최소침해의 원칙'을 의미하는 필요성의 원칙으로 좁게 이해하는 입장도 있다. 이에 관하여는 김일수/서보학, 형법총론(제11판), 2006, 85면

문제는 간통죄 처벌규정이다. 간통죄의 보호법익에 관하여는 부부간의 성적 성실의무라는 견해, 제도로서의 혼인이라는 견해, 양자의 합일이라는 견해 등이 갈린다. 제도로서의 혼인은 혼인서약을 한 동등하고 자유로운 인격주체인 부부간의 성적 성실의무를 본질적 내용으로 삼고, 제도로서의 가정도 최소한 부부간의 성적 성실의무를 그 전제로 삼기 때문에 부부간 성적 성실의무와 제도로서의 혼인과 가정은 동전의 양면과 같다. 따라서 간통죄 보호법익은 부부간 성적 성실의무 및 제도로서의 혼인과 가정이라고 말할 수 있다.[37] 그렇다면 간통죄는 보호법익 없는 범죄가 아니다.

더 나아가 부부간 성적 성실의무는 개인적 법익의 성격이 강하고, 제도로서의 혼인과 가정은 사회적 법익의 성격이 강하다. 간통죄의 구체적인 피해자는 전자의 경우 간통자의 배우자이며, 후자의 경우 법공동체의 구성원 전부이다. 따라서 간통죄는 피해자 없는 범죄도 아니다.

그런데 폐지론자들은 간통죄가 공공의 질서와 무관한 사적인 성(性)질서를 보호대상으로 삼으며, 반사회성이 없고 반윤리성만 있는 행위를 규율대상으로 삼는 일종의 legal moralism의 산물일 뿐이라고 주장한다.[38] 이것은 결과적으로 형법의 도덕법전화 외에 다름 아니라는 것이다. 그렇다면 형법과 도덕은 서로 내용적인 연관성이 없으며 또한 없어야 하는가?

계몽기 이전만 해도 종교적인 범죄, 윤리적인 범죄와 법적인 범죄는 구별되지 않았다. 계몽기를 거치면서 형법의 규율대상인 범죄는 사회유해적인 법익위해행위라는 인식이 확립되었다. 이에

참조.

37_ 김일수, 한국형법 Ⅲ, 364면.

38_ 차용석, 「사회변동과 형법」, 앞의 책, 86면 이하.

따라 종교적 · 윤리적 죄(sin)와 형법적 범죄(crime)의 분화가 이루어지기 시작했다. 특히 사회적 법익분야에서 이러한 세분화작업은 법과 윤리의 뿌리깊은 유대관계 때문에 오늘에 이르기까지 완결되지 못한 채 끊임없는 논쟁의 대상이 되고 있다.

형법개정시마다 등장하는 형법의 탈윤리화, 탈형이상학화, 자유화의 요구가 바로 그것이다.

형법과 도덕과의 관계에 관하여, ① 형법과 종교 · 도덕의 내용적 일치를 전제하고 형법은 윤리의 최소한이라는 명제를 표방하는 입장(단일성론), ② 양자는 원칙적으로 무관한 것이며, 각각 독자적인 영역을 갖고 있다는 입장(독립성론), ③ 형법과 도덕은 그 효력과 제재에서는 형식적 차이가 있지만, 내용적으로는 서로 밀접한 연관성을 갖는다는 입장(절충론)이 전래되고 있다. 이 중에서 절충론이 오늘날의 문제해결에 합리적인 관점으로 보인다. 즉 형법규범은 종교적 · 도덕적 근본규범과 일치하거나 전혀 무관한 것이 아니라 사회윤리적 기본질서의 테두리 안에서 양자는 부분적으로 중첩한다. 이 중첩부문에서 형법규범은 일종의 도덕형성력(sittenbildende Kraft)을 갖는다.

결국 형법과 도덕은 일정부문에서 상호중첩 · 의존적이지만, 그럼에도 형법은 도덕규범과 다른 사회윤리적 비난작용과 위하작용을 한다. 따라서 비윤리적 행위양태는 단순한 도덕적 비난성을 이유로 형법적 규율대상으로 삼아서는 안 되고, 오직 평화로운 공동생활의 질서유지에 묵과할 수 없을 정도의 위해가 되는 한에서만 형법적 규율의 대상으로 삼을 수 있다. 비윤리적이고 부도덕한 일탈행동이 평화로운 공존질서를 깨뜨릴 만큼 반사회적이어서 그것을 통제하지 않고 방치한다면 법공동체의 사회윤리적 기본질서가 교란될 수밖에 없을 때, 형법의 투입은 헌법적으로 정당화될 수

있는 것이다.[39]

물론 도덕적 일탈행동이 사회유해성을 갖는지 여부에 대한 판단은 입법자나 법정책가들이 당대의 지배적인 법의식에 비추어 어느 정도 신축성 있게 내릴 수밖에 없다. 당대의 사회윤리적 기본질서는 비록 급변하지는 않지만 생활세계의 변화와 함께 변화할 수 있고, 그 변화의 과정에서 생겨날 수 있는 보수·진보적 가치관의 갈등도 예상할 수 있다. 그러므로 사회의 윤리적 기본질서는 형이상학적이고 단지 개인윤리적으로만 요구할 수 있는 어떤 가치나 이데올로기를 지양해야 하며, 가치관과 세계관이 첨예하게 대립할 수 있는 특정신조나 특정관점과도 거리를 둘 필요가 있다. 국가는 따라서 최소한 도덕성만을 모든 사람들에게 그들의 세계관과 상관없이 구속적으로 의무지울 수 있는 법률을 통해 보호할 수 있다. 그 밖의 영역은 국가의 임무가 아니라 개개인의 다양한 가치결정과 사회적인 공동생활의 형성의 자유로운 몫으로 남는다.[40] 국가는 스스로 옳다고 할 수 없다. 그는 단지 올바른 삶의 행태를 위한 전제조건들만 제시하고 규범의 정당성만 보장하면 된다.[41] 시민들은 윤리적 선(善) 그 자체를 실현해야 할 의무를 지지 않으며, 단지 위의 전제조건 안에서 선(善)의 각종 양태들을 삶으로 자유롭게 실현할 수 있다.[42] 그렇게 본다면 숭고한 윤리규범을 사회의 기본윤리라는 시각에서 평판화하고 객관화하는 작업 또한 합리적 형사정책의 과제에 속한다.[43]

39_ 김일수, 한국형법III, 360면.

40_ Maihofer, Grundwerte heute in Staat und Gesellschaft, 1976, S.20ff.; 김일수, 「사회·국가적 법익분야의 형법개정」, 개혁과 민주주의, 1996, 158면 이하 참조.

41_ von der Leye, Vom Wesen der Strafe, 1959, S.83ff.

42_ Bienfait, Freiheit, Verantwortung, Solidarität, 1999, S.258.

이러한 맥락에서 볼 때 간통죄 처벌규정은 사회윤리적 기본질서의 틀 안에서 일종의 도덕형성력을 지닌 죄형법규라고 할 수 있다. 그것은 숭고한 사적 성윤리를 보호하는 것이 아니라 배우자 쌍방간의 성적 성실의무와 혼인 및 가족제도가 내포하고 있는 사회윤리적 기본질서를 보호하려는 것이다.

또 하나의 문제는 간통죄 처벌규정이 갖고 있는 법정형의 과잉성 여부이다. 2년 이하의 징역 단일형으로 규정된 현행 간통죄 규정에 대해 헌재의 보충의견 가운데도 헌법 제37조 제2항에서 유래하는 과잉금지원칙에 위반하는 것이므로 새로운 입법정책이 바람직하다는 지적이 있었다.[44] 그리고 최근의 헌재결정(2008.10.30. 2007 헌가12 · 21 등 병합사건)에서 송두환 재판관은 간통죄의 법정형이 징역형으로만 규정되어 있는 것이 책임과 형벌 간 비례원칙에 불합치하여 위헌이라는 의견을 제시하기까지 했다.

한국형법에서 혼인과 가정을 보호하기 위한 죄형법규로 유일한 예가 간통죄뿐이다. 스위스형법은 1989년 간통죄 규정을 폐지했고, 오스트리아형법은 1996년 간통죄규정을 폐지했지만, 아직도 여전히 혼인과 가정의 건강성 보호를 위해 중혼과 근친상간을 자유형만으로써 처벌할 범죄행위로 설정하여, 형법적으로 금지하고 있고, 이혼 후라도 부양의무있는 귀책당사자가 그 의무이행을 게을리했을 때 자유형 또는 재산형으로 처벌하는 규정까지 두고 있다. 그리고 이 같은 범법행위는 우리나라 간통죄보다 법정형이 높기도 하다.

비교법적 관점에서 볼 때 간통죄 법정형의 단순비교로는 우리나라 형법이 훨씬 높지만, 혼인과 가정의 건강성 보호를 위한 그

43_ 김일수, 앞의 책, 361면.

44_ 1990.9.10. 89헌마82.

밖의 다른 법제도적 장치가 전무한 우리형법의 형편과 처지에서는 2년 이하의 단일 법정형이 합리적 근거 없이 과도한 처벌을 꾀한 것이라고 단정하기 곤란하다.

최근 제4차 간통죄 합헌결정에서 재판관 이강국, 이공현, 조대현의 합헌의견에서도 이와 같은 맥락을 읽을 수 있다:45

"이 사건 법률조항은 징역형만을 규정하고 있으나, 2년 이하의 징역에 처하도록 하여 법정형의 상한 자체가 높지 않을 뿐 아니라, 비교적 죄질이 가벼운 간통행위에 대해서는 선고유예까지 선고할 수 있으므로 … 지나치게 과중한 형벌을 규정하고 있다고 볼 수 없다. 또한 간통 및 상간행위는 일단 소추가 된 때에는 행위양태에 관계없이 필연적으로 가족의 해체로 인한 사회적 문제를 야기한다는 점에서 다른 성풍속에 관한 죄와는 다른 법익침해가 문제되고, 경미한 벌금형은 기존의 혼인관계의 해소에 따른 부양이나 손해배상의 책임을 피하고자 하는 간통행위자에 대하여는 위하력을 가지기 어렵다는 점 등을 고려할 때 입법자가 이 사건 법률조항에 대하여 형법상 다른 성풍속에 관한 죄와 달리 벌금형을 규정하지 아니한 것이 형벌체계상의 균형에 반하는 것이라 할 수도 없다."

하지만 보다 더 현명한 형사정책적 대안들이 마련되어야 할 필요성까지 부인하고자 하는 것은 아니다. 1992년 국회에 제출되었던 정부의 형법개정안은 간통죄의 법정형을 1년 이하의 징역 또는 500만 원 이하의 벌금형으로 규정한 바 있었다. 이에 대해 외국의 입법례와 비교하여 혼인과 가정의 건강성 보호에 미온적인 대처

45_ 2008.10.30. 2007헌가17 · 21, 2008헌가7 · 26, 2008헌바21 · 47 (병합).

라는 비판의 여지는 있으나, 당시 일부 폐지론자들의 강력한 요구를 완화시키는 절충의 산물이었음을 여기에 지적해 두고자 한다.

3. 입증책임의 문제

마지막 문제는 간통죄 금지규정의 위헌여부에 대한 입증책임이다. 입법자가 법으로부터 자유로운 영역을 입법형성을 통해 법률적 규율의 대상으로 삼을 때, 그 법률의 위헌성 여부에 대한 입증책임은 입법자에게 있다.[46] 여기에서는 "의심스러울 때에는 자유에 유리하게(in dubio pro libertate)"라는 국민적인 자유의 출발추정이 전제되어 있기 때문이다.

반면 구체적인 법사태를 놓고, 당해 사태를 규율하기 위해 제정된 관련 법률조항의 위헌여부에 대한 입증책임이 문제될 경우이다. 여기에서는 "의심스러울 때에는 입법자의 권위에 유리하게"(in dubio pro auctoritate legislatoris)라는 합헌성 추정의 원칙이 전제되어 있다. 그러므로 헌법재판소에 의해 위헌결정이 내려지기 전까지는 일응 헌법에 합치되는 법률로 추정되므로, 위헌을 주장하는 당사자가 해당법률의 위헌성에 대한 입증책임을 진다.[47]

간통죄 위헌여부와 관련하여서는 비록 형법제정 후 오랜 세월이 지났고, 사회변동과 법의식의 변화 및 국제화의 물결이 밀려오는 상황이지만, 그럼에도 불구하고 간통죄 위헌성의 입증책임은 입법자가 아니라 위헌시비를 제기하는 당사자 쪽에 있음은 두말할 것도 없다. 결국 의심스러울 때는 기존의 법상태에 유리하게, 법적 소란을 통해 사회개혁을 꿈꾸는 자에게 불리하게 돌아갈 수밖에

46_ H. Muller-Dietz, Strafe und Staat, 1973, S.40f.

47_ Ebd. S.42.

없는 것이다.

VI. 간통죄의 형법적 정당화

국가의 형사입법에서 어떤 행태는 처벌하고 어떤 행태는 처벌하지 말아야 하는가를 결정하는 일은 국가의 중요한 법정책적 과제에 속한다. 그 판단의 기준은 당벌성(Strafwürdigkeit)과 형벌필요성(Strafbedürftigkeit)이다.[48]

형법입법자는 어떤 행태를 범죄화할 것인가를 결정할 때 사실상 두 가지 기본전제로부터 출발해야 한다.

첫째, 평화로운 공존상황을 깨뜨리는 묵과할 수 없는 사회유해적 법익위해행위에 대해 관용을 베풀면서도 제대로 유지될 수 있는 사회란 존재할 수 없다는 점이다. 그런 사회는 곧 만인의 만인에 대한 투쟁상태가 될 것이기 때문이다.

둘째, 사회유해성을 객관적으로 확인할 수 있는 행태만을 형법적 통제의 대상으로 삼아야 한다는 점이다. 외부적으로 확연히 표현되지 않은 법익위해행위는 종교적 · 윤리적으로 죄(sin)가 될 수 있을지언정 사회적으로 유해한 행위로서 실질적인 범죄(crime) 개념을 충족시키지는 못하기 때문이다.

법치국가 형법은 사회유해적인 법익위해행위만을 당벌성을 지니는 실질적 범죄로 간주한다. 따라서 자살, 자해, 단순한 도덕규칙이나 풍속의 위반, 성인이 된 당사자들의 합의 아래 사적 영역

48_ 형사입법단계에서 이 두 개념의 기능과 상호관계에 관하여는 Il-Su Kim, Die Bedeutüng im Strafrecht, a.a.O., S.395-401; 임웅, 비범죄화의 이론, 1999, 74면.

에서 이루어지는 반윤리적 일탈행동 등은 형법적 규율의 대상이 될 수 없다.

실질적 의미에서 당벌성을 지니는 범죄행위는 다양한 사회적 갈등이나 사회적 일탈행동과 구별된다. 범죄행위는 국가적 규범의 침해를 전제하지만 사회적 일탈행동들은 사회에서 통용되는 일정한 행위규칙이나 사회적 규범의 침해를 전제할 뿐이다. 국가가 제정한 형법규범은 일반적인 행위지시를 내포하며, 규범제정기관의 권위로부터 구속력을 획득한다. 이에 비해 사회적 규범은 행위지시가 아니라 행위기대를 내포할 뿐이며, 그것을 관철시킬 수 있는 구속력도 획득하지 못한다. 침해된 형법규범은 처벌과정을 통해 회복된다. 그 침해행위가 불법임을 공적으로 선언하고, 그 행위책임에 상응한 죗값을 행위자에게 지움으로써 규범의 권위는 원상회복될 수 있다. 이에 비해 침해된 사회규범의 회복은 기대실추를 복원하고 행위기대를 정상화시킴으로써 가능해진다. 물론 기대실추의 회복은 반드시 규범침해자에 대한 해악적 처벌로써만이 아니라 용서와 화해를 통해서도 충분히 이루어질 수 있다는 점이다.

더 나아가 실질적 의미의 범죄는 사법상 계약위반이나 사법상·공법상 불법행위와도 구별된다. 형법상 범죄행위는 형법 이외의 영역에서 저질러진 위법행위에 비해 가중된 불법성(qualifiziertes Unrecht)을 띤다는 점이다. 그러므로 범죄에 대한 제재로서의 형벌에는 반드시 사회윤리적·국가적 비난작용이 수반된다. 민사상 채무불이행이나 불법행위에 대한 손해배상 등의 제재는 행위자에 대한 위해작용은 하지만 사회윤리적 비난작용을 수반하지는 않는다. 형법상의 불법에 비해 불법의 질이 낮거나 다르기 때문이다. 오늘날 범죄는 이처럼 더 이상 순수한 종교적 계율위반이나 순수한 도덕적 타락을 지칭하는 것이 아니라 개인과 사회의 법익에 대한 유

해행위를 뜻한다.[49]

형법입법자는 더 나아가 법익보호의 목적상 부득이 형벌을 과해야 할 필요가 있는 경우에도 ① 형벌보충성의 원칙상 최후·최소한의 범위에 머물러야 하고, ② 형벌실효성의 원칙상 사회유해적 행위의 확산을 통제할 수 있는 합리적이고 현실적인 가능성의 정도에 머물러야 한다. 형법이 법규범 이외의 사회통제수단이나 타 법규범의 통제수단에 비해 보충적인 최후수단 이어야 하는 것은 형벌권이 가장 강력한 사회통제의 수단이기 때문이다.[50] 그러므로 형법 이외의 사법적 해결이나 행정법적 규율만으로도 충분히 법공동체의 법익보호질서가 유지될 수 있는 한, 가장 혹독한 사회윤리적 비난성을 지닌 형벌수단을 동원할 필요가 없다.

형법이 다른 법규범에 대한 최후수단이긴 하지만, 동일한 법익위해행위에 대한 사법상 또는 행정법상의 제재수단이 존재한다는 사실만으로 형법이 반드시 절제되어야 하는 것은 아니다. 다른 법질서 영역의 제재수단이 평화로운 공동사회의 질서유지에 충분할 만큼 실효성 있는 수단인가가 중요한 관건이다. 만약 그것들이 평화로운 공존이라는 사회의 근본상황을 유지·회복시키는 데 충분할 정도로 실효성 있는 수단이 못될 때, 형법적 통 제수단의 투입은 비록 현재의 생활사태에 비추어 최후수단이 아닐지라도 정당화될 수 있다. 다만 그것이 문제해결에 적정한 수단이어야 한다는 점, 형법적 불법귀속과 책임귀속의 일정한 요건들을 충족시킬 수 있는 수단이어야 한다는 점 및 균형성의 원칙(Grundsatz der Propor-

49_ J. Feinberg, "Harmless Wrongdoing", in: G. Dworkin (ed.), Morality, Harm, and the Law, 1994, pp.49-59.

50_ Il-Su Kim, a.a.O., S.399f.; 김일수/서보학, 형법총론(제11판), 2006, 19면 이하 참조.

tionalität)에 따라 수형자 개인에게 미칠 희생의 폭을 최소화하는 수단이어야 한다는 점 등의 요건은 갖추어야 한다.[51]

두말할 것 없이 형법의 목적은 보충적인 법익보호에 있다. 법익은 형법이 현실적으로 실현해야 할 보호의 대상을 형법규범이라는 도구를 빌려 구체화하는 이념적 · 정신적 실체이다. 법익보호의 목표에 도달하는 길은 반사회성을 함께 규정하는 사회체계적 규범모델이나 사회윤리적 행위가치모델을 법익보호목적을 위해 현실적으로 작동하는 기능장치의 하나로 포괄하는 것이다.[52]

법익보호를 위해 형법입법자는 먼저 일반인에게 당위적인 금지 또는 명령규범을 행위규범으로서 제시하고, 만약 일반인들이 이 행위규범의 요청을 무시할 때 일정한 진압작용과 비난작용을 내포하는 제재규범까지 제시한다. 형법의 법률요건(구성요건)은 바로 행위규범의 호소하는 목소리를 담은 그릇이고, 형법의 법률효과(형벌)는 바로 제재규범의 경고하는 목소리를 담은 그릇이다. 행위규범은 금지 · 명령을 통해 일반인을 바른 길로 인도하고, 제재규범은 처벌의 경고를 통해 행위규범 준수를 실효성 있게 만든다.[53]

이와 같은 형법의 규범적 성격은 바로 형법의 예방적 기능과 연계된다. 종래의 형사정책에서는 형사입법이 잠재적 범죄인인 일반인에게 처벌의 두려움을 주어 범죄를 억지시키는 일반적 위하작용을 한다는 의미의, 이른바 소극적 일반예방이 주류였다. 하지만 오늘날 형사입법의 예방적 기능은 적극적 일반예방에 중점을 두고 있다. 즉 사회일반인으로 하여금 ① 사회교육적 동기를 유발시켜

51_ 김일수, 한국형법 I (개정판), 1996, 135면; 김일수/서보학, 앞의 책, 85면.

52_ 이 점에 관하여는 김일수, 한국형법 I , 앞의 책, 139-144면 참조.

53_ 김일수/서보학, 형법총론, 앞의 책, 32면.

법충실에의 숙련을 쌓게 하고(사회교육적 학습효과), ② 법질서가 관철됨을 직·간접적으로 체험함으로써 규범신뢰에의 숙련을 쌓게 하며(규범신뢰효과), ③ 범죄통제에 대한 만족효과를 줌으로써 범죄로 인해 야기된 일반인의 불안해진 법의식과 법감정을 진정시켜준다(만족효과). 사회윤리적 비난성이 높은 범죄행위가 무엇인가를, 그리고 정의로운 법질서의 불가침성을 확증해 보임으로써 일반인의 규범의식을 내면화시키고, 마음에 쓰여진 규범의 소리를 항상 깨닫게 함으로써 규범의 안정성을 제고시킨다.[54]

이상의 관점들을 전제하고서 간통죄의 형법적 정당성을 검토해보기로 하자:

첫째, 간통행위는 실질적 의미의 범죄, 즉 사회유해적 법익침해행위라고 할 수 있는가? 간통죄 폐지론자들은 간통이 단순한 남녀 간의 애정문제로서, 은폐되어야 할 사생활영역에 속할 뿐이라고 한다.[55] 간통죄 위헌론자들은 간통이 단지 민법상 계약위반에 지나지 않는다고 한다. 따라서 민사상 손해배상이면 충분하지 형사처벌의 대상으로 삼을 만한 적격을 갖고 있지 않다는 것이다. 이 같은 시각은 간통이 ① 헌법을 통해서까지 정당화된 결혼과 가정이라는 사회체계의 존립목적을 해결할 수 없도록 하거나 어렵게

54_ 이런 의미에서 적극적 일반예방을 사회통합예방이라고도 한다. 이에 관하여는 김일수, 한국형법 I, 앞의 책, 148면; 김일수/서보학, 형법총론, 앞의 책, 21면.

55_ 미국법에서 사생활 은폐권은 오랜 전통적인 privacy 관점으로서 어떤 개인적 사실을 공공의 시선으로부터 은폐할 권리를 뜻한다. 현대의 프라이버시권은 정부의 규제 없이 어떤 행동을 할 수 있는 권리로 관념된다. 새로운 프라이버시권은 물론 privacy를 autonomy와 동일시하는 경향이다. 이것이 의사자유주의자(voluntarist)의 논리에 입각하고 있음은 두말할 것도 없다. 신·구 privacy 논쟁은 M. Sandel, "Moral Argument and Liberal Toleration", 앞의 책, p.112 참조.

만드는 역기능적 현상이라는 점, ② 이 같은 사회체계존립에 필요한 제도화된 법규범에 대한 충돌을 야기하는 역기능적 행태라는 점, ③ 이러한 역기능적 행태는 당벌성을 지닌 실질적 의미의 범죄에 해당한다는 사실, ④ 이 같은 역기능적 사회현상은 사회유해적이라고 평가할 수밖에 없다는 점을 간과하고 있다.[56]

간통이 사생활 보호영역에 속한다는 생각도 극단적인 개인주의적 자유주의를 전제하지 않고는 정당성을 획득하기 어렵다. 간통은 단순한 부도덕 행위나 불륜행위가 아니라 인륜성의 기초로서 진화해 온 결혼이라는 법제도를 훼손한 사회적 불법행위에 해당한다.[57] 사생활은폐권이야말로 지식의 간계를 통해 간통행위의 사회유해성과 실질적 범죄성을 은폐하려는 일부 이데올로기적 운동가들의 책략에 불과해 보인다.

간통이 민법적 영역에서 해결할 행위기대실추의 문제라는 생각도 간통의 사회적 · 규범적 이해의 부족에 기인하는 것으로 보인다. 혼인이 신분법상의 계약관계라면 그 계약파기의 원인은 간통을 비롯하여 다양한 생활사태일 수 있다. 그리고 파탄된 혼인의 신분법상 해결방법은 이혼이다. 이혼제도에 의한 혼인의 해소가 간통행위로 야기된 법익공동체의 법익질서교란을 진정시키기에 충분하다는 주장은 현실에 입각하여 검증된 판단이 아니라 이데올기적 성격을 띠고 있을 뿐이다. 이 같은 주장의 정당성은 민주시민사회에서라면 적어도 윤리적 가치환경에 대한 다수의 의사와 일치할 때만 가능할 것이기 때문이다.[58] 법적 소란을 통한 사회개혁(social

---

56_ 체계이론(Systemtheorie)의 형법학적 적용가능성에 대하여는 김일수, 한국형법 I , 앞의 책, 140-142면 참조.

57_ 헤겔, 법철학(임석진 역), §161-164.

58_ 이에 관하여는 G. Dworkin, "Liberal Community", 앞의 책, p.37 참조.

reform from legal noise)은 현대시민사회의 한 발전모델이지만, 그 목소리의 주체는 이데올로기적 소수여서는 안 되고, 공정하게 사유하는 창조적 소수이거나(비록 처음에는 달걀로 바위를 때리는 인상일 테지만) 아니면 개방적인 다수여야 한다.

둘째, 간통죄 처벌은 혼인과 가정의 건강성 유지에 실효성 있는 도구가 되는가? 실효성 논의와 관련하여 종종 헌재결정에서 간통죄처벌은 발생한 간통사실을 되돌려 놓을 수도 없고, 혼인생활 유지에도 전혀 도움을 주지 못하며, 또한 간통행위 이전에도 심리적 사전억제수단이 되지 못하고, 부부간 성적 성실의무는 자율적인 윤리의식의 대상이지 형벌로써 다스릴 대상이 아니라는 등의 이유로, 혼인제도와 가정질서 보호에 적절하고 실효성 있는 수단이 못 된다는 견해가 대두되고 있다.[59] 물론 범죄에 대한 형사처벌로써 원상복귀가 가능해지리라는 희망은 환상에 불과하다. 민사적 불법행위에 대한 원상회복 조치도 가치적이고 이념적인 원상회복일 뿐 실재적인 원상회복일 수는 없다. 하물며 간통죄처벌이 깨어진 혼인과 가정을 회복시킬 수 없음은 자명한 이치이다. 그것이 만에 하나 일반적인 연결효과가 되어 다른 혼인과 가정에 대해 사전적인 경종과 거울이 될 수 있다면 다행한 일일 것이다.

모든 범죄현상은 미시적 시각과 거시적 시각에 따라 다른 효과를 상정할 수 있다. 간통죄처벌도 미시적 시각에서 보면, 저질러진 불법에 대한 사회 윤리적 비난과 위해작용일 뿐이다. 그러나 거시적 시각에서 보면, 한 사회에서 부부간 성윤리, 가족윤리의 건강성에 대한 최소한의 안전판이 도대체 존재하는지, 존재한다면 어디에 있는지를 가늠할 수 있는 표지가 된다는 점이다. Feuerbach

59_ 2008.10.30. 헌가17 · 21 등 병합사건 중 재판관 김종대, 이동흡, 목영준의 위헌의견.

의 심리적 강제설에 의한 심리적 위하작용을 현실적으로 형벌이 갖고 있는지는 범죄학적 측면에서 분명 의문시된다. 왜냐하면 모든 범죄자의 이성은 자신의 범행이 발각되지 않으리라는 낙관을 전제하고 있기 때문이다. 그것은 간통죄에서만 유독 그러한 것이 아니다.

또한 부부간 성적 성실의무가 자율적인 윤리의식 내지 배우자의 애정과 신의에 의해 준수될 사항이므로, 간통은 민사법상 책임의 대상이지 형사법적 책임의 대상이 아니라는 논지로 그 처벌의 실효성을 다투는 것도 수긍하기 어려운 논리이다. 사법상의 계약도 재산에 관한 것이건 인격에 관한 것이건, 중요한 법익성을 띠는 한, 형법적 규율의 대상이 된다. 유기죄, 배임죄, 횡령죄 외에 부진정부작위범의 성립이 가능한 다양한 행위양태가 이에 속한다.

일찍이 Kant가 도덕의 자율성과 법률의 타율성 공식으로써 법과 윤리의 구별을 시도했던 것처럼, 사법적 · 공법적 계약의 영역도 법률의 타율성에 의지하여 그 실효성을 담보하는 형식을 취할 수 있고, 불법의 질과 정도에 따라 민사적 불법과 형사적 불법을 구분할 수 있기 때문이다.

일찍이 Hegel도 혼인에 감정적 계기가 포함되어 있어서 혼인이 동요 · 해소될 수 있는 가능성을 내포한다고 보았다. 하지만 입법단계에서는 이러한 가능성을 최대한으로 저지하여 인륜의 법이 임의적으로 침범당하지 않도록 지켜져야 한다고 말한 바 있다.[60]

형법의 간통죄 처벌만으로 헌법이 제시하는바 혼인과 가정의 건강성이 유지 · 발전되리라고 기대할 수는 없다. 형법 이전에 현명한 형사정책, 이 형사정책 이전에 더 현명한 사회정책이 우선되

60_ 헤겔, 법철학, §163.

어야 함은 두말할 것도 없다. von Liszt가 말했듯이 "형법은 형사정책의 최후수단이요, 형사정책은 사회정책의 최후수단"이기 때문이다.

오늘날 이혼은 급증하고 있고, 혼외정사는 일상사가 되어버린 현실을 두고, 이미 간통죄의 규범적 호소력과 억지력이 마멸된 것이 아닌가라고 주장하는 사람들도 없지 않다. 이 같은 현실을 감안할 때 간통죄의 소극적 일반예방기능은 약화되었고, 특별예방기능도 간통죄 존치론을 정당화시킬 수 있는 이론적 도구가 되기 어렵다.[61] 그럼에도 불구하고 사회통합적인 적극적 일반예방의 관점에서 간통죄규정의 규범내면화를 통한 규범안정 기능을 무시할 수 없다.[62]

결혼을 통한 성(性)공동체의 형성을 Hegel은 자기의식적인 사랑에 의한 정신적 통일로 보았다.[63] 결혼의 객관적인 출발점은 이 같은 통일상태에서 하나의 인격을 형성하는 데 대한 남녀 두 사람의 자유로운 동의이다. 그러나 그 출발점이 갖는 우연성 때문에 결혼의 건강성은 반성적 사유에 따른 교양에 좌우되기 마련이다.[64] 결혼에 수반하기 쉬운 우연성을 제지하고, 반성적 사유에 따른 교양적 학습효과에 있어 간통금지에 관한 형법규범의 현존만큼 명징한 수단은 없어 보인다. 이 점에서 볼 때 형법상 간통 금지규범은

61_ G. Stratenwerth, Schweizerisches Strafrecht, BT II, 3. Aufl., S.77; 이 점은 간통죄처벌이 형법전의 필요성을 넘어가는 과잉행사에 해당하여 위헌 또는 헌법 불합치라는 견해들의 논증도구이기도 하다.

62_ 과잉금지원칙 위반을 이유로 간통죄처벌규정이 위헌 또는 헌법불합치라는 가장 최근의 견해들도 간통죄존치 가 사회통합적인 적극적 일반예방 기능조차 갖고 있지 않는지에 관해서는 아직까지 일체 함구로 일관하고 있다.

63_ 헤겔, 법철학, §161.

64_ 헤겔, 법철학, §162.

아직까지 그 효용성을 상실했다고 단정하기 어렵다. 간통죄 규정의 실효성은 순기능적으로 볼 때 이 처벌규정 없이도 결혼과 가정의 건강성이 부부 · 가족구성원들의 자기책임과 공동책임에 의해 자연적으로 지켜질 만큼 사회적으로 성숙될 때에 종식될 것이다. 현재의 규범상태를 넘어서 이 같은 미래지평에 이를 때 간통죄 규정을 폐지하여 비범죄화시켜도 좋을 것이다.[65]

Ⅶ. 결 론

간통죄 위헌논의는 그때마다 사회비판적 논쟁을 함께 끌어들이는 경향이 있다. 우리의 법현실은 어떠하며, 인간의 존엄성이 무엇이며, 양성평등과 일부일처의 혼인제도 및 가정의 규범적 이상은 어느 정도로 실현되었는가 하는 문제를 논의 속으로 끌어들이기 때문이다. 결혼과 가정생활에서 품위있는 삶을 지향하는 이들 규범적 이상은 오늘, 여기에서 아직도 실현되지 못한 상태임이 분명하다. 가정폭력과 가족 간의 성폭력 규제법률을 통해 국가의 형벌권이 가정의 문턱을 넘어 안방까지 확장되었지만 이 규범적 이상은 아직도 미실현상태이다.

65_ 형법의 도덕형성력에 기초한 적극적 일반예방사상과 견줄 만한 것이 이미 고려조와 조선조 개국의 형법사상 에 나타났음에 관하여는 김일수, 한국형법 I , 39면: 조선조 개국의 기틀을 놓는 데 일조한 三峯 鄭道傳도 형법을 논하기를 "聖人이 刑을 제정하는 것은 이를 믿고서 다스리려는 것이 아니라 오직 다스림을 돕고자 함일 뿐이니 罪를 정함으로써 罪를 그치게 하고(辟以止辟), 刑을 정함으로써 형을 과하는 일이 없기를 기대함이라(刑期無刑). 진실로 내가 다스리는 것이 다 이루어져 안정에 이르면 형을 두고서 쓰지 않아도 될 것이다."

성풍속과 부부간 성(性)공동체의 이완 내지 상대화라는 시대의 풍조에 따라 우리는 이 규범적 이상을 포기할 시점에 이르렀는가? 아직은 그때가 아니라고 생각한다. 현재의 무질서, 무분별, 문란을 기정사실화하여 형법제정시 우리 입법자들의 정책적 결단을 도덕적 엄숙주의, 보수적 전통주의라고 매도하고, 오늘의 삶의 지평에서 미완의 이들 규범적 이상의 실현을 위한 정신적인 긴장과 노력들을 시대역행적 · 시대착오적 편협이라고 비판하는 관점들은 기존상태의 변혁만을 염두에 둔 이데올로기적 성격이 강해 보인다.

더 심각한 문제는 이러한 관점의 배경에 법이 단지 사회통제의 수단이고, 형법은 단지 범죄통죄의 수단일 뿐이라는 도구적 이성의 조류가 흐르고 있다는 점이다. 법을 순전히 효율성의 조건으로만 보고, 특정한 정치 · 경제 · 사회적 정책목표를 달성하기 위한 실용적 도구로만 생각한다면, 법제도가 갖고 있는 윤리적 차원에 주의를 환기시킬 수 없고, 그 결과 법제도에서 정의와 진리를 행할 능력을 빼앗기고, 본래적이고 궁극적인 옳음에 대한 신뢰가 무너진다. 법공동체의 구성원들이 법질서의 공평, 정의, 진리에 대한 느낌을 가지려면 부분적으로 법질서 자체가 선함과 성스러움의 느낌을 줄 수 있어야 한다.[66]

“미네르바의 부엉이는 황혼이 깃들 무렵에야 날기 시작한다”는 헤겔 법철학 서문의 맺음말처럼, 국가의 법정책은 실현가능한 구체적인 미래적 가치이상을 향해 황혼녘인 지금, 여기에서 이미 비상을 시작해야 한다. 사회비판적, 이데올로기 비판적 논쟁을 통해 하나의 법제도가 갖고 있는 현재의 법상태와 미래의 규범적 이상이 변증론적으로 합일되는 지평 위에서 법정책가들은 그들이 추

66_ 해롤드 버만, 종교와 제도(김철 역), 1992, 33면 이하; 헤겔, 법철학, §270 (국가의 이념, 제도 그 권력 담당자: 국가와 종교의 관계 小考) 참조.

구해 온 정당한 법을 만날 수 있을 것이다.

간통죄 존치냐 폐지냐에 관한 단순한 선택논리는 이런 맥락에서 볼 때 현명한 정책이 될 수 없다. 중혼금지규정, 이혼귀책사유가 있는 자가 부담할 부양료 지급의무의 불이행에 대한 처벌규정이 전혀 없는 현재 우리형법의 법상태하에서는 간통죄를 존치해야 한다는 소신에 변함이 없다.

지난 20여 년간 끊임없이 간통죄 위헌여부에 대한 논란이 그치지 않는데에는 성의 자유화라는 미명 아래 부부유별(夫婦有別)의 대의(大義)가 이완된 데 그 사회학적 원인이 있다고 하겠으나, 무엇보다 수사와 재판을 포함한 간통죄 실무에서 법창조적인 노력을 기울이지 아니한 법률가들의 기계적인 사고에도 그 원인이 없지 않다고 본다. 간통죄의 적용에서 먼저 다양한 사태들을 놓고, 그 경중을 가리어서 처벌의 필요성이 있는 사안과 경고적 조치로써 충분한 사안을 구별하는 작업을 게을리해서는 안 될 것이다. 또한 판례의 형성을 통하여 사회유해적인 법익위해행위로서 처벌필요성이 있는 간통행위를 체계화하는 작업도 필요하다. 최근 대법원 판결에서 "당사자가 더 이상 혼인관계를 지속할 의사가 없고, 이혼의사의 명백한 합치가 있는 경우에는, 비록 법률적으로는 혼인관계가 존속한다고 하더라도, 상대방의 간통에 대한 사전동의라고 할 수 있는 종용의 의사표시가 그 합의 속에 포함되어 있는 것으로 보아야 한다"고 판시한 것은 이 같은 방향으로의 창조적인 노력이라고 할 수 있을 것이다.[67]

하지만 현행 간통죄처벌규정에 그 개정의 필요성이 전혀 없는 것은 아니라고 생각한다. 먼저 간통죄의 법정형을 현행 2년보다

67_ 대법원 2008.7.10. 선고 2008도3599 판결.

완화하고 벌금형의 선택이 가능하도록 개정하는 것이 어떤지 다시 검토해 볼 필요가 있다.[68] 또한 부부의 별거상태가 1년을 넘는 경우에는 간통고소권을 제한하는 조치를 고려해 볼 것과,[69] 유죄판결이 확정된 경우라도 간통피해자인 배우자가 가해자인 배우자와 다시 혼인생활을 계속하겠다는 의사를 표시한 때 또는 피해자인 배우자가 사망한 때에는 형의 집행을 정지하는 제도도 입법론적으로 고려해 봄 직하다.[70] 그 밖에도 간통죄의 처벌대상을 '공공연히', '지속적으로', 또는 '부부처럼 동거중인 상태에서' 행하는 간통행위에만 제한하자는 주장도 경청해 볼 만하다.[71]

하지만 이와 같은 입법론의 대상을 놓고, 현행 간통죄 죄형법규가 위헌이라거나 헌법불합치라는 결론에 이른 판단은 너무 성급한 것이 아니었나 하는 생각이 든다. 최근 2008.10.30. 2007헌가17 · 21 등 병합사건에서 김희옥 재판관은 간통죄 법률조항이 단순히 도덕적 비난에 그쳐야 할 행위 또는 비난가능성이 없거나 근소한 행위 등 국가형벌권 행사의 요건을 갖추지 못한 행위에까지 형벌을 과할 수 있게 한 것은 국가형벌권의 과잉행사에 해당하여 헌법불합치라고 지적한 바 있다. 그는 "장기간 생활을 공동으로 영위하지 아니하는 등 사실상 혼인이 파탄되고 부부간 성적 성실의무가 더 이상 존재한다고 보기 어려운 상태에서 행한 간통이나 단순한 1회성 행위 등과 같이 일부일처주의 혼인제도나 가족생활을 저해하는 바 없고 선량한 성도덕에 반한다고 보기 어려워 반사회

68_ 김일수, 한국형법Ⅲ, 앞의 책, 373면.

69_ 폐지되기 전 오스트리아 형법 제194조 제2항.

70_ 폐지되기 전 오스트리아 형법 제194조 제3항과 스위스 형법 제214조 제5항.

71_ 차용석, 「사회변동과 형법」, 앞의 책, 87면.

성이 극히 약한 경우"를 그 실례로 들고 있다.

하지만 아무리 현대화된 입법기술에서도 입법자의 완전성을 기대하기는 어려운 것이 사실이다. 오히려 입법자는 입법자보다 더 현명한 해석적용자를 염두에 두고 입법의 흠결에 대한 용기를 품게 되기도 한다. 실제로 형법각칙의 입법기술은 다양하다. 일반조항형식, 개별조항형식, 특별히 중한 사례의 예시형식(Regelbeispiele) 등이 그것이다. 현대 형법전에서 선호되고 있는 개별조항형식 가운데도 망라적 방식과 예시적 방식(일반조항형식과 개별조항형식의 결합형식)이 교차적으로 사용되는 예가 많다. 이들 방식 중 어느 것을 선호하고 선택하느냐는 입법학적 · 입법정책적인 고려에 따라 입법자가 판단해야 할 입법재량사항에 속한다.[72] 예컨대 보통살인죄를 다시 모살(謀殺)과 고살(故殺)로 구별하여 입법해야 하느냐는 입법자의 재량사항이다.

간통의 경우, 불법과 책임의 경중이 다른 다양한 행위양태가 가능하여, 입법론적으로는 그것을 가릴 수 있는 준거점을 제시하는 것이 더욱 합리적이라고 말할 수 있다. 하지만 혼외의 자와의 간음은 외국의 입법례에서 한때 볼 수 있었던 혼외의 자와의 애무행위 등을 처벌대상으로 삼은 불법유형과 간통을 구별하기 위한 최저한의 한계설정인 것으로 보인다. 그 범위 안에서 어느 양태의 간통을 처벌의 대상으로 삼을 것인지, 어떤 종류의 형벌을 과할 것인지는 입법자가 남겨 놓은 빈터에서 해석적용자들이 해결해야 할 과제인 셈이다. 종전 오스트리아 형법 실무가들은 1회성 간통과

72_ 물론 일반조항형식을 광범위하게 취할 경우 불확정한 규정이 되어 죄형법정원칙과 충돌할 위험이 높다. 이 때문에 현대의 형법전은 개별조항형식을 취하는 것이 원칙이다. 이에 관한 상세한 논의는 김일수, 「형법각론 연구의 방법론적 서설」, 박정근 교수 회갑기념논문집(1990), 585면 이하.

같은 단순한 외도(外道)는 처벌대상이 되지 않는 간통미수에 불과한 것으로 간통죄 규정을 해석적용해 왔다.[73] 해석적용자가 해결해야 할 과제를 단지 입법자의 무지나 과용으로만 돌리는 시각이 반드시 옳은 것인지는 앞으로의 헌법재판에서 정책적으로 짚고 넘어가야 할 사항이라고 생각한다.

간통죄 규율에서 현재의 법상태에 만족하지 않고, 보다 인간다운 법, 보다 정의로운 법으로의 발전가능성을 모색하는 일은 결국 깨어 있는 법실무가들, 법정책가들과 현명한 입법자들에게 돌아가야 할 몫이라고 생각한다.

후기

"간음하지 말라"는 계명은 모세의 10계명 중 제7계명에 해당한다. 부부유별(夫婦有別)은 동양전래 5륜의 중요한 구성부분이기도 하다. 간통죄는 단순히 혼인의 순결을 보존하기 위한 것이 아니다. 사랑을 중심으로 한 부부중심가정을 보존함으로써 사랑의 관계가 사회생활 속에서 더욱 풍성해지게 하려 함이다. 이 글은 필자가 간통죄위헌논쟁에서 간통죄존치론을 전개하던 경험을 바탕삼아 헌법재판소에서 출간한 논총에 기고한 글이다. 오늘날 해체되는 가정의 문제와 간통죄 존폐문제에 대해 필자와 다른 생각들이 어떻게 대립하고 있는지를 알 수 있을 것으로 기대한다.

문제는 사랑의 관계를 위하여 형법을 수단으로 삼아 보호

73_ Reissig-Kunst, StGB Kurzkommentare, 3. Aufl.(1979), S.154(§194 Anm.2).

해야 할 필요가 있느냐이다. 필자와 같은 긍정설의 입장은 형법의 궁극적인 목적인 사랑의 관계를 보존하기 위해, 간통죄 규범이 주는 사회질서의 의미를 높게 평가하는 반면, 부정설은 사적인 남녀 간의 애정사에 형법이 개입할 필요가 없다는 입장이다. 결국 사랑의 의미에 대한 이해의 깊이와 넓이, 그리고 높이에서 양자는 서로 다른 길을 걷고 있는 셈이다.

[10] 「되찾은 아들 비유」가 주는 죄와 벌의 의미

Ⅰ. 들어가는 글

가장 최근에도 각종 흉악범죄와 '묻지마' 살상범죄가 빈발하자 사회가 온통 불안과 분노와 격앙으로 들끓기 시작했다. 정부는 경찰의 순찰인력을 증강하고 감시카메라를 확충하기 위해 추경예산안을 추진 중이다. 경찰은 진열장 속에 넣어 두었던 불심검문을 활성화하고, 성폭력범죄 전담반을 가동시켰다. 몇몇 언론은 지난 15년간 녹슨 채 방치해 두었던 사형집행을 다시 손질하여 극형의 두려움을 극대화시킬 필요가 있다고 목청을 드높인다.

이런 상황에 직면할 때마다 30여 년 형법을 연구해 온 필자 자신도 과연 죄와 벌, 범죄와 형벌은 무엇이며, 인간에게 이들 제도의 진정한 의미는 무엇인지를 새삼스럽게 다시 생각해 보지 않을 수 없는 처지에 놓인다. 반복되는 이 같은 궁박상황에서 길을 찾기 위해 필자는 「되찾은 아들 비유」(눅 15:11-32)를 다시 머릿속에 떠올린다. 이 비유를 통해 사랑의 예수님이 우리에게 가르쳐 준 풍부한 의미들 속에서 죄와 벌의 근본문제에 대한 길찾기도 숨겨져 있으리라는 예감을 가지고, 길을 더듬어 찾아나서 보고자 한다.

II. 인간상(人間像)의 정립문제

형법질서에서 죄와 벌의 의미는 인간상과 밀접불가분의 관계를 갖는다. 일찍이 라드브루흐(Radbruch)가 말했던 것처럼 인간상의 변화가 법의 역사에서 신기원을 만든다. 그러므로 죄의 본질과 그 죗값을 묻는 형벌의 의미와 기능을 규명하려면 이 시대 우리의 생활세계, 사회의식 속에 각인된 인간상의 확인이 선행되어여 한다. 세계 내 존재(In-der-Welt-sein)[1]로서 인간은 존재론적으로 자기존재(Selbstsein)임과 동시에 더불어 사는 존재(Mitsein)이다. 자기존재란 한 사람 한 사람이 이 세계 내에서 각각 유일한 인격으로서 스스로 생활세계의 중심을 형성하고 있음을 말한다. 인간은 내면을 향한 성찰을 통해 세계를 자신의 중심 속으로 내면화시킬 뿐만 아니라, 외부세계로 향한 활동을 통해 스스로를 객관화시킬 수 있다. 자기존재로서의 인간은 이 세계 내에서 유일하고 고유한 존재로서 특정한 개인, 개별인격으로 자신을 형성해 나간다. 이 같은 개별존재(Individualsein)로서의 자기존재는 원칙적으로 타인에게 처분될 수 없으며, 상호성의 원칙에 따라 단지 자기 자신에 의해서만 처분이 가능하다.[2]

인격으로서 인간은 자기존재의 발현행태이므로 각자 인격적 독립성을 표현한다. 그런 의미에서 각자의 인격은 고유성, 독창성,

---

1_ 세계 내 존재로서의 인간존재의 규명에 관하여는 하이데거, 존재와 시간(이기상 역), 1997, 80면 이하 참조.

2_ 마이호퍼, 「법치국가와 인간의 존엄」(심재우 역), 1994, 24면.

비교환성, 비대체성, 불가처분성을 지닌다. 그는 하나님과 동일한 형상으로 지음받은 하나님의 피조물이기 때문에 고립된 개인일 때에도 하나님과의 관계 속에 놓인 인격적 존재이다.[3]

인간의 자기존재성이 인간존재의 본질적 일면이라면 다른 일면은 더불어 사는 존재, 즉 다시 말하면 사회존재성(Sozialsein)이다. 비록 인간은 하나님으로부터 포괄적인 잠재적 · 현실적 본성을 부여받고 있지만, 자기존재만으로는 그것을 충분히 실현할 수 없다.[4] 인격으로서의 인간은 자기실현이라는 과제를 완성하기 위하여 구체적인 자연적 · 사회적 환경과의 끊임없는 교통을 필요로 한다. 인간은 본래 사회적 존재이기 때문에 외부세계와의 공존적인 삶을 통해서만 개별존재의 한계를 극복하고 그 개별성을 더욱 발전시켜 나갈 수 있는 것이다.[5]

정신사적으로 볼 때, 관념주의적 인간상은 인간을 단지 '추상적 주체' 또는 '고립된 개인'으로만 파악한다. 이러한 인간상은 19세기에 등장한 유물론과 실존주의에 의해 크게 흔들리기 시작했다.[6] 유물론과 실존주의는 더 이상 인간을 '정치적 동물'(Aristotle)이나 '이성적 인간과 경험적 인간'(Kant)과 같이 추상적 · 관념적 형식으로 정의하지 않는다. 구체적이고 현실적인 유물론과 실존주의의 인간상은 '사회관계의 총체'(Marx), '생활관계의 총화'(Sartre)와 같이 정의된다.[7]

3_ 김일수, 전환기의 형사정책, 2012, 112면 이하 참조.

4_ 하이데거(Heidegger)의 '현존재의 기초분석'에 나타난 자기존재 가능성의 결핍과 망각, 그리고 비본래성으로의 추락에 관하여는 하이데거, 존재와 시간(이기상 역), 240면 이하 참조.

5_ Müller, Philosophische Anthropologie, 1974, S.119.

6_ Maihofer, Menschenbild und Strafrechtsreform, 1964, S.9.

7_ Il-Su Kim, Die Bedeutung der Menschenwürde im Strefrecht, 1983, S.70.

더 나아가 인격으로서의 인간은 세계내적 존재이며, 이를 근거짓는 이중의 관계 속에서 자연관계적 인간(Natur-Mensch)과 인간관계적 인간(Menschen- Mensch)의 모습으로 실존한다. 따라서 현실적 인간은 세계 내에서 인간 이외의 존재자인 자연 및 자기 이외의 존재자인 타인과의 관계와 만남 속에 살고 있다.[8] 자연과 더불어 사는 세계를 자연세계(Naturwelt) 또는 환경(Umwelt)이라 하고, 타인과 더불어 사는 세계를 인간세계(Menschenwelt) 또는 사회(Mitwelt)라 한다.

자연관계적 인간의 입장에서 보면, 세계내의 사물들은 인간실존에 필요한 자연환경으로서 존재필연적 요소가 될 뿐만 아니라 인간의 자기보존과 유지를 위한 도구로서의 의미도 갖는다. 이에 비해 인간관계적 인간의 입장에서 보면 인간의 현존재는 현실적으로 타인 없이는 자신의 인간실현이 불가능하고, 자신 없이는 타인의 인간실현이 불가능하다는 의미에서 공존자이다. 인간존재에서 타인은 자기실현을 위한 존재필연적 요소가 된다.

이러한 공존자의 광장이 이른바 사회이며, 인간은 사회 속에서 주체의 객관화에 의해 타인 중의 한 사람으로 사회화됨과 동시에 객체의 주관화에 의해 타인으로부터 개별화된다. 무엇보다도 인격으로서의 인간은 대화적 존재이므로, 더불어 사는 타인과의 관계는 인격성에서 특히 중요한 의미를 갖는다.

이렇게 볼 때, 고립된 개인은 완전한 의미에서 인간일 수 없다. 법에서 인간은 더 이상 로빈슨 크루소나 하와 이전의 에덴에 홀로 거닐던 아담이 아니라, 사회 속에서 타인과 함께 살아가는 관계적 인간이다.[9] 이를테면 아내와 남편, 아들과 아버지, 소송의뢰

8_ Maihofer, Konkrete Existenz, Wolf-FS, 1962, S.264.

9_ Radbruch, Der Mensch im Recht, 1957, S.9.

인과 소송대리인 같은 대자관계(對者關係) 또는 특정직업종사자 · 신분자와 같은 향자관계(向者關係) 속에서 인간은 각각 주체와 객체, 객체와 주체로서 서로를 주고받으며 전인(全人)적 인간을 형성해 나간다.[10] 그러므로 인격으로서 인간은 자기 자신이 되기 위해서도 타인과 존재필연적 관계를 맺지 않으면 안 된다.[11] 그것은 존재필연적으로 사랑의 관계이다.

인격으로서 인간을 형성하는 육체 · 정신 · 영혼과 같은 본질적 요소는 전인(全人)을 바라보는 준거점으로서 작용하지만, 그것을 각각 인간으로부터 분해할 수는 없다.[12] 인간이해의 관점에서 인간존재에 해석학적으로 접근하자면 무엇보다도 인간을 정신적 존재(Geisteswesen)로 파악하지 않으면 안 된다. 인간이 동물과 구별되는 첫 번째 특징은 인간이 정신적 의식활동을 하는 자유로운 존재라는 점이다.[13] 여기에서 정신이란 인간의 육체적 · 정신적 존재구조에 대해서 일종의 본체라고 할 수 있다. 인간을 형성하는 고유한 존재구조라고 말하는 것도 이 때문이다. 동물은 본능과 환경에 속박되어 그 굴레에서 벗어날 수 없지만 인간은 정신능력으로 인해 환경으로부터 벗어나 자유로울 수 있고 또한 세계를 향하여 무한히 발전할 수 있는 개방된 존재이다.

또한 정신은 존재를 존재로서, 가치를 가치로서 체득할 수 있고, 의식적인 자아의 결정을 가능케 하는 인간고유의 특별한 능력이다.[14] 이는 정신이 체험의 충족인 의식 및 자유, 가치인식, 책임

10_ Buber, Das Problem des Menschen, 4.Aufl., 1971, S.165.

11_ v. Wiese, Der Mensch als Mitmensch, 1964, S.7; Barth, Kirchliche Dogmatik III/2 (1948), S.270f.

12_ 안토니 후크마, 개혁주의 인간론(유호준 역), 1999, 348면.

13_ Scheler, Die Stellung des Menschen im Kosmos, 4.Aufl., 1962, S.34.

14_ Wenzl, Philosophie der Freiheit, 1947, S.171f.

있는 자기결정을 위하여 충분히 깨어 있음을 의미한다. 정신적 능력으로 말미암아 의식적인 자유 안에서 행위결정을 할 수 있는 존재가 인간이기 때문에 유독 인간만이 자기행위에 대해 책임을 질 수 있다.

나아가 인간의 정신은 일체의 의미전달과 관계형성에 대해서 능동적 · 구성적 · 창조적이다. 또한 정신은 추상적 · 독백적 존재가 아닌 대화적 존재이기 때문에 관계 속으로 파고 들어가 그것을 의식적으로 파악하여 스스로를 개방할 수 있는 본체이기도 하다. 결국 인간은 정신활동에 의해 고립된 개인으로부터 관계로서의 인격(Person als Relation)이 된다.[15] 전체인류도 각 인종의 다양함을 훼손하지 않으면서 의무와 책임을 나누어지는 하나의 가족에 이를 수 있는 것이다.[16]

이 정신의 최고단계를 넘어 인간은 모든 피조물 가운데서 유일하게 영적 존재이다. 그의 영적 능력을 통해 인간은 초월자인 신과 교통할 수 있으며, 신의 소명자 내지 사명자로서 역사적 현실 속에서 신의 분부를 좇아 신의 의지를 구현할 수 있다.

반면에 인간의 정신능력 · 영적 능력에는 많은 실패와 파행이 있을 수 있다. 그렇지만 인간은 바로 이 능력으로써 자신의 한계를 극복할 수 있다. 또한 개방성의 한계에 직면해서도 자기실현을 통해 자신의 삶을 발전시켜 나가게 되는 것도 인간의 이런 능력 때문이다.[17]

결론적으로 죄와 벌을 둘러싼 형법질서에서 말하는 인간이란 구체적 · 현실적인 전인(全人)으로서의 인간이다. 이러한 현실적

15_ Arth. Kaufmann, Rechtsphilosophie in der Nach-Neuziet, 1990, S.40.

16_ Schüler, Die Verantwortung, 1948, S.57.

17_ Portmann, Zoologie und das neue Bild des Menschen, 1951, S.67.

인간상은 육체 · 정신 · 영혼이라는 본질적 요소를 지닌 인간이 정신적 · 윤리적 존재로서 자신의 삶과 환경을 책임있게 형성할 수 있는 소질을 부여받았다는 점을 중시한다. 현실적 인간은 인간존재에 고유한 개별성과 사회성의 긴장관계 속에서 자신의 삶을 영위해 가는 존재이다. 비록 역사적 · 현실적 삶 속에서 실패를 거듭할지라도 자유와 책임, 양심과 긴장 속에서 인격성과 가치의 실현을 위해 창조적 모험을 하는 것이 현실적 인간인 것이다. 형법은 이러한 인간상에서 출발하여 인간의 전인적 인격의 발현 내지 작품으로서의 의미를 지닌 죄 및 그에 대한 책임과 그 책임에 대한 사회적 반응으로서의 의미를 지닌 제재를 가장 인간적인 방법으로 해명하고 이해하려고 노력한다.

Ⅲ. 탕자의 비유에 나타난 죄와 벌의 문제

1. 문제의 제기

돌아온 탕자의 비유를 보통 신앙인들은 먼저 윤리적인 안경을 끼고, 윤리적인 시각으로 접근하기 쉽다. 그들은 아버지의 유산을 일찍 챙겨가지고 먼 나라로 떠나가 허랑방탕한 생활 속에서 이를 다 허비하고 빈털터리 신세가 된 둘째 아들의 건달 행세를 죄로 규정지으려 한다. 그의 인격 속에 깊이 박혀있는 이기심, 방종과 일탈, 쾌락추구 등이 이 죄의 뭉치 속에 포함되어 있음은 물론이다. 방탕생활에서 귀환한 둘째 아들이 자기 입으로 내가 하나님과 아버지 앞에 큰 죄를 지었노라고 고백하고 있는 점에서 이 같은 이해는 큰 착시에 빠진 것은 아닐지도 모른다.

그러나 이 고백을 잠깐 뒤로 제쳐놓고, 객관적인 관점에서 둘째 아들을 들여다보면 도대체 무엇 때문에 둘째 아들을 죄인이라고 단정해야 하는지가 분명치 않다. 물론 둘째 아들은 당돌하게 아버지에게 미리 유산을 달라고 청구했다. 그리고 아버지는 그 요구를 너그러이 받아들여 통 크게 두 아들에게 각각 떼어 주었다. 이제 그 재산을 어떻게 사용하고 처리하는가는 아버지의 영향권에 있지 않고 전적으로 아들들 자신의 의지와 능력에 달렸다. 아버지는 하인들에게 달란트를 맡기고 떠난 어떤 주인처럼 그것을 후에 계산할 요량으로 유보조건부로 재산의 관리를 위탁한 것이 아니기 때문이다.

유산의 탕진을 죄로 읽는 사람들의 뇌리에는 아버지의 유산을 신성시하는 문화전통의 선이해가 깔려 있을지도 모른다. 그러나 유산에서 이미 나누어진 몫은 신성성의 차원에서 벗어나 현실의 문제가 된다. 현실의 세계로 한번 열린 문은 다시 열리지도 않을뿐더러 다시 열 수도 없다. 떼어준 몫은 이미 열린 문의 문지방을 넘어섰고 다시 되돌아올 수 없다. 희년에 되물리기는 가능할지 몰라도 그것은 아버지의 몫이 아니다. 분명한 점은 둘째 아들의 몫은 그 자신의 자유로운 처분권 아래 놓여 있다는 사실이다.

아버지 곁을 떠난 것을 죄로 읽는 사람들의 관성에는 아버지에 대한 아들의 불효가 선이해에 깔려 있을지도 모른다. 그것은 10계명의 제5계명의 관점에서 보면 일견 일리가 없지 않아 보인다. 그러나 제5계명은 "그리하면 여호와가 네게 준 땅에서 네 생명이 길리라"는 귀결의 조건이라는 점에서 보면 부모를 두고 떠나가 버린 것이 바로 죄로 연결되는지는 의문이다. 패역한 아들에게 내리는 벌(신명기 21:18-21)과 같은 구체적인 율례가 그 점을 암시한다. 이 경우 야곱의 예를 참고할 만하다. 눈 먼 아버지를 속이고 형에게서 장자권을 가로채고, 그것도 모자라서 아버지 곁을 도망쳐 나와 먼 곳인 외삼촌 라반의 집에서 20년의 세월을 보낸 뒤 아버지의 임종도 지키지 못한 야곱을 불효막심한 죄인으로 이해하는 사람은 별로 없다. 하나님은 이 불효자가 죄의 회개는커녕 죄를 의식하지도 못한 상태에서도 그를 인도하고 감찰하고 계셨기 때문이다.

그렇다면 둘째 아들의 귀환사건에서 보여주는 죄의 진정한 의미는 도대체 무엇이란 말인가. '내가 하나님과 아버지 앞에 죄인입니다'라고 고백한 귀환자의 자기고백이 단지 아버지의 귀를 임시변통으로 즐겁게 하기 위한 교언영색이란 말인가. 그럴 수는 없다. 그렇다면 우리는 이 비유에 숨겨진 죄의 베일을 벗겨서 무엇이 심각한 죄이며, 귀환자의 자기고백이 어떻게 진정한 죄의 회개에 해당하는가를 밝힐 필요가 있다.

2. 죄의 연원

까닭없는 죄는 없다. 범인이 무슨 동기로써 죄를 저질렀는지를 밝히는 데는 단순히 형벌의 크기와 정도를 양정하기 위한 근거로서의 의미보다 훨씬 중요한 의미가 들어있다. 오늘날 형법상의 범죄는 행위자의 주관적 측면, 즉 내면의 행위의사보다 객관적으로 나타난바 사회에 미친 유해한 결과에 비중을 두는 경향이 있다. 즉, 행위반가치보다 결과반가치에 중점을 둔다. 그러나 성경은 죄의 결과적 측면보다 행위자가 지닌 내심의 작용과 그 의지의 빗나간 방향에 중점을 둔다. 살인이라는 행위결과보다 형제에게 노하거나 분해서 욕설을 퍼붓거나 미련한 놈이라고 말하는 자는 이미 살인을 저지른 자와 같다는 것이다(마 5:21-22). 또한 간음이라는 행위결과가 아니더라도 여자를 보고 음욕을 품는 자마다 이미 마음에 간음죄를 저지른 자라는 것이다(마 5:27-28).

이처럼 죄의 발단으로 파고 들어가 그것을 근원적으로 문제 삼는 성경의 죄관념은 바로 죄가 인간의 마음에서 비롯되며, 마음을 감찰하시는 하나님은 인간의 마음속에서 일어나는 일탈적 동요를 이미 죄로 간주하고 계시다는 것이다.

이 전제로부터 볼 때 둘째 아들의 재산지분청구는 복합적인 동기를 내포한다. 그는 아버지가 돌아가셨을 때 자기 몫으로 돌아올 유산을 아버지 생전에 미리 청구한다. 그것은 아버지가 생물학적으로는 아직 살아 있으나, 정신적으로는 벌써 죽어 있음을 감히 전제하지 않고는 성립할 수 없는 요구이다. 여기에서 둘째 아들은 마음으로 이미 아버지의 생명과 그 존엄을 밟고 넘어가 정신적으로는 아버지를 죽음의 지경에까지 몰고 갔을 뿐만 아니라 죽음의 자리에 놓고서 말하는 것이다. 아버지 살아생전에 유산을 내놓으라고 윽박지르는 것은 아버지를 한번 죽이는 일과 같이 정신적으로 패역한 일이다.

왜 둘째 아들은 이와 같은 패역에 이르게 되었는가? 그는 아버지의 유산을 바라보고 위선적인 충성을 쏟는 형의 행태에 구역질을 느꼈을지도 모른다. 그는 형의 곤궁을 이용하여 장자권을 사들이고, 아버지를 속여 형에게 갈 축복을 가로챈 야곱만큼 잔머리 굴리는 위인은 아닌 것으로 보인다. 오히려 그는 양심의 거울에 비추어 부끄러움이 없는 솔직담백한 기질의 사람일지도 모른다. 그래서 형의 위선 때문에 양심에서 일어나는 크고 작은 갈등으로 자주 괴로워하고 죄짓기보다는 한번 아버지 앞에 큰 죄를 짓고, 형도 아버지도 보이지 않는 먼 나라로 떠나가는 것이 훨씬 속 편한 선택이라고 생각했을지도 모른다.

뿐만 아니라 둘째 아들의 마음속엔 소비적 탐욕을 채우기 위해 물질에 대한 소유욕도 작용하고 있는 것으로 보인다. 그는 아버지를 섬기기보다 돈을 더 우선하여 섬기는 마음자리에 나아갔으며 궁극적으로 그 물질을 우상화하고 그것에 의지하여 진탕 즐기고 심지어 그것의 노예가 되는 자리에 나가는 것을 불사했던 것이다. 그는 먼 나라로 나가 눈먼 소비주의적 광포에 휩쓸려 아버지의 집에서 누렸던 생명과 사랑과 기쁨을 소진했을 뿐만 아니라, 수많은 상처와 황폐화 그리고 동물적 세계의 비인간화 속으로 빠져들었다. 그야말로 스스로의 잘못된 선택에 의해 막장인생이 되고 만 것이다.

그러나 여기에서 중요한 것은 둘째 아들이 범한 패역의 발단이다. 즉 아버지로부터 벗어나 스스로 독립하여 아버지처럼 행세하기 위해 아버지와의 근원적인 사랑의 관계를 단절하고 이탈하려는 마음의 상태, 다시 말해, 탐욕, 교만, 거역이라는 마음자리이다. 둘째 아들의 홀로서기와 이탈의 순간부터 가족공동체 구성원들은 무시를 당했으며, 또한 모종의 상실의 아픔과 고통까지 깊이 겪게 된다. 아버지의 기다림은 그와 같은 상처를 가슴에 안고서 아파하고 연민하는 기다림과도 같은 것이다.

3. 죄와 범죄

죄의 심각성을 정면으로 무겁게 마주하는 것은 유대 · 기독교적 사상의 전통에 속한다. 신약성경은 죄를 여러 가지 언어로 표현하고 있다. 흔히 쓰이는 말이 하마르티아이다. 표적 또는 과녁에서 빗나간 것, 목적지를 이탈한 것을 의미한다. 아디키아는 불의 또는 부정을, 포네리아는 사악 또는 부패를 가리킨다. 파라바시스는 일정한 한계를 넘어 침해하는 것을 가리킨다. 아노미아는 무법, 즉

법을 무시하거나 어기는 것을 말한다. 가장 근원적인 마음의 죄에서부터 무법, 불법한 행위의 단계까지 죄가 미치는 스펙트럼은 넓고 깊다.

죄에 관한 상이한 언어들의 용도가 각각 달라도 죄에서 하나의 공통분모는 신 자신의 존재법칙이요 신과 동일한 형상으로 지음받은 인간의 존재법칙이기도 한 도덕률을 범하는 것이라는 사실이다. 이것이 하나님의 권위와 사랑을 거슬리고 반항하거나 거부하는 것을 뜻한다. 죄의 본질은 단순한 탈선을 넘어, 하나님과의 사랑의 관계에서 벗어나려는 의식적인 반항이요, 하나님께로의 의존성에서 벗어나 스스로 독립하여 하나님처럼 행세하려는 교만이기도 하다.[18]

전통적으로 기독교는 죄를 구약사상의 연속선상에서 ① 악에 근거한 자유의지의 결과(아담의 범죄), ② 하나님과 하나님이 창조한 질서에 대한 의식적인 반항으로 이해한다. 그 죄의 결과로 인간은 신과의 사랑의 관계가 끊긴 채 사탄의 힘의 지배 밑으로 타락한다.[19] 아담의 원죄로 인해 인류는 오늘날에 이르기까지 죄와 사망의 지배 아래 놓여 있다. 비록 자유로운 개인의 선택에 의한 결과로서 야기된 죄악이라 할지라도 실은 이미 아담의 타락에서 비롯된 죄의 세력의 영향 아래서 이루어지고 있는 것이다. 죄의 뿌리는 이처럼 깊고 그 영향력은 이처럼 끈질기다.

물론 이런 의미의 죄라는 언어는 세속화된 오늘날 인간의 삶속에서 거의 잊혀져버렸다. 저명한 정신의학자 칼 메닝거(Karl Menninger)는 죄라는 말이 한때 모든 사람들의 마음속에 있었으나

18_ 존 스토트, 그리스도의 십자가(황영철/정옥배 역), 1988, 112면 참조.

19_ 오트프리드 회페 엮음, 윤리학사전(임홍빈 외 옮김), 1998, 92면(기독교윤리).

이제는 거의 들을 수 없는 단어가 되었음을 지적했다.

그 이유를 그는 첫째, 이전의 많은 죄들(sins)이 범죄(crimes)로 바뀌면서 그것을 다루는 직책이 교회에서 국가로, 성직자에게서 경찰관에게로 넘어갔으며, 둘째 많은 다른 죄들이 질병으로 또는 질병의 징후로 바뀌면서 형벌이 치료로 대체되었으며, 셋째, 집단은 책임을 질 수 없다는 편리한 장치에 의해 죄인의 일탈행동에 대한 책임을 자기 자신이 아닌 사회전체, 혹은 사회 내의 많은 집단 중 하나에게 전가시킬 수 있게 된 때문이라고 한다. 물론 그는 오늘날의 정신문화 속에서 죄라는 말의 의미를 회복하고 그것을 심각하게 취급할 것을 당부한다. 죄는 결코 문화적 금기나 사회적인 큰 실수 정도로 대강 처리할 문제가 아니기 때문이다. 죄는 "숨어 있는 공격적 성질—잔임함, 상처를 입힘, 신 또는 다른 인간들로부터의 이탈 혹은 반란의 행동이기 때문이다. … 누군가가 무시당하거나 공격을 당하거나 상처를 입게 되는 것이다."[20]

그러나 이미 계몽기와 합리주의를 거치면서 사회의 법은 다시 돌아가 결합할 수 없을 만큼 종교로부터 멀리 떨어져 나왔다. 형벌과 함께 형법을 구성하는 중추개념의 하나인 범죄는 오늘날 더 이상 종교적 또는 순수한 도덕적 의미의 죄가 아니라 개인과 사회의 법익에 대한 유해행위(harmful doing)를 말한다. 죄와 구별하는 의미에서 범죄는 다음과 같은 특성을 지닌다:

첫째, 범죄는 반사회적 행위이어야 한다. 묵과할 수 없는 정도로 개인과 사회를 포함한 공동사회의 질서와 안전을 침해하는 행위만이 범죄가 될 수 있다.

둘째, 형법규범 위해행위이어야 한다. 형법규범이 명하는 소

20_ 존 스토트, 앞의 책, 113면 이하에서 재인용.

리를 듣고도 그것을 무시하거나 대적하는 행위만이 범죄가 될 수 있다. 그러나 형법에서 범죄가 무엇인가 하는 물음에 대해서는 여러 가지 측면으로부터 다양한 대답이 나올 수 있다.[21]

형식적 범죄개념에 따르면, 범죄란 형법구성요건에 해당하는 위법하고 유책한 행위라고 한다. 예컨대 갑은 을의 신체를 상해하였다. 이 행위는 형법 제257조 제1항 상해죄의 구성요건에 해당한다. 그러나 이 행위가 상해범죄에 해당하려면 위법해야 한다. 만약 갑이 정당방위상황에서 방어행위로서 을을 상해했다면 갑의 행위는 정당방위로서 의롭게 간주된다. 이와 같은 정당화사유 없이 갑이 상해를 가했다면 그것은 위법행위가 된다. 마지막으로 이 행위는 유책해야 범죄가 된다. 즉 구성요건에 해당하고 위법하더라도 갑이 책임무능력상태에서 위법행위를 했다면 유책한 행위가 아니므로 범죄는 성립하지 않는다.

이에 비해 실질적 범죄개념은 형법 이외의 다른 제재수단으로 충분히 보호할 수 없는 중대한 사회유해적 법익위해행위를 범죄로 취급한다. 이 경우 한 형태의 중대한 사회유해성에 관한 합리적 기준이 어디에 있느냐가 문제된다. 이 문제를 해결하려면 입법자는 다음 두 가지 기본전제로부터 출발해야 한다.

첫째, 살인 · 상해 · 강도 · 절도 같은 중한 사회유해적 행위를 허용하고서도 제대로 유지될 수 있는 사회란 없다. 그 즉시 사회는 만인의 만인에 대한 투쟁상태에 빠져버리고 말 것이기 때문이다.

둘째, 국가의 형벌권은 한계가 있다. 따라서 확실하고 객관적으로 확인할 수 있는 행위만을 처벌대상, 즉 범죄로 다루어야 한다. 단순한 생각 · 속마음 · 계획 · 의도 따위는 외부적으로 표현되

21_ 김일수/서보학, 새로 쓴 형법총론(제11판), 2006, 14면.

기 전에는 객관적으로 확인할 수 없기 때문에 범죄로 취급해서는 안 된다.[22]

죄와 범죄의 차이는 죄가 인간의 인격관계의 전체영역, 즉 인간과 신, 인간과 다른 인간, 인간과 환경 등에 미치는 반면, 범죄는 단지 인간과 인간, 인간과 인간의 삶에 특별히 중요한 다른 피조물의 관계에만 미친다는 점 및 죄가 인간의 내면과 양심의 문제에까지 깊이 관련된 반면, 범죄는 인간의 인격이 외부적으로 표현되었을 때만 문제된다는 점에 있다. 하지만 죄는 범죄보다 심원하고 넓으며, 따라서 모든 범죄는 죄가 될 수 있지만, 모든 죄가 범죄가 되지는 않는다는 점이다. 그 결과 인간의 죄와 범죄에 공통된 자기결정(자기선택)의 문제, 의사자유의 문제, 양심의 문제는 양자에게 똑같이 근원적인 문제점으로 떠오른다.

4. 자기결정(자기선택)의 문제

둘째 아들이 앞에서 본 바와 같은 동기에서 아버지 집을 떠나 자기소외의 길로 들어선 것은 물론 자기선택과 자기결정의 결과이다. 법공동체가 인간을 법신호의 수신자로 삼고, 자신의 선택과 결정에 대해 책임을 지도록 하는 것은 인간이 윤리적인 자기선택능력과 자기행위결정능력을 갖고 있음을 전제한다. 여기에서 윤리적인 자기결정이란 자기에게 주어진 보편적인 당위요구를 충족시키고, 또한 법의 특별한 당위요구를 이행할 수 있는 인간의 능력을 말한다.[23] 인간이 자유롭고 책임있는 윤리적 자기결정의 소질을

22_ 앞의 책, 15면.

23_ Il-Su Kim, Die Bedeutung der Menschenwürde im Strafrecht, 1983, S.111.

갖고 태어났다는 점은 일견 자명한 것처럼 보인다. 문제는 이를 어떻게 근거지을 수 있느냐 하는 점이다.

유신론적 실존철학의 입장에서는 실존의 전제인 자기결정을 여러 가지 행위가능성들이 열려 있는 상황에서 인간이 실존적인 결정과 선택의 자유를 갖고 있음을 의미한다. 일반철학적 관점에서 자기결정은 인간이 의사결정에서 외부의 그 무엇에 의해 결정되는 것이 아니라 자기 스스로 자유롭게 결정함을 뜻한다. 물론 여기에서는 의사자유를 둘러싼 비결정론(Indeterminismus)의 관점이 핵심이 되고 있다.

인간학적 관점에서 자기결정은 인간이 다른 생물에 비하여 특별히 빼어나게 갖고 있는 능력으로서 자신에게 영향력을 미치는 본능적 충동을 억제하고 의미내용과 가치 그리고 당위규범에 맞추어 자신의 결정을 내릴 수 있는 능력이라고 말한다. 이 관점에 따르면 의미내용과 가치 및 당위규범에 반하고 의무위반적인 행동은 자기결정이 아니라 도리어 자기결정에 대한 거역이라는 것이다.

인간은 두 가지 정신능력, 즉 사고작용을 통해 생활관계와 인과관계를 인식할 수 있는 인지능력, 그리고 의미와 목적과 가치를 파악할 수 있는 이성적 통찰능력을 갖고 있다. 이 점에서 인간은 지적인 존재일 뿐만 아니라 이성적인 존재이기도 하다. 인지적 사고와 이성적 통찰을 통해 인간은 그의 행동방향과 목표를 바르게, 목적 합리적으로, 의미와 가치 충족적으로 수행해 나갈 수 있다는 것이다.

이런 의미의 자기결정능력은 법규범의 준수와 법질서 확립에 근본적인 토대를 제공한다. 이 능력이 일면 법적 당위질서의 실현 자체를 가능케 하고, 타면 그것을 필요하게 만들기 때문이다.

당위요청을 지닌 법규범이 수행하는 결정기능은 법이 첫째로 수범자들의 자유의사에 따라 준수되어질 수 있음을 전제한다. 법은 먼저 그들의 이성적 통찰에 호소하여 그들이 자신의 목적과 이해의 추구에서 공동생활의 질서요청과 일치하도록 인도하고, 충돌이 있는 경우에는 자기결정의 조정능력에 의해 사회유해적인 충동의 분출을 억제하고 회피하게 만든다. 더 나아가 그럼에도 불구하고 법의 당위규범을 침해한 경우에는 예고된 제재나 그 밖의 유사한 불이익을 가함으로써 자신의 행동에 대한 책임을 학습하게 한다. 개인이 사회생활에서 법규범의 당위요청을 자신의 가치체험을 통해 주관적으로 의식함으로써 그 규범의 의미가 내면화된 이상 그 위반에 대한 제재는 자기책임 부담의 원리로 귀결된다.[24]

5. 의사자유의 문제

인간이 자기결정의 능력을 지닌 존재이지만 개개인의 구체적인 자기선택 · 자기결정을 놓고, 그를 비난하거나 칭찬하려면 그에게 의사결정의 자유가 있었느냐가 또한 문제되지 않을 수 없다. 인간에게 이와 같은 의사결정의 자유가 있느냐를 놓고 이른바 결정론과 비결정론이 심각하게 대립되어 왔다.

결정주의는 인간의 행태가 전적으로 인과법칙에 따라 결정되기 때문에 범죄를 인간의 소질과 환경의 필연적인 소산이라고 본다. 이에 반해 비결정주의는 인간의 의지는 절대적으로 자유로우며, 따라서 인간은 법과 불법 어느 쪽이든지 자유로이 선택할 수

24_ H. Henkel, Die Selbstbestimmung des Menschen als rechtsphilosophisches Problem, in: Larenz-FS zum 70. Geburtstag, 1973, S.6ff.; H. Welzel, Persönlichkeit und Schuld, in: Abhandlungen zum Strafrecht und zur Rechtsphilosophie, 1975, S.185ff.

있다고 본다. 그러나 결정주의에 대해서는 인간은 자신에게 작용하는 본능적 충동을 통제하고 그의 행태를 가치에 따라 결정할 수 있는 유일한 존재라는 존재론적 · 인간학적 측면으로부터의 반론이 제기된다. 마찬가지로 비결정주의에 대해서는 의사자유가 대략적으로 입증될 수 있을지라도 구체적인 개개의 사례에서는 그 경험적 입증이 불가능하다는 반론이 제기된다. 이렇게 본다면 이 양극단적인 견해는 어느 것도 자신의 논거를 정당하게 내세울 수 없고, 따라서 우리는 어느 입장이 옳은지에 관해 입증도 반증도 할 수 없는 어려움에 처한다. 결국 결정주의냐 비결정주의냐 하는 입장의 선택은 하나의 논증문제가 아니라 확신의 문제에 속하는 것이라고 할 수 있다.[25]

인간은 본능과 환경의 굴레에서 완전히 자유로울 수 없지만 정신적 능력으로 말미암아 본능의 철쇄와 환경의 굴레를 벗어나 스스로 선택하고 결정하면서 자신의 인격을 실현시켜 나갈 수 있는 존재이다. 그런 의미에서 인간은 "자유에로 부름받은 존재"이다. 인간의 자기결정의 자유는 동물의 삶처럼 "가치로부터의 자유"가 아니라, 의미있는 행위 속에서 추구하고 해결해야 할 과제로 임무지워진 "가치에로의 자유"이다. 그렇기 때문에 인간의 자기결정의 자유는 애당초 무절제하고 자의적인 자유가 아니라, 의미충만한 삶의 형성을 위한 제한된 자유를 의미한다.[26] 만약 가치실현적인 자기결정의 자유의 이 같은 기본구조를 무시한다면 인간의 삶

25_ Vgl. Lenkner, Strafe, Schuld und Schuldfähigkeit, in: Handbuch der forensischen Psychiatrie, Bd. 1., 1972, S.20.

26_ H. Welzel, Persönlichkeit und Schuld, in: Abhandlungen zum Strafrecht und zur Rechtsphilosophie, 1975, S.203; Ed Dreher, Die Willensfreiheit, 1987, S.396.

에서 모든 자유는 그 파괴적인 동물의 야성과 구별하기 어려워질 것이다.[27] 물론 인간의 정신능력에도 실패와 파행은 있을 수 있지만, 그와 같은 한계를 극복하고 윤리적인 자기실현을 통해 인간다운 삶을 영위해 나갈 수 있다는 점에서 인간의 존엄성의 근거를 발견할 수 있다.[28]

문제는 신의 예정과 인간의 자유의지에 관한 신학적 논쟁이다. 먼저 신의 예정과 인간의 자유의지는 양립할 수 있다는 입장이다. 조나단 에드워즈(Jonathan Edwards: 1703-1758)는 비록 세상의 모든 일이 신의 예정행위에 의해 결정되어 있지만, 우리는 원하는 대로 행동할 자유를 갖고 있다고 주장한다. 신은 선 또는 부패한 성품을 모두 창조했지만 우리 자신의 행동은 자유행동이고 그래서 우리 자신에게 책임이 돌아갈 수 있다는 것이다.[29]

모든 죄는 자유의지로 말미암지 않는 한, 중한 벌로 그 죗값을 치러서는 안 된다. 도덕적 책임은 자유의지에 기초를 두고 있으며, 책임 없는 행위에 대해 우리는 죗값을 물어서는 안 된다. 하나님은 이 모든 일을 예정하시고 또 예견하실 능력을 갖고 계시지만 인간에게 자유의지를 주시기 위해 자신의 능력을 다 실행하지 않는 쪽을 선택하셨다는 것이다. 하나님은 우리가 할 일을 잘 알고 계신다. 그래서 사랑의 하나님의 마음은 아프기도 하고, 우리의 일탈과 죄에 대해 진노하기도 하지만, 근원적으로는 연민을 느끼신다. 결코 하나님은 인간의 죄를 그저 바라보고 즐기시는 분이 아니라 후회하기도 하지만 그때마다 그리고 궁극적으로 죄의 멍에와 사슬에서 인간을 해방시킬 방도를 열어 놓고 계신다. 하지만 하나님은 참

27_ J. Rhemann, Einführung in die Sozialphilosophie, 1979, S.20ff.

28_ 김일수, 한국형법 I (개정판), 1996, 80면; 한국형법III, 359면.

29_ R. Kane, A Contemporary Introduction to Free Will, 2005, p.148.

고 기다리고 계실지언정 우리의 행동에 일일이 개입하지는 않으신다. 하나님이 우리가 할 일을 미리 예정하셨다면, 우리는 실제 우리가 하는 일과 달리 행할 수 없다. 그렇다면 하나님께서 우리에게 주신 자유의지란 결국 제한된 자유의지이거나 아니면 하나님의 예정에 의해 결정된 부자유한 의지이거나 둘 중의 하나일 것이다. 이것이 중세 스콜라 철학의 큰 논쟁거리 중 하나였다.[30]

창세기의 인간창조에 관한 기록으로부터 유추해 볼 때, 하나님은 인간을 하나님과 동일한 형상으로 짓고, 그에게 인격적 자유를 부여했음을 알 수 있다. 인간은 하나님의 미리 입력된 정보자료에 따라 로봇처럼 행동하는 기계적 존재가 아니라 하나님과 인격적인 교통을 할 수 있는 자율적 존재였다. 이것이 하나님의 장엄성에 잇대어 있는 인간의 존엄성의 신학적 근거가 되기도 한다.

인간은 자기의 자율적인 의지에 따라 자신의 행위를 선택할 수 있었다. 그리하여 생명나무 과실과 선악과 중에서 어느 것을 따먹느냐는 그의 자유로운 선택의 문제였다. 하나님이 미리 금한 바 선악과를 따먹는 쪽을 선택했을 때, 그 위반의 결과인 에덴추방과 고역 그리고 죽음이라는 벌을 자기책임으로 받아들여야만 한다. 그러므로 인간의 죗값은 인간 자신의 자유의지적인 행동의 결과로 져야 할 자기책임 몫이라고 해야 할 것이다.

6. 양심과 죄책의 문제

양심은 윤리적인 자기결정을 가능하게 하는 자아의 최종적

30_ 중세 스콜라 철학에서, 자유의지에 관한 다양한 견해(Boethius와 Aquinas의 신의 영원성에 입각한 해법, Ockham의 반대입장, Molina의 입장 등)에 관하여는 R. Kane, ibid., pp.152-162 참조.

기관이다. 따라서 양심은 모든 환상이나 망상을 포괄하는 주관적 확신과는 달리, 언제나 윤리적으로 옳은 것을 획득하기 위해 심사숙고하여 내리게 되는 진지한 인격적 결단을 말한다. 양심은 고정된 상태가 아니라 항상 새롭게 쟁취되는 인격의 작용이다. 그러므로 양심은 교육에 의해 계발될 수 있고 사회적인 관계 속에서 학습될 수도 있다. 그런 의미에서 인격성숙을 위한 교육은 양심교육을 내포한다. 양심은 인격의 중핵적인 조종기관이라 할 수 있기 때문이다.

양심의 요구는 인격에게 그에 따라 행위하거나 행위하지 않을 길을 열어주는 데 그치지 않고, 도리어 인격으로 하여금 옳다고 승인한 행위를 하도록 의무지운다. 양심이란 개인의 의지와 이성을 넘어선 보다 깊은 곳에 연원을 가지고 있기 때문이다. 즉 그것은 인간실존의 부름[31]에 귀를 기울이게 하고 그것 자체와의 일치를 요구하는 소리이다. 양심은 인격 속에서 양심에 거슬러 행동하는 것에 대해 가장 높은 벌을 과하는 하나의 법정으로 존재한다. 따라서 양심의 소리를 경멸하는 것은 자기 자신의 존재의 파괴와 인간실존의 몰락을 초래하는 것과 같다.[32] 결국 양심 속에서 각 사람은 신과 인간의 만남, 나와 너의 대화를 체험하게 된다. 그런 의미에서 양심은 자아의 윤리적 조종기관으로서 항상 세계의 의미와 질서에 자아를 정향시킨다.

양심은 가치개념을 수용하고 그에 따라 자신의 행위를 미리 결정하도록 하는 매개자로서의 기능을 한다. 이러한 매개자로서의 기능은 양심이 앎의 총화, 합일된 앎(conscientia)임을 전제한다. 인간실존의 존재구조로부터 볼 때 인간은 세계 내의 존재이다. 인간

31_ 하이데거는 이것을 '관심의 부름'이라 해석했다.

32_ 본 회퍼, 기독교윤리(손규태 역), 209면 이하 참조.

은 세계 내에서 진정한 자아와의 관계, 타인과의 관계, 사물과의 관계, 영원한 당신인 신과의 관계를 맺고 있다. 그러한 관계 속에서 인간은 진정한 자아와 타인과 신과 함께 더불어 아는 앎의 영역을 갖고 있다. 이 더불어 아는 앎(Mitwissen)의 영역이 바로 양심(Gewissen, conscience)이다.[33]

따라서 양심은 각 사람이 그 소견에 옳은 대로 하는 것이 아니다. 그것은 가장 높은 차원에서 신의 뜻을 좇도록 인간을 부르는 내면의 소리일 뿐만 아니라 가장 깊은 차원에서 진정한 자기 자신과 일치되도록 부르는 내면의 소리이기도 하다. 또한 가장 넓은 차원에서 타인과 세계와 더불어 일치하고 화해할 수 있도록 부르는 내면의 소리도 된다.

이렇게 볼 때, 양심은 개인의 인격과 세계의 매개와 일치를 지도하는 기능을 할 뿐만 아니라 개인의 인격 속에서 앎과 행함의 매개와 일치를 지도하는 기능도 한다.[34] 만약 한 개인에게 그의 양심에 반해서 행위하도록 강제한다면 그것은 다름아닌 인간 인격의 관계성을 단절시키는 일이요, 인격의 파멸을 의미하기도 한다. 책임은 인간의 자유뿐만 아니라 인간의 양심도 전제하기 때문이다. 인간이 자율적 존재라는 점과 윤리적 자기결정능력을 갖고 있다는 점에서 존엄성의 근거를 파악하려고 하는 한, 인간은 원칙적으로 사물을 자유로이 결정할 수 있을 뿐만 아니라 동시에 양심적으로(객관적인 가치질서에 따라 올바르게) 결정할 수 있는 존재로 이해해야 할 것이다. 그러므로 헌법은 개인의 양심의 자유를 보장할 뿐만 아니라, 형법에서도 양심범의 문제를 불법의식의 범주나 면책사유의 영역에서 신중하게 다루고 있다. 때문에 책임영역에서 양심이 지

33_ Thielicke, Theologische Ethik, 1.Bd., 5.Aufl., 1981, S.506.

34_ Tröger, Erziehungsziele, 1974, S.93.

니는 의미는 매우 중요하다.

7. 형벌의 윤리적 근거

국가형벌의 윤리적인 정당성을 속죄에서 찾으려는 시도는 일찍부터 있었다. 형법 연구문헌과 형사판결 중에서 종종 속죄는 응보와 같은 의미로 사용되기도 하지만, 양자는 엄격히 구별되는 개념이다.

응보란 범인이 자신의 악행으로 말미암아 수동적으로 받아들이지 않으면 안 되는 가해인 반면, 속죄는 범인 자신의 능동적이고 윤리적인 노력을 통해 그의 진정한 자아와 사회에 대해 죄를 뉘우치는 내면으로부터 우러나오는 화해(Versöhnung)를 의미한다. 즉 속죄는 범죄인이 형벌을 자기죄책의 속량으로 기꺼이 내심으로 받아들이고, 그의 범행을 심리적 · 정신적으로 힘써 청산하며, 그러한 회오를 통해 자신의 인간적이고도 사회적인 성실성을 되찾는 곳에서만 이루어질 수 있다.

문제는 이러한 속죄사상에서만 유독 의미있고 절대적인 형벌이론이 발전될 수 있는가 하는 점이다.[35]

속죄라는 표현이 피해자와 공동사회의 측면에 관련되는 한, 이는 우리의 사회현실에서 우선 '복수', '응보' 또는 '낙인' 등의 어의와 짝을 이룰 수 있다.[36] 여기서는 속죄가 응보를 실행하고 수형자를 낙인찍는 데로 오용될 염려가 많다. 이렇게 본다면 사회에 대

35_ 이를 긍정하는 방향으로는 W. Trillhaas, Zur Theologie der Strafe, 1961, S.48; Arth. Kaufmann, Das Schuldprinzip, S.272f.

36_ Neumann/Schroth, Neue Theorien von Kriminalität und Strafe, 1980, S.18.

한 행위자의 속죄란 그의 진정한 속죄작업이 사회로부터 그렇게 인정되든 않든 상관없이 범죄인이 형벌위하를 그의 회심활동 가운데서 일방적으로 받아들여야 함을 의미하게 된다. 이것은 사회의 일방적 보복과정을 다른 말로 미화한 것밖에 안 되기 때문에 속죄설은 범인과 사회의 속죄 면보다는 자기의 본래적인 자아의 속죄를 주된 문제로 삼는다.

지배적인 초자아(Über-Ich)를 통해 속죄가능한 정신상태가 마련될 수 있다고 보는 심층심리학적 입장에서는 속죄가 우선 자기가책(Selbstbestrafung)으로 해석된다. 이에 따르면 속죄는 우선 강한 초자아를 지닌 범죄인에게만 기대될 수 있다. 그 까닭은 이러한 범인에게서 초자아의 요구는 물론 범죄행위에 의해 일단 무시되었지만 다시 죄책감(Schuldgefühl)의 형태로 그 후 회복되어 관철될 수 있기 때문이다. 그러나 이렇게 된다면 형벌의 속죄기능은 범인의 일정한 심적 성향에 좌우될 것이며 아무 죄책감도 보이려 하지 않는 범인에 대해서 형벌은 전혀 아무 기능도 발휘할 수 없다는 결론에 이르게 될 것이다.

다시 말해 속죄의 가능성을 가지고 형벌을 정당화시키려는 것은 결국 희귀한 행위자 유형, 즉 자기죄책을 스스로 인정하고 죄의 아픔을 깊이 체험하며, 이로써 형벌을 적극적인 선행의 기회, 즉 인격의 개선과 책임 · 배상 등의 기회로 삼으려고 하는 '속죄의 용의가 있는 기회범(sühnebereite Gelegenheitstäter)'의 경우에만 가능하다고 생각된다.[37]

그러나 만약 속죄가 개개 범행자의 심신상태와 관계없이 형벌

37_ Maihofer, Menschenbild und Strafrechtsreform, 1964, S.19. 그러나 이러한 속죄체험이 현실적으로 구체적인 행위자, 수형자에게 얼마나 희귀할 것인가는 더 이상 의문의 여지가 없다.

의 일반적 기능으로 파악되어야 한다면 속죄의 의미 가운데서 화해되어야 할 대상인 '진정한 자아'는 경험적 · 현실적 자아가 아니라, 도리어 '초월자에 부착된 존재(Ein dem Transzendenten verhaftetes Sein)'를 의미할 수밖에 없다.[38] 이것은 두말할 것도 없이 속죄가 인식론적으로는 증명할 수 없는 형이상학적 개념이라는 사실을 뜻한다. 이러한 입장이 합리성과 인간존중성을 지향하며 세계관적으로 중립을 지키려는 형법의 자유이념에 합당한가는 경험적으로 규명되어야 할 문제이다. 오늘날의 자유민주적 · 사회적 법치국가질서에서 형법은 더 이상 그와 같은 형이상학적 속죄개념으로 형벌의 윤리적 정당성을 이해하려 하지 않기 때문이다.

그러나 이러한 속죄개념이 형사정책적으로 전혀 무의미한 것이라고 속단을 내려서는 안 된다. 왜냐하면 속죄능력의 배후에 상존하고 있는 인간의 존재론적 근거로부터 형사정책의 실천적인 결론들을 이끌어낼 수 있기 때문이다. 속죄는 항상 '자율적 개인의 내면'에서 일어날 수 있기 때문에 '자기 인격의 회복(Wiederherstellung der eigenen Persönlichkeit)'이라고 달리 표현할 수 있다.[39] 이러한 속죄가능성은 본래 그의 존재론적 · 인간학적 근거를 인간의 개별인격성에 두고 있고, 그의 실천윤리적 결과는 바로 자기책임이다.[40] 이러한 이유에서 처벌받는 자는 그의 사회성 결핍에도 불구하고 진정한 자아와의 화해능력과 가능성을 타고난 사람으로 존중되지 않으면 안 된다.

38_ Naegeli, Das Böse und das Strafrecht, 1966, S.36.

39_ Frey, Schuld, Verantwortung, Strafe, 1964, S.307, 337.

40_ 인간의 개별인격성과 자기책임원리의 상세한 내용과 그것이 인간존엄 개념의 한 구성요소가 되는 점에 관하여는 Il-Su Kim, Die Bedeutung der Menschenwürde im Strafrecht, 1983, Diss. München, S.78ff.

형사정책적으로 본다면, 이것은 처벌받는 자는 언제나 자기책임에 상응하게 처벌받아야 하며, 자기책임의 정도를 넘어서 처벌되어서는 안 된다는 점, 그리고 행형단계에서 재사회화는 자기 자신이 재사회화되려고 하는 성실한 의지의 결단 없이는 아무런 성과를 기대할 수 없다는 점을 의미한다. 결국 속죄이념은 이런 의미에서 성공적인 재사회화에 필요불가결한 조건이라 할 수 있다. 이것은 바로 속죄가 형벌의 재사회화 목적을 강압적 수단이 아니라 스스로 돕는 형벌이 되도록 내용적으로 구속하는 기능을 발휘할 수 있음을 의미한다.

만약 유죄판결을 받은 사람이 자기책임에 근거해서 속죄를 자기결정의 한 노작성과로 기꺼이 형성해 보일 수 있고 또 보이기를 원한다면, 그 수형자에게 속죄의 가능성은 최대한 보장되어야 하며, 어떠한 경우에도 이 속죄가 외부로부터 강요되거나 강제되어서는 안 된다. 왜냐하면 제1차적으로 사회공동생활의 질서유지를 목표로 삼는 사회적 법치국가는 개인의 윤리적 자기결정을 개인 자신에게 맡기고 있고, 이를 조장하는 것은 어디까지나 국가의 단편적 · 보충적 임무에 속하기 때문이다.

마찬가지로 형법의 임무와 목적도 제1차적으로 보충적인 법익보호를 통한 사회공동생활의 평화로운 공존질서를 유지하는 데 있지, 결코 개인의 도덕적 순화나 시민의 윤리적 수준을 고양시키는 데 있는 것은 아니다. 그렇다면 국가형벌은 물론 수형자에게 유리한 속죄가능성의 조건을 만들어 주어야 하지만,[41] 이 속죄가 법

41_ 이런 의미에서 행형의 실제에서 종교행사(형의 집행 및 수용자의 처우에 관한 법률 제45조), 교육(동법 제63조) 제도가 필요한 것이지만, 그 밖에도 사회사업가, 교육자, 심리분석이나 치료전문가, 정신의학자 등 각 방면의 봉사와 활동가능성이 주어져야 한다.

과 제도에 의해 강요되어서는 안 된다.

이와 같은 형사정책적 의미를 속죄이념은 갖고 있을지라도, 그것은 또한 법적 · 국가적 차원에 속하는 것이 아니라 본래 사적 · 윤리적 · 종교적 영역에 속하기 때문에 국가적 · 법적 · 사회적 차원에서 논의되는 형벌에 대해 그 유일한 근거로 삼기에 불충분한 점이 없지 않다. 그러므로 속죄는 바로 인간의 자기책임이란 의미한도에서 자기책임을 넘어가는 국가형벌의 한계표시로서 작용할 수 있다는 점에서만 국가형벌의 윤리적 근거로 의미를 가질 수 있다.

8. 되찾은 아들의 죄와 벌

유대 · 기독교 전통에서 죄와 벌의 의미를 추구하는 데는 일견 두 가지 상반된 견해가 보인다. 하나는 응보적 정의와 배제의 관점이요, 다른 하나는 사랑과 포용의 관점이다. 이 두 가지 관점은 돌아온 아들의 비유에서도 극명하게 나타난다. 렘브란트의 저 유명한 '탕자의 귀환'이란 유화 속에서도 사랑의 빛에 밝게 조명된 아버지의 연민의 정으로 가득 찬 얼굴과 돌아와 무릎을 꿇고 앉은 둘째 아들의 어깨를 보듬는 전혀 다른 종류의, 즉 어머니의 손과 아버지의 손이 결합된 아버지의 따뜻한 품 그리고 어두운 그늘 속에서 이 같은 포용을 용납할 수 없는 장자의 냉담한 바리새인적인 얼굴과 돈주머니처럼 보이는 그 무엇을 억세게 움켜잡은 오른손이 대조를 이룬다.

집 나갔던 아들이 하나님과 아버지께 지은 죄가 무엇이란 말인가? 그것은 본질적으로 사랑의 부정이다. 다시 말해서 사랑의 관계에 대한 비극적이고 공격적인 악용 내지 거부이다. 그는 하나님께 사랑을 입은 자요, 사랑 안에서 사랑받기 위해 그 아버지의 아들로 태어난 존재이다. 하나님은 사랑 때문에 인간을 지으셨다. 오늘날도 인간이 그리스도 안에서 서로를 사랑하고 하나님을 사랑하도록 하기 위한 거룩한 목적에서 인간에게 온통 관심을 쏟고 계시는 분이 바로 야훼 하나님이시다. 하나님과 인간, 인간과 인간, 하나님이 지으신 자연과 인간 사이에 사랑과 배려로 짜여진 평화로운 공존관계가 인간의 근본상황(Grundsituation)이라면, 죄란 이러한 근본상황의 부정, 즉 사랑의 부정이다. 이 근본상황을 부정하고 파괴하면서 인간의 삶을 어두운 한계상황(Grenzsituation) 속으로 몰아가는 것이 바로 죄의 속성이다.[42]

사랑의 형법의 관점에서 볼 때, 벌은 이 근본상황의 부정을 부정하여 한계상황을 다시 근본상황으로 회복시키는 조치이다. 다시 말해 사랑의 부정의 부정, 즉 사랑의 회복을 의미한다.

물론 형벌이라는 사랑의 매도 고난을 수반한다. 모종의 상실을 수반하지 않는 형벌이란 현실세계에서 존재할 수 없다. 하지만 그 고난은 '고독해방의 심리학'의 저자인 스위스의 정신의학자 폴 투니어(Paul Tournier)가 말했고, 영국 성공회의 설교자이자 신학자인 존 스토트(John Stott)가 인용했던 '창조적 고난'의 의미를 지닌다. 모종의 상실이 창조성을 자극하여 변화를 낳게 한다는 것이다. 고난과 고통이 바로 성장의 기회인 셈이다. 고통의 초기단계에서 수형자들은 미움과 분노, 절망의 반응을 보이지만, 점차 과형이라는 고통의 과정 속에서 자기의 진정한 자아를 발견하고, 돌아온 아들의 아버지와 같은 하나님을 발견하게 된다.[43]

42_ 김일수, 위험형법 · 적대형법과 사랑의 형법, 고려법학 제65호(2012.6), 24면 이하.

43_ J. Stott, The cross of Christ, 1986, p.397.

물론 신 · 구약성경은 일관되게 하나님을 죄의 심판자로 묘사하고 있다. 하나님은 모든 종류의 죄, 즉 내심의 미움이나 가벼운 실언까지도 심각한 불의로 여기시며, 그에 대해 거룩한 분노를 불태우기도 하신다. 모든 사람은 자신의 언행을 가지고 하나님의 심판대 앞에 설 날이 있을 것이며, 어찌 할 수 없는 죄인의 모습으로 유죄판결을 받을 처지에 놓이게 될 것이다. 그리고 우리 모두에게 떨어질 죄의 값, 즉 형벌은 사망이다(롬 6:23). 이것이 하나님의 율법이 기초하고 있는 재판적 정의(Mishphat)이다.

그런데 이 같은 하나님의 정의는 그리스도의 십자가 위에서 충족되었고 하나님은 죄인들에게 그분의 고귀한 사랑을 확증시켜 주셨다. 복음은 하나님께서 죄에 대한 진노와 정의의 요구를 죽어야 할 죄인들에게 내리신 것이 아니라 죄 없으신 그 아들 예수 그리스도께 대신하게 하셨음을 말해주는 증언이다. 정의가 불의한 자를 대적한 것이 아니라 불의한 자를 위해서 집행되게 하셨다. 여기에서 하나님의 정의와 하나님의 사랑의 절묘한 일치와 조화를 볼 수 있다. 결국 십자가 사건을 통해 우리에게 보여준 하나님의 정의는 사랑 안에서의 정의요, 하나님의 사랑도 정의 안에서의 사랑이다. 그것은 완전한 정의와 완전한 사랑의 합치의 극치에 해당한다. 하나님의 이 자비로운 정의와 정의로운 사랑은 별개가 아니라 본질상 하나이며, 이 본래적인 정의를 체데카(Zedeka)라 부른다.[44]

다시 귀환한 아들의 상황으로 돌아가 보자. 그는 하나님과 아버지와 가족 간의 사랑의 관계를 공격적으로 단절시키고 파괴함으로써 죄의 길로 나갔다. 괴나리봇짐에 유산의 분깃을 팔아 모은 돈

44_ K. Braun, Justice and the Law of Love, 1950, p.30; 김일수, 위험형법 · 적대형법과 사랑의 형법, 26면 이하.

이 두둑했을 때 그것은 죄의 불구덩이에 불쏘시개 역할을 해내는 우상이었다. 그러나 하나님은 알고 계셨다. 등에 진 우상은 점점 마모되어가고 거기다가 흉년까지 들어 극도의 궁핍 속에 빠져들어 간다. 하나님과의 사랑의 관계, 아버지와의 사랑의 관계가 파괴되었을 때 자연도 거부반응을 나타내기 시작한 결과였다. 그는 돼지치는 이방사람의 노동노예가 되었음에도 배고픔을 채울 길이 없어 돼지가 먹는 쥐엄열매로 배를 채우고자 했으나 그것마저 핍절하니 돼지보다도 못한 신세가 된 셈이다. 죄의 삯인 사망에 이르는 여정은 이렇게 혹독한 것이다. 그는 굶주려 죽을 지경까지 인생의 한계상황에 도달한 것이다. 거기서 그는 문득 자신과 하나님, 자신과 아버지의 사랑과 생명의 관계를 기억 속으로 회상해 낸다. 물론 그것도 위로부터 주어진 은혜이다.

그리고 그는 회심한다: "내가 하늘과 아버지께 죄를 지었다. 더 이상 아버지의 아들이라고 할 자격도 용기도 없다. 단지 아버지 집의 품꾼 중 하나가 된다면 더 바랄 것이 없다." 이 극적인 회심의 전환점에서 집을 나간 아들은 정신적으로 아들의 자리를 내려놓는다. 유산을 청구하면서 정신적으로 아버지를 죽은 자 취급했던 아들이 이제는 스스로 죽어 품꾼의 자리로 다시 태어나고자 한다. 벌로 죗값을 갚는 최종적인 의미는 그냥 손쉽게 가던 길에서 돌아서서 변화를 과시하는 것이 아니라, 가던 길 끝자락에서 죽음을 맛보고 돌아서서 거듭나는 데 있다. 회개와 중생의 절묘한 조합이 벌의 궁극적인 목적이다. 이처럼 행형제도 속에서 교정은 처벌에 중점을 두는 것이 아니다. 재소자들이 범죄의 고통을 창조적으로 극복하여 새로운 인격으로 회심하고 변화를 체험하여 피해자 및 사회와 화해하고, 진정한 자아와도 화해하고 궁극적으로는 신과 화해하도록 하는 데 있다. 예수님이 범행현장에서 붙잡혀 온 간음한 여인에게 정죄 대신 죄에서 돌아서서 바른 길로 가게 하셨던 것처럼 말이다.[45] 이것이 진정한 의미에서 회복적 사법과 치유적 사법의 길이다.

그것이 저 렘브란트의 유화 속에 표현된 정의로운 사랑의 손과 사랑스러운 정의의 손으로써 돌아온 아들의 어깨를 보듬는 아버지의 다른 두 손이 암시하는 손길의 의미이다. 그리고 뒤이어 벌어진 아버지의 환희와 희락으로 가득 채워진 잔치의 진정한 의미는 아들의 육적인 귀환에 있는 것이 아니라 사랑의 관계 속으로 돌아온 그의 정신적인 귀환에 있는 것이다. 그것은 아들의 거듭난(아버지의 관점에서는 잃었다가 다시 찾은) 생명의 지평 위에 펼쳐놓은 놀이마당에서 아버지와 아들, 가속들과 이웃들이 한데 어울려 엮어내는 기쁨과 즐거움의 춤판인 것이다.

사랑의 공동체에서 사랑의 복원만큼 더 기쁜 일이 어디 있겠는가. 잃어버렸던 아들이 아버지와의 관계에서 새로운 아들의 자리로 돌아온 만큼 아버지도 아들과의 관계에서 새로운 아버지의 자리로 돌아왔다. 생명적 연합과 사랑으로 하나 되는 이 춤판의 자리로 나아가기 위해 아버지는 머슴의 자리로 비하된 아들의 처지에까지 정신적으로 낮아졌다는 사실을 간과해서는 안 된다. 아들의 빈자리와 상실의 아픔은 원래 마주하고 있어야 할아버지와 아들의 사랑의 관계의 한 축이 무너져 있음을 의미한다. 이제 아들의 속죄적 귀환과 아버지의 영접으로 아버지도 화해와 화목의 새날을 맞이하게 된 것이다. 비록 오랜 기다림이었지만 기대는 성취된 것이다.

45_ S. J. Barrows, Jesus as a Penologist, 1902, p.12.

Ⅳ. 결 론

현대 형법의 조류에서 죄와 벌의 어두운 단면을 응보정의로써 맞서야 한다는 물결이 거세다. 반복되는 엄벌주의에의 회귀(punitive turn)가 그 목소리를 대변한다. 그러나 죄와 벌의 문제에서 죄를 저지른 개인만을 고립시켜 갈라 세워놓고, 모든 죗값을 그의 어깨에만 무겁게 지워야 한다는 관점은 진실로 바리새적인 율법의 정의에 지나지 않는다. 크고 작은 불법도 사랑으로 이해하고 포용하면 바른 길로 인도할 수 있는데도 우리는 가차 없는 처벌과 감시에 너무 손쉽게 경도되는 경향이 있다.

죗값을 묻는 공동사회의 의식률은 가혹해서 죄의 역사보다 형벌의 역사가 훨씬 잔인했다는 기록도 갖고 있을 정도이다. 그러나 인간의 정신문화 속에서 예수님의 사랑의 정신은 인간해방을 위한 제도개선의 견인차 역할을 끊임없이 해오고 있다. 이를테면 동해보복에서 속죄형으로 넘어오면서 속죄예물은 일단 저질러진 범죄행위에 이자를 덧붙인 것이었다. 이를테면 소 한 마리를 도적질하여 잡거나 팔아버리면 소 다섯 마리로 갚게 하고, 양 한 마리를 도적질하여 잡거나 팔아버리면 양 네 마리로 갚아야 한다(출애굽기 22:1). 또 도적질한 것이 아직 살아 있으면 소나 양을 물론하고 갑절을 배상해야 한다(출애굽기 22:4). 그러나 국가의 공형벌로 넘어오면서 엄혹형의 시대도 있었으나 근대 계몽주의 이래로 인간의 얼굴을 지닌 인도주의적 형벌관이 점차 확립되었다. 따라서 형벌에는 이자가 붙지 않고 자기책임 · 자기죄책의 한계 안에서 목적합리적인 형벌로 자리 잡아 왔다.

그럼에도 불구하고 범죄문제를 다루어 오면서 인류사회는 어느 시대, 어느 사회문화권에서든 공동체적인 사회윤리적 비난과 낙인, 사회로부터의 고립과 추방 또는 배제를 일삼아 왔던 것이 사실이다. 이것이 처벌의 변함없는 속성이다. 구약성서에 나오는 문둥병자들과 절름발이에 대한 사회공동체적 대응이나 아니면 돌로쳐 죽이는 처형 따위를 보면 죄에 대한 반작용으로서 형벌의 이 같은 속성이 극명하게 드러난다. 여기에서는 신성한 공동체를 죄로 오염시킨 범죄자를 공동체와 분리된 타자(他者)로 취급하려는 의도가 분명하다. 그렇게 함으로써 공동체의 신성성의 근원인 하나님과의 평화를 유지할 수 있다고 믿었기 때문이다.

중동과 서방에서 행해졌던 이 같은 죄와 형벌관에 일대 전기를 마련해 주신 이가 바로 예수 그리스도이다. 그는 죄를 타인의 몫으로 분리시켜 죄인에게 전담시키는 응보적 사고에 반기를 들고, 남의 죄를 자신의 몫으로 받아들여 죄에 대한 처벌의 고통을 홀로 지고 가셨다. 그렇게 함으로써 죄로부터 해방된 사회의 새로운 지평을 열어 놓으셨다. 죄를 지을 수밖에 없는 인생의 연약함을 아는 예수는 죄의 문제를 분리와 배제와 단절의 문제로 풀지 않고, 사랑과 연대에서 비롯된 관계회복의 문제로 푸셨다.[46]

예수가 가르쳐 준 새로운 길이 무려 2천 년 전 일이건만 오늘날까지도 인류사회는 죄와 벌의 문제에 있어서만은 돌아온 아들 비유에 나타난 장자처럼 모세의 대열에 서서 공동의 죄책보다는 바리새적으로 정죄하고 응보하기에 바빴다. 우리 가족, 우리 사회의 한 구성원이 범죄했을 때, 우리는 그를 공동체 구성원의 관계에서 절교하고 추방해야 할 것인가 아니면 그의 얼굴에 얼룩진 죄의

46_ 하워드 제어, 회복적 정의란 무엇인가?(손진 옮김), 2010, 117면 이하; 김일수, 형법실현에서 사랑과 희망의 이념, 남상철교수 정년기념논문집, 2006; S. J. Barrows, Jesus as a Penologist, 1902, p.10.

흔적을 씻겨주고 공동체 안으로 다시 받아들여야 할 것인가? 바리새파인 첫째 아들은 밖으로 끌어내라고 요구한다. 그러나 아버지는 사랑의 예수와 똑같은 심정으로 그를 안으로 끌어안자고 말한다. 바로 여기에서 우리는 모세와 예수뿐만 아니라 바리새인과 예수의 구별을 이해할 수 있을 것이다.

집을 떠났다가 아버지 품으로 돌아온 탕자의 비유는 둘째 아들의 죄와 죄로부터의 해방 그리고 아버지의 오래 참음과 용서와 사랑과 세워줌 그리고 그들의 화해와 회복만을 이야기하는 것이 아니다. 바로 아버지의 집에 있던 큰 아들, 새 생명과 사랑의 잔치자리로 나오기를 거부했던 그 아들 역시 새롭게 아버지의 품으로 다시 돌아가야 할 마음자리에 있음을 말해주고 있는 것이다.[47]

후기 이 글은 군선교신학 제10집(2012)에 기고한 글이다. 예수님의 비유 가운데서도 내게 가장 흥미로워 보이는 "돌아온 탕자"의 비유에 비친 죄와 벌의 의미를 사랑의 형법학 관점에서 서술한 것이다. 이 글을 쓰면서 내 자신 속에 아직도 돌아온 탕자의 일면과 생명의 춤판으로 나오기를 거부한 첫째 아들의 또 다른 일면이 함께 공존한다는 사실을 깨달았다. 이 글을 다시 읽으면서 아버지 품으로 돌아가야 할 아들의 처지를 곰곰이 생각해 본다. 그리고 내 자신에 비추어 본 그와 같은 느낌은 사회생활과 사회적 제도들의 운용면

47_ 김병종, 내 영혼의 책갈피(4): 집으로 돌아가는 길, 국민일보 2012.7.28. 오피니언 면 참조.

에서도 똑같이 반추될 수 있는 것이다. 궁극적으로 이것은 법제도와 사랑의 관계, 배제적 정의와 포용적 정의의 측면이기도 하다.

[11] 나의 형법학 이해 30년
— 배움과 가르침의 여정에서

Ⅰ. 프롤로그

이 자리를 마련해주신 하경효 법대학장 겸 법학전문대학원장님과 여러 교수님들께 먼저 감사를 드린다. 배움은 끝이 없고, 가르침도 끝이 없어 보인다. 하지만 삶은 여전히 시간과 공간에 조건지어져 있음에 틀림없다.

나는 형법학과 법철학을 공부했고, 고려대 재직 중 주로 형법을 연구하고 가르쳐 왔다. 나의 전문분야는 형법학 중에서도 형벌론이다. 나의 독일 뮌헨대학 박사학위 논문도 「국가형벌권의 정당성과 한계지음을 위한 형법상 인간의 존엄성의 의미(Die Bedeutung der Menschenwürde im Strafrecht, insbes. für Rechtfertigung und Begrenzung der staatlichen Strafe, 1983)」였다.

형법학자가 되는 길은 내가 어릴 적부터 원해서 된 것은 아니었다. 그것은 내가 알지 못한 길이었으나, 상황이 나를 그렇게 몰고 갔다고 말할 수밖에 없다.

1970년 8월 26일 나는 제12회 사법고시에 합격했고, 1973년 1

월 사법연수원 제2기 수료와 함께 검사직을 지원하기로 결심했다. 그러나 그 꿈은 이루어질 수 없었다. 나는 내 죄가 아닌, 순수한 의미에서 연대책임의 일종인 연좌제에 걸려 그 꿈의 문으로 들어설 수가 없었다. 변호사 신출내기로서 나는 법정에 앉아 순서를 기다리는 시간이 많았고, 그때마다 무엇인가 흥미를 가지고 공부할 수 있는 읽을거리가 있으면 좋겠다는 생각을 했다. 무슨 특별한 소명감에서가 아니라 주위의 사정이 나를 대학원으로 진학하게 만들었다. 대학원 전공은 상법이었다. 빵(직업)의 학문으로서 법학이라는 현실적 고려에서 상법의 수요가 앞으로 클 것이라는 조언 때문이었다.

그러나 1학기를 마친 뒤, 김형배 선생님으로부터 자주 듣던 심재우 교수님이 독일유학을 마치고 돌아오셨다. 나는 심재우 교수님의 첫 번째 대학원 수업인 법사상사 강의를 들으면서 그 학문적인 깊이와 그 분의 학문에 대한 열정에 사로잡혔다. 나는 좌면우고할 것도 없이 상법을 내려놓고 대신 심재우 선생님의 지도하에 법철학을 공부하기로 계획을 수정했다.

심재우 선생님은 강릉 회산출신의 동향인인데다 나의 학문적인 유년기를 너무도 친절하게 지도해 주신 은사이시다. 그는 변호사 업무 때문에 수업에 등한한 나를 위해, 토요일 오후와 밤늦은 시간까지 온 시간을 할애해 주셨고, 원서를 손수 손에 들고 마치 유모가 어린애에게 젖을 먹이듯, 도제식으로 나를 학문의 세계로 인도해 주셨다.

석사를 마치고, 박사과정에 진학한 1년 후 김형배 선생님과 심재우 선생님 두 분께서 나의 등을 밀어 독일유학길로 몰아넣으셨다. 초년 변호사로서 무료한 시간을 때우기 위해 시작했던 법학연구의 길에 나도 이제 본격적으로 뛰어든 셈이었다. 1983년 3월

초 나는 유학의 결실을 들고 귀국했다. 이미 고려대 법대는 학생수가 몇백 명으로 불어나 있는 매머드형 대학이었고, 그만큼 늘어난 교수요원 충원으로 학교가 어려움을 겪던 시기에 맞추어 귀국한 것이다. 심재우 선생님의 배려로 형법과 형사소송법, 범죄학 등의 전공과목강의를 시작했고, 그 후 28년간 나는 고려대 법대의 교수직에 봉사했다.

나의 특별한 학문적 관심사는 죄란 무엇인가, 형벌이란 무엇이며 또 무엇 때문에 죄에 대해 형벌이 부과되어야 하는가, 형벌의 정당성은 어디에 있으며, 그 적정한 한계는 어디인가 등등이었다. 나는 유년시절의 밀서리 · 감자서리가 단순한 에피소드 차원이 아닌 사회적 불법이었다는 사실에 놀라면서, 나의 도덕적 성품의 형성에는 오랜 세월 다양하고 부단한 사회관계 속의 교육이 밑바탕이 되었다는 점에 비추어 형벌의 자기화 · 인격화 · 사회화의 지평을 추구했다. 그리고 죄와 벌의 문제는 바로 인간이해가 전제되어야 한다는 점과 인간이해는 인간증오가 아니라 인간신뢰와 인간사랑을 바탕으로 한다는 점에 초점을 맞추었다. 나는 전통 깊은 응보형법학의 자리에 사랑의 형법학을 새롭게 건축한 셈이다.

II. 응보적 정의에서 재사회화 형법을 넘어 원상복구적 정의로

나는 학부와 사법연수원에서 전통적인 죄와 벌의 관념에 따라 진압적 · 응보적인 정의 관점의 형법관을 배웠고, 변호사로서 수많은 피의자 · 피고인들의 변호를 담당하면서도 이 같은 응보형이상학은 내 뇌리에 깊이 각인된 형법에 관한 나의 첫 번째 밑그림이었던 셈이었다. 그리고 대학원과 독일 유학에서 깊이 음미했던 인간의 존엄성을 통해 응보사상으로부터 재사회화형법(Resozialisierungsstrafrecht)의 새로운 지평으로 나아갈 수 있었다. 하지만 응보적 정의에서건 재사회화이념에서건 규범과 범죄, 피해자인 국가와 가해자인 범죄자와의 양자대결구도는 여전했고, 형사제재를 통한 범죄의 진압과 범죄인의 개선이라는 점은 변증론적인 합일관계였다. 그러나 사랑의 관점에 눈을 뜨자, 무엇보다도 실질적인 범죄피해자의 관점이 시야에 크게 들어오기 시작했다. 범죄는 행위자의 규범위반이 아니라 가해자와 피해자 관계의 갈등상황이라는 점, 그리고 형벌은 관념적 피해자인 국가가 범인을 제압하는 과정이 아니라 실제 피해자와 가해자의 화해와 관계회복의 과정인 원상복구적 정의(restitutive justice)라는 인식에 도달했다. 이것을 상세히 논증한 것이 「형사상 원상회복에 관한 형사정책적 기능과 효용에 관한 연구」라는 나의 논문이었다(성곡논총, 1990).

Ⅲ. 위험형법과의 만남

그 다음으로 내가 관심을 집중했던 형법학의 논의는 위험형법의 문제였다. 후기 현대사회, 후기산업사회의 새로운 위험원에 대응하는 실존론적 투쟁수단으로 형법을 전진배치하거나 최우선 수단화할 수 있느냐의 논의가 위험형법을 둘러싼 논쟁의 핵심이었다. 위험형법은 형법의 확장과 조기투입 문제를 긍정적으로 평가하는 관점이었다. 18세기적 근대형법이 예상하지 못했던 사회변동과 후기 현대사회의 실존론적 위기를 직시할 때, 나는 이 관점에도 부분적으로 긍정할 부분이 있다고 판단했다. 다만 유동성이 높은 이 위험형법의 적용영역은 원자력형법, 화학형법, 생명공학형법, 경제형법 등 사회적 안전확보의 필요성에 선제적으로 응답해야 할 제한된 부분이라야 한다는 조건을 달았다.

이 새로운 위험영역을 유동적이면서도 일정한 한도 내에서 분계된 대상이라는 의미로 나는 델타라 지칭했고, 전통형법과 위험형법의 이러한 역동적인 관계성을 델타모델로 엮어내고자 했다. 여기에서 말하는 델타란 바로 후기 현대적 난제가 몰려와 부서지는 타자화된 세상에서 새로운 이웃의 관계가 형성되는 삶의 지평으로 보았던 것이다. 여기에서 이웃이란 성경의 '선한 사마리아인' 비유에 비추어 우리가 위험에 처한 누군가의 실존적 필요성에 응답할 때 형성되는 실체이기 때문이다.

물론 델타존의 경계선을 확정하는 문제는 이 델타모델에서 풀어야 할 어려운 과제임에 틀림없다. 왜냐하면 델타는 분명히 현상으로 존재하지만, 그 주변경계는 심각하게 퇴적과 침융을 계속함으로써 유동적이고 신축성을 띨 수밖에 없기 때문이다. 그럼에도 불구하고 후기 현대적 델타존은 언제나 근대형법이 장구한 세월을 거치면서 흘러온 조류가 토해 낸 퇴적물이자 그 조류의 한복판을 막아선 장애물임이 분명하다. 비록 이 델타가 결코 전통적 법치이념의 흐름에 지배되거나 포위되어 있는 것은 아니지만, 항시 델타를 둘러싸고 도는 전통적 법치이념의 흐름을 분산시키고, 그 속도를 조절하며, 그 방향을 선회시키기도 하며, 그리하여 목적지인 새로운 생활세계의 바다로 흘러가게 하는 것만은 사실이다. 그렇다면 그 한에서 델타모델은 위험형법의 착상을 전통 깊은 법치국가 형법의 영역에 잇대어 변증론적 합일을 도모한다고 말해도 좋을 것이다(「과학기술의 발달과 형법」, 한일법학연구 제13집, 1994).

Ⅳ. 적대형법과의 마주침

위험형법과 만난 후, 나는 엄벌주의(punitivism) 내지 적대형법(Feindstrafrecht)의 형법관과 다시 마주치게 된다. 엄벌주의란 범죄에 대해 될 수 있는 대로 강하고 엄격하게 중형을 과하는 처벌의 방식과 태도를 말한다. 형법이론적으로 엄벌 개념은 응보적 제재를 선호하고 유화적인 제재를 꺼리는 경향을 지칭한다. 고대로부터 전래된 복수법의 동기가 원상회복 내지 피해자와의 화해 같은 합리화된 제재방도를 압도할 때 충동적으로 엄벌에 경도되는 경향이 있다.

문명의 진보와 이성의 발달을 가져온 근대화과정 수세기를 지나서 후기현대에 이른 오늘날 새로운 중벌주의 요구를 충동적인 감정에서 찾는 데에는 이론상 의문의 여지가 남는 게 사실이다. 엘리아스(Elias)의 문명론에 따르면 적대자들 사이에서 타협 없는 공격성의 충동은 근대를 거치면서 약화되었고 국가의 권력작용과 적법절차 속에 흡수되었다는 것이다. 그에 따라 피해자의 복수충동은 완화되었고, 형사제재도 사회계약의 방식으로 국가권력의 작용 속에 체계화되었다는 것이다. 근대화, 합리화와 문명화는 서구 근대사회에 이미 깊이 각인된 듯이 보이기 때문이다.

하지만 이 같은 근대화와 합리적 이성은 제2차 세계대전이 발발한 1939년을 기점으로 그 의미를 상실했다고 보는 견해도 있다. 군국주의 · 전체주의의 발호로 인한 세계대전과 대량의 인명살상, 홀로코스트, 집단학살, 강제수용소와 집단추방 등은 일종의 문명단절과 파괴를 의미하기 때문이다. 그 후 사회과학에서는 이 같은 무시무시한 인간학대와 인간성 파괴를 설명하기 위한 끊임없는 시도가 이루어졌다. 그러나 그와 같은 잔혹성은 지적으로 완전히 극복되지는 못했다. 다만 「계몽의 변증론(Horkheimer/Adorno)」, 「질서의 변증론에 대응한 도덕의 부름(Bauman)」 또는 「벌거벗은 생명의 거룩성 추방(Agamben)」의 저술에서 문제제기가 있을 뿐이다.

어쨌거나 그 후 몇십 년이 지나지 않아 새로운 엄벌주의 사조가 돌아왔다. 하지만 이번에는 과학기술적인 장비를 갖추고 능률적인 조직까지 정비해 가지고 돌아왔다는 사실이다. 이러한 조류를 감지하면서 일찍이 비판범죄학의 크리스티(Christie)는 법과 질서의 체계들이 드디어 현대 관료국가의 목적합리적 논리에 종속되었고, 거기에서 전체주의적 냄새가 난다고 언급한 바 있다. 타자의 범죄학(criminology of the other)을 제시했던 갈랜드(Garland)도 새로운 엄벌주의가 계몽주의와 합리주의의 길에서 벗어나 이미 극복된 바 있는 범죄인의 악마상을 다시 되살리는지에 관해 주목한 바 있다. 그는 「통제문화(culture of control)」라는 논저에서 복지국가 모델(약 1890년부터 1970년까지)에서 고범죄 위험사회(high crime society)(1970년대 이후 현재까지)의 형벌국가로의 시대적 변화를 확인해주고 있다. 그는 영미법권의 형사실무와 집행실무에서 형벌의 중형주의적 전환(punitive turn)을 말해주는 일단의 조치들을 확인할 수 있었다고 말한다(Il-Su Kim, "Punitivistische Grundtendenzen der gegenwärtigen Kriminalpolitik", 고려법학 제56호, 2010).

야콥스(Jakobs)에 의해 최근 형법이론의 가장 뜨거운 논쟁거리로 떠오른 적대형법(Feindstrafrecht)도 실은 엄벌주의 사조와 정신적 궤를 같이한다고 말할 수 있다. 그는 테러리스트나 조직범죄자군들과 같은 특정행위자군에 대응하려면 전통적인 법치국가 형법과 그 형벌은 별 도움이 되지 못한다는 전제에서 출발한다. 법치국가형법에 의하면, 그 형법적 규범위반자들을 일탈한 동료시민의 하나로 상정하기 때문에, 그에 대한 형벌은 포섭(Inklusion)과 사회복귀가 주목적이 될 수 있다. 하지만 이들 특정범죄자군은 사회의 존립 자체에 문제를 일으키기 때문에, 동료시민으로서가 아니라 사회의 적으로 간주하여 사회로부터 배제(Exklusion)시켜야 한다는 것이 그의 주장이다. 그 효과적인 진압과 배제를 위해서는 이들 공동사회의 적에게 결코 법치국가형법과 형사절차법이 보장한 자유보장 장치가 걸맞지 않기 때문에 광범위한 예외상황이 허용되어야 한다는 것이다. 그들은 시민이 아니라 적으로, 사람이 아니라 난폭한 짐승과 같은 비인격으로 간주되기 때문이다.

야콥스의 견해에 의하면, 정상적인 규범국가가 그의 법질서에서 선언해 놓은 적들과 맞닥뜨린 긴급상황의 순간에는 예외적으로 긴급조치국가(Maβnahmenstaat)로 전환해야 한다는 것이다. 예컨대 세계적인 테러리즘에 직면하였거나 테러리스트의 활동개시 상황에서는 적법절차에 따르도록 된 형사소송법은 전쟁상황의 비상조치법상 형식으로 전환되어야 한다는 것이다. 또한 최근의 논문에서 야콥스는 심지어 독일 항공안전법 §14③이 잘못 조종된 항공기에 의한 더 큰 불행을 피하기 위해(9 · 11 테러 당시 뉴욕 국제무역센터 빌딩의 비행기 충돌을 상정), 무죄한 승객의 죽음을 감수해야 할 사정을 상정한 것이라면, 테러리스트를 고문하거나 살해하는 것도 만약 그것이 보다 더 많은 무죄한 사람들의 생명을 구조하기 위한 유일한 수단일 때는 역시 허용되어야 한다고 주장한다.

이 같은 적대형법관은 계몽주의적 · 인도주의적 형법의 발전방향을 종식시킬 위험을 안고 있으며, 그런 점에서 현대 형법이론 중 가장 논쟁적이고 위험한 방향선회 중 하나라고 할 수 있다. 여기에서는 최후수단으로서의 형법, 단편적 성격과 보충적 성격을 지닌 형법, 겸손성과 한계지음의 형법질서관은 물러가고, 타도 대상으로서의 범죄자, 천인공노할 적으로서의 범죄자만 남기 때문이다(Il-Su Kim, "Das Liebesstrafrecht hinterem Berge des Feindstrafrechts", 고려법학 제49호, 2007).

피의자 · 피고인에게 보장된 법치국가적 인권보장책은 제한되고, 죄형법정원칙은 필요에 따라 신축성 있게 통용될 것이며, 모든 법률에 필요한 정확한 조건프로그램 대신 열린 목적프로그램이 등장할 수밖에 없다. 형법은 도덕의 최소한이 아니라 국민계몽을 위한 도구나 국민교육을 강화하는 유용한 도구로 사용될 수도 있을 것이다. 자의적인 처벌욕구로부터 시민을 보호해야 할 관점과 법익보호의 관점 사이에 균형을 깨뜨리면서 결국 엄벌주의는 형법의 한계선을 무너뜨리는 결과로 나아갈 위험에 직면하게 된다.

엄벌주의로의 끊임없는 회귀는 당시의 시대적 · 사회적 불안사조에 대한 감정적 대응의 일환이라고 말할 수 있다. 그 불안사조의 원인은 오늘날 과학기술의 발달에 의한 원자력 · 화학 위험일 수도 있고, 생명공학분야에서 조작된 복제인간의 탄생으로 인한 충격일 수도 있을 것이다. 그 밖에도 세계 도처에서 일어나는 대형 지진과 해일, 지구온난화로 인한 자연재앙에서부터 종교적 종말론 사상에 이르기까지 현대인의 심리적 불안은 생활세계 전반에 널리 퍼져 있다.

그런데 이러한 불안요인 중에 범죄위험도 빼놓을 수 없는 요소라는 점이다. 어느새 우리사회도 폭력 · 살상 · 마약 · 성범죄 · 인신매매 등 흉악범죄의 와중에 휩싸이게 되었다. 지난 30여 년간 우리나라의 범죄율은 계속 증가추세를 보이고 있다. 충격적인 범죄들로 인해 시민의 원성이 높아질 때마다 정부는 가중처벌을 위한 특별법을 제정하거나 개정함으로써 국민의 따가운 눈총을 피하려 해왔다. 비교적 빈번히 정부는 조직폭력배 · 인신매매범 · 퇴폐

업소 · 부패사범 등을 근절시키겠다고 관련법 개정을 추진하고 무관용원칙을 공언해 왔다. 하지만 이처럼 반복되는 가중적 특별법과 특별기구의 운영으로 범죄가 얼마나 억제되었는지, 범죄자는 얼마나 위하되었는지, 시민생활의 평화가 회복되었는지는 의문이다.

평화로운 공동사회의 질서는 안정된 사회정책과 문화정책, 안정된 경제질서, 정치운영에 의존하는 바 크기 때문에, 형사정책은 원칙적으로 사회정책의 최후수단이어야 하고, 형법은 형사정책의 최후수단으로 머물러 있어야 한다. 이 같은 엄벌주의 내지 적대형법의 대척점으로 추구한 형법관이 '사랑의 형법'과 '희망의 형법'이었다.

V. 왜 법에서 사랑인가?

사회적인 부정이나 비리에 연루된 사람들을 다룸에 있어서도 언제나 단호한 처벌론과 너그러운 관용으로도 족하겠다는 견해가 갈린다. 그리고 대개는 강경론이 우위를 점하기 쉽다. 이러한 현상을 직시할 때마다 법을 연구하고, 특히 형법을 가르치면서 2, 30여 년을 지내 온 나에게도 혹시 우리의 법학, 특히 형법학 교육에 무엇인가 본질적인 내용 하나가 빠진 것이 아닌가 하는 자기반성의 시간을 갖게 하는 계기가 되기도 한다.

법은 인간을 위해 존재한다. 더 정확히 말해 인간의 근본상황을 위해 존재한다. 인간의 근본상황이란 한 사람이 다른 사람과 더불어 살 수 있는 평화로운 공존관계를 주로 의미하지만, 더 나아가 인간의 삶을 가능하게 해주는 자연과도 조화를 이루고, 궁극적으로는 인간이 神과 화목을 누리는 관계상황을 의미한다.

이 근본상황은 인간의 탐욕과 이기심, 인간의 타락과 무지로 인해 깨어지기 쉽다. 근본상황이 스스로의 평온을 유지할 수 없을 정도로 깨어져, 인간이 타인과 적대와 반목으로 돌아서고, 자연이 그 자정력을 잃어버릴 만큼 환경이 파괴되고, 신이 인간본성의 외침에 귀를 막고 돌아설 때의 상황을 한계상황이라 칭한다.

한계상황에서는 인간이 스스로 자기 자신을 보존하거나 발전시키기가 힘들다. 거기에는 약육강식과 같은 정글의 법칙이 지배하기 때문이다. 만인의 만인에 대한 투쟁상태라고 부를 수밖에 없는 사회적 혼란이나 전쟁상태에서 인간이 윤리적으로 자기 자신을 발전시킬 수 있는 가능성은 전혀 없다.

법은 인간의 근본상황이 깨어져 한계상황에 빠지기 않도록 이를 유지·존속·발전시킬 임무를 갖고 있다. 만약 근본상황이 깨어져 한계상황에 처했을 때라도 법은 이 한계상황을 종식시키고 다시 근본상황이 회복되도록 물길을 바로잡는 역할을 해야 한다. 이념적으로 법에서 말하는 정의(正義)는 바로 인간의 근본상황이 한계상황에 빠지지 않도록 경계하고, 그럼에도 불구하고 만약 한계상황에 빠져들게 되었을 때 다시 근본상황을 회복·유지·발전시키는 과제라고 말할 수 있다.

법이 추구하는 근본상황은 자연관계와 인간관계 속에서 인간이 누려야 할 가치를 지닌 사랑의 관계라고 단정할 수 있다. 인간이 주위의 다른 사람과 평화롭게 공존할 수 있는 관계, 인간이 주위환경과 조화롭게 살아갈 수 있는 관계, 인간이 자기 자신의 내면세계와 모순 없이 살아갈 수 있는 관계 그리고 근원적으로 인간을 창조한 창조주 하나님과 인격적으로 교제하며 살아갈 수 있는 관계가 바로 그것이다. 인간관계가 정상성을 유지하고 있는 근본상황이란 한마디로 말해서 사랑이 생동하고 있는 상황을 말한다. 사랑의 농도는 부부나 가족관계, 신앙공동체나 향리공동체관계, 학교나 직장의 동료관계 등등에 따라 다를 수 있지만, 인간이 더불어 함께 걸어가고 있는 정상적인 인간관계 속엔 다양한 농도의 사랑이 그물망의 고리와도 같은 역할을 하고 있기 때문이다. 문제는 형법과 사랑이 어떻게 어울릴 수 있느냐이다.

VI. 왜 형법에서도 사랑이어야 하는가?

오늘날 형법학의 임무는 인간의 삶에 봉사하는 인간의 얼굴을 지닌 형법을 만들어 가는 데서 발견된다. 인간의 얼굴을 가진 형법이란 사랑의 관계 속에 엮어지는 인간의 근본상황을 보존 · 유지 · 회복 · 발전시키는데 역점을 둔 형법을 말한다. 일찍이 헤겔(Hegel)은 죄란 법의 부정이요, 형벌이란 법의 부정의 부정이라 칭했다. 물론 헤겔의 이 같은 형벌관은 응보형론에 입각한 것이어서 오늘날 우리시대의 정신에 비추어볼 때 그대로 수용하기 어려운 면이 있지만, 죄와 벌의 상관관계에 관한 그의 변증론은 그때나 지금이나 달라진 게 없다. 만약 그의 변증론을 우리의 새로운 형법이해에 적용해본다면, 죄란 근본상황의 부정, 즉 사랑의 부정이요, 형벌이란 이 부정의 부정, 즉 사랑의 회복을 의미한다.

소박하게 들릴지 몰라도 형법은 본질적으로 사랑의 형법이다. 범죄란 사랑에 대한 비극적이고 공격적인 악용 내지 거부이다. 인간은 사랑 안에서 사랑받기 위해 태어난 존재이다. 신은 인간이 서로를 사랑하고 또 신을 사랑하도록 하기 위한 거룩한 목적에서 인간을 만드셨다.

인간의 타락으로 죄가 인간의 삶속에 들어왔고, 사랑의 관계들을 파괴시켜 버렸다. 그러므로 죄의 주체는 바로 사랑의 자리로 돌아가야 할 인간이다. 죄는 바로 인간의 인격의 표현으로 만들어진 인간의 작품이다. 그러므로 아무리 극악한 범죄인이라 할지라도 그의 가슴 속 한구석엔 여전히 사랑의 가능성, 사랑받고 싶은 마음이 남아 있다. 그의 가슴 속엔 여전히 선을 사모하는 마음, 이웃과 더불어 살아갈 수 있는 여지가 남아 있다는 사실을 외면해서는 안 된다. 이 점을 외면하면 죄만 보고 죄를 만든 인간을 보지 못하는 잘못을 저지를 수밖에 없다.

죄가 있는 곳에 벌이 있다. 벌은 사랑의 관계를 파괴하는 죄를 다스리어 인간을 다시 사랑의 관계 속으로 끌어들이기 위한 목적으로 세워진 제도이다. 그러므로 벌이 아무리 가혹하고 중하다 해도 벌의 수용주체도 사랑의 관계 속으로 되돌아가야 할 인간이라는 사실을 잊어서는 안 된다. 벌이 일면으로는 범죄한 인간에게 맹렬한 분노를 쏟아 붓지만 분노 그 자체가 벌의 목적일 수 없다. 오히려 죄로 얼룩진 인간본성의 찌끼를 벗기면서 감추어진 사랑의 잠재력을 북돋우고, 다시는 죄의 구렁텅이에 빠져들지 않도록 죄에 대한 부끄러움을 일깨우는 일을 형벌이 담당한다. 벌을 통해서 인간이 인격적으로 거듭날 수 있다는 믿음을 우리는 저버려서는 안 된다. 그리하여 죄의 무서움과 형벌의 두려움이 보여 주었던 강제와 공포의 형법을 사랑과 희망의 형법으로 변화시켜야 한다. 이것을 나는 형법의 미래음악이라고 이야기하곤 한다.

증오의 채찍 대신 사랑의 매가 담겨 있는 것, 강철로 된 수갑 대신 사랑의 수갑이 채워져 있는 것 그것이 바로 형벌이다. 형벌이라는 사랑의 매도 고난을 수반한다. 모종의 상실을 수반하지 않는 형벌이란 현실적으로 존재할 수 없다. 하지만 이 고난은 정신의학자 폴 투니어가 말했고, 존 스토트 목사가 인용했던 창조적 고난의 의미를 지닌다. 모종의 상실이 창조성을 자극하여 변화를 낳게 한다는 것이다. 고난은 바로 성장의 기회인 셈이다. 고난의 초기단계에서 수형자들은 미움과 분노, 절망의 반응을 보이지만, 점차 과형이라는 고난의 과정 속에서 자기 자신을 발견하고, 내주(內住)하는 창조주 하나님을 발견하게 된다.

구약성경에 나오는 사형은 오늘날과 같은 의미의 극단적 응보수단이 아니라 하나님과 범죄자와의 화목, 죄로 인한 공동체의 구속(Redemption), 범죄자와 공동체의 화해를 위한 사회위생적인 의식(儀式)으로 행하여졌던 것이다. 살인에 대한 보응을 의미하는 히브리어 shalam은 평화를 의미하는 shalom과 그 어근이 같은 말이다. 죄에 대한 하나님의 보응은 관계단절이나 파괴가 아니라 관계회복과 건설의 의미를 지니고 있다는 점은 그리스도의 십자가 사건을 통해 더욱 분명해졌다. 범죄는 같은 범죄로 되갚아져서는 안 된다. 살인자의 생명은 제도적인 살인을 통해 되갚아지는 방법으로 박탈되어서는 안 된다. 그것은 절망과 상실의 극치일 뿐이다.

사랑이 없는 형벌은 재범의 원인이 되는 반면 사랑이 있는 형벌은 기왕의 실책과 수치 · 고통이 변화 · 성숙의 열매가 되게 한다. 그러므로 응보적 정의에 입각한 아주 오래된 감옥제도, 교도소제도와는 근본적으로 다른, 회복적 정의에 입각한 질적으로 선한 사랑의 형벌, 거듭남(born again)의 소망을 일깨우는 교정과 처우제도가 더욱 절실하게 필요한 이유가 여기에 있다. 사랑만이 인간심성의 근본적인 변화를 낳고 새로움 삶을 향한 새 출발을 가능하게 해준다.

형법은 이제 죄와 벌의 무거운 짐을 인간의 어깨에 덧씌우는 장치가 아니라 그것을 벗겨주는 장치로 이해되어야 한다. 형법 속에서도 인간을 해방시키고 인간을 인간답게 만드는 새로운 지평을 바라보아야 한다. 그것이 인류가 오늘날까지도 그 완성도에 이르지 못한 인도주의정신이기도 하다.

VII. 왜 형사소송절차는 대화적이어야 하는가?

소송절차의 법리적 성격은 바로 절차가 의사소통과정이라는 점에 있다. 형사소송절차도 소송주체 및 그 보조자 · 참여자들의 대화와 상호의사소통 과정임에 틀림없다. 그러므로 이 상호교류적 의사소통과정에 관여하는 절차참여자들은 동등한 주체성과 함께 문제해결능력, 그리고 참여기회의 평등성을 요구할 수 있어야 한다.

참여민주적 법치국가에서 통용될 대안적 형사소송절차는 형법적 귀속, 즉 죄와 벌의 귀속에 관한 소송주체 및 관여자들의 참여적 대화와 의사소통에 의한 변증론적 발전과정이라고 말할 수 있다. 왜냐하면 죄의 크기와 벌의 무게는 처음부터 확정된 것이 아니라 이 소송절차의 지도이념인 무죄추정의 법리에서 출발하여 소송주체들 간의 대화를 통환 의소소통과정을 통해 점진적으로 확정되어 가는 것이기 때문이다.

이 소송절차에 참여하는 자는 모두 대화적 소송절차가 절차형성과정의 동반자로서 초대하고 싶은 친구에 비유할 수 있다.그것이 수사기관이건 법관이건, 가해자이건 피해자이건 아니면 변호인이나 전문수사자문위원(형소법 제245조의2)이건, 전문심리위원(형소법 제279조의2)이건, 배심원이건 또는 증인, 감정인이건 간에 각자 자기 자신의 인격성의 범주 안에서 주체들 상호간의 간극을 지양하고, 대립되는 입장을 조정하여 상호이해의 바탕 위에서 서로 납득할 수 있는 상호주관적 방법으로 죄책과 벌의 종류와 크기, 정도를 정하고, 경우에 따라서는 개방적 · 창조적인 방법으로 범죄문제의 해결을 꾀할 수 있다.

대화과정으로서 형사소송절차를 이처럼 이해할 때, 법원의 지위는 직권주의에서처럼 권위적이거나 독선적일 수 없고, 검사나 피고인 · 변호인의 지위도 당사자주의에서처럼 투쟁적이거나 독단적일 수 없다. 미국식 당사자주의조차 법관의 우월적 지위와 권위주의를 불식하지 못하고 있다. 대화적 소송절차는 피고인과 법관, 검사와 변호인 그리고 피해자와 그의 대리인 등이 원탁의 법정에 둘러앉아 죄와 벌의 현안을 대화로 풀어가는 숙의절차이다.

여기에서 이들 주체는 형사사법의 본질인 진실과 정의에의 지향성이라는 목표를 향해 서로가 서로를 필요로 하며 마주하고 있는 셈이다. 누가 누구보다 우월하다는 생각은 편견과 오해이며, 권의주의라는 악취는 거기에서 풍겨난다. 누가 사건의 진실을 아는 데 있어서 피의자나 피해자보다 경찰 · 검찰 또는 법원의 지적 능력이 훨씬 더 우월하다고 속단할 수 있겠는가. 결코 형사소송절차는 과거만을 회상하는 당사자들 및 이해관계인들의 싸움판이 되어서는 안 된다. 회복이라는 미래의 지평에 초점을 맞추어 범죄문제 해결에 당사자들과 이해관계인들이 둘러앉아 보다 유연하게 용서와 화해의 가능성을 열어가는 놀이마당, 그리고 그 놀이마당에서 벌이는 춤판이 되어야 한다는 것이 내가 꿈꾸었던 대화적 형사소송절차의 틀이었다(김일수, 바람직한 양형조사제도, 2010, 235면).

Ⅷ. 왜 교정과 처우에서는 희망이어야 하는가?

신구약성경은 일관되게 하나님을 죄의 심판자로 묘사하고 있다. 하나님은 모든 종류의 죄, 즉 내심의 미움이나 가벼운 실언까지도 심각한 불의로 여기시며, 그 불의에 거룩한 분노를 불태우시는 분이시다. 모든 사람은 자신의 말한 것과 행한 것을 가지고 하나님의 심판대 앞에 설날이 있을 것이며, 할 수 없는 죄인의 모습으로 유죄판결을 받을 처지에 놓이게 될 것이다. 그리고 우리 모두에게 떨어질 죄의 값, 즉 형벌은 사망이다(롬 6:23). 이것이 하나님의 율법이 기초하고 있는 재판적 정의, 즉 공의(Mishphat)이다.

그런데 불변한 하나님의 정의는 그리스도의 십자가 위에서 충족되었고 하나님은 죄인들에게 그분의 고귀한 사랑을 확증시켜 주셨다. 복음은 하나님께서 죄에 대한 진노와 정의의 요구를 죽어야 할 죄인들에게 내리신 것이 아니라 죄 없으신 그 아들 예수 그리스도께 대신하게 하셨다. 정의가 불의한 자를 대적한 것이 아니라 불의한 자를 위해서 집행되게 하셨다. 여기에서 하나님의 정의와 하나님의 사랑의 절묘한 일치와 조화를 볼 수 있다. 결국 십자가사건을 통해 우리에게 보여준 하나님의 정의는 사랑 안에서의 정의요, 하나님의 사랑도 정의 안에서의 사랑이다. 그것은 완전한 정의와 완전한 사랑의 극치에 해당한다. 하나님의 이 자비로운 정의와 정의로운 사랑은 별개가 아니라 본질상 하나이며, 이 본래적인 하나님의 정의를 체데카(Zedeka)라고 부른다.

현실의 사법정의가 아무리 완벽하다 해도 하나님의 이토록 완전한 정의를 대신할 수 없다. 하지만 십자가 위에서 보여준 하나님의 정의로운 사랑과 사랑이 배어 있는 정의는 간접적인 유추를 통해 사법정의 속에 반영될 수 있다. 하나님은 믿는 자들의 헌신과 봉사를 통해 세상의 사법정의가 하나님의 자비로운 정의를 닮아갈 수 있기를 기대하고 계신다. 세상적인 사법정의의 일탈과 오도된 관행을 반성적으로 비판하고 개선하여 사법정의를 하나님의 자비로운 정의의 빛에 비추어 새롭게 세워나가는 일이다. 이것이 세상의 사법정의를 관심의 영역으로 삼고 살아가는 신자들에게 하나님께서 위임하신 문화명령이다. 신자들은 이 세상에서 '왕 같은 제사장'으로 부름받았을 뿐 아니라 문화의 제사장으로 부름받았다. 그러려면 세상의 법, 세상의 정의보다는 더 높은 법(the law above the law; the higher law)의 이념, 하나님나라의 법과 정의에 관한 영감으로 가득 차 있어야 한다. 성경에 근거한 건강한 법지식, 정의관념으로써 평화의 틀을 구축하고 사람들을 화목케 하며 상처를 치유해 주는 사도적 동역자의 상을 가슴에 새겨 넣어야 한다. 그 실례의 하나가 온 세계에 흩어져 사는 메노나이트 교도들에 의해 창도되는 회복적 사법운동이다.

현행 행형제도는 응보의 높은 담벽과 육중한 철문과 쇠창살에 의해 스스로 포위되어 있다. 이것이 흉악범들을 포위하여 사회를 안전하게 지켜주는 것이 아니라 깊이 들여다보면 행형제도와 교정을 포위하고 있음을 알 수 있다. 거기에는 재소자들을 필요 이상으로 의기소침하게 하고, 수치스럽게 하고, 괴롭게 하며, 절망케 하는 음습한 분위기가 지배하도록 교묘하게 짜여진 관행들이 활보하고 있다. 재소자들은 필요 이상의 압제를 맛보는 갇힌 자들이다. 거기에는 인간에 대한 연민과 동정심, 신뢰를 유발시키기 위한 통로가 막혀 있다. 햇빛은 때때로 가녀리게 비치지만 따스한 온기는 차단되어 있다.

문화의 제사장들은 '압제당하는 자에게 자유를 주어야 하는'

지상명령을 받았다. 그러자면 자유를 빼앗아 구금시설 내의 안전을 극대화하려는 현행 행형제도가 보다 열린 제도가 되어, 재소자의 자유가 더 신장되도록 그 개선 노력을 기울여야 한다. 이것은 다이버전 내지 사회내처우의 신장을 의미한다.

또한 '갇힌 자를 돌아보라'는 위임명령을 실천하기 위해 재소자와 그 가족들에게 연민의 정을 가지고 사역에 임해야 한다. 이것은 인간의 얼굴을 지닌 수용시설로의 개량을 의미한다.

끝으로 '화평을 위해 일하라'는 대명령을 수행하기 위해 우리는 범죄자와 그 가족들이 피해자와 그 가족들과 화해의 악수를 나눌 수 있도록 지속적인 관심의 통로를 확보해 나가야 한다. 이것은 피해원상복구와 회복적 사법의 지평 확대를 의미한다.

행형제도 속에서 교정은 처벌에 중점을 두는 것이 아니다. 재소자들이 범죄의 고통을 창조적으로 극복하여 새로운 인격으로 회심하고 성숙해 가도록 치유하는 데 역점을 둔다. 그리하여 보다 나은 내일을 스스로 열어갈 수 있도록 희망의 가교를 놓는 일이다. 단테(Dante)가 절망은 지옥이라고 말했듯이 지옥 같은 감옥의 분위기를 천국과 같은 희망의 지평으로 쇄신하고 개선하는 일이 교정의 핵심이다. 이 희망의 빛 속에서 지금까지 일그러져 왔던 개인의 자아가 진정한 자아를 회복하고, 더 나아가 사회와 보이지 않는 하나님을 사랑하는 열린 자아로 변화해 가도록 조력하는 일이 교정이다. 그리하여 다시금 지역사회 안에서 다른 사람들과 더불어 자율과 책임감을 가지고 스스로 살아갈 수 있도록 재활 · 재통합시키는 사역이 교정과 처우의 과제이다.

IX. 에필로그

내가 사랑의 형법, 희망의 형법 이념을 아직도 어슴푸레 가슴에 품고 강의실의 청중을 놀라게 하고 또 때로는 조롱도 받고 있을 때, 이미 제어(Zehr) 같은 메노나이트 형제들은 회복적 정의 내지 회복적 사법(Restorative Justice)이라는 실천적 과제를 여러 실험단계를 거쳐 이론화하여 세상에 내놓았고(Retributive Justice, Restorative Justice, 1985), 네덜란드의 형사정책가 비앙키(Bianchi)도 성경적 정의인 체데카모델(Das Zedeka-Modell)에 따른 화해제도를 전통형사사법에 대한 택일안으로 세상에 내놓았던 것이다(A Biblical Vision of Justice, 1984; Alternativen zur Strafjustiz, 1988). 더 나아가 호주의 브레스웨이트(Braithwaite)는 피해보상적 제재가 재통합적인 수치심(reintegrative shaming)을 유발시키는 노력이라는 의미의 회복적 사법 이론서를 세상에 내놓았다(Crime, Shame, and Reintegration, 1989).

사랑과 희망의 형법이념은 이제 그다지 외롭지 않다. 앞으로 회복적 정의(restorative justice) 내지 치료적 사법(therapeutic justice) 이념과 함께 덜 징벌적(less punitive)이고 더욱 인도적인 형사정책의 조류와 어깨동무를 하고 흘러갈 것으로 전망된다. 그것이 바로 형법의 미래음악이었으면 하는 바람으로써 이 강연을 마치고자 한다. 이 자리에 이르기까지 함께해 주신 하나님과 여러분들께 진심으로 감사를 드린다.

후기

이 글은 2011년 8월 말경 고려대학교 법학전문대학원에서 행한 나의 고별기념 강연문이다. 정년퇴임을 앞두고, 나의 형법학연구의 여정을 되돌아보면서 한때는 치열했던 정신적 노작들을 대강 정리한 것이다. 말하자면 이 글은 지난 30여 년간 고심했던 나의 형법질서관의 궤적과 그에 대한 잠정적인 결산보고에 해당한다. 따라서 몇몇 핵심적인 소주제들은 중복이 불가피했다. 하지만 믿음, 소망, 사랑이라는 주제는 전통형법학에서 다소 생소한 주제이지만 내가 구상하고 있는 사랑의 형법학이라는 교향곡의 주제음악 같아서, 악장(樂章)이 다를지라도 다소 반복되는 속성을 피하고 싶지 않았다.

찾아보기

ㅇ

ㅈ

ㅊ

ㅋ

ㅌ

김일수(金日秀)

고려대학교 법과대학 졸업
사법연수원 제2기 수료, 변호사
독일 München 대학 법학박사
Alexander von Humboldt 재단 펠로
서암학술재단 펠로
미국 Harvard University Law School Visiting Scholar
검찰개혁자문위원장
검·경수사권조정위원장
법무부 정책위원회 위원장
국가경찰위원회 위원장
한국형사정책연구원 원장

[현재] 고려대학교 명예교수
중국인민대학, 중국무한대학 법학원 겸직교수
중국서남정법대학, 중국요령대학 객좌교수
법무부 형사법 개정 및 형사소송법 개정위원
총체적 형법학 잡지(ZStW) 외국 편집자문위원

저서 및 역서

『한국형법 I·II·III·IV』
『새로 쓴 형법총론』(2008년 중국어판 출간)/『형법각론』
『사랑과 희망의 법』
『개혁과 민주주의』
『공정사회로 가는 길』
『법·인간·인권』
『수사체계와 검찰문화의 새 지평』
『범죄피해자론과 형법정책』
『바람직한 양형조사제도』
『전환기의 형사정책』
Lebensschutz im Strafrecht (Mithersg.)
C. Roxin, 『형사정책과 형법체계』(역서)
N. Brieskorn, 『법철학』(역서)
G. Jakobs, 『규범, 인격, 사회』(공역)

형법질서에서 사랑의 의미

2013년 12월 2일 초판 인쇄
2013년 12월 16일 초판 발행

저 자 김 일 수
발행인 이 방 원
발행처 세창출판사
서울 서대문구 경기대로 88 냉천빌딩 4층
전화 723-8660 팩스 720-4579
e - mail: sc1992@empal.com
http://www.sechangpub.co.kr
신고번호 제300-1990-63호

정가 30,000 원

ISBN 978-89-8411-441-8 93360

이 도서의 국립중앙도서관 출판시도서목록(CIP)은 e-CIP 홈페이지(http://www.nl.go.kr/ecip)에서 이용하실 수 있습니다. (CIP제어번호: CIP2013025545)